内蒙古自治区经济社会发展报告 2017

REPORT ON ECONOMIC AND SOCIAL DEVELOPMENT OF INNER MONGOLIA AUTONOMOUS REGION，2017

内蒙古自治区社会科学院

主　编　张志华

副主编　王关区　天　莹
焦志强　双　宝

远方出版社

编 委 会

目　录

综合篇

经济发展篇

社会发展篇

地区发展篇

专题研究篇

综合篇

把学习贯彻落实习近平总书记考察内蒙古重要讲话精神作为长期重大政治任务抓紧抓好

——李纪恒同志在自治区党委中心组
2017年第1次集体学习会上的讲话

同志们：

自治区党委把今年第1次中心组集体学习的主题确定为不断深入学习习近平总书记考察内蒙古重要讲话精神，主要有这样几点考虑。一是总书记重要讲话精神是我区改革开放和现代化建设的根本指针，需要从理论和实践的结合上深入学、反复学、长期学。二是常委班子中不少是交流和新进班子的同志，履行好领导集体肩负的历史使命，首先要学习好运用好总书记考察我区重要讲话精神。三是通过再学习再研究、再动员再部署、再加力再出发，推动全区上下进一步增强“四个意识”特别是核心意识、看齐意识，推动讲话精神更好地落地生根、开花结果。

在前几天自学的基础上，刚才我们又重温了习近平总书记的重要讲话原文，党委中心组成员和任亚平、呼尔查等13位同志结合贯彻落实自治区第十次党代会和党委十届二次全会精神作了重点发言，其他省级领导同志作了书面交流。大家学习思考得很深入，交流研讨得很深刻，进一步深化了对“守望相助”重要要求的理解和把握，深化了对“把祖国北部边疆这道风景线打造得更加亮丽”殷切希望的理解和把握，深化了对“四个着力”重点任务的理解和把握，深化了对“弘扬吃苦耐劳、一往无前蒙古马精神”的理解和把握。大家的发言和交流材料，既有真知灼见又有真情实感，既见思想又见精神，字里行间流露着对习近平总书记作为党中央核心、全党核心的衷心拥护和深切爱戴，贯穿着抓好学习贯彻落实的高度自觉和责任担当，体现出决胜全面小康、建设现代化内蒙古、打造祖国北疆亮丽风景线的坚定信心和坚强决心。大家一致感到，这次党委中心组学习研讨非常重要、非常必要，达到了升华思想认识、凝聚奋进力量、推动实践发展的目的。综合大家的所学所思，结合个人的心得体会，我再讲几点意见。

一、进一步提高思想认识，坚持把学习贯彻习近平总书记考察内蒙古重要讲话精神作为长期重大政治任务抓紧抓好

2014年春节前夕，习近平总书记莅临我区考察指导并发表重要讲话，这是内蒙古发展史上的重要里程碑，充分体现了党中央和总书记对内蒙古各族人民的亲切关怀、对内蒙古改革发展的殷切希望。总书记在重要讲话中，充分肯定了党的十八大以来自治区各项工作取得的成绩，深刻阐明了内蒙古在全国发展大局中的战略地位，明确指出了我区未来发展的前进方向、工作重点和实践要求。讲话高瞻远瞩、高屋建瓴，思想深刻、内涵丰富，情真意切、语重心长，给全区广大干部群众以巨大鼓舞和有力鞭策，为自治区改革开放和现代化建设指明了前进方向、提供了根本遵循。

我们要更加深刻地认识到，总书记重要讲话是为内蒙古“量身定制”的行动纲领，具有战略性、全局性、根本性、长期性的指导意义。总书记讲话阐述的都是事关自治区全局工作和长远发展的重大问题，一系列重要论断、重要观点、重要要求都是基于内蒙古的实际和特点有针对性提出来的，有的是阐明了我们应该发挥的优势和长项、有的是指出了我们需要补齐的差距和短板，有的是交给了我们课题、有的是教授了我们方法，有的是给我们部署了“过河的任务”、有的是帮我们解决了“桥和船”的问题。比如，“守望相助”的要求，实言大意，凝魂聚气，集中反映了党中央和总书记对边疆民族地区的殷切嘱托。比如，把祖国北部边疆这道风景线打造得更加亮丽的要求，既有对内蒙古过去工作的肯定，又有对自治区未来发展的希望，寓意和内涵非常丰富。比如，转方式“五个结合”的要求，既突出了问题导向，又指明了努力方向，具有极强的针对性、指导性和可操作性。比如，“积极打造现代畜牧业”和“扎实抓好生态文明建设”的

要求，突出了牧区工作、生态保护建设在自治区全局乃至国家发展大局中的特殊重要位置。比如，“帮助农牧民从物质上到精神上都把日子过得更加红火起来”的要求，朴实生动的语言背后，体现的是以人民为中心的发展思想，顺应的是广大农牧民对幸福生活的新期待。比如，弘扬吃苦耐劳、一往无前的蒙古马精神的要求，有着很强的激励和感召作用，等等。每一次重温总书记的重要讲话，我们都能够从中感到耀眼的真理光芒，从中获得强大的真理力量。

我们要更加深刻地认识到，党的十八大以来，在经济形势错综复杂和改革发展稳定任务繁重艰巨的情况下，全区各方面工作能够取得新进展新成就，经济发展稳中有进、改革开放全面深化、民生保障切实加强、民主法治不断发展、文化建设成果丰硕、社会大局和谐稳定、生态环境持续改善、从严治党纵深推进，从根本上讲，是以习近平同志为核心的党中央坚强领导、亲切关怀的结果，是总书记系列重要讲话精神特别是考察内蒙古重要讲话精神科学指导、有力引领的结果。自治区第十次党代会描绘的宏伟蓝图、作出的战略部署得到全区上下的高度认同，根本在于全面地、深入地贯彻了总书记重要讲话精神。实践充分证明，习近平总书记考察我区的重要讲话，既是引领我们事业发展的“指南针”，也是推动我们事业发展的“动力源”，是一座丰富持久的“思想宝藏”。

全区各级党组织和广大党员干部，一定要站在拥护核心、维护核心、服从核心、紧跟核心的高度，进一步提高对习近平总书记考察内蒙古重要讲话精神重大意义的认识，结合学习贯彻习近平总书记系列重要讲话精神和治国理政新理念新思想新战略，坚持领导带头，加强学习研讨，广泛深入宣传，切实增强深学细研的自觉性和主动性，不断深化对总书记重要讲话思想内涵、精神实质、实践要求的理解和把握，用心体悟、用情感受、用力贯彻，在总书记重要讲话精神指引下，推动内蒙古发展迈上更高境界、迈向更高水平。

二、进一步深化贯彻落实，努力把祖国北部边疆这道风景线打造得更加亮丽

学习贯彻落实习近平总书记考察我区重要讲话精神，学习是前

提，贯彻是关键。当前和今后一个时期，就是要按照总书记的重要指示要求，按照自治区第十次党代会和十届二次全会的决策部署，精准发力、持续用力，统筹推进“五位一体”总体布局和协调推进“四个全面”战略布局，不断夺取决胜全面小康、建设现代化内蒙古、打造祖国北疆亮丽风景线的新胜利。

第一，要加快推动经济转型升级。牢记习近平总书记“着力转变经济发展方式”的重要指示要求，痛下决心减少对传统发展路径的依赖，牢固树立和贯彻落实新发展理念，适应把握引领经济发展新常态，坚持以提高发展质量和效益为中心、以推进供给侧结构性改革为主线，坚决守住发展底线，加快推动转型升级，大力促进“五化”协同，适度扩大总需求，强化创新驱动、投资拉动和项目带动，促进经济平稳健康发展，加快形成优势突出、结构合理、创新驱动、区域协调、城乡一体的发展新格局。要优化投资结构，深化投融资体制改革，发挥好投资在稳增长中的关键作用；扩大服务消费规模，挖掘农村牧区消费潜力，发挥好消费在稳增长中的基础作用。要积极拓展发展空间，加快和林格尔新区建设，推进呼包鄂协同发展和东部盟市跨越发展，促进大中小城市和小城镇协调发展，全面提升盟市、旗县所在地和中心镇服务功能，深化城乡户籍制度等相关改革，加快发展县域经济，扎实推进新农村新牧区建设，大力支持老少边穷地区发展。要扎实推进供给侧结构性改革，积极稳妥去产能，因地施策去库存，防范风险去杠杆，多措并举降成本，突出重点补短板。要注重运用新技术新业态全面改造提升能源、化工、冶金、建材、装备制造、农畜产品加工等特色优势产业，大力发展新能源、新材料、节能环保、高端装备、大数据云计算、生物科技、蒙中医药等战略性新兴产业，下大气力抓好旅游、文化、体育、健康、养老、金融、物流、商务会展等现代服务业发展，大力实施创新驱动发展战略和质量品牌战略，加快推进国家重要能源基地、新型化工基地、有色金属生产加工基地、绿色农畜产品生产加工基地、战略性新兴产业基地和国内外知名旅游目的地建设。

第二，要大力推进农牧业现代化进程。牢记习近平总书记“着力抓好农牧业和牧区工作”的重要指示要求，重视加强农牧业供给侧结构性改革，不断优化农牧业产业体系、生产体系、经营体系，巩固提升国家重要绿色农畜产品生产加工基地地位，加快实现农牧业大区向农牧业强区转变。要持之以恒抓好粮食生产，严守耕地红线，加强基础建设，调整种植结构，强化科技支撑，充分调动农民种粮、地方抓粮积极性，增强粮食综合生产能力，为保障国家粮食安全多作贡献。要积极打造现代畜牧业，稳步发展草原畜牧业，大力发展农区畜牧业，促进规模化、标准化、集约化养殖，提高畜牧业比重，提升乳肉绒等特色产业竞争力，把畜牧业打造成为重要的强区富民产业。要坚持用工业化思维、产业化理念谋划和发展农牧业，壮大新型经营主体，培育优质产品品牌，完善市场流通体系，拓展农牧业多种功能，促进一二三产业融合发展，提高农牧业生产经营水平。

第三，要不断完善现代基础设施网络体系。牢记习近平总书记“全面加强基础设施体系建设，增强基础设施对经济发展支撑能力和对城乡居民生活保障能力”的重要指示要求，以“七网”设施体系建设为重点，进一步加大投入和建设力度，尽快把基础设施这块短板补起来。要强化通过时空变革创造经济发展新优势的理念，按照适度超前、合理布局、完善网络、提升质量的原则，举全区之力，借国家之力，加快推进铁路网、公路网、航空网建设，尽快实现所有旗县通高速公路、重点城市通高铁、合理半径有机场。要统筹推进市政网、水利网、能源网、信息通信网建设，不断提升城市综合承载和公共服务能力，提升水资源保障能力，提升能源输送保障能力，提升信息化支撑引领能力，全面突破基础设施瓶颈制约，为自治区经济社会发展插上腾飞的翅膀。

第四，要深入推进全面深化改革。牢记习近平总书记“用全面深化改革统领经济社会发展”的重要指示要求，以更加坚定的决心和勇气推进改革工作，为经济社会发展增加“稳”的压舱石、注入“进”的驱动力。要继续深化总书记嘱托我区先行先试的3项改革，不断在加强生态文明制度建设、完善龙头企业同农牧民利益联结机制、创新同俄蒙合作机制方面取得新进展新突破。要统筹推进经济体制、政治体制、文化体制、社会体制、生态文明体制和党的建设制度改革，全面抓好中央和自治区各项改革任务举措的落实落地，深入推进“放管服”改革、财税体制改革、科技体制改革、电力体制改革、国企国资改革、农村牧区改革、林区垦区改革，大力扶持非公有制经济发展，坚决清除妨碍社会生产力发展的各种障碍，加快形成有利于引领经济发展新常态的体制机制。

第五，要全方位扩大对内对外开放。牢记习近平总书记“通过扩大开放促进改革发展”“把内蒙古建成我国向北开放重要桥头堡”的重要指示要求，树立全球视野、战略思维和大局意识，充分发挥内联八省区、外接俄蒙的区位优势，加快构建北上南下、东进西出、内外联动、八面来风的全方位开放新格局，把祖国北部边疆变为对外开放前沿。要主动融入、深度融入“一带一路”建设、京津冀协同发展、长江经济带建设等国家战略，积极构建开放型基础设施体系、产业体系和市场体系，全面抓好开发开放试验区、综合保税区、跨境经济合作区等开放平台建设，加大“走出去”“引进来”力度，深化区域经济协作，进一步提高对内对外开放水平。要深刻领会、自觉贯彻中央深化对蒙合作的战略意图，树立正确义利观，更好地把同蒙古的各方面合作搞起来、深下去。

第六，要扎实做好保障和改善民生工作。牢记习近平总书记“着力保障和改善民生”“只要一家一户乃至一个人没有解决基本生活问题，我们都不能安之若素；只要群众对幸福生活的憧憬还没有变成现实，我们都要毫不懈怠团结带领群众一起奋斗”的重要指示要求，认真落实以人民为中心的发展思想，坚决守住民生底线，想群众之想、急群众之急、解群众之困，加强普惠性、基础性、兜底性民生建设，在学有所教、劳有所得、病有所医、老有所养、住有所居上持续取得新进展。要坚持既尽力而为又量力而行，进一步加大投资于人的力度，突出抓好脱贫攻坚工作，统筹做好教育、文化、就业、收入分配、医药卫生、住房保障等工作，加快社会保障制度体系建设，提高基本公共服务供给能力和供给质量，编密织牢社会安全网，让各族群众更多更好地共享改革发展成果。“保障和改善民生需要花钱，但单靠钱是堆不出来的”，要从完善制度机制、改进工作作风抓起，进一步做好民生基础工作，真正把实事办好、把好事办实。

第七，要切实加强“两个屏障”建设。牢记习近平总书记“努力把内蒙古建成我国北方重要的生态安全屏障”“把内蒙古建成祖国北疆安全稳定的屏障”的重要指示要求，增强使命感，强化责任心，全力做好保护生态环境和维护安全稳定工作。要牢固树立绿色发展理念，坚决守住生态底线，扎实抓好生态修复和环境治理，大力推进资源节约和循环发展，不断加强制度建设和文化培育，全面提高生态文明建设水平，为各族群众创造良好的生产生活环境，为保障“三北”乃至全国生态安全多作贡献。要深入推进平安内蒙古、法治内蒙古建设，从严从实从细做好矛盾化解、社会治安、安全生产、食品药品安全和管边控边、对敌斗争等方面的工作，不断巩固发展和谐稳定大局，让祖国北疆安宁永驻。要精心做好民族工作，促进各民族共同团结奋斗、共同繁荣发展，让各族人民心连心、手拉手，紧紧拧成一股绳，共同守卫祖国边疆，共同创造美好生活。

第八，要全面推进从严管党治党。牢记习近平总书记“坚持党要管党、从严治党方针，全面加强党的建设，提高党建工作科学化水平”的重要指示要求，坚持真管真严、敢管敢严、长管长严，统筹抓好党的建设各项工作，努力营造风清气正、干事创业的良好政治生态。要认真落实全面从严治党主体责任，把抓好党建作为最大政绩，严格落实党建工作责任制，坚持党建工作和中心工作一起谋划、一起部署、一起考核，确保管党治党责任落到实处。要深入贯彻党的十八届六中全会精神，以加强和规范党内政治生活、加强党内监督为主要抓手，坚持不懈地深化思想理论武装，严格干部队伍管理监督，加强基层党建工作，驰而不息推进作风建设，坚定不移推进党风廉政建设和反腐败斗争，把全面从严治党不断引向深入。要严明党的纪律特别是政治纪律和政治规矩，敢于善于同一切破坏党的团结和集中统一的行为作斗争，做到党中央提倡的坚决响应、党中央决定的坚决执行、党中央禁止的坚决不做。

三、进一步凝聚奋进力量，始终保持守望相助、团结奋斗、一往无前的责任担当和精神状态

习近平总书记考察我区重要讲话精神，既为我们提供了科学的行动指南，也为我们注入了强大的精神动力。自治区第十次党代会把

总书记对我们提出的守望相助、团结奋斗、一往无前的希望和要求，作为一种责任担当和精神状态写入报告主题，目的就是教育引导广大党员和干部群众凝聚向心力、提振进取心、焕发精气神，更加团结一致、奋发有为地投身到建设现代化内蒙古、打造祖国北疆亮丽风景的实践中来，让内蒙古大地更加蒸蒸日上、生机勃勃。这就要求我们，必须大力弘扬蒙古马精神，在以下三个方面带好头、作表率。

第一，要苦干实干。邓小平同志深刻指出："世界上的事情都是干出来的，不干，半点马克思主义都没有。"习近平总书记反复强调"空谈误国，实干兴邦""干部干部，干是当头的"。当前，我区正处在爬坡过坎、转型升级的紧要关头，我们一定要保持干事创业的火热激情，保持攻坚克难的顽强意志，兢兢业业、勤勉负责地干好每一天、干好每一个月、干好每一年，用发展的成绩赢得群众的口碑，用干部的辛苦指数换取人民的幸福指数。要崇尚实干、多办实事，力戒浮夸、少喊口号，大兴调查研究之风、求真务实之风，多做打基础、利长远、惠民生的事，不做表面文章，不搞形象工程，不玩花拳绣腿，不要大轰大嗡，实打实地干好每一件事，集腋成裘、积沙成塔、积小胜为大胜、汇小河为江海。只要我们扑下身子拼命干、"撸起袖子加油干"，就没有过不去的坎，就没有办不成的事，宏伟蓝图就一定能够变为美好现实。

第二，要担当负责。坚持原则、敢于担当是党的干部必须具备的基本素质，有多大担当才能干多大事业，尽多大责任才会有多大成就。各级干部都要树立责任重于泰山的意识，树立"为官避事平生耻"的观念，坚持党的原则第一、党的事业第一、人民利益第一，敢想、敢做、敢闯、敢试、敢担当。要发扬斗争精神，敢于较真碰硬，面对大是大非敢于亮剑，面对矛盾敢于迎难而上，面对危机敢于挺身而出，面对失误敢于承担责任，面对歪风邪气敢于坚决斗争。要勇于革故鼎新，坚决破除一切不合时宜、阻碍发展的思维定势、行为惯性和路径依赖，不能囿于眼前之困而没有信心，不能畏于转型之难而裹足不前，不能惮于履职担责而无所作为，不能做"桃花源人"、满足现状而自得其乐，不能做"套中人"、把自己严严实实"裹起来"。各级党组织要抓住想干事、敢干事这两个关键点，规范干部政绩考核机制，健全正向激励机制，建立容错纠错机制，营造形成支持和保障干部担当负责的良好环境和浓厚氛围。

第三，要忠诚奉献。我始终认为，作为党员领导干部，我们的政治生命重于肉体生命。广大党员干部都应有这样的觉悟和境界，在对党忠诚上，必须是纯粹的、无条件的、忠贞不渝的；在为人民服务上，必须是无私的、全身心的、心甘情愿的。要牢固树立“四个意识”特别是核心意识、看齐意识，坚持以党的旗帜为旗帜、以党的方向为方向、以党的意志为意志，自觉向党中央看齐，向党的理论和路线方针政策看齐，向党中央的决策部署看齐，不断锤炼党性、磨练心性，始终表里如一、知行合一，坚定自觉地在思想上政治上行动上同以习近平同志为核心的党中央保持高度一致，坚定不移地把维护党中央权威，维护党中央的核心、全党的核心落实到行动中去，落实到推进改革发展稳定各项工作中去。要坚持把为党和人民事业无私奉献作为毕生追求，倍加珍惜党和人民的信任与期待，倍加珍惜为党和人民工作的机会与舞台，正确认识公和私、苦和乐、得和失的关系，不忘初心，摒弃私心，全心全意为党分忧、为国尽责、为民奉献，努力创造出无愧于时代、无愧于人民、无愧于历史的业绩。

同志们，总书记的重要指示要求是我们的行动指南，总书记的殷切关怀期望是我们的前进动力。我们一定要在以习近平同志为核心的党中央的坚强领导下，团结带领全区各族干部群众，努力把内蒙古的工作做得更好，把自治区的事情办得更好，把祖国北部边疆这道风景线打造得更加亮丽。

自治区第十二届人民代表大会第六次会议精神

——布小林同志2017年《政府工作报告》节选

今年是自治区改革发展进程中具有重要意义的一年。做好政府工作，必须全面贯彻党的十八大和十八届三中、四中、五中、六中全会精神，深入贯彻习近平总书记系列重要讲话和治国理政新理念新思想新战略，认真贯彻习近平总书记考察内蒙古重要讲话精神，紧紧围绕自治区第十次党代会和十届二次全会决策部署，统筹推进“五位一体”总体布局和协调推进“四个全面”战略布局，坚持稳中求进工作总基调，牢固树立和贯彻落实新发展理念，适应把握引领经济发展新常态，以提高发展质量和效益为中心，以推进供给侧结构性改革为主线，坚决守住发展、生态、民生底线，加快推动转型升级，大力促进“五化”协同，全面深化改革开放，适度扩大总需求，强化创新驱动、投资拉动和项目带动，全力做好稳增长、促改革、调结构、惠民生、防风险各项工作，促进经济平稳健康发展和社会和谐稳定，以优异成绩庆祝自治区成立70周年，迎接党的十九大胜利召开。

主要预期目标是：地区生产总值增长7.5%左右，固定资产投资增长12%左右，社会消费品零售总额增长10%左右，一般公共预算收入按可比口径增长6%左右，城乡居民人均可支配收入分别增长8%和8.5%左右，单位地区生产总值能耗下降3%左右，城镇新增就业25万人，全面完成国家下达的各项约束性指标。

这些预期目标，统筹考虑了我们面临的形势和任务，考虑了与自治区第十次党代会和“十三五”规划目标的衔接，也考虑了各方面的支撑条件，是立足需要和可能、经过综合权衡后确定的。这样的安排，有利于调动各方面积极性，有利于实现“四个高于”的目标，有利于推动经济转型升级。

我们深知，在国内外经济形势复杂严峻、下行压力持续加大的情况下，实现这些目标并不容易，必须做好应对困难的充分准备。也要看到，国家深入实施“一带一路”、京津冀协同发展和西部大开发、新一轮东北振兴战略，为我们创造了难得发展机遇；内蒙古有良好的发展优势、发展基础和发展潜力，自治区第十次党代会和十届二次全会确定了清晰的发展思路，提出了催人奋进的发展目标和有力的发展举措，必将凝聚和激发广大干部群众干事创业的热情。我们一定要坚定信心、攻坚克难，全力完成各项目标任务。

今年要重点做好以下工作：

（一）深入推进“三去一降一补”。以满足需求为最终目的，以提高供给质量为主攻方向，以深化改革为根本途径，推动五大任务取得实质性进展

继续化解过剩产能。坚持市场化、法治化原则，严格执行环保、能耗、质量、安全等法律法规和标准，坚决退出不合规、不达标产能。严格控制过剩行业新增产能，坚决防止已经化解的产能死灰复燃。创造条件推动企业兼并重组，做好职工安置工作，完成55万吨钢铁、120万吨煤炭产能的退出任务，并做好其他行业的去产能工作。

有序消化房地产库存。坚持分类指导，因城因地施策，对库存较多的地区，从严控制土地供应。把去库存与城镇化结合起来，完善农牧民进城购房支持政策。实施城镇棚户区改造22万户，货币化安置比例不低于60%。积极解决商业地产库存问题。支持群众改善性住房需求，抑制投机性购房，引导房地产业健康发展。

扎实做好去杠杆工作。以降低企业负债为重点，支持企业市场化债转股，盘活存量资产，加大股权融资力度，优化企业债务结构,防范企业债券违约风险。加强政府债务管理，规范政府举债行为。

着力降低企业成本。坚持标本兼治、远近结合、综合施策，进一步降低企业税费负担和融资、人工、物流、用地、用能、制度性交易成本。引导企业通过强化管理和创新，降低成本、提高效益。

统筹谋划补短板。坚持既补发展短板也补制度短板，从制约经济社会发展的重要领域和关键环节、从人民群众迫切需要解决的突出问题着手，深入实施补短板重点工程，努力在基础设施、脱贫攻坚、产业转型、科技教育、生态环境等领域取得突破。

（二）积极扩大有效需求。发挥投资的关键作用和消费的基础作用，为经济增长提供有力支撑，坚决守住发展底线

实施精准有效投资。今年完成固定资产投资1.7万亿元以上。围绕产业转型升级，实施一批重点产业项目，完成工业投资7000亿元。加快构建铁路、公路、航空、水利、市政、能源、信息通信网络体系，完成基础设施投资3000亿元。铁路建设规模4100公里，其中高铁800公里。公路建设规模2万公里，其中高速公路3000公里、一级公路3000公里，行政嘎查村全部通硬化路。开工建设呼和浩特新机场，建成4个旗县通用机场。加快城市轨道交通、地下综合管廊建设，全面改造城市老旧地下管网。加快特高压电力外送通道建设，实施新一轮农网改造升级工程。继续推进列入国家计划的重大水利项目、重点灌区续建配套和节水改造工程。建设中国北方大数据中心和“宽带内蒙古”，用信息化引领经济社会发展。

拓宽投融资渠道。完善政府和社会资本合作模式，发挥产业基金等政府投资基金的引导作用，激发民间投资活力。加大金融支持实体经济力度，鼓励金融机构增加信贷投放，力争新增贷款2200亿元。大力发展多层次资本市场，支持企业上市融资、债券融资，扩大直接融资规模。探索资源资本化、基础设施资产证券化的有效途径。

扩大消费需求。稳定传统消费，鼓励线上线下融合发展，推动实体商业创新转型。以旅游、文化、体育、健康、养老、教育培训等领域为重点，扩大新兴服务消费。大力推进品质消费、品牌消费，实施质量强区战略和标准化三年行动计划，以提高产品质量创造消费新需求。加快发展农村牧区电子商务，挖掘农村牧区消费潜力。完善消费基础设施，健全产品质量追溯体系，营造便利、放心的消费环境。

（三）推进农牧业供给侧结构性改革。把增加绿色优质农畜产品供给放在更加突出位置，优化农牧业产业体系、生产体系和经营体系

大力发展现代农牧业。根据消费升级趋势，调整农牧业结构，扩大绿色、有机、无公害农畜产品生产。在稳定粮食生产能力的基础上，调减玉米种植面积，发展玉米深加工产业。实施最严格的耕地保护制度，建设高标准农田，改造中低产田，发展节水灌溉。加快发展现代畜牧业，扩大青贮和优质牧草种植面积，推广家庭牧场和规模化养殖方式。推进农牧业产业化、标准化和品牌化发展，提高农畜产品精深加工水平，壮大龙头企业，培育内蒙古特色品牌。加强农牧业科技创新，推广绿色生产技术。强化动物疫病防控和农畜产品质量安全监管，严把从农田牧场到餐桌的每一道防线。

深化农村牧区产权制度改革。继续开展土地草原确权工作，推行所有权、承包权、经营权“三权分置”，促进经营权有序流转。积极培育和扶持农牧民合作社、专业大户等新型经营主体，发展多种形式的适度规模经营。改革农村牧区土地征收制度，开展集体经营性建设用地入市、宅基地制度改革试点，做好“两权”抵押贷款试点工作。深化农垦、供销社改革。推行“河长制”，开展水流产权确权试点工作。

多渠道增加农牧民收入。引导农牧民根据市场需求调整种养结构。积极发展乡村旅游、休闲农牧业等新业态，拓宽农牧民增收渠道。加强职业技能培训，促进农牧民就业增收。探索农村牧区集体经济有效实现形式，赋予农牧民更加充分的财产权利。不折不扣落实各项惠农惠牧补贴政策，提高农牧民政策性收入。

（四）推动工业迈向中高端。全面落实中央关于振兴实体经济的部署，坚持创新驱动，坚持调整存量和做优增量并举，加快工业转型升级

改造提升传统产业。鼓励煤炭、电力、化工、冶金企业实施战略重组，构建一体化竞争新优势。进一步提高煤炭清洁利用水平，加快建设电力外送煤电基地。大力发展精细化工，延伸钢铁、有色金属产业链，提高资源转化率和产品附加值。积极推进“互联网+制造”，焕发传统装备制造业活力。实施传统产业绿色化改造，鼓励企业清洁生产，发展循环经济。

做大做强新兴产业。完善支持政策，设立重点产业发展基金，大力发展新能源、新材料、大数据、节能环保、高端装备、生物科技、蒙中医药等战略性新兴产业，积极培育新的经济增长点。高标准建设国家大数据综合试验区。推进稀土产业升级，培育国家重要的石墨（烯）新材料产业基地。加快发展新能源汽车、工业机器人、高性能医疗器械等先进制造业，支持呼包鄂申报“中国制造2025”示范城市。建设蒙中药生产加工基地，做强蒙中医药产业。

加大科技创新力度。在清洁能源、现代煤化工、有色金属、高端装备、农畜产品加工等重点领域，开展技术攻关，加快技术成果转化，建立以市场为导向、产学研结合的科技成果转化推广体系。加强重点实验室、工程研究中心等创新平台建设，积极创建呼包鄂自主创新示范区。增加科技创新投入，加大对新技术、新产品、新服务的政府采购力度。深化科技体制改革，提高科研人员研发成果转化收益比例，鼓励科研人员创新创业。制定更具吸引力的人才政策，营造全社会重视人才、关心人才的浓厚氛围，把更多资源投向人才，做到才尽其用。推进大众创业、万众创新，积极发展众创、众包、众扶、众筹等分享经济。提高公民科学素质，培育创新文化，激发全社会创新活力和创造热情。

（五）加快发展现代服务业。把发展服务业作为扩大内需、调整结构和转变发展方式的重要战略任务，打造经济增长新的引擎

发展全域旅游、四季旅游，实施“旅游+”战略，形成全要素、全产业链旅游发展模式。把绿色发展理念融入旅游业规划、建设和管理全过程。推进文化与旅游融合发展，提升旅游品位和内涵。建立旅游投融资平台和产业发展基金。加快旅游管理体制改革，建设智慧旅游体系，提高旅游管理服务水平。实施专业化、精准化营销，让内蒙古旅游享誉国内外。

培育新型金融主体，引进区外金融机构，发展壮大地方金融，完善多层次、广覆盖的金融体系。创新金融产品和服务，大力发展绿色金融。加快发展普惠金融，着力解决小微企业贷款难、农村牧区高利贷等问题。加快保险市场体系建设，提升保险业保障服务能力。做好防控金融风险工作，完善监测预警和应急处置机制，支持金融机构依法处置不良贷款，坚决守住不发生系统性、区域性风险的底线。

发展现代物流业，建设一批大型物流园区、物流配送中心和电子商务示范城市，完善旗县、苏木乡镇、嘎查村物流体系，积极培育第三方物流企业；发展健康养老产业，推进医养结合，扩大服务供给；发展会展业，形成一批各具特色和有影响力的会展品牌；发展健身休闲、竞赛表演、场馆服务等体育产业，建设体育产业示范基地；发展科技咨询、教育培训、法律服务、家政服务等产业，满足群众多样化需求。

（六）提高城乡区域协调发展水平。坚持以城带乡，促进城乡一体化发展；坚持优化布局，形成多极支撑的区域发展格局

统筹城乡发展。把以人为本、尊重自然、传承历史、绿色低碳等理念，融入城市规划全过程，强化规划的战略引领和刚性约束。提高城市设计水平，塑造有地域特征、民族特色和文化内涵的城市风貌。保护历史文化名城、名镇、名街，延续城市历史文脉。加强城市基础设施建设，合理布局学校、医院、文化、体育、商业等服务设施，着力解决交通拥堵、空气污染、垃圾围城等“城市病”。改革城市管理体制，提高城市治理能力，加强智慧城市建设。落实户籍制度改革措施，完善教育、医疗、社保、就业、住房保障等公共服务政策，促进农牧业转移人口市民化。培育特色产业，大力发展县域经济。推进基础设施向农村牧区延伸、公共服务向农村牧区拓展。健全投入和管护机制，巩固“十个全覆盖”建设成果。以危房改造和改善农牧民人居环境为重点，建设美丽乡村。

推动区域协调发展。做好和林格尔国家级新区申报、规划等工作，统筹基础设施、产业发展、人口集聚、生态环保和城市功能布局。加快呼包鄂协同发展，建设中心城区1小时快速铁路圈、2小时公路圈，推进基础设施互联、产业建设互补、生态环境共治、公共服务共享取得实质性进展。落实新一轮东北振兴战略，加强特色优势产业和基础设施建设，降低蒙东地区大工业用电价格，支持东部盟市加快发展。推进乌海及周边地区产业转型升级，改善区域环境质量。建设乌大张合作区，融入京津冀协同发展。

（七）全面深化改革开放。以更加坚定的决心和勇气全面深化改革，以更加宽广的视野扩大对内对外开放，不断增强经济社会发展的动力和活力

扎实推进重点领域改革。深化“放管服”改革，营造宽松便捷的准入环境、公平有序的竞争环境和安全放心的消费环境。严格执行清单制度，各类清单及时向社会公开，以清单管理推动简政放权。完善事中事后监管，实现“双随机一公开”监管全覆盖。加快工商注册多证合一，开展“减证便民”专项行动，全面清理各种证明和手续。深化国企国资改革，稳步推进混合所有制改革试点。创新政府配置资源方式，构建科学、合理、规范的公共资源配置长效机制。坚持非禁即入、平等待遇，消除隐性壁垒，激发非公有制经济发展活力。依法加强产权保护，支持企业家安心创业。深化电力体制改革，扩大多边交易和大用户直供规模。改革财政预算管理制度，对常年安排、用途固化的支出进行清理规范。完善重点支出保障机制，扩大政府支出绩效评价范围，增强财政资金统筹能力。

全面提高开放水平。主动融入“一带一路”战略，积极推进中蒙俄经济走廊建设，加强基础设施互联互通，加快开发开放试验区、跨境经济合作区、综合保税区建设。办好第二届中蒙博览会。落实国家鼓励出口的各项政策，扩大对外贸易规模。加强国际产能合作，支持企业在境外建设产业园区。提升与京津冀、东三省、沿海发达地区以及港澳地区的交流合作水平，抓好跨地区基础设施和产业园区共建。全面深化科技、教育、文化、卫生、体育、旅游、环保等领域的开放交流合作。

（八）建设绿色内蒙古。良好的生态环境，是人民群众美好生活的一部分。我们要牢固树立“绿水青山就是金山银山”的理念，坚决守住生态底线，坚定不移走好绿色发展之路，筑牢生态安全屏障

加强生态保护和建设。深入实施三北防护林、天然林保护、退牧还草和区域绿化等重点生态工程，完成营造林1400万亩、种草3000万亩。落实新一轮草原生态补奖政策，完善禁牧和草畜平衡制度，大力发展林、沙、草产业。加强自然保护区、生态功能区和野生动植物资源保护，积极争取设立国家草原、森林、沙漠、湿地、火山公园。保护水生态环境，推进呼伦湖、乌梁素海、岱海治理。实施大青山生态综合治理工程。承办好联合国防治荒漠化公约第十三次缔约方大会。

铁腕整治环境突出问题。加强大气、水、土壤污染防治，实施工业污染源全面达标排放计划，完成1000万千瓦火电机组超低排放改造。加强工业园区、农牧业面源污染和矿山地质环境综合治理，严禁在自然保护区内违法违规建设和开发。以钉钉子精神，抓好中央环保督察反馈意见的整改落实；以零容忍态度，严厉打击环境违法行为。高度重视环境公益诉讼。深入实施环境保护督察制度，实现自治区对盟市督察全覆盖。

加强生态文明制度建设。全面落实主体功能区规划，坚守生态保护红线。实施最严格的水资源管理制度，建设节水型社会，确保饮用水水源地安全达标。建立项目环评与规划环评联动机制，加快排污权交易市场化改革。发挥环保基金引导作用，开展环境污染第三方治理，发展生态环保产业。继续实施领导干部自然资源资产离任审计试点。深化国有林区改革，完成国有林场改革，完善集体林权制度。推进国家低碳城市试点，实施全民节能行动计划。积极培育生态文化，倡导绿色低碳的生活方式。

（九）全力保障和改善民生。“只要还有一家一户乃至一个人没有解决基本生活问题，我们都不能安之若素”。我们要牢记习近平总书记的叮嘱，坚守民生底线，增加民生福祉，让发展成果惠及全体人民

打好脱贫攻坚战。把脱贫攻坚作为第一民生工程，因户因人精准施策，通过扶持生产、易地搬迁、生态补偿、教育扶贫、政策兜底等措施，确保20万贫困人口脱贫、14个区贫旗县、3个国贫旗县摘帽。加大金融扶贫力度，广泛动员社会力量参与扶贫开发，帮助贫困地区改善发展条件。做好健康扶贫工作，免费为贫困人口进行健康体检。各级政府要继续加大脱贫攻坚投入，自治区本级设立扶贫产业基金，各项惠民政策和民生项目向贫困地区倾斜。严格落实脱贫攻坚责任制，坚决防止虚假脱贫、数字脱贫。

抓好就业这个民生之本。实施高校毕业生就业创业促进计划。开展精准帮扶，确保零就业家庭动态清零。做好军转干部和退役士兵的接收安置工作。逐步建立终身职业技能培训制度，提高劳动者就业创业能力。完善创业扶持政策和激励机制，努力让每个人都有干事创业、实现梦想的机会。

深化收入分配制度改革，加快建立以知识价值为导向的分配政策体系。扩大企业工资集体协商覆盖面，完善机关事业单位工资制度，深化国有企业负责人薪酬制度改革。

实施全民参保计划，扩大社会保险覆盖范围。落实国家养老保险制度改革方案，继续提高基本养老金水平，推行企业年金、职业年金、商业养老保险。实行统一的城乡居民医疗保险制度，提高财政补助标准。有效衔接基本医保、大病保险、医疗救助等制度，实现城乡居民异地就医直接结算。统筹城乡低保，健全社会救助体系，做好残疾人、老龄、妇女儿童权益保护工作，大力发展红十字等慈善公益事业。

坚持教育优先发展战略，统筹各级各类教育发展。稳定增加教育投入，向基层、农村牧区和边远贫困地区倾斜，推动基本公共教育服务均等化。继续改善义务教育薄弱学校基本办学条件，解决农村牧区中小学“大通铺”和教师周转宿舍问题，落实乡村教师支持计划，努力完成县域义务教育均衡发展目标。加快公办幼儿园建设，鼓励普惠性幼儿园发展。大力发展现代职业教育，深化产教融合、校企合作。继续推进一流大学、一流学科建设，促进高等教育内涵式发展。支持和规范民办教育发展，提高继续教育、老年教育和特殊教育办学水平。

推进健康内蒙古建设。坚持新时期卫生与健康工作方针，做好全方位、全周期健康保障工作。以实现公平可及和群众受益为目标，深化医药卫生体制改革，坚持医疗、医药、医保“三医联动”，全面实施城市公立医院综合改革，完善分级诊疗制度和药品供应保障机制。做好公共卫生和重大疾病防控工作。推进自治区重点卫生项目和旗县蒙中医院建设。完善计划生育服务管理，提高出生人口素质。大力发展体育事业，促进全民健身与全民健康融合，实现旗县全民健身中心全覆盖。继续做好足球改革发展试点工作。

加强平安内蒙古建设。牢固树立安全红线意识，严格落实安全生产责任制，加强安全生产监管能力和信息化建设。强化“隐患就是事故”意识，全面排查消除安全隐患。进一步完善安全生产责任体系、法治体系、风险防控体系、教育培训体系和应急救援体系，提升安全生产水平。落实“四个最严”要求，强化食品药品安全源头治理和全程监管，确保人民群众饮食用药安全。深入排查社会矛盾，有效化解信访积案。完善社会治安防控体系，严厉打击各类违法犯罪活动。支持国防和军队改革建设，加强双拥共建，推动军民融合深度发展。

全面贯彻党的宗教工作基本方针，积极引导宗教与社会主义社会相适应，发挥宗教界人士和信教群众在促进经济社会发展中的积极作用。

（十）全面繁荣文化艺术

积极培育和践行社会主义核心价值观，深入开展中国梦、中华优秀传统文化的宣传教育，凝聚各族人民团结奋进的精神力量。深入实施全民阅读、文化信息资源共享等文化惠民工程，推进公共文化服务均等化、标准化。支持民族音乐、舞蹈、曲艺、美术和戏曲等文艺事业发展，繁荣文学创作，丰富各族群众的精神文化生活。实施重点公益文化项目，建设契丹辽博物馆、内蒙古群众艺术馆，支持民间博物馆建设。加强民族文化传承保护，推进草原文化创新发展，做好重点文化遗产申遗工作，实施长城、古建筑、岩画等文物保护工程。弘扬红色文化，加强对自治区革命史、民族团结进步史的研究、宣传，发挥好鄂尔多斯城川镇等红色革命教育基地作用，建设大青山抗日历史展馆、内蒙古革命历史博物馆。深化文化体制改革，大力发展文化产业。繁荣新闻出版和广播影视业，承办好第二十六届金鸡百花电影节。实施文化走出去战略，提高草原文化的传播力和影响力，讲好“中国故事”“内蒙古故事”。

（十一）加强政府自身建设

各级政府要牢固树立“四个意识”特别是核心意识、看齐意识，自觉践行社会主义法治理念，时刻清醒认识“我是谁”，准确把握政府的权力界限、职责所在，推进法治政府建设，严格依法行政，不失职、不越权。全面建立政府法律顾问制度，重视发挥智库作用，深入开展政府协商。依法接受人大及其常委会的监督，自觉接受人民政协民主监督，接受社会和舆论监督。

建设公开、诚信、高效、廉洁的服务型政府。坚持“以公开为常态，不公开为例外”，全面推行政务公开，完善新闻发布制度，及时回应社会关切。大力推进政务诚信建设，各级政府要言必信、行必果，新官也要理旧账。始终牢记“空谈误国，实干兴邦”，发扬“马上就办”的精神、钉钉子的精神和“蒙古马精神”，大力提高政府执行力和行政效率。加强行政监察和审计监督，持续推进政府系统党风廉政建设和反腐败工作。

我们依靠学习走到今天，也必然要依靠学习走向未来。各级政府和政府公务员要大兴学习之风，不断提高能力素质，始终站在时代前沿思考问题、推动工作，建设学习型政府、创新型政府。

（十二）努力开创民族团结进步事业新局面

各民族大团结是内蒙古的光荣传统，是自治区各项事业发展进步的基石。我们要坚定不移走中国特色解决民族问题的正确道路，全面贯彻落实党的民族政策和民族区域自治制度，进一步深化各民族交往交流交融，巩固发展平等、团结、互助、和谐的社会主义民族关系。深入开展民族团结进步创建活动。认真实施《民族教育条例》，优先重点发展民族教育。振兴民族医药，保护和发展少数民族优秀传统文化，推进蒙古语言文字规范化、标准化、信息化建设，办好第九届全区少数民族传统体育运动会。落实差别化支持政策，集中力量加快牧业旗、边境旗市、“三少民族”自治旗、民族乡和其他少数民族聚居地区发展。扎实做好城市民族工作，深入推进兴边富民行动，促进各民族共同繁荣发展。

今年是自治区成立70周年。70年来，内蒙古各族儿女不忘初心、团结奋斗，谱写了民族区域自治的光辉篇章；70年来，内蒙古走过了波澜壮阔的历程，取得了举世瞩目的成就。我们一定要全面总结70年来民族团结进步的宝贵经验，组织开展好自治区成立70周年庆祝活动，充分展示我国民族区域自治制度的巨大优越性，充分展示内蒙古的美好形象、美好前景和各族人民的精神风貌，进一步增强全区各族干部群众的自豪感和使命感，同心协力建设我们的美丽家园。

各位代表，“努力奋斗才能梦想成真”。让我们高举中国特色社会主义伟大旗帜，更加紧密地团结在以习近平同志为核心的党中央周围，守望相助、团结奋斗、一往无前，以优异成绩迎接党的十九大胜利召开和自治区成立70周年，谱写祖国北疆亮丽风景线的新篇章！

2017年内蒙古经济形势分析及2018年展望

内蒙古自治区统计局报告

胡敏谦

2017年，内蒙古认真贯彻落实中央和自治区党委重大决策部署，落实五大发展理念，坚持稳中求进工作总基调，深入推进供给侧结构性改革，积极应对经济下行压力，主要先行指标持续好转，经济效益明显改善。展望2018年，在新发展理念的指引下，随着供给侧结构性改革深入推进，经济新动能快速成长，全区经济增长将会继续保持在合理区间，顺利实现"十三五"中期目标。

一、2017年全区经济运行基本情况

初步核算，前三季度，全区实现地区生产总值13740.21亿元，按可比价格计算，同比增长5.0%。分产业看，第一产业实现增加值668.17亿元，同比增长3.6%；第二产业实现增加值6791.70亿元，增长2.8%；第三产业实现增加值6280.34亿元，增长7.8%。预计全年生产总值比上年增长6.0%左右。

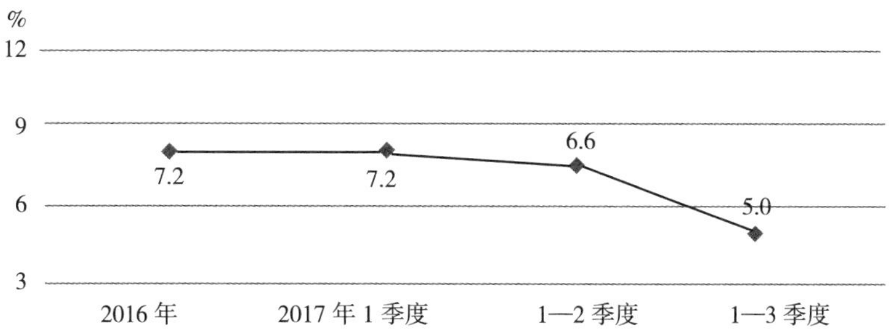

图1　2016年、2017年内蒙古地区生产总值（GDP）可比价增速

（一）经济运行总体平稳，经济增长质量提高

经济总体保持了平稳运行的态势，经济增长质量提高，就业稳定增加，价格温和上涨。经济增速虽有所回落，但是在经济下行压力持续加大、去产能去库存与稳增长等两难多难问题更趋突出的情况下实现稳定增长，实属来之不易。随着供给侧结构性改革的深入推进，全区供给端的质量和层次明显提高，一些高端的、附加值高、符合市场需求的供给产品和服务明显增加，引导了需求的增加，形成了更高水平上的供需基本平衡。大力培育新动能和新增长点，经济的内生增长动力和可持续性大幅提升。如以云计算、大数据为代表的信息技术产业、新型煤化工产业、新能源产业、蒙医药产业等成为支撑全区经济发展的新动能。就业稳步增长。1—10月，全区城镇新增就业24.59万人，完成年度计划98%，城镇登记失业率为3.63%，低于年初确定控制目标0.37个百分点。物价水平较为稳定。1—10月，居民消费价格上涨1.6%。

（二）先行指标持续好转，主要指标高位增长

全区全社会用电量自2017年2月以来连续9个月呈两位数增长。1—10月，全社会用电量2377.70亿千瓦时，同比增长10.8%，增速较1—9月加快0.1个百分点。其中工业用电量2077.52亿千瓦时，增长10.5%，增速较1—9月加快0.1个百分点。全区货运量自2017年2月以来连续9个月呈两位数增长。1—10月，货运量完成19.01亿吨，同比增长14.9%，增速较1—9月微落0.1个百分点。其中公路货运量完成12.37亿吨，同比增长13.6%，增速较1—9月加快0.3个百分点。1—10月，全区货物周转量4277.71亿吨公里，同比增长18.4%，增速较1—9月回落0.6个百分点。其中公路同比增长13.9%，增速较1—9月微落0.2个百分点。

（三）结构调整稳步推进，三次产业协调发展

1.农牧业生产形势较好

种植业方面，农区墒情明显好于历年同期，光温水条件适宜，秋收气象条件有利。全年粮食产量达到553.68亿斤，居全国第十位。畜牧业方面，前三季度，猪牛羊家禽出栏均增长。生猪出栏676.3万头，同比增长2.5%；牛出栏239.4万头，同比增长1.9%；羊出栏4198.7万只，同比增长5.3%；家禽出栏6218.4万只，同比增长1.9%。主要畜禽产品产量稳中有增，猪肉产量56.3万吨，同比增长2.6%；牛肉产量38万吨，同比增长1.9%；羊肉产量68.4万吨，同比增长5.4%；禽肉产量12万吨，同比增长1.3%。

2.工业经济基本面较好

1—10月，全区规模以上工业增加值同比增长3.6%，增速较1—9月提高1.0个百分点。其中，10月规模以上工业增加值同比增长1.0%。分轻重工业看，1—10月，轻工业增加值同比下降11.1%，重工业增加值同比增长5.2%。分经济类型看，国有企业继续保持较快增长势头。1—10月，国有企业同比增长15.4%，快于全区平均增速11.8个百分点；国有及国有控股企业同比增长10.2%，快于全区平均增速6.6个百分点。从六大支柱产业看，呈“四增两降”，即能源工业、化学工业、装备制造工业、高新技术工业保持不同程度增长，冶金建材工业和农畜产品加工业处于下降。其中，能源工业同比增长8.0%，增速较1—9月提高2.4个百分点，对规模以上工业增长的贡献率达到114.5%，拉动工业增长4.1个百分点；化学工业同比增长8.7%，增速较1—9月提高2.5个百分点，对规模以上工业增长的贡献率达到30.0%，拉动工业增长1.1个百分点；装备制造工业同比增长1.3%，较1—9月回落0.4个百分点，对规模以上工业增长的贡献率达到1.0%；高新技术工业增速由降转增，同比增长0.7%，增速较1—9月提高24.2个百分点，对规模以上工业增长的贡献率达到0.3%，高新技术工业中电子计算机通讯业同比增长26.2%。从产品产量看，在统计的29种产品产量中，有 20种保持增长。其中，原煤同比增长10.6%，焦炭增长14.1%，生铁增长7.3%，粗钢增长20.2%，钢材增长20.3%，单晶硅增长99.4%，精甲醇增长22.2%，化肥增长39.6%，乳制品增长1.7%，液体乳增长1.4%，彩色电视机增长33.7%。产销衔接持续好转，1—10月，全区规模以上工业企业产销率达到98.7%，较2016年同期提高1.0个百分点。分盟市看，1—10月，12个盟市呈现“十增二降”，阿拉善盟实现由负转正。其中，规模以上工业增加值增速位居前三位的为乌海市（11.3%）、鄂尔多斯市（7.2%）和乌兰察布市（6.1%）。

规模以上工业经济效益明显改善。1—9月，全区规模以上工业企业实现利润总额1236.5亿元，同比增长78.2%，增速高于全国平均水平

55.4个百分点。1—10月，全区规模以上工业企业实现利润总额同比增长1.44倍。

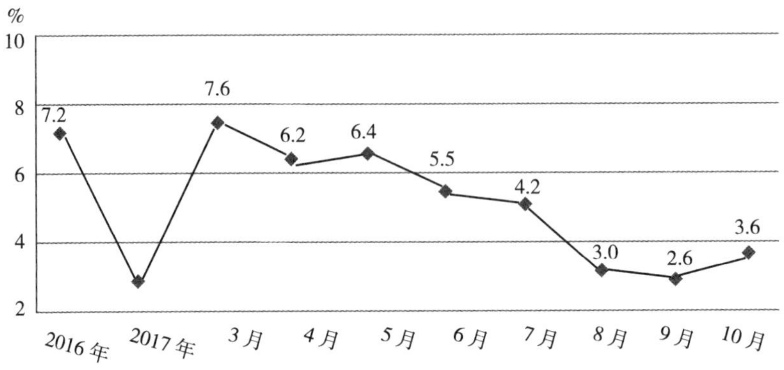

图2　内蒙古规模以上工业增加值累计增速

3.服务业保持较快增长

服务业对经济增长的支撑作用增强。前三季度，服务业增速、对经济增长的贡献和拉动在三次产业中均居首位，起到了主要支撑作用。全区服务业即第三产业增加值增长7.8%，与全国平均水平持平。第三产业增加值占地区生产总值比重为45.7%，对经济增长的贡献率超过一半，达66.6%，超过第二产业36.7个百分点，拉动地区生产总值增长3.3个百分点，超过第二产业1.8个百分点。服务业相关行业快速发展。前三季度，金融机构人民币存、贷款余额分别比2016年同月末增长12.3%和11.6%，快递业务收入增长34.4%。第三产业用电量106.39亿千瓦时，同比增长13.1%。一系列风光游览、文化体验、休闲养生等旅游产品，拉动秋季旅游持续升温。前三季度，国内旅游者8496万人次，同比增长21.8%；旅游业总收入2537.7亿元，同比增长28.6%。自治区服务业的快速发展，成为保持经济运行在合理区间的重要支持，对深化供给侧结构性改革、持续扩大就业、促进居民增收等方面起到极大的助推作用。

（四）有效需求稳定增长，结构不断调整优化

1.投资内部结构不断优化

1—10月，全区500万元以上项目固定资产投资完成13627.23亿元，同比下降3.9%。民间投资完成6402.28亿元，同比下降0.9%，占固定资产投资额的47.0%，占比较1—9月提高0.1个百分点。分产业看，第一产业完成投资857.71亿元，同比增长29.4%；第二产业完成投资5376.78亿元，同比下降11.7%，其中工业投资同比下降9.9%；第三产业完成投资7392.74亿元，同比下降0.6%。投资结构优化态势明显。第三产业投资占固定资产投资额的比重超过一半，达到54.2%，占比高于1—9月 0.4个百分点，高于第二产业14.7个百分点。制造业投资和基础设施投资分别占固定资产投资总额的23.0%和39.4%。分行业看，在统计的19个行业大类中，有12个行业的投资保持不同程度增长，有7个行业投资增速处于下降。其中，信息传输、软件和信息技术服务业同比增长66.8%；居民服务、修理和其他服务业投资同比增长55.0%；住宿和餐饮业投资同比增长49.2%；科学研究和技术服务业同比增长43.6%。从项目个数看，全区施工项目个数21412个，同比下降2.7%。其中，本年新开工项目17139个，同比下降9.3%；本年投产项目个数15524个，同比下降5.2%。分盟市看，呈现“六增六降”，其中500万元以上项目固定资产投资增速位居前三位的为乌海市（11.6%）、阿拉善盟（10.8%）和兴安盟（10.4%）。房地产开发投资持续放缓。1—10月，全区房地产开发完成投资863.43亿元，同比下降15.9%。商品房销售面积1612.37万平方米，同比下降7.9%；商品房销售额754.35亿元，同比下降5.4%；商品房待售面积1307.55万平方米，同比下降7.8%。

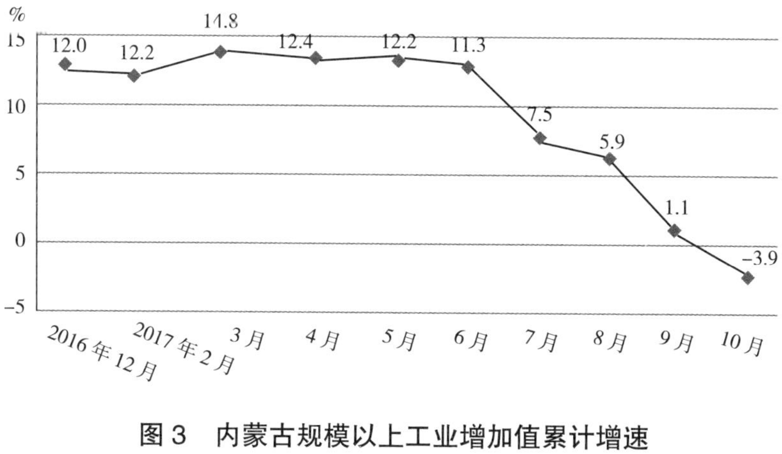

图 3　内蒙古规模以上工业增加值累计增速

2.消费市场平稳运行

1—10月，全区实现社会消费品零售总额5808.7亿元，同比增长

8.0%，增速较1—9月回落0.4个百分点，增速低于全国平均水平2.3个百分点。其中，城镇5236.9亿元，同比增长7.7%；乡村571.8亿元，同比增长10.8%，快于城镇增速3.1个百分点。分消费形态看，全区餐饮业收入完成906.7亿元，同比增长9.9%，增速较1—9月回落0.2个百分点；商品零售额完成4902.0亿元，同比增长7.7%，增速较1—9月回落0.4个百分点。从限额以上单位类值看，粮油、食品、烟酒类同比增长10.6%，家用电器和音响器材类增长7.1%，服装、鞋帽、针织品类增长5.1%。分盟市看，社会消费品零售总额增速位居前三位的为赤峰市（9.1%）、巴彦淖尔市（8.7%）和通辽市（8.6%）。

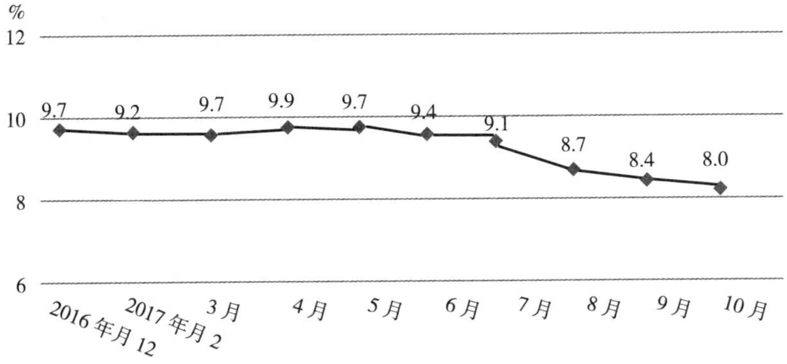

图4　内蒙古社会消费品零售总额累计增速

3.对外贸易稳步增长

2017年以来，全区进出口一直保持两位数高增长态势。1—10月，全区进出口总值达到787.27亿元，同比增长26.7%，增速快于全国平均水平10.8个百分点。其中，出口完成277.64亿元，增长16.7%，增速快于全国平均水平5个百分点；进口完成509.63亿元，增长32.9%，增速快于全国平均水平11.4个百分点。从贸易方式来看，一般贸易进出口总值占进出口总额的57.5%，同比增长31.0%，快于全区进出口增速4.3个百分点；边境小额贸易同比增长52.7%，快于全区进出口增速26个百分点。分国别看，全区对蒙古国和俄罗斯两国的进出口总值同比分别增长49.6%和18.9%。

（五）财政收支总体平稳，金融机构存贷款稳步增长

1—10月，全区一般公共预算收入完成1586.96亿元，同比下降1.3%。其中，税收收入达到1203.31亿元，同比增长15.1%。1—10月，一般公共预算支出完成3676.25亿元，同比增长2.0%。其中，科学技术支出同比增长28.2%；社会保障和就业支出同比增长10.1%；文化体育与传媒支出同比增长30.5%，商业服务业等支出同比增长38.8%。财政收入质量明显提高。1—10月，全区税收收入占一般公共预算收入的比重为75.8%，占比较2016年同期提高 9.7个百分点；非税收入占一般公共预算收入的比重为24.2%，占比较上年同期下降10.8个百分点。

10月末，全区金融机构本外币各项存款余额为23561.98亿元，比年初增加2316.32亿元，同比增长11.6%，增速较1—9月回落0.8个百分点。本外币各项贷款余额为21486.30亿元，比年初增加2027.84亿元，同比增长12.3%，增速较1—9月加快0.7个百分点。金融机构人民币存款余额为23446.01亿元，比年初增加2280.39亿元，同比增长11.5%，增速较1—9月回落0.8个百分点。金融机构人民币贷款余额为21373.25亿元，比年初增加2012.24亿元，同比增长12.3%，增速较1—9月加快0.7个百分点。

（六）居民消费价格温和上涨，工业品生产价格涨势稳定

1—10月，全区居民消费价格同比上涨1.6%，涨幅与1—9月持平，快于全国平均水平0.1个百分点。其中，城市同比上涨1.7%，较1—9月扩大0.1个百分点；农村牧区同比上涨1.5%，较1—9月扩大0.1个百分点。分类别看，八大类消费价格继续呈现“七升一降”格局。医疗保健价格同比上涨10.2%，交通和通信、居住均同比上涨1.5%，其他用品和服务同比上涨1.3%，衣着同比上涨1.2%，教育文化和娱乐同比上涨1.0%，生活用品及服务同比上涨0.6%，食品烟酒同比下降0.4%。

1—10月，工业生产者出厂价格同比上涨11.6%，涨幅与1—9月持平；全区工业生产者购进价格同比上涨6.6%，涨幅与1—9月持平。

（七）居民收入稳步增加，城乡居民生活继续改善

前三季度，全区居民人均可支配收入19321元，同比增长8.8%，增速与上半年持平。按常住地分，城镇居民人均可支配收入26939元，增长8.2%，低于上半年0.1个百分点，其中工资性收入16453元，占61.1%，增长8.2%；农村居民人均可支配收入8478元，增长8.1%，快于上半年0.1个百分点，其中经营净收入3690元，占43.5%。全区居民人均生活消费支出13675元，同比增长3.9%。按常住地分，城镇居民人均生活消费支出17141元，增长2.9%；农村居民人均生活消费支出8743元，增长5.4%。

（八）供给侧结构性改革扎实推进，去库存、降成本成效显著

去产能方面，1—10月，平板玻璃产量下降1.1%，水泥产量下降24.3%。去库存方面，10月末，全区商品房待售面积为1307.55万平方米，同比下降7.8%，降幅较1—9月扩大4个百分点。去杠杆方面，9月末，全区规模以上工业企业资产负债率为63.36%，同比降低3.8个百分点。降成本方面，1—9月，全区规模以上工业企业每百元主营业务收入中的成本为81.14元，同比下降2.7元，较全国平均水平低4.42元。补短板方面，民生领域投资增长较快。1—10月，教育投资增长12.1%，水利、环境和公共设施增长8.3%，文化、体育和娱乐业增长11.3%。

综合考虑各方面因素影响，我们初步预计，2017年全区经济总体运行稳定，地区生产总值增长6%左右，500万元以上固定资产投资下降8%左右，社会消费品零售总额增长8%左右，城乡居民人均可支配收入均增长8%以上，居民消费价格指数涨幅在2%以内，万元地区生产总值能耗完成国家下达的控制目标。

二、当前经济运行中的一些积极变化

（一）工业加快向中高端水平迈进

制造业保持较快增长。1—10月，在规模以上工业中，通用设备制造业同比增长92.8%，计算机、通信和其他电子设备制造业增长26.0%，汽车制造业增长14.0%，化学原料和化学制品制造业增长6.9%。新产品产量保持快速增长。1—10月，全区光电子器件产量同比增长87.3%，稀土磁性材料增长6.2%，智能电视增长33.7%，太阳能电池产量增长5.9%。上述数据表明，工业向中高端水平迈进的步伐在加快。

（二）新兴服务业快速发展

邮政、电信、保险均保持两位数高速增长，特别是快递业发展势头强劲。前三季度，快递业务量增长34.8%，快递业务收入增长34.4%，增速位居全国前列。全区规模以上战略新兴服务业企业实现营业收入145.8亿元，同比增长6.6%。全区规模以上科学研究和技术服务业保持较快发展，实现营业收入51.2亿元，同比增长24.5%。信息传输、软件和信息技术服务业进入快速发展期。9月末，信息传输、软件和信息技术服务业贷款余额57.18亿元，比年初增加36.04亿元，增长1.5倍。

（三）企业效益持续改善

在生产稳步增长、产品价格上涨及成本费用下降等因素的有力拉动下，工业利润保持高位增长。前三季度，在40个工业大类行业中，32个行业利润总额同比增加，8个行业利润总额同比减少。对全区规模以上工业拉动作用较大的行业有煤炭开采和洗选业同比增长1.4倍，拉动规模以上工业利润提高46.2个百分点；化学原料和化学制品制造业同比增长5.7倍，拉动规模以上工业利润提高7.9个百分点；有色金属矿采选业同比增长1.1倍，拉动规模以上工业利润提高4.9个百分点。

2017年以来，全区规模以上服务业企业营业收入一致保持10%以上的高速增长。前三季度，全区规模以上服务业企业营业收入948亿元，同比增长18.3%，是2017年以来的最高增速，高于全国平均水平4.7个百分点，增速居全国各省、自治区、直辖市第五位，仅次于浙江、重庆、湖南、江西。

三、当前经济运行中存在的主要问题

总体看，全区经济运行平稳，结构调整和转型升级取得新成效。但同时也要看到，国内外环境依然复杂，新旧动能的接续不可能一蹴而就，经济稳定增长的基础尚不牢固，下行压力依然较大。突出问题主要表现在以下四点。

（一）部分主要经济指标增速回落明显，完成全年目标难度很大

受各种因素影响，2017年以来，部分主要经济指标增幅连续回落，完成全年目标难度也非常大。前三季度，全区地区生产总值同比增长5%；1—10月，规模以上工业增加值同比增长3.6%，虽初步呈现出了“止跌回升”的态势，但增速仍是多年来最低的；1—10月，社会消费品零售总额同比增长8%，低于上半年增速1.4个百分点，自下半年以来也呈逐月回落的态势。

（二）投资首现下降态势，经济持续稳定发展的动力渐显不足

按照控制政府债务的需要，一大批基础设施建设项目停建或缓建，对基础设施投资产生明显下拉作用，再加上重大项目审批缓慢，融资难、融资贵等因素影响，全区投资逐步下滑，目前也出现了负增长态势。1—10月，全区500万元以上项目固定资产投资同比下降3.9%，这是多年来首次出现总量下降的情况。房地产开发投资1—6月出现负增长，下半年下降幅度逐月扩大。民间投资、第三产业投资和基础设施投资1—10月也出现负增长。投资的下滑会逐步传导到经济的走势上，影响今后全区经济运行的持续性和稳定性。

（三）第三产业中的相关指标也呈逐步下滑态势，影响了第三产业的较快增长

2017年以来，全区第三产业实现了稳定较快增长，态势良好，在第二产业支撑不足时有效起到了引领、支撑全区地区生产总值增长和结构调整的作用。但同时，在第三产业内部，一些重要的支撑指标也在呈逐步回落的走势，一定程度上拉低了第三产业的增速。如1—10月，财政八项支出同比仅增长0.1%，较上半年增速回落了11.8个百分点；商品房销售面积同比下降7.9%，比上半年增速回落15.7个百分点。

（四）财政收入增幅较低，增收压力较大

财政增收比较困难，受基数较高、中央巡视“回头看”整改要求等综合因素影响，预期后续增收压力较大。1—10月，一般公共预算收入出现负增长。

上述反映在经济指标上的显性问题，深入分析其根本原因在于低端供给与有效需求不足的矛盾、传统产业依赖与新产业支撑不足并存、创新能力偏弱与创新发展要求并存。这些发展中不平衡不充分的问题，需要更好地贯彻落实新发展理念，通过质量、效率、动力“三个变革”，扎实推进供给侧结构性改革，去着力解决。

四、2018年经济形势展望及支撑因素分析

2018年，我们将迎来改革开放40周年。我国经济发展长期向好的基本面没有变，但国内外发展的环境依然错综复杂，部分发达国家

“逆全球化”和贸易保护主义思潮仍然活跃，外部经济的压力仍较大。从内部来看，我区正处于结构调整的关键时期，三期叠加的阵痛正在持续。预计全区工业、投资、消费等方面下行压力依然不小。

从能够支撑全区经济保持平稳运行的一些发展环境、自身动力等因素分析：2018年国际市场需求有望继续改善。国际货币基金组织预计2018年世界经济增长3.7%，较2017年提高0.1个百分点。国内经济稳中向好态势持续发展。党的十九大胜利召开，对决胜全面建成小康社会作出全面部署，将极大地激发全社会干事创业热情，为经济发展注入新的动力。中国经济增长势头强劲，国际货币基金组织一年内4次上调中国经济增长预期，预计2018年中国经济增长6.5%。中国经济转型升级正处于重要的历史关口，转型升级的步伐会加快，结构性改革会明显提速，以新供给创造新需求，从供给侧逐步实现新跃升，使产能过剩行业的供给会逐步减少，而市场需求大的行业供给会不断增加。从动力看，“三驾马车”新的动力在集聚，新常态的内蒙古增长动力将稳健有力。从自治区近期一批重大项目正加紧建设及采取的一些重点措施分析，会对下阶段全区经济运行形成有利因素。如总投资30亿元新材料产业园项目在乌海市开工建设；国内规模最大氯化聚氯乙烯（CPVC）项目产出第一釜产品；张呼客专乌兰察布至呼和浩特东段进入试运行阶段；呼准鄂铁路主体完工，即将运营。

从趋势看，当前经济增长总体平稳、居民收入稳定增长、居民消费价格波动平稳、就业形势总体稳定。另外，随着供给侧结构性改革深入推进，经济新动能快速成长，供给体系的质量和效率不断提升，供需关系稳步改善，经济效益明显提高，经济增长持续动力增强。因此2018年内蒙古经济稳中向好的态势不会改变，预计经济增速较2017年有所提高。综合考虑，预计2018年全区地区生产总值增速在6.5%左右，固定资产投资增长8.0%左右，社会消费品零售总额增长8.0%左右，城乡居民人均可支配收入增长8.0%左右，单位生产总值能耗将完成国家下达目标。

五、对策建议

2018年，全区要认真贯彻落实党的十九大会议精神，以习近平新时代中国特色社会主义思想为指导，坚持稳中求进的工作总基调，坚持新发展理念，紧扣我国社会主要矛盾变化，按照高质量发展的要求，深入推进供给侧结构性改革，推动三大变革，确保打赢三大攻坚战，力促全区经济平稳健康发展。

（一）着力贯彻落实新发展理念

更好地贯彻落实新发展理念，要通过质量、效率、动力“三个变革”，着力解决不平衡不充分的发展问题。更加强调从全局的高度谋划发展，更加注重城乡协调、区域协调、社会群体间的协调以及经济与社会其他方面之间的协调。以供给侧结构性改革为主线，着力加快建设实体经济、科技创新、现代金融、人力资源协同发展的产业体系。积极发展现代农牧业，大力发展战略性新兴产业，加快发展现代服务业，促进三次产业在更高水平上协同发展。务必正确处理好“稳”和“进”的辩证关系，既要立足于“稳”，又要着眼于“进”，以扎扎实实的“稳”促进高质量的“进”，以持续不断的“进”维护高水平的“稳”，努力走出一条质量更高、效益更好、结构更优、后劲更足、优势充分释放的发展新路子。

（二）抓好重点项目建设，促进投资稳定增长

要进一步强化责任意识，深入一线，加大对停工项目的摸底和督促力度，认真分析原因，认真研究引进社会和民间资本投资项目建设，充分运用政府和社会资本合作（PPP）模式，以减缓政府资金投资不足和债务负担过重的压力。同时，对已开工或续建的项目要加大定期检查、现场督察的力度，及时发现和解决项目建设中出现的新情况、新问题，确保项目建设有序推进。抓好重大项目建设，着力推动制造业，扩大有效投资，扩大民间投资领域，高度关注工业投资情况，尽快扭转当前工业投资下降的不利趋势。抓好项目资金支持，促进投资稳定增长。积极落实投资项目资金，为各类建设项目的顺利实施提供有力保障。加大国家投资项目资金拨付力度，确保资金及时到位。加大金融机构对投资的支持力度，拓展资金来源渠道，创新项目融资方式，确保项目资金及时落实，提高资金保障能力。

（三）加大扶持力度，确保工业平稳回升

加大新增企业培育及扶持力度，重点培育引进战略性新型产业等“七业”企业，从引进项目、资金落实、项目实施、竣工投产等各方面为企业提供便捷服务和优惠政策；加大优质企业支持力度，从技术、人员、资金方面予以支持，帮助企业提升品质、效益和市场影响力。重塑工业增长动力，推动产业迈向中高端。加快改造提升传统动能，鼓励企业在高端产品研发和生产上下功夫，提高产品市场竞争力和占有率。加快发展高端装备制造业。重点引进数字化、智能化，对技术进步、产业升级有重大影响和带动作用的装备及关键零部件项目。坚持创新驱动，加快培育壮大创新载体，提高经济增长质量和效益。针对部分工业企业目前的困难，要切实落实好全区金融工作会议精神和国家及自治区针对企业降本减负的系列政策措施，加快释放改革红利，有效服务实体经济发展，努力稳定经济增长预期，不断激发企业活力。大力支持现代服务业、高新技术产业、战略性新兴产业发展，鼓励和引导企业加大研发和技改投入，掌握关键核心技术，积极培育新增长点，实现经济增长动力转换。以钢铁去产能为重点，确保减能减量，严控高耗能项目审批，加强节能降耗跟踪监测，加快新能源开发利用，促进能源结构调整。

（四）适度扩大消费需求，促进消费转型升级

在促进城乡居民收入稳定增长的同时，不断提升消费能力。进一步强化稳增长、促消费等各项政策的督促落实，发挥政策的引导作用，促进消费升级。稳定传统消费，鼓励线上线下融合发展，推动实体商业创新转型。围绕旅游、文化、体育、健康、养老、教育培训等重点领域，扩大新兴服务消费，满足人民群众多样化需求。全面实施质量强区战略，大力推进品质消费、品牌消费，通过提高产品质量，创造消费新需求。加快农村牧区电子商务发展，挖掘农村牧区消费潜力。加强消费基础设施建设，营造便利、放心的消费环境。

（五）提高新能源开发利用水平，加强建设我国北方重要生态安全屏障

加快推进新能源开发利用。以煤炭减量替代为抓手，倒逼风能、太阳能、生物质能等新能源的开发利用。建立相关补贴政策，鼓励城乡住户开发使用太阳能。推进农村牧区住户燃煤改天然气工程，减少燃煤排放。倡导绿色出行，鼓励使用自行车、公共汽车、电动汽车出行。加快淘汰落后小发电机组，提升设备技术水平，促进能源利用更加节能高效。另外，要牢固树立“绿水青山就是金山银山”的发展理念。指导协助全区的资源型城市及早合理转型，实现多元发展，多极支撑，大力营造青山绿水的生存发展环境，实现绿色、可持续发展。大力保护、合理利用水资源，在全区各地全面落实“河长制”。

（六）以精准扶贫为重要抓手，切实提高“共享发展”水平

要将扶贫工作摆在更加突出的位置，突出重点，统筹谋划，实施更加精准的扶贫政策。要引导帮助贫困地区中一些有劳动能力的贫困户多外出打工，以增加他们的工资性收入，弥补家庭经营收入不足的问题；同时，要通过大力推动对贫困农牧民的技能培训及对农牧民工就业后的再培训等措施，不断提高贫困农牧民工的劳动技能和素质，以更加适应岗位需求。继续提升教育扶贫水平，通过教育增强贫困群众的脱贫能力。要根据医疗技术和行业的发展，适时动态调整全区医保范围和种类，将先进有效的医疗器械、新药等及时纳入全区医保报销范围内，不断增进全区居民的健康福祉。

作者系内蒙古自治区统计局局长

内蒙古发展研究中心报告

付东梅　刘　军　田晓明

2017年，面对经济下行压力加大、转型升级任务繁重的双重压力，我区深入贯彻习近平总书记考察内蒙古重要讲话精神，大力践行新发展理念，以提高发展质量和效益为中心，坚定不移推进供给侧结构性改革，结构调整持续改善，经济发展效益逐步提升。但也看到，经济发展不平衡不充分的问题尚未根本解决，经济下行压力加大。2018年，是我区全面贯彻落实党的十九大精神的第一年，须聚焦十九大新发展理念，坚持质量第一、效益优先，推动经济向着更高质量、更有效率、更加公平、更可持续的方向发展，加快建设内蒙古现代化经济体系，力促经济稳速增效。

一、2017年内蒙古经济运行特征

（一）“三去一降一补”成效突出，结构转型稳步推进

2017年，我区抓住供给侧结构性改革关键领域不放松，找准问题、精准发力，“三去一降一补”重点任务取得实效。煤炭、钢铁去产能任务按时完成，1—10月，平板玻璃、水泥产量分别下降1.1%和24.3%；商品房待售面积同比下降7.8%；规模以上工业企业资产负债率同比下降0.7个百分点。同时，降成本成效显著。1—10月，规模以上工业企业每百元主营业务收入中的成本较2016年同期下降4.5元。短板领域持续加强。1—10月，居民服务、教育、卫生领域投资分别增长55%、12.1%和24.9%，均远高于总投资增速。

（二）工业支撑持续走低，服务业贡献率显著提升

工业经济回落明显。自2016年下半年以来，全区工业经济持续走低。1—10月，规模以上工业增加值增速较上半年、上年同期分别放缓1.9和3.6个百分点。其中，除能源、化工产业基本平稳，冶金建材、装备制造、高新技术产业均呈明显放缓态势，成为拖累工业增长的主要因素，预计全年工业经济将保持低位运行走势。

服务业量质齐升。2017年，在旅游、金融、物流等重点行业强势带动下，服务业提速提质，成为推动全区经济增长的主动力。前三季度，服务业对经济增长的贡献率达到66.6%，高于上半年9.9个百分点。其中，旅游业总收入同比增长28.6%，金融业增加值增速快于地区生产总值增速5.9个百分点，预计全年服务业延续平稳增长态势。

农牧业保持平稳。农作物总播面积和粮食作物播种面积均超年初预期目标，全年粮食产量可达到550亿斤左右；主要畜禽产品产量稳中有增，畜牧业生产有望实现“十三连稳”。

（三）投资结构逐步改善，消费运行稳中趋缓

投资结构小幅改善。2017年，全区投资增速大幅走低，前三季度，500万元以上项目固定资产投资增速较一季度、上半年分别下降13.7和10.2个百分点。但投资结构改善明显，服务业投资占比高于第二产业13.8个百分点，尤其信息传输、软件和信息技术服务业、科学研究和技术服务业投资均保持两位数高速增长，分别达到73.7%和54.5%。

消费增势小幅趋缓。受消费有效供给不足、居民消费能力减弱等因素制约，消费增速有所回落。其中，汽车、家装等升级类消费趋缓致使消费增长动力不足，1—10月，汽车、家装类消费增速分别低于2016年同期9.7和4.9个百分点。后期，节庆年末促销、居民年底消费需求剧增等积极因素将助力消费回稳。

进出口贸易形势向好。随着全方位开放格局加快构建、“中蒙俄经济走廊”建设深入推进，进出口贸易保持两位数增长，1—10月，进出口贸易总额（亿美元口径）增速同比增长33.7个百分点。其中，私营企业成为外贸增长主力军，占比升至75.3%。

（四）企业效益持续改善，两个收入小幅回稳

工业企业效益改善明显。受主要工业品“量价齐升”带动，工业企业效益延续改善态势。前三季度，规模以上工业企业利润同比增长78.2%，增速高于全国平均水平55.4个百分点；规模以上工业亏损企业亏损额同比下降29.7%，亏损深度（亏损额/利润总额）较2016年同期收窄23.7个百分点。

财政收入质量稳步提高。受主要税源增收乏力、降税清费力度加大等因素影响，财政收入增势趋缓，1—10月，一般公共预算收入增收较2016年同期回落4.5个百分点。财政虽减收但其结构逐步优化，税收收入占比同比提高 9.7个百分点，非税收入占比同比下降10.8个百分点。

居民收入小幅回稳。2017年，全区城乡居民收入增收步伐小幅提速，前三季度，城乡常住居民人均可支配收入增速较2016年同期分别加快0.3和0.4个百分点。但城乡居民收入与全国平均水平差距所有扩大，较2016年同期分别扩大49.4和142.4元。

民生保障持续改善。在财政增收压力加大背景下，民生支出得到有效保障，1—10月，社会保障和就业支出、文化体育与传媒支出同比分别增长10.1%和30.5%。社会保障水平稳步提高，城市、农村牧区低保标准分别提高到月人均591元和年人均4851元，较2016年分别增加49和654元，均位于全国第七位。脱贫攻坚扎实有效，全年确保20万贫困人口脱贫，14个区贫旗县、3个国贫旗县摘帽。保障性安居工程扎实推进，棚户区改造基本建设住房超额完成年度目标任务，农村牧区5万户危房改造竣工。

就业创业工作扎实有效。1—10月，城镇新增就业人员完成年度计划98%，城镇登记失业率低于年初确定控制目标0.4个百分点。创业带动就业规模持续扩大，创业带动就业8.8万人，创业带动就业人数之比为1∶3.11。

（五）物价持续小幅上涨，工业品价格涨幅趋缓

10月，全区居民消费价格同比上涨2.3%，涨幅较2016年扩大1.2 个百分点，全区工业品出厂价格同比上涨10.9%，涨幅较年初收窄2.5个百分点。后期，节庆、季节性因素对食品价格形成推涨压力，但经济下行压力加大、产能过剩局面持续、总需求相对乏力将削弱物价上行动力，预计全年物价将延续小幅上涨态势。

（六）深化改革持续攻坚，经济发展活力逐步释放

简政放权持续发力，清单管理制度全面推行，行政审批“一站受理”和“一窗服务”办理模式加快推行，“多证合一、一照一码”登记制度改革加快实施。加快电力体制改革，电力多边交易和大用户直供规模持续扩大，前三季度，累计完成交易电量713.6亿千瓦时，降低企业电能成本52.1亿元。国企国资改革成效初显，混合所有制改革试点稳步推进，国资监管审批权力清单由50项压减至18项，80%以上区直企业完成公司制改革。非公有制经济活力持续释放，1—10月，全区新登记市场主体和注册资本（金）同比分别增长6.7%和22.6%。

（七）生态文明建设取得实效，节能减排任务艰巨

生态文明建设成效明显。重点生态工程深入实施，预计全年完成营造林1400万亩、种草3000万亩。实施工业污染源全面达标排放计划，预计全年完成1000万千瓦火电机组超低排放改造。建立项目环评与规划环评联动机制，排污权交易市场化改革扎实推进。

节能降耗工作须再加力。工业、建筑、交通等重点领域节能减排工作扎实推进，前三季度，单位地区生产总值能耗同比下降1.1%，未达到下降3%的年度目标，规模以上工业综合能源消费量同比增长4.9%，完成全年节能降耗目标较为艰难。

二、经济运行中需要关注的问题

（一）供需面“双收缩”，经济下行压力空前

2017年以来，受新兴产业培育滞后、投资项目支撑不足等因素制约，全区工业、投资两大主动力均呈大幅回落态势。前三季度，工业增加值增速由年初7.6%持续回落至2.6%，低于全国平均水平4.1个百分点；固定资产投资增速由年初的12.2%大幅跌至1.1%，分别低于全年预期目标和全国平均水平10.9和6.4个百分点，为2000年以来最低水平。尽管服务业、消费运行基本保持平稳，但不足以弥补工业、投资大幅下降对经济形成的强下行冲击。前三季度，全区地区生产总值仅增长5%，低于全年预期目标2.5个百分点，已连续2个季度低于全国平均水平。后期，受深层次结构性问题制约，工业、投资增长内生动力仍显不足，经济回稳基础仍待坚实，经济下行压力未减。

（二）工业转型面临挑战，工业增长凸显乏力

2017年以来，受新旧动能转换接续不畅、工业项目支撑不足等因素制约，工业增速放缓明显，下行压力前所未有。一是转型步伐艰难致增长动力不足。在经济下行压力加大、创新能力短期难提升、企业经营压力未明显缓解背景下，传统产业转型缓慢、新兴产业培育不足，企业无力转型的局面进一步凸显。1—10月，冶金建材、农畜产品加工业对工业增长的贡献率较上年同期分别回落60.5和62.4个百分点，拖累工业增速较上年同期放缓6.1个百分点；同期，装备制造业、高新技术等新兴产业发展滞缓，其增速较上年同期分别放缓4.7和7.5个百分点，两者对工业增长的贡献率仅为1.3%。可见，传统产业优势减弱、新兴产业支撑不足致工业增长动力凸显乏力。二是项目支撑不足致工业发展后劲乏力。当前，我区工业领域普遍缺乏好项目、大项目支撑，总体呈现“存量不足，增量无望”局面，工业投资支撑力大幅削弱，工业增长后劲明显不足。

（三）投资内生动力明显不足，投资回稳压力陡增

2017年，我区投资回落幅度尤为明显，对经济平稳运行形成较强制约。一是主要领域投资凸现乏力。从主要投资领域看，工业投资受传统优势特色产业投资空间趋窄、新兴领域投资带动力不足影响，增速大幅降至个位数，甚至负增长；基础设施投资受财政收支矛盾加剧、风险防控趋严等因素制约，呈现大幅回落，房地产投资结束短暂的正增长态势，已连续5个月保持负增长，主要投资领域增势乏力大幅削弱总投资增长后劲，投资下行压力空前。二是重点项目要素制约趋紧。受产业政策趋严、环保督查趋紧、要素成本上涨等因素制约，土地、资金、用能、环境容量等制约项目建设的瓶颈问题愈加突出，多数重点项目难落地。尤其受趋严的环保政策限制，重点生态功能区的政策约束效力不断放大，一大批不适应产业发展要求的重点项目主动调减，大幅削弱了工业投资项目支撑力。三是民间投资活力释放不足。我区民间投资逐步恢复，但部分鼓励民间投资政策尚未落实到位、垄断行业市场开放度不够、融资难融资贵等问题依然存在，民间投资活力不强的局面尚未根本改观。尤其在经济放缓、产能过剩矛盾尚无实质性缓解的背景下，民间投资积极性进一步受挫，加之去产能过程中退出的多为民营企业，民间投资扩容仍较艰难，对总投资的带动力有限。

（四）实体经济运行成本高企，企业经营压力犹存

2017年以来，我区工业企业效益持续改善，但企业运行成本依然较高，企业经营压力不减。一是原材料价格高、获取难。2017年，我区工业品出厂价格指数和工业生产者购进价格指数持续上行，大幅推涨了企业运行成本。如部分煤电基地仍使用高价煤、高价电，煤电联营效应未发挥。另外，部分农畜产品加工企业陷入“有产能、无原材料”的窘境，已有产能不能充分释放，致运行成本高企。二是融资困境未缓解。受企业前期过度扩张、短融长投、新金融产品运用不足等因素制约，大部分企业财务成本居高不下。尤其在当前经济趋缓背景下，银行慎贷、惜贷现象进一步强化，民营企业尤其是中小企业融资难、融资贵的怪圈仍未破解。三是物流成本居高不下。2016年，全国社会物流总费用与地区生产总值的比率为14.9%，远高于美国8%左右的平均水平。我区运输多以公路为主，物流业涉企收费项目繁多、高吨位车辆不能上路等限制，致使物流成本高。

三、2018年内蒙古发展环境及支撑因素分析

（一）2018年内蒙古发展环境分析

国际方面，预计2018年全球经济将延续复苏态势。主要经济体中，美国就业水平接近充分就业，加上税改、重振制造业等举措，复苏势头仍将延续。欧盟政治和经济相对稳定，市场预期正在好转。金砖国家经济增长企稳。总体看，全年经济增速预计3.7%左右。全球贸易在制造业复苏等因素带动下，有望形成新一轮扩张，我国面临的发展和外贸环境整体有利。须关注的风险，一是美国缩表、改税，欧日等国收紧货币政策，我国资本流出压力加大，可能会通过利率水平抬升和资产价格膨胀等渠道制约实体经济良序发展。二是东南亚等新兴市场国家以综合成本优势吸引承接大量国际产能，美欧等西方发达国家大力吸引高端制造业回流，我国产业升级面临“东西夹击”的挑

战。

国内方面，党的十八大以来，国家坚持稳重求进工作总基调，经济增长的韧性、空间和动力进一步增强。2018年，经济运行总体平稳、稳中向好态势仍将延续，预计全年增速在6.4%左右。从需求端看，随着消费结构升级和居民收入增长，消费规模持续扩张，消费对经济增长的支撑作用进一步增强，经济增长动力发生重大变革，平稳向好发展基础将更加稳固。投资虽然呈缓中趋稳态势，但结构不断优化，高技术领域和短板领域的投资增长较快，将推动经济增长效率变革。尤其补短板、惠民生的基础设施投资持续较快增长，既有利于精准扶贫、扩大消费，又有利于经济长期发展。全球贸易较快增长，外贸投资趋于活跃，我国全面开放将进一步深化。从供给端看，供给侧结构性改革加快工业领域低端过剩产能出清进程，钢铁、煤炭等高耗能行业加快转型升级，新技术对旧动能的改造提升日益加快。高新技术、现代装备制造等战略性新兴产业持续较快发展，新旧动能转换步伐加快，为经济持续健康发展提供了强大动力。服务业呈现较快的发展势头，尤其是交通运输、物流、信息服务等现代服务业发展势头良好，将进一步巩固服务业对经济增长的支撑。从政策看，按照党的十九大精神要求，2018年国家会把更多精力放在推进结构调整和转型升级上，宏观政策对经济增速波动的容忍空间将更大，有利于实现经济稳增长和调结构间的平衡。

（二）2018年内蒙古经济增长的支撑因素分析

1.党的十九大新发展理念将引领我区经济实现新发展

党的十九大确认了中国发展新的历史方位，规划了未来30年经济社会发展蓝图，尤其在经济领域，就建设现代化经济体系提出一系列新思想新战略，将引领我区经济实现新发展。一是党的十九大明确将创新作为引领发展的第一动力，顺应国家要求和建设创新型内蒙古的需要，我区应用基础研究、产学研融合等领域工作将进一步深入，有利于我区加快推动传统要素驱动向创新驱动转变，形成以创新为引领的经济发展模式。二是国家始终把解决好“三农”问题作为全党工作的重中之重，强调农业农村优先发展，为我区加快农牧业生产经营模式创新，推进农牧业转型升级，促进农村牧区全面发展提供了有力支撑。三是支持边疆民族地区加快发展，支持资源型地区转型发展，为我区加快转型、加速赶超提供了机会，尤其是“强化举措推进西部大开发形成新格局”，将为我区带来新的更大机遇。四是加快完善社会主义市场经济体制，为提高我区要素资源配置效率，加快推动经济发展效率变革提供了支撑。五是以“一带一路”建设为重点，加强全面开放，为我区深化“中蒙俄经济走廊”建设，全方位提升开放型经济发展水平，推动进出口成为经济增长重大支撑提供了动力支撑。尤其是加大西部开放力度、探索建设自由贸易港等新思路的提出，更为我区对外开放取得突破性进展提供了难得的历史机遇。

2.国家经济平稳向好将推动我区需求动力变革

近年来，国家经济运行总体呈现稳中趋好的态势，2018年经济向好的基本面没有变，我区需求端结构优化、效益提升具备有力支撑。投资方面，2018年作为“十三五”规划的第三年，处于投资加速年，且资金投向将更多地投向精准扶贫、城镇化等方面，有利于改善我区投资结构，把短板补齐，为保证经济平稳增长创造条件。我国正处于转型调整的关键期，顺应国家投资结构优化需求，以国家制造业梯度转移和产业承接为契机，我区将继续加大对新能源、新材料、高端装备等战略性新兴产业投资力度，有利于我区进一步优化投资结构、提升投资效益，保持投资对经济增长的拉动力。此外，随着国家信息技术、分享经济等现代服务业加速发展以及中长期服务业发展规划等政策出台，我区服务业发展加快，将为投资增长提供新动力。消费方面，消费已成为拉动经济增长的第一动力，国家加快推进重大消费工程，努力扩大住房、养老、旅游等消费，加快消费基础设施建设，这与我区的消费发展需求高度契合。随着消费结构升级步伐加快和城乡居民收入的持续增长，我区消费规模面临更大的增长空间。同时，我区积极推进电子商务与商贸流通、休闲旅游、文化产业等领域的融合发展，加强城镇物流配送网点、农村牧区消费基础设施建设，一批本地化电子商务公共服务平台、交易平台相继涌现，便民连锁超市实现全覆盖，极大提升了商贸流通效率和居民消费便捷程度，将有效激发之前由于消费环境欠佳而不能释放的消费潜力，进一步提升消费对经济增长的支撑力，推动全区经济发展动力变革。

3.供给侧结构性改革深入推进将带动我区供给质量效率提升

近年来，自治区以提高供给质量为主攻方向，在深化供给侧结构性改革中为调整优化结构拓展了空间。随着改革的深入推进，我区供给体系质量效率将得到进一步提升。一是传统产业持续优化升级。如支撑力将进一步巩固。以产业延伸化为抓手，倒逼低端产能转型升级，中天合创鄂尔多斯煤基烯烃项目全面投产，年转化煤炭800万吨，煤炭变身烯烃后增值6～10倍；包钢稀土钢板材冷轧项目全面投产，每年可化解数百万吨粗钢过剩产能，冷轧产品吨钢售价比热轧产品提高1000元左右。这些项目不仅有效化解了过剩存量产能，还为先进产能腾出发展空间，必将辐射带动一批企业痛下决心转型升级，提升全区传统产业发展效率和资源配置效率，为经济增长提供稳固支撑。二是新兴产业发展势头良好，产业结构单一化风险降低。2017年，全区亿元以上投资项目中，除能源等少数传统支柱产业项目外，大多是高端装备、云计算和高新技术等新兴产业项目，一批科技含量高、经济效益强、支撑作用大的新兴支柱产业项目落地见效，如鄂尔多斯京东方二期正时达产，预计年产值近百亿元；鄂尔多斯新能源智能型取暖设备制造项目，以兰炭等清洁能源为燃料，项目建成后产值将近千亿元。随着新兴产业规模化发展，我区产业结构单一化风险降低，经济提质增效后劲得到进一步增强。三是“三去一降一补”扎实推进，将推动市场供需平衡。2018年，供给侧结构性改革仍是全区经济转型升级的主线。去产能方面，将更加注重引导去产能与产业优化布局、转型升级相结合；降成本方面，将进一步减轻企业税费负担，清理和规范中介服务收费，继续扩大电力多边交易和大用户直供规模，降低企业制度性交易、用能用地等成本；补短板方面，将全面加大对减贫脱贫的支持力度，提高公共服务水平。随着“三去一降一补”工作的扎实推进，将有效缓解供需失衡矛盾，降低经济波动性和风险，推动全区经济可持续健康增长。四是互联网、大数据、人工智能同实体经济深度融合，将激发经济发展新动能。我区作为全国规模最大的云计算和大数据基地，在推动实体经济向数字化、网络化、智能化转型方面具有良好的发展优势和实践基础。目前，自治区正在谋划建设乳业、能源、生物医药等特色产业大数据平台，深化数字化设计、柔性自动化生产线、智能物流系统等技术在实体经济中的应用，将进一步促进我区实体经济与数字经济、智能技术的融合，在创新引领、现代供应链、共享经济等领域培育新增长点，形成新动能。

4.对外开放格局不断完善将拓展我区经济发展空间

围绕加强创新能力开放合作，自治区深入推进对外开放战略，“全方位、多领域、深层次”对外开放格局不断完善，后期将迎来更大发展空间。一是对外开放软硬件保障更加有力。硬件方面，曹妃甸港乌兰察布内陆港揭牌运营，我区及周边省份有了更新的出海口和多式联运现代物流业大通道。前10个月，我区对“一带一路”沿线国家进出口超500亿元，同比增长33.6%，对外贸易发展势头正值强劲。软件方面，在自治区成立70周年之际，借助国家平台向全球做了成功推介，内蒙古知名度和影响力明显提升；出台《关于进一步加强金融支持全方位对外开放的指导意见》，即将出台《关于深入实施开放带动战略全面提升开放发展水平的决定》，将形成制度保障组合拳。连续举办三届中蒙俄智库国际论坛，七届“一带一路”国际能源投资发展战略论坛，人才、资源等多方面合作不断深入并将持续推进。二是区域协作不断深化。首条高铁（张呼高铁乌兰察布—呼和浩特东段）开通运行，首条跨省动车（乌兰浩特—白城）运营通车，融入京津冀协同发展和东北振兴的步伐加快。京蒙对口合作帮扶对象在原乌兰察布市、赤峰市基础上新增通辽市、兴安盟，借力首都资金、项目、人才助推自治区发展的渠道进一步拓宽。国务院出台《关于印发东北地区与东部地区部分省市对口合作方案的通知》，支持内蒙古自治区主动对接东部省市，我区积极与山东省进行前期对接，并将逐步开展实质性合作，形成合作共赢新局面。

四、对策建议

（一）深入实施创新驱动战略，加快推进动力变革

1.强化科技与经济深度融合

聚焦产业发展方向，实施重大科技专项，广泛开展应用型科技研发，瞄准科技前沿抢先布局战略性技术，着力在资源能源高效利用、现代农牧业发展、新一代信息和生态环保等领域实施一批重大科技专

项，掌握一批自主核心技术。积极推动开放创新，吸引跨国公司、知名研发机构和高校来我区设立研发中心；支持企业“走出去”，利用区外创新资源。健全军地联合攻关和技术双向转化机制，促进军民融合创新。

2.加强创新平台建设

推进一流科学工程和设施集群建设，加快推进高水平科研机构、新型研发机构建设，重点支持白云鄂博稀土资源研究与综合利用、国家能源高铝煤炭资源开发利用、特种车辆及其传动系统智能制造等国家重点实验室建设，提高蒙医药、生物制造等自治区重点实验室建设水平。加强国家羊绒制品、核燃料元件、重型非公路矿用车、高性能纤维等工程技术研究中心建设。积极争取国家实验室、综合性国家科学中心等高水平创新平台和重大科技基础设施落户。构建一批低成本、便利化、全要素、开放式的众创空间。

3.深化科技体制改革

强化基础研究、应用研究、成果转化及产业化衔接，加快建设科技成果转化示范区，健全技术转移转化市场体系。完善企业主导产业创新研发的体制机制，大幅提高科技成果转化中科研人才收益的比例，扩大股权激励和分红范围。完善科研项目管理、科技成果收益分配等机制。

4.聚力打造创新创业人才高地

突出“高精尖缺”导向，培养一线创新人才、青年科技人才和高技能人才。刚性与柔性并重，引进一批站在行业科技前沿的领军人才、高端人才和创新团队，切实解决入户、住房、子女教育、医疗等实际问题。完善人才流动、评价机制，促进人才在企业与高校、科研机构间双向流动。

（二）深入推进供给侧结构性改革，进一步提升供给体系质量效率

1.认真落实“五大任务”

综合运用财政、金融、价格杠杆等多种手段，通过技术、质量、环保、安全、用地、能耗等标准的倒逼，着力减少无效和低端供给，扩大有效和中高端供给，提高全要素生产率，推动供需动态平衡。

2.加快推动质量变革

健全农畜产品质量标准体系，加快消费品标准和质量提升，推广实施优质服务承诺标识和管理制度，全面提升产品、工程和服务质量。加强内蒙古品牌建设，围绕能源化工、装备制造等优势产业，推动产业规模聚集向品牌聚集发展，做大做强主导产业品牌，着力打造新能源、新材料、生物医药等新兴产业集群，培育壮大战略新兴产业品牌。深化质量导向改革，引导企业增强质量、品牌和标准意识。三是加快推动效率变革。提高行业发展效率，加快发展先进制造、数字信息、商务服务等高生产率行业。引导金融、信息等生产性服务业向专业化和价值链高端延伸，支持健康养老、文化等生活性服务业向精细化和高品质转变。提高要素配置效率，深化资源性产品、垄断行业等领域要素价格形成机制改革，放开竞争性业务和竞争性环节价格。推进电力、天然气等能源价格改革，扩大蒙西、蒙东电网电力市场交易电量，推动落实蒙东电网同网同价。

（三）加大开放体制机制创新，提升对外开放层次水平

1.全面深化与俄罗斯和蒙古国的合作机制

加强基础设施规划、技术标准体系对接，加快建设呼伦贝尔中俄蒙合作先导区、满洲里综合保税区、鄂尔多斯综合保税区、二连浩特—扎门乌德跨境经济合作区。

2.建立和完善投资便利化机制

放宽境外投资限制，简化境外投资管理程序，除少数有特殊规定外，境外投资项目一律实行备案管理。健全对外投资促进政策和服务体系，完善对外投资合作国别指南和产业指引。建立“负面清单”管理制度，复制推广国家自由贸易试验区改革经验，对接国际贸易投资新规则，探索建设自由贸易港。

3.加强区域合作

主动融入环渤海经济区，全面对接京津冀经济圈和长江经济带，在保持特色产业合作规模基础上，全力挖掘新能源、新材料、生物制药等领域合作潜力。深化鲁蒙合作，立足资源禀赋、产业层次，建立符合双方共同发展愿望的对口合作机制。

（四）聚焦发展根基，大力振兴实体经济

1.加快互联网、大数据、人工智能与实体经济深度融合

坚持工业和现代服务业双轮驱动，推进“智能化+”“标准化+”，建成一批具有市场竞争力的大产业基地，提升全区产业集聚区、高新区、各类开发区发展水平。以呼包鄂三市为重点，开启“中国制造2025”试点示范城市建设。大力实施“互联网+”行动计划，促进互联网和实体经济深度融合。

2.加大金融政策支持力度

疏通金融服务实体经济的管道，发挥资本市场撬动作用，推动企业重组整合，努力培育具有市场竞争力的骨干企业。大力发展普惠金融，增加企业信用类债券品种和规模，完善服务实体经济和产业创新的综合金融服务体系，支持中小微企业技术创新。

3.继续深入推进企业降成本

进一步降低水电气、物流等自治区政府可自主下调的“弹性”成本，适时降低企业缴纳的社保费率。完善企业用电、用气定价市场化机制，降低工商业用电和工业用气价格，扩大电力多边交易和大用户直供电范围。规范企业融资过程中担保、评估等环节收费，减少金融服务收费。

4.保护企业家精神

稳定企业家信心，打造清亲新型政商环境，加强对各种所有制组织和自然人财产权保护，让企业家专注创业、安心创业。

经济发展篇

内蒙古农牧业经济发展情况

2017年，在自治区党委、政府的正确领导下，全区各级农牧业部门坚持稳中求进工作总基调，以农牧业供给侧结构性改革为主线，以优化供给、提质增效、促进增收为目标，以现代化、绿色化为导向，大力推进农牧业体制机制改革，加快推进农牧业转型升级，全区农牧业经济继续保持稳定发展，为我区经济社会平稳较快发展和维护社会和谐稳定大局起到了基础性保障作用。

一、2017年农牧业工作取得的成效

2017年，农牧业克服了局部严重旱灾的影响，继续保持稳定发展，圆满完成了各项年度任务目标。总体来看，2017年还是一个丰收之年。

（一）粮食产量由增转稳，实现“十四连丰”

按照“稳粮优经扩饲草”发展思路，积极推进结构调整，两年来共调减玉米种植面积1872万亩，超额完成了国家任务。2017年粮食产量达到553.68亿斤，比2016年略减，已连续5年稳定在550亿斤以上。

（二）畜牧业转型升级步伐加快，实现“十三连稳”

“稳羊增牛扩猪禽”发展思路深入落实，畜禽间结构更趋合理。行业统计，2017年牧业年度，全区牲畜存栏达到1.42亿头只，同比增长4.4%，连续13年稳定在1亿头只以上（农调队数据为全区牲畜存栏1.26亿头只，同比下降7.2%）。主要畜产品产量稳中有增，行业预计，全年肉类总产330万吨，同比增长6.5%；禽蛋产量60万吨，同比持平；牛奶产量510万吨，同比下降9.2%。

（三）产业化经营平稳运行，农村牧区一、二、三产业融合稳步推进

全区销售收入500万元以上农畜产品加工企业预计实现销售收入

4700亿元，同比增长7%；在12个旗县开展了农村牧区一、二、三产业融合发展试点示范；紧密型农企利益联结比例预计达到47%，比2016年提高4个百分点。

（四）草原保护与建设各项工作进展顺利

截至目前，全区种草面积达到3456万亩，超额完成年初目标（3000万亩）。全面落实草原生态保护补助奖励政策，严格执行禁牧和草畜平衡制度，在遭遇连续三年严重旱灾的情况下，2017年全区草原平均植被盖度仍然保持44%。草牧业发展初见成效，试点旗县草牧业发展方式逐步优化，产业体系不断完善。

（五）重大动物疫病防控和农畜产品质量安全继续保持较好水平

全年共抽检农畜水产品样品2657批次，总体合格率达到98%以上，继续保持了口蹄疫等重大动物疫病零疫情，没有发生重大农畜产品质量安全事件。

我区农牧业仍面临发展方式相对粗放、资源环境约束趋紧、结构性矛盾突出等一系列问题。农牧民持续增收的压力越来越大；农村牧区改革任务繁重艰巨，农牧业结构调整的盲目性、趋同性不容忽视；农畜产品质量安全监管难度越来越大。

二、采取的主要措施

（一）深化改革，挖掘农牧业发展新动能

全面稳妥推进农牧业体制机制改革。截至目前，全区土地确权实测面积7867万亩，约占全区二轮承包合同面积的79%。草原确权承包工作已完成了整体任务的86%，到2017年年底可以全面完成。农村牧区集体产权制度改革工作取得初步成果，阿荣旗试点工作已完成第三方评估。农垦改革深入推进。全区家庭农牧场达到4.3万家，截至6月底，全区在工商部门登记注册的合作社8.13万家。全区土地流转总面积3614万亩，占家庭承包耕地面积的36.5%。

（二）坚持创新，激发“三农三牧”发展活力

加强种业建设，大力扶持“育繁推一体化”企业，南繁基地建设取得了较大进展，目前已有13家科研育种单位进驻基地开展加代扩繁工作。推进“百万头肉牛”种子工程建设，引进了1.6万头肉用种母牛，目前已经具备了年提供种公羊20万只（其中地方品种15万只，引进品种5万只）的生产能力，我区成为全国最大的牛羊种业基地。开展试验示范，建立健全了县、乡、村三级农牧业科技试验示范基地网络，推进综合性技术服务，在玉米、马铃薯等主要作物上积极开展水肥一体化技术示范技术推广，示范区内农户节水50%、节肥30%、亩节增效300多元。不断完善农机购置补贴政策，培育壮大农机服务组织，积极推进农机社会化服务，农牧业机械化水平进一步提升，全区农作物综合机械化水平达到83.1%，同比提高0.6个百分点。

（三）农牧结合，加快现代农牧业结构调整

充分发挥兼具农业和牧业的优势，确立了“为养而种、为牧而农”的农牧结合发展思路。种植业，按照“稳粮优经扩饲草”的发展思路，调减籽粒玉米种植面积，引导籽粒玉米向粮改饲、粮草轮作和整株青贮玉米转变。据农情统计，2017年全区籽粒玉米播种面积5059万亩，同比下降13.4%；粮饲兼用型青贮玉米播种面积达到983万亩，同比增长18.9%。畜牧业，实施“稳羊增牛扩猪禽”发展战略，通过“过腹转化”，消化玉米、饲草等，为种植业结构调整、实现“粮经饲”协调发展创造条件。

（四）绿色发展，实现农牧业循环升级、节本增效

深入开展粮食绿色高产高效创建活动，实施了控肥增效、控药减害、控水降耗、控膜提效四大行动，全区化肥用量增幅较常年降低7.5个百分点（常年增长10%），化学农药使用增量控制在2%以内。扎实推进黑土地保护利用试点工作，积极开展耕地轮作试点工作。加大农畜产品安全监管力度，将农畜产品质量安全列入自治区政府的绩效考核，深入推进农畜产品产地证明管理工作，进一步强化追溯管理，健全从生产到餐桌的农畜产品质量安全全过程监管体系。加强防疫和畜禽屠宰监管，抓好畜间布病防控，成功防堵境外动物疫情的传入。加强草原生态保护建设力度，不折不扣落实草原补奖政策，13个草牧业试点工作扎实推进，严格落实禁牧和草畜平衡制度，草原生态进一步好转。

（五）共享成果，真正让农牧民在农牧业现代化建设中受益

全年共落实惠农惠牧资金168.19亿元，其中中央资金155亿元，自治区资金13.19亿元。资金均及时下拨盟市，为实现农牧业增产、农牧民增收，实现我区农牧业发展目标提供了坚实的资金保障。围绕自治区农牧业七大主导产业，完善龙头企业与农牧民利益联结机制，农牧业产业化龙头企业与农牧民建立利益联结的比例达到81%，紧密型比例达到47%。构建多元化农技推广服务体系，提高农牧业科技成果的转化率；有效改善农村居住环境，注重培育新型经营主体和新型职业农牧民，带动更多农牧民提高生活水平。

三、存在的主要问题

（一）资源环境约束趋紧

我区干旱及半干旱地区面积占全区总面积的3/5以上，耕地亩均水量不到全国亩均水量的1/4，有效灌溉面积占我区耕地面积的43.8%，农牧业靠天吃饭的难题没有从根本上得到解决。同时农牧业资源环境也在一定程度上遭受外源性污染和内源性污染的双重压力，已成为制约农牧业健康发展的瓶颈。

（二）部分地区结构调整存在问题

由于农民对调整种植结构认识程度存在差异，同时结构调整也缺少切实有效的政策扶持措施，个别地区推进乏力。受信息不准、信息滞后的影响，部分地区在选择替代作物时存在盲目性，结构调整的作物存在趋同性，一些作物如马铃薯、杂粮杂豆、葵花等供大于求态势明显。

（三）生产规模化制约因素突出

小规模的农牧业生产经营方式同劳动生产率提高和农牧业现代化的矛盾将日益加剧。我区近80%的耕地和90%以上的草牧场仍由一家一户分散经营，这种生产模式吸收运用新技术、新农艺、新设备的能力差，不适应规模化、标准化、集约化、机械化生产的要求。

（四）农畜产品质量安全保障难度大

属地管理责任没有很好落实，基础监管能力滞后，农畜产品生产、加工、流通、质量检验、标识管理等各个环节，尚未建立起一套严格完整的标准和市场准入监管体系，从田头到餐桌的可追溯制度才刚刚起步。农牧业执法和农畜产品质量安全监管检测人才缺乏，尚没有形成完整的监管模式和严格的农畜产品质量安全控制体系。

四、2018年农牧业发展思路、目标及重点工作

（一）工作思路

认真贯彻党的十九大精神，以实施乡村振兴战略为总抓手，围绕“农牧结合”持续推进农牧业供给侧结构性改革，稳步推进农村牧区一、二、三产业融合试点，全面深化农牧业经营体制机制改革，不断强化农牧业科技支撑，努力实现农牧业增产、农牧民增收、草原增绿、农村牧区稳定，为全区经济社会平稳较快发展提供有力支撑。

（二）工作目标

粮食产量稳定在550亿斤左右。牲畜总头数稳定在1.2亿头只以上。草原植被平均盖度达到44%左右。确保不发生重大农畜产品质量安全事件，确保不发生区域性重大动物疫情。

（三）重点工作

以乡村振兴战略为统领，以产业兴旺生态宜居、生活富裕为目标，抓好以下工作。

1.不断深化农村牧区各项改革

首先，加快土地承包经营权确权登记颁证工作进度，确保2018年基本完成土地确权工作，为深化农村牧区改革奠定基础。其次，巩固和完善农村基本经营制度,深化农村土地制度改革,完善承包地“三权”分置制度，保持土地承包关系稳定并长久不变。继续深化农村牧区集体产权制度改革, 全面开展农村牧区集体资产清产核资工作，选择不同类型嘎查村开展产权制度改革试点，保障农牧民财产权益,不断壮大集体经济。加大对新型农牧业经营主体培育力度，发展多种形式适度规模经营,全面培育农牧业社会化服务组织。基本完成农垦改革。

2.深入推进农牧业供给侧结构性改革

大力推进“农牧结合”发展战略，稳定提升农畜产品产能，坚决稳住农牧业稳产增产这个基本盘。一方面，以稳步提升粮食产能为目标，继续实施黑土地保护与利用、旱作农业等项目。2018年重点是全面开展粮食生产功能区和重要农产品生产保护区划定工作，到2019年完成全区6300万亩“两区”划定任务。实施“稳粮优经扩饲草”发展

思路，完善玉米和大豆生产者补贴方案，实施好200万亩耕地轮作制度试点项目。另一方面，按照“稳羊增牛扩猪禽”的思路，在7个盟市的15个旗县推进“粮改饲”试点工作，突出抓好畜禽种业，2018年计划新建和改扩建种羊场90个，积极推动安格斯等专用肉牛种母牛引进工作，培育大型种业龙头企业，把牛羊优质种质资源牢牢掌握在自己手中，把我区建成全国规模最大、质量最优的牛羊种源基地。积极推动蒙古马基因库建设，加大蒙古马遗传资源保护力度，制定自治区马遗传改良计划，支持培育马专门化新品种，积极推动马奶、马肉、马血清等马产品开发，促进马产业发展。

3.加快推进农村牧区绿色发展

落实好国家新一轮草原补奖、退牧还草、京津风沙源治理、退耕还草、高产优质苜蓿示范基地建设等重大项目，支持20个旗县发展草牧业，确保完成3000万亩种草任务，力争草原植被盖度保持在45%左右。坚决打好农牧业面源污染防治攻坚战，推进畜禽粪便、农作物秸秆、废旧农膜、病死畜禽等农牧业废弃物的资源化利用和无害化处理，以畜牧大县粪污处理专项为抓手，推动已立项的11个大县开工建设，带动全区粪污资源化利用。年内全区畜禽粪污综合利用率和规模养殖场粪污处理设施装备配套率分别达到70%和80%。全面开展“四进四控”行动（推进地力提升实现控肥增效、推进通防统治实现控药减害、推进高效节水实现控水降耗、推进轻简栽培实现控膜提效），实现农牧业节本增效、绿色循环发展。

4.加快推进农村牧区一、二、三产业融合发展

抓好12个试点旗县的一、二、三产业融合工作，总结3～5种适合我区实际的产业融合发展模式。推进品牌建设，重点培育打造羊肉、马铃薯农畜产品区域公用品牌；分产业、分类别建立内蒙古优质农畜产品品牌目录，选取重点领域、重点品牌予以宣传推广。开展龙头企业监测和认定工作，培育扶持行业领军企业，争取2018年自治区级农牧业产业化重点龙头企业突破600家。开展农企利益联结试点工作，发展农牧业产业化联合体，力争2018年紧密型农企利益联结比例达到50%。加快“互联网+农牧业”发展，在人口相对集中的首府呼和浩特市再建设1个精品馆。加快推进农商互联，探索建立农畜产品线上线下

联动的产销对接机制。

5.全力保障农畜产品质量安全

加大农业投入品市场监管力度，加大对转基因种子、禁限用农药、水溶肥和复合肥等敏感领域、重点产品的监管，把好农业生产第一道关口。大力推进标准化生产，引导地方出台“三品一标”扶持奖励政策，努力实现6%的年度增长目标。完善农畜产品质量安全可追溯体系，构建扶优扶强扶安全的监管新机制，推进落实农畜产品质量安全责任与政策扶持衔接联动，保持高压态势，加大农畜产品抽检频次和力度，努力确保不发生重大农畜产品安全事件。

供　　稿：刑　瑞　内蒙古农牧业厅办公室

责任编辑：刘小燕

内蒙古工业经济发展情况

2017年以来，按照习近平总书记“五个结合”的要求，全力围绕煤炭钢铁去产能、降成本这条主线，主动抓住安全环保治理等有利契机，深化电力改革，倒逼工业转型升级，全区工业效益大幅提升，成为近十年来工业发展形势最好的一年。

一、2017年工业经济运行情况

（一）工业运行稳定向好，效益大幅提升

一是69%的产品产量同比增长。全区重点监测的42种主要产品中，29种产品产量同比增长，增长超过10%的有19种。其中，煤炭产量同比增长7.9%、发电量同比增长9.6%、聚氯乙烯（PVC）产量增长11%、甲醇产量同比增长12.4%、铁合金产量同比增长12.7%、粗钢产量同比增长19.7%、化肥产量同比增长57.7%。二是近66.7%的产品价格上涨。30种主要工业品价格中，同比上涨或持平的有22种，环比上涨或持平的有24种，与年初同比上涨或持平的有22种。其中西部地区动力煤价格每吨同比上涨5元、环比下降38元，东部地区褐煤价格每吨同比上涨41.7元、环比下降24.5元，螺丝纹钢价格每吨同比上涨1120元、环比上涨320元，甲醇价格每吨同比上涨590元、环比上涨300元，电石价格每吨同比上涨350元。三是主要行业保持平稳增长。能源、化工实现增长，分别同比增长10%、12.5%，占工业比重68.5%，对增长的贡献率193%；冶金建材、装备制造、农畜产品加工业同比下降，同比分别下降5.7%、13.9%和11.2%，占工业比重29.2%，对增长贡献率-80.2%；1—9月，七大战略新兴产业同比增长5.2%，占地区生产总值比重3.6%。四是企业效益明显提升。1—10月，全区规模以上工业实现工业利润1143.5亿元，同比增长143.7%，较2016年同期增长123.7个百分点，高于全国平均增长率120.4个百分点，其中煤炭利润占44%左右。1—11月，工业税收1191.2亿元

（全口径税收，含中央和地方部分），同比增长47.1%，占全部税收的55.7%，其中煤炭税收522.6亿元，增长144.2%，占工业税收的43.9%。五是工业用电量、铁路运输量高位增长。前11月，全区工业用电量同比增长10.6%，铁路运输量同比增长15.2%，公路运输量同比增长14%。

（二）转型升级成效显著，绿色化发展格局初步形成

2017年以来，我区煤炭、电力、风电装机、铁合金、电石、甲醇、多（单）晶硅、牛奶等18种主要工业产品产能产量位列全国第一。电石、铁合金、聚氯乙烯、多晶硅、单晶硅、铝材等一大批产品拥有一定的市场话语权和定价权。煤炭、电力、冶金、化工等主要行业技术装备、节能环保水平已处全国一流。煤炭、电解铝、电石、甲醇、农畜产品加工转化率分别达34%、70%、60%、41%、59%，比两年前分别提高了3～8个百分点，正在逐步走出简单的挖煤卖煤、挖土卖土的发展路径。我区高耗能行业绿色化改造成效显著，电解铝液交流电耗、电石、铁合金综合能耗分别下降到13300千瓦时/吨、1.04吨标煤/吨、1.82吨标煤/吨，分别比2016年降低3%、2%、1.5%，领先全国先进标准1.0、1.2、0.5个百分点。风、光等绿色能源发电量占全社会用电量21%，达到世界先进水平，相当于节约了21%的化石能源，相对于火电节约原煤5000万吨，减少排放二氧化碳5650万吨。我区能源产业正在逐步实现从上游生产到下游使用全生命周期、全产业链的绿色化、低碳化发展。

（三）“两化融合”扎实推进，军民融合取得新进展

“两化融合”效果明显，工业主要行业信息化应用率达到91.5%，新增“两化融合”对标企业745户，全区规模以上工业企业“两化融合”对标率达到58.1%，57户企业成为国家级贯标试点企业。稀土、煤炭、聚氯乙烯、葵花籽、畜产品等大宗商品电子交易平台稳定运行。牛羊肉全产业链产品质量可追溯体系建成，建立起我国首个基于物联网的畜肉产品追溯地方标准。建成包头网络协同制造平台、航天云网内蒙古工业云平台、乌兰察布能源管理服务平台一期等工业云平台，其中包头网络协同制造平台荣获2017年中国双创好项目信息技术类奖，累计完成机床数字化改造445台套。军民融合取得新进展，核电燃料元件产品质量达到国际先进水平，F-12高强度纤维及织物特种材料等技术成果广泛应用于航空、航天、电子、飞艇等民用高端领域，3.6万吨黑色金属垂直挤压机成套装备实现了高端国产钢管设计制造技术的重大突破和创新，高性能铝合金焊丝产品性能和质量均已达到国际先进水平。

（四）中小企业健康发展，“放管服”改革不断深化

基本构建起中小企业工作、政策、融资、服务四大体系，创新创业环境不断优化。预计2017年全区各类市场主体将达到180万户，中小企业提供了90%以上城镇新增就业岗位，成为经济发展的新引擎和最大的民生工程。大力扶持中小企业创业创新，落实扶持中小微企业各项政策措施，拓展中小微企业“助保贷”融资服务，开展创业创新电子服务券工作，培育创业创新示范基地104家（其中国家级12家）。完善提升“助保贷”金融服务，累计发放助保金贷款达70亿元以上。出台《国家及自治区核准备案工业和信息化内资项目目录（2017本）》，修订《内资企业工业和信息化固定资产投资项目核准与备案工作规程》，进一步简化和下放核准备案权限。开展“优化工业发展环境　促进工业稳定增长”专项行动，集中整治工业发展和项目建设中的突出问题。针对工业和信息化发展短板，出台了《关于加快工业企业技术改造促进产业转型升级的意见》《开展新技术装备首台套和关键零部件及新材料首批次保险补偿试点通知》等文件，力争年底前出台《自治区工业园区升级扩区评价办法》《振兴蒙东工业若干政策措施》《加快稀土产业转型升级的若干政策》等文件。积极推进电子政务外网建设，自治区、盟市、旗县电子政务外网实现全面纵横贯通。

二、2017年采取的主要措施

（一）深化电力改革，降低企业用电成本，提升优势特色产业竞争力

深化电力多边交易、大用户直供等措施，进一步强化电价洼地优势，新兴产业用电价格最低降到0.26元/千瓦时，大工业用电平均达到0.32元/千瓦时，处于全国最低水平，保住了优势特色企业没有被市场和政策淘汰，守住了发展的根基，提高了市场竞争力和产能利用率。电石、铁合金、聚氯乙烯、多晶硅、单晶硅、铝材等产品产量大幅增长，全国市场占有率分别达到36%、21%、24%、29%、33%、25%，较去年分别提高2～5个百分点。

（二）全力推进供给侧结构性改革，改善了供需关系

一是全面完成了国家下达的煤炭、钢铁去产能任务。协调国家发

改委推动8处停产露天矿（产能1.61亿吨/年）停产整改。全区工业品出厂价格指数连续12个月正增长，煤炭、冶金、化工等能源原材料产品价格有较大增长，利润增速已连续15个月实现高速增长。二是降成本政策发挥了积极作用。预计全年为企业减税降费600亿元以上，其中减轻企业用电成本80亿元以上。全区规模以上工业企业每百元主营业务收入中的成本为82元，同比减少2.1元，低于全国平均水平0.2元。三是企业联合重组推动形成了产业链竞争优势。引导煤炭企业上下游联合兼并重组8宗，涉及企业16户。

（三）优化环境完善政策，推动工业投资稳步增长

一是自治区党委、政府高度注视工业发展和项目建设，推进“放管服”改革，营造大招商、大投入、大发展的环境氛围。春季重大项目集中开工建设动员大会、央企恳谈会、大数据招商会营造宏观环境；制定了对外开放、鼓励非公经济投资、“优化工业发展环境促进工业稳定增长”专项行动等政策措施，形成了抓工业的良好氛围；自治区经济和信息化委员会配套出台了加快工业技术改造、大数据产业政策落实、重点产业发展引导基金支持目录等政策举措，调动了企业投资积极性。伊泰200万吨煤间接液化示范项目、沃特玛新能源汽车产业园等一批重大项目开工建设，中天合创360万吨甲醇、华云新材料50万吨合金铝、中环光伏三期、蒙维科技聚乙烯醇（PVC）二期、杉杉新能源汽车等一大批重大项目竣工投产。二是低电价招商成效显著。截至目前，全区低电价招商优势特色产业和战略性新兴产业项目230多个，其中开工在建项目150个，这些项目将于2020年前后投产，可新增产值3000亿元以上、新增工业税收700亿元、直接就业8万人、消化火电装机2000万千瓦以上。全区目前富余的1400万火电装机将全部化解。

三、当前工业和信息化发展基本形势

内蒙古是我国重要的能源、新型化工、有色金属、农畜产品等生产加工基地，主导产业以能源、资源为主，在我国完整的工业经济体系中发挥着重要的基础性作用。近年来，内蒙古抓住我国深入推进供给侧结构性改革、能源革命和推动国内生产力布局新一轮调整等历史机遇，以电力体制改革助推实体经济发展，在稳定工业增长、提升主要工业产品市场份额的同时，吸引了一批拥有先进技术、先进管理经验和先进组织模式的资源加工产业、战略性新兴产业项目落户，为新时代内蒙古工业的新发展奠定了扎实基础。但是，内蒙古工业欠发展的基本区情尚未根本转变，工业总量小、传统产业比重大，发展不充分、不平衡仍然是工业发展的主要矛盾，稳定工业增长、深化工业供给侧结构性改革、加快培育发展新动能等工作还需要下更大力气加以推进。因此，我们初步判断，今后一个阶段内蒙古工业发展将以平稳为主，产业结构深刻变化，发展的质量和效益大幅提升。党的十九大作出中国特色社会主义进入了新时代的重大政治论断，提出建设现代化经济体系重大发展任务，要求把发展经济的着力点放在实体经济上，把提高供给体系质量作为主攻方向，为内蒙古工业发展指明了方向。今后一个阶段，内蒙古将紧紧抓住新工业革命引发的技术、管理、模式变革，我国经济长期向好、内需潜力不断释放、市场需求巨大、国内生产力布局加快调整等新机遇，乘势而上、砥砺前行，大力发展实体经济，持续推动工业发展质量变革、效率变革、动力变革，为全面建成小康社会、建设亮丽内蒙古作出更大贡献。

四、2018年思路及重点工作安排

2018年，是贯彻党的十九大精神的开局之年，党中央、国务院全面深化改革各项举措持续落地生效，必将有力地、明显地释放经济内在增长动力和激发市场主体活力，全力贯彻落实党的十九大、中央经济工作会议和自治区经济工作会议精神，继续坚持稳中求进工作总基调，稳增长、调结构、促转型，狠抓电力体制改革、化解产能过剩、企业兼并重组、园区转型发展，保证工业经济保持平稳增长，使发展质量和效益明显提升。初步确定2018年全区规模以上工业增加值增长6.0%~6.5%。2018年具体工作着重抓以下几个方面。

（一）深化工业供给侧结构性改革

坚持在扩大工业总量的基础上，着力提升工业发展质量和效益。全面完成2018年引导退出煤炭过剩产能405万吨、化解钢铁过剩产能任务，研究建立“地条钢”长效监管机制。落实深化电力体制改革，力争蒙西地区市场交易电量突破1000亿千瓦时，蒙东地区直接交易电量突破

90亿千瓦时。加大国家和自治区各项降本减负政策措施的宣传和落实力度，切实减轻企业负担，降低生产成本。落实自治区支持企业兼并重组等政策，总结和推广重组经验，力争完成5起煤电、煤电化、煤电冶金企业重组。大力实施低电价招商、产业链招商，再吸引一批区外拥有先进技术的传统产业及单晶硅、蓝宝石、稀土等战略性新兴向我区转移集聚。落实振兴东部盟市工业经济政策措施，推动河北毕氏集团400万吨镍硅锰合金及300万吨钢铁项目开工建设，解决好霍林河循环经济园区机组指标、电解铝指标等重大问题，为蒙东工业振兴作出示范。

（二）加快调整优化工业结构

深入实施企业技术改造工程，积极利用高新技术和先进适用技术改造提升传统产业。严格落实国家产业准入、节能、环保、质量、安全五大标准，坚决禁止落后产能向我区转移。加大电解铝等产能指标置换协调力度，吸引区外电解铝产能向我区转移，在消化富余电力装机产能的同时，进一步壮大煤电铝优势产业规模。大力发展七大战略性新兴产业，在落实好稀土、大数据、新能源汽车等支持政策基础上，再研究制定若干支持政策。启动绿色园区、工厂、产品、供应链试点示范创建工作，开展重点用能行业单位产品能耗限额标准对标达标活动，实施能效“领跑者”计划。开展重点用能单位“百千万”行动，对重点用能单位加强能耗管理。推动消费品工业增品种、提品质、创品牌。

（三）大力支持技术创新

深入推进“两化融合”，加强企业对标工作，力争完成1000家规模以上工业企业对标工作。实施“万户企业登云”三年行动计划，支持包头市网络协同制造平台扩大服务领域，推动航天云网内蒙古工业云平台实质性运作。筹建内蒙古煤矿安全监管监察综合信息化平台。建成自治区级稀土功能材料创新中心，筹建石墨（烯）新材料等制造业创新中心，支持工业设计中心建设。积极争取将包头市列为“中国制造2025”试点示范城市。落实军民深度融合发展战略，发布《军用技术转民用目录》，加快军转民、民参军产业项目转化应用。

（四）推动工业园区转型升级

落实自治区《关于促进工业园区健康发展的指导意见》，出台《关于工业园区升级扩区评价办法》，完善工业园区统计监测体系和评价考核体系。落实中央环保督查反馈问题整改任务，加强工业园区环境综合整治，重点解决污水处理、集中供热、标准渣场等工业园区环保基础设施不配套问题，建立工业园区环境治理长效机制。

（五）提升中小企业服务能力

出台《自治区中小企业促进条例》。进一步扩大全区“1+14+N”中小企业网络公共服务平台覆盖面，力争2018年服务市场主体达到50万户（次）。开展“万户中小企业创业创新政策大讲堂”活动，落实电子服务券等创业创新各项支持政策，深化小微企业创业创新示范基地创建工作。开展中小企业信用信息征集、信用评价等工作，多渠道增进中小企业信用信息，缓解银企信息不对称，提高融资能力，开展中小企业融资政策效果评估。

（六）优化实体经济发展环境

深化“放管服”改革，持续优化工业发展环境，大力营造“清、亲”政商关系。落实企业投资项目核准备案工作规程，全面提升服务效率和质量。同步加强事中事后监管，研究出台工业项目建设事中事后监管实施细则。完成政务信息资源共享交换平台建设，实现国家、自治区、盟市三级平台互联互通。继续采取 “一企一策”措施，促进新投产企业达产、停产企业复产，千方百计帮助企业开拓市场、扩大生产。完善支持政策，出台《稀土+行动计划》《自治区新材料产业创新驱动发展行动方案》，兑现对稀土深加工和稀土新材料重点项目和创新中心的支持政策，吸引一批优质项目落户我区。狠抓项目建设，加强项目调度、项目储备和项目库建设，落实重点项目责任制，推动项目顺利建设。深化盐业体制改革，完善盐业管理制度，强化盐业队伍建设。大力弘扬企业家精神，最大限度激发和释放企业家创新创业活力，依法依规保障企业合法权益。

供　　稿：张巨富　内蒙古自治区经济和信息化委员会
责任编辑：焦志强

内蒙古服务业发展情况

2017以来，面对经济持续下行压力，全区上下认真贯彻落实自治区党委、政府决策部署，牢固树立和贯彻落实五大发展理念，紧紧围绕服务业“发展提速、比重提高、水平提升”的总体目标，供给侧结构性改革扎实推进，重点项目建设进一步加强，服务业对经济增长、保障和改善民生的重要作用进一步提高。

一、2017年服务业发展情况

前三季度，在投资、工业等主要经济指标增速回落幅度较大的情况下，服务业发展稳中向好，增速自2016年超过工业以来，持续引领经济增长，呈现出以下几个特点。

（一）增长速度加快，支撑作用增强

前三季度，全区服务业实现增加值6280.3亿元，增长7.8%，高于2016年同期0.2个百分点，高于地区生产总值增速2.8个百分点，高于第二产业增速5个百分点。服务业增加值占地区生产总值比重达到45.7%，高于2016年同期0.9个百分点。服务业新登记注册企业4.64万户，占全部工商新登记注册企业数的77.6%。

（二）发展成效显著，社会贡献持续提高

前三季度，服务业完成税收858.5亿元，同比增长7.1%，高于2016年同期3.5个百分点，占全区税收收入的比重为44.2%。城镇单位服务业新增就业14.8万人，高于2016年同期2.8个百分点，占城镇全部新增就业65.5%，高于2016年同期0.5个百分点。服务业发展促进居民释放消费潜力，1—10月，社会消费品零售总额5808.7亿元，增长8%，低于2016年同期1.6个百分点。

（三）项目建设扎实推进，投资结构不断优化

服务业重点项目建设有序推进，截至10月底，全区服务业完成投

资7392.7亿元，占全部投资比重54.2%，高于2016年同期2.3个百分点。投资结构不断优化，除房地产外的其他服务业共完成投资5966.5亿元，增长3.2%，其中信息传输软件和信息技术服务业、金融业、科研和技术服务业等生产性服务业投资分别增长66.8%、25.9%和43.6%，均高于全区服务业投资平均水平。

（四）重点行业稳定增长，新兴行业势头良好

一是交通运输、仓储和邮政业方面。前三季度完成增加值998.7亿元，增长11.1%。1—10月，全区营业性货物发送量完成19亿吨，增长15.2%。其中，铁路货运量6.6亿吨，增长17.3%；公路货运量12.4亿吨，增长13.4%。1—10月，快递业务量完成8478.9万件，业务收入累计完成18.7亿元，分别增长33.7%和32.6%。二是金融业方面。前三季度完成增加值871.8亿元，增长10.9%。1—10月，金融机构人民币各项存款余额2.34万亿元，增长11.5%；人民币各项贷款余额2.14万亿元，增长12.2%。实现保费收入502.8亿元，增长18.3%，其中，财产险收入160.3亿元，增长12.1%；人身险收入342.5亿元，增长21.4%。三是旅游业方面。1—10月，全区累计接待旅游者9988.5万人次，完成年度计划的93.7%；旅游业总收入2953.1亿元，完成年度计划的88.3%。10月，全区国内旅游者平均花费为每人每天884元，比2016年增加62.9元，同比增长7.7%；国内旅游者平均停留天数为3.4天/人，比2016年增加0.1天，同比增长3.2%。

二、2017年全区服务业开展的主要工作

（一）突出规划实施，抓好政策落实

一是加强宏观指导和综合协调。认真贯彻落实自治区服务业“十三五”发展规划及加快发展生产性和生活服务业的指导意见等相关政策措施，按照2017年服务业年度工作要点推动落实各项重点工作。二是制定出台《自治区“十三五”旅游业发展规划》《2017年医养结合工作实施方案》《“十三五”养老服务体系建设规划》《内蒙古自治区加强物流短板建设促进有效投资和居民消费的实施方案》《内蒙古自治区物流业降本增效专项行动实施方案（2016—2018年）》等一系列规划文件，促进旅游、文化、健康、养老等服务业融

合发展。启动了《自治区服务业创新发展实施方案》的编制工作。三是深入推进赤峰市红山区国家服务业综合改革试点，推动各盟市自治区级服务业改革创新试点加快建设。

（二）加大资金支持，推动重大项目建设

一是争取国家服务业引导资金3250万元，支持10个公共服务平台建设；安排4.25亿元服务业引导资金支持了一批生产性、生活性和改革创新试点项目；推动服务业股权投资基金投资8个项目，共1.94亿元。二是调度在建的529个亿元以上、总投资5700亿元的重大服务业项目，及时协调解决项目建设过程中出现的问题，加快项目实施进度。三是按照三年滚动投资计划要求，积极策划和储备一批引领性强、成长性好、带动作用大的服务业重大项目，作为争取国家服务业发展引导资金、各类专项资金和招商引资的储备项目，努力形成“储备一批、推进一批、建设一批”的良性循环。

（三）大力发展生产性服务业，提升整体水平和竞争力

一是加强科技创新服务载体建设。推动鄂尔多斯高新技术产业开发区新认定为国家高新技术产业开发区。全区国家级和自治区级高新区达到12家，可持续发展试验区、科技企业孵化器和新型研发机构达到106家。二是加大金融补短板力度。推动乌海、阿拉善盟实现新三板挂牌零突破，新三板挂牌企业达到66家。新引进中国进出口银行，新设立包商村镇银行、包银消费金融公司、内蒙古中和农信农村小额贷款担保有限公司等金融机构。巴彦淖尔、赤峰、乌兰察布市设立“村口银行”186家，全区31个国贫旗县的330个乡镇、5319个行政村实现营业网点和自动取款机（ATM）、销售终端机（POS）标准化网点覆盖。三是推进电子商务发展。创建呼和浩特市、包头市两个国家电子商务示范城市。开展电信普遍服务试点项目，行政村光纤到户7459个，农村牧区宽带接入用户增加到105.46万户。

（四）积极发展生活性服务业，促进消费转型升级

一是旅游业保持稳定发展良好态势。截至10月底，全区在建的166个重点旅游项目完成投资285亿元。新建、改建旅游厕所2057座。阿尔山—柴河旅游区新评为5A级旅游景区，全区5A级旅游景区达到4家。鄂尔多斯响沙湾成为我国首家沙漠旅游度假区，伊利实业集团公司成为国家工业旅游创新单位，敕勒川草原旅游区成为国家湿地旅游示范区，越野e族阿拉善梦想沙漠汽车航空乐园成为国家体育旅游示范基地。二是融合发展文化体育产业。推进鄂尔多斯市申报国家级文化消费试点城市。莱德马业、金沙湾步道成为国家体育产业示范单位和示范项目。举办草原文化节、第二十六届金鸡百花电影节等重大节庆活动，阿拉善越野e族、草原旅游那达慕、穿越内蒙古汽车拉力赛等体育赛事。三是加强家政服务品牌建设。推动家政服务业规范化、标准化、专业化建设。成功培育出自治区家庭服务“十强”企业10户、“百户”企业97户，上市公司1家。“兴安家政”“瑞洁物业”成为自治区知名家政服务品牌。

（五）突出产业集聚，推进服务平台载体建设

推进服务业集聚区建设，引导服务业集中集聚发展，78个自治区级现代服务业集聚区实现营业收入1167亿元，增长14.5%；入驻企业数13338户，吸纳就业人数29万人，分别增长9%和8.9%；完成税收38亿元，与2016年度持平。集聚效应凸显，营业收入超过10亿元的集聚区有18个，超50亿元的有5个。盛乐现代服务业集聚区建成了我国北方最大规模的云计算数据中心，阿里巴巴、百度、腾讯、浪潮、搜狐、上海证券等一批知名企业入驻；红山物流园区成为国家级电子商务示范基地和国家级综合示范物流园区；内蒙古大学科技园成为区内首家国家级大学科技园。

近年来，我区服务业发展呈现稳定上升态势，但与全国服务业发达地区相比较，仍然存在较大差距，服务业仍是我区经济发展的短板和弱项。一是服务业发展水平仍然偏低。前三季度服务业增加值占地区生产总值比重比全国平均水平低7.2个百分点，交通运输和邮政业、批发零售和住宿餐饮业、房地产等传统服务业占服务业增加值比重高于全国平均水平10.6个百分点，信息传输、计算机服务和软件、科学研究技术和电子商务等新兴业态比重小，拉动作用不强。二是部分领域指标回落。房地产和金融领域部分指标回落。商品房销售面积和销售额增速同比下降20.6个和14.3个百分点，房地产开发投资同比下降14.9%。金融机构存贷款额增幅同比下降4.4个和2.3个百分点。三是新兴服务业融资环境仍须改善。物流、文化、体育、健康、养老、电子商务等新兴服务业处于起步阶段，企业规模普遍偏小，社会资金投入不足，自我积累发展能力不强，政策性扶持引导资金较少，融资难、融资成本高问题依然存在，新兴服务业发展环境亟待优化。

三、2018年服务业发展思路

2018年，全区服务业工作要全面贯彻落实党的十九大精神，紧紧围绕党委、政府决策部署，以供给侧结构性改革为主线，加快服务业转型升级，推动服务经济创新发展，力争服务业增加值增长8%以上，占地区生产总值比重达到43%以上。重点做好以下各方面的工作。

（一）加快生产性服务业转型升级

一是完善物流基础设施建设，降低社会物流成本。加快赤峰红山物流园、呼和浩特沙良公铁综合物流园区、乌兰察布万益综合物流园等重点物流园区建设；争取国家批复神华铁路货车运输有限公司的多功能车智慧公铁水多式联运、中铁泰吉利石油化工股份有限公司的液体化工罐式集装箱公铁多式联运两个示范工程，推进内蒙古诚昊启元等5家企业开展无车承运试点，推广先进的多方式联合运输。二是完善金融机构服务体系。争取引进广发、恒丰、浙商银行入驻我区。加快发展普惠金融，扩展网络银行、电话银行、手机银行等现代支付方式辐射范围。改造升级全区行政嘎查村的助农金融服务点，在赤峰市喀喇沁旗、巴彦淖尔市乌拉特前旗开展农村普惠金融综合试点，在呼伦贝尔市新巴尔虎左旗和锡林郭勒盟东乌珠穆沁旗开展牧区金融与绿色金融相结合的普惠金融综合试点。三是完善科技服务体系。推进呼和浩特留创园、包头稀土开发区创业中心、包头北大科技园、中关村京蒙高科孵化器、内蒙古科技创新园等孵化基地建设。建设国家大数据综合试验区和中国北方大数据中心，创建呼和浩特国家大数据产业集聚区，力争云计算数据中心服务器装机能力达到100万台。

（二）着力促进服务消费升级

贯彻落实自治区人民政府《关于加快发展生活性服务业促进消费结构升级的实施意见》，大力培育新的消费热点。一是统筹推进全域旅游发展。加大品牌旅游景区创建，扩大A级旅游景区数量，力争五当召、阿斯哈图石林、额济纳胡杨林3个景区通过国家5A级景区验收，推进赛马场4A景区建设。大力发展农牧家生活体验、田园采摘、周末乡村度假等特色乡村旅游，推广乡村旅游接待标准，推进乡村旅游提档升级。开展旅游“厕所革命”新三年行动，再新建2000座以上旅游厕所。二是积极发展体育健身新产业。创建集徒步、骑行、马术等融文化、旅游、体育为一体的综合性户外文体游示范基地、园区。建设国家北方足球训练基地及青少年足球夏令营活动基地等足球试点项目。以举办全国第十四届冬季运动会为契机，促进冰雪运动和冬季体育旅游发展，实现百万青少年参与冰雪运动。三是促进健康养老产业多样化发展。支持社会资本发展康复医院、老年病医院、护理院、临终关怀医院等医疗机构。推进“互联网+”在家政服务应用，积极推广12349便民为老服务服务模式。以鄂尔多斯市为试点发展社会化养老，支持呼伦贝尔、赤峰、巴彦淖尔等盟市发展候鸟式旅游养老，满足多样化养老需求。四是持续推进房地产去库存。提高棚改货币化安置比例，扩大住房公积金覆盖面，稳定房地产市场价格，结合商务、文化、旅游、养老等服务业发展需求，促进住房消费。

（三）大力推进服务业重点项目建设

一是加快推进在建项目进度。建成呼和浩特市金隅环球金融中心、万正尚都总部、包商银行商务大厦、鄂尔多斯伊金霍洛旗神东圣圆海勒斯壕集运站等79个项目。推动包头市满都拉口岸国际公路物流园区、兴安盟乌兰浩特市钢材市场、阿拉善盟越野e族阿拉善梦想沙漠汽车乐园景区等529个亿元以上重点项目建设进度。二是加强项目前期储备。按照政府投资项目三年滚动计划要求，储备一批起点高、规模大的服务业重点项目，作为争取国家服务业发展引导资金、各类专项资金和招商引资的储备项目。制订2018年服务业重点项目投资计划，继续抓好物流、商贸、旅游、金融、科技、信息、文化体育、家庭健康养老、房地产等领域490个亿元以上重点项目建设，力争年内完成投资1000亿元。三是加强资金要素保障。加强与国家发改委等有关部委对接，争取更多的资金和政策支持。在安排服务业引导资金和旅游、文化、商贸、科技等各类财政专项资金时，优先考虑对重点项目的补助支持。多渠道拓宽融资渠道，积极推广政府与社会资本合作模式和股权投资，吸引金融、债券、基金、保险等金融资本和民间资本投资服务业项目建设。四是促进现代服务业集聚区加快发展。充分发挥自治区级现代服务业集聚区对产业转型升级的示范引领作用，再培育认定20家以上自治区级现代服务业集聚区，自治区级现代服务业集聚区达到100家以上。加强动态考核管理，研究制定《自治区级现代服务业集聚区考核评价管理办法》，开展服务业集聚区发展水平考核评价。

（四）推进服务业改革开放创新发展

一是以开放合作增添发展活力。对接国家“一带一路”、京津冀一体化协同发展和东北振兴等重大战略，推进“中蒙俄经济走廊”建设，依托满洲里、二连浩特市国家重点开发开放试验区和中俄蒙合作先导区，建设跨境经济合作区、互市贸易区，提升口岸服务功能。充分利用北盟国际博览会、中蒙俄智库国际论坛、中蒙博览会、草原那达慕等节庆和重大赛事活动，推动特色文化、商务会展、项目推荐与国内外交流合作，推广优秀特色旅游、文化、体育等产业资源。完善中欧班列服务平台，打造乌兰察布中欧班列铁路枢纽节点城市，借力中欧班列促进物流领域合作，支持具备条件的企业“走出去”拓展国际市场，以开放合作增添发展活力。二是以创新发展增强发展动力。加快赤峰市红山区国家级服务业综合改革试点建设，全面总结推广自治区改革创新14个试点地区典型经验。推进制造业企业剥离非主营业务，稳步推进经营性事业单位转制为服务企业，增加社会化服务产品有效供给。

（五）完善发展政策，营造良好环境

一是健全服务业工作推进机制。加强宏观指导和统筹协调，充分发挥自治区第三产业工作领导小组职能作用，召开领导小组工作会议，研究部署全年服务业工作，形成推动服务业发展的工作合力。完善服务业考核办法，强化服务业工作考核。加强督促检查，适时组织开展全区服务业重点工作任务和政策落实情况专项督查。二是完善发展政策。深入落实国家促进服务业发展的政策措施和自治区服务业“十三五”规划，研究出台《自治区服务业创新发展实施方案》，修订《自治区现代服务业股权投资基金管理办法》。三是健全服务业统计体系。健全和完善全面反映我区服务业发展水平的统计指标体系和统计制度，加强对服务业集聚区的统计，加大对中小微服务业企业的抽样调查比例，加快建立新兴服务业统计制度，提高统计数据的实效性和准确性。四是加强舆论宣传。充分利用报刊、广播、电视、网络等媒体，组织开展服务业宣传月、记者行、专题访谈等活动，广泛宣传服务业新业态、新模式、新技术，服务业领域知名企业、驰名商标、名牌产品和支持服务业发展的各项政策措施和各地区服务业的发展典型经验，营造服务业发展良好氛围。

供　　稿：张国栋　内蒙古自治区发展和改革委员会产业协调处
责任编辑：高晓焘

内蒙古固定资产投资和项目建设情况

2017年，自治区党委、政府坚持稳中求进工作总基调，认真贯彻新发展理念，充分发挥投资对经济增长的关键作用，按照《重点领域重点项目工程建设实施方案》，围绕重大项目抓投资，围绕扩大投资抓项目，集中力量推进一批具有战略性、基础性、全局性的骨干工程，在拉动即期经济增长的同时，进一步夯实了我区长远发展后劲。全年共实施自治区级重大项目625个。

一、坚持分阶段推进

针对重大项目所处投产、续建、开工、前期等不同阶段，按照“争开工、保投产、抓续建、促前期”的原则，采取针对性的措施，着力推动各阶段重点项目加快建设和工作进度。对已列入计划的新开工项目，逐一排查节点计划，认真落实土地、资金等建设条件，按照开工时间倒逼工作进度，确保按期开工、实质开工。对能够按期复工的在建续建项目，合理安排工期，紧抓施工关键环节，科学调配生产要素，全力以赴加快建设进度。对不能按期开复工的项目，逐项排查原因，逐事研究解决，逐个跟踪推动。对暂不具备开工条件的项目，建立前期工作目标责任制，落实工作责任人、落实工作经费、落实目标责任、落实激励制度，加紧推进项目审批、选址征地、城市规划、环境保护、资金筹措等前期工作，促进项目早审批、早落地、早建设。

二、突出重点领域

按照中央抓重点、补短板、强弱项的要求，立足实际，借助市场和政策调整所形成的倒逼机制，把传统产业改造升级和新兴产业促进发展有机结合起来，全面落实中央和自治区关于促进工业投资、服务业投资、民生领域投资和民间投资的各项政策措施，加快推进自治区脱贫攻坚、旅游发展、央企恳谈、春季重点项目开工动员、对外开放工作等重要会议确定的重大项目，不断扩大有效投资、优化投资结构。特别是做实做细重点项目洽谈对接工作，对大数据推介会、央企恳谈会、中蒙博览会、旅游发展大会、蒙商大会等签约的重大项目，密切跟踪，及时跟进，扎实做好协调服务工作，保证资金到位和落地开工。

三、全力做好基础工作

针对项目储备不足问题，结合开展“十三五”规划中期评估工作，深入研究分析国家投资方向和重点，对已收集的项目进行更加深入的论证分析，提高项目的竞争力和生命力。按照合理控制政府债务的要求，优化政府投资结构，政府性投资主要用于引导性投资，带动民间投资，规范引导政府和社会资本合作项目投资。强化要素保障，对自治区和各盟市确定的重点建设项目，优先保障建设用地、优先保障环境准入、优先保障资源配置，确保重点项目用地、用电、用水等需求。牢固树立服务发展意识，深化“放管服”改革，简化办事程序，提高办事效率，为投资主体兴业创造良好条件。

2018年是贯彻党的十九大精神的开局之年，是改革开放40周年，是决胜全面建成小康社会、实施“十三五”规划承上启下的关键一年。自治区党委十届五次全会暨全区经济工作会议指出，“贯彻新发展理念，建设现代化经济体系，归根结底要落实到项目建设上。尤其像我区这样的欠发达地区，无论基础设施、现代产业、公共服务还是民生和社会事业，短板和欠账都很多，投入和建设需求都很大，抓投资和项目建设一刻都不能松懈”；强调“要把深化投融资体制改革作为当务之急，在落实企业投资自主权、提高投资审批效率、激发社会资本活力、完善财政资金投资模式等方面积极探索、大胆改革，畅通市场化投融资渠道，摆脱靠高负债拉动经济增长的依赖。要把招商引资摆到更加突出的位置，抓住用好十九大关于以‘一带一路’建设为重点扩大开放、强化举措推进西部大开发形成新格局、深化改革加快东北等老工业基地振兴等战略机遇，抓住用好加快边疆发展、支持资源型地区经济转型发展和大幅度放宽市场准入、北京非首都功能向外疏解等现实机遇，主动谋划、主动出击，全力以赴引资引智、引企引业。要把充实完善项目库作为战略举措，按照崇尚创新、注重协调、倡导绿色、厚植开放、推进共享的要求，从国家政策、市场需求、发展亟须入手，抓紧谋划储备一批大项目好项目，为争取国家支持、推动招商引资提供更多选项，为建设现代化经济体系提供有力支撑”。

按照上述要求，2018年要重点抓好以下工作。铁路方面，以构建快速客运网、优化既有铁路网、推进互联互通铁路建设、完善铁路集疏运体系、建设综合客运枢纽为重点，加快建设快速连接、东西畅通、通江达海、联通腹地的铁路网，力争到2020年全区铁路运营里程超过1.6万千米，快速铁路总里程达到2000千米以上，实现呼和浩特到北京、自治区主要城市到相邻城市群2.5小时通达。公路方面，以推进高速公路网络化、普通国省干线路网升级改造、农村牧区公路和口岸公路建设、完善旅游公路交通体系为重点，继续强化向北开放国际通道、协同发展省际通道、区内开发联络通道和综合交通枢纽建设，力争到2020年基本建成安全、便捷、高效、绿色的公路交通运输体系。航空方面，以完善干线机场功能、加快支线和通用机场布局、积极培育发展航空运输市场为重点，加快建设布局合理、便利快捷、安全规范、军民兼顾的航空网络体系。市政方面，以全面提升城市综合承载能力、补齐基础设施短板为重点，坚持高起点规划、高标准建设、高水平管理，着力构建设施配套、功能完备、安全高效、绿色低碳的市政网络系统。水利方面，以实施重点江河湖泊治理骨干工程、跨流域区域引调水工程以及农村牧区农田水利、城市防洪、饮水安全等民生水利工程建设为重点，着力打造城乡供水、防洪减灾、高效节水、水生态环境和现代管理多功能协同的水网体系。能源通道方面，以配套能源网络体系、电力外送通道和油气外输管道建设为重点，加快形成较为完善的现代能源网络体系。信息通信方面，以加强信息通信基础设施建设、全面深化普遍服务为重点，加快建设高速、移动、安全、泛在的新一代信息通信网。

供　　稿：韦国宁　内蒙古自治区党委政策研究室
责任编辑：梅　园

内蒙古金融业运行情况

2017年以来，自治区金融办认真贯彻自治区党委政府关于金融工作的决策部署，面对复杂严峻的区内外金融环境和艰巨的经济发展任务，以服务实体经济为工作重心，增加信贷投放，不断提高直接融资比重，以经济社会薄弱环节为保障对象，支持脱贫攻坚和区域协调发展，各项金融工作取得一定成效，支持了自治区经济社会持续健康发展。

一、全区金融业运行平稳

（一）存贷款平稳适度增长

紧紧围绕年初印发的《2017年金融支持全区经济社会发展融资工作方案》，推动各金融机构加大重点领域和薄弱环节信贷支持力度。截至11月末，全区贷款余额突破两万亿，达到21353.25亿元，同比增长11.32%，新增贷款1992.24亿元。初步预计，2017年末全区各项贷款余额将达到21500亿元左右，比年初增加约2150亿元。存款方面，截至2017年11月末，余额突破两万亿，达到23273.21亿元，同比增长10.38%，新增存款2107.6亿元，同比少增899.77亿元。

（二）直接融资规模稳步扩大

继续实施自治区企业上市三年行动计划，推动企业上市挂牌融资。贯彻落实《内蒙古自治区人民政府关于进一步推进多层次资本市场融资的若干意见》，2017年对符合条件全区上市挂牌融资企业给予费用补贴5869.7万元。2017年，全区企业实现直接融资1090.2亿元，其中股票市场融资176.78亿元，债券融资913.42亿元。同时企业IPO、新三板挂牌企业提质扩融方面均有所突破。成功推动内蒙古能建集团在港交所上市，募集资金10.7亿元。协调推动显鸿科技、鸿茅药酒、国融证券3家企业进入辅导期。新增5家新三板挂牌企业进入股转系统创新层。推动贫困地区3家企业利用绿色通道在新三板挂牌。截至目前，我区进入辅导期企业总计16家，新三板挂牌企业累计达65家。

（三）保险保费收入平稳增加

11月末，全区保险业实现原保险保费收入535.96亿元，增速17.4%。其中财产险公司原保险保费收入164.53亿元，增速10.91%；人身险公司原保险保费收入371.43亿元，增速20.52%。受2016年以来旱灾影响，全区保险公司赔付支出151.13亿元，增速30.13%，为抗旱救灾发挥重要作用。

（四）金融体系不断完善

一是积极引进区外金融机构。推动自治区政府与平安集团签订了战略合作协议，目前平安银行呼和浩特分行已获中国银监会批筹设立。广发银行在内蒙古设立分行的申请材料已上报中国银监会，预计2018年批筹。二是大力推动非银行业金融机构发展。推动设立自治区第二家地方资产管理公司——内蒙古庆源绿色金融资产管理公司，目前自治区政府已下发设立批复。推动设立内蒙古中鸿金融租赁公司。目前内蒙古银监局已完成尽职调查，并上报至银监会待安排答辩。三是有序推动民营银行发展，鄂尔多斯资源股份集团、伊泰集团两家企业作为主发起人拟共同发起设立内蒙古农牧银行，注册资本金20亿元，目前已完成了可行性研究报告、筹建方案、名称预核准等工作。截至目前，我区金融市场共有银行、证券、保险、资产管理公司、财务公司等省级分支机构77家；地方法人金融机构186家，其中城商行4家、农村金融机构169家、资产管理公司1家、信托公司2家、财务公司5家、证券公司2家、消费金融公司1家；小额贷款公司法人机构484家、融资担保法人机构143家。

（五）规范发展地方金融

推动我区融资担保行业规范健康发展，内蒙古再担保股份有限公司完成增资扩股，目前公司注册资本金已达10.4亿元。按照《内蒙古自治区小微企业融资担保费补贴资金管理办法》，累计为34家符合条件的融资担保机构给予小微企业融资担保费补贴共计1311万元。9月末，全区融资担保法人机构143家，在保责任余额293.1亿元，累计为6.8万户中小企业融资担保2132亿元。规范发展小额贷款公司，大力推进农村牧区小额贷款公司发展，引进中国扶贫基金会在我区设立了中和农信农村小额贷款公司。开展网络小额贷款公司试点工作。建立健全现场监管、非现场监管和第三方评级相互支撑、相互补充的监管体系。截至2017年9月末，我区共有小额贷款公司484家，累计发放各项贷款2165.7亿元，涉及32万户。

二、金融支持重点领域成效突出

（一）金融支持实体经济力度不断增大

通过组织金融机构参加央企恳谈会、召开多次融资对接会等措施，搭建平台推进政银企对接，加大金融支持实体经济力度。一是协调金融机构紧跟自治区产业政策，加快调整信贷结构，与实体经济相关性较强的六大行业融资规模不断扩大。截至11月末，制造业、建筑业、批发零售业、交通运输业、水利环境和公共设施管理业、电力热力燃气及水生产业六大行业贷款比年初新增1415.52亿元，同比增加134.66亿元。二是小微企业支持力度不断加大，截至11月末，小微企业贷款比年初新增581.32亿元，同比增长19.7%。三是创业创新得到积极支持。1—9月，累放创业担保贷款9.6亿元。9月末，贷款余额39.9亿元。四是企业融资成本持续降低。11月，贷款加权平均利率6.97%，较2016年同期下降0.05个百分点。

（二）金融支持脱贫攻坚力度不断加大

2017年以来，自治区金融办深入推进《内蒙古自治区金融助推脱贫攻坚行动计划》，引导金融机构加大精准扶贫支持力度。研究出台了《关于进一步推动金融扶贫工作的通知》，推动提升贫困地区金融供给能力和服务水平。一是金融服务与精准扶贫有效对接。11月末，全区金融精准扶贫贷款余额1195.2亿元，同比增长32.2%；全区易地扶贫搬迁贷款余额29.9亿元，累计支持8.5万人。二是加大薄弱环节金融支持力度。12月末，全区支农（含扶贫）再贷款余额76亿元、抵押补充贷款余额1148.1亿元。在货币政策引导作用下，截至11月末，涉农贷款、保障性住房开发贷款分别比年初新增783.53、282.81亿元，同比分别增长20.1%和23.7%。

（三）普惠金融不断推进发展

深入落实《内蒙古自治区普惠金融发展规划（2016—2020年）》，会同人民银行呼和浩特中心支行印发了《内蒙古自治区普惠金融试点方案》。推动各银行业金融机构探索设立普惠金融部，目前，农业银行已建立普惠金融部。推动包商银行在巴彦淖尔市、赤峰市、乌兰察布市农村牧区创建“村口银行”。引导金融机构下沉服务，截至目前，全区乡镇（苏木）银行业金融机构营业网点覆盖率达到91.64%，行政村（嘎查）基础金融服务覆盖率达到96%。推动“两权”抵押贷款试点深入推进。11月末，试点地区“两权”贷款余额26.5亿元，同比增加11.6亿元。推动8个试点地区建立了流转交易平台，6个试点地区设立了风险补偿、缓释基金，有效盘活农村牧区“沉睡”资产。

（四）大力发展绿色金融、开放金融、科技金融

一是积极构建绿色金融体系。提请自治区政府印发了《内蒙古自治区人民政府关于构建绿色金融体系的实施意见》。加强绿色金融领域相关合作，加入中国金融学会绿色金融专业委员会，推动兴业银行与自治区政府签署“构建绿色金融体系”战略合作协议。探索建设绿色金融改革创新试验区，与和林格尔新区共同草拟了《内蒙古和林格尔新区建设绿色金融改革创新试验区总体方案》报自治区政府审定。推动各金融机构积极拓展绿色金融业务，目前，全区绿色金融相关领域贷款余额1538亿元，已发行绿色债券7.5亿元，农业绿色保险保额1889.3亿元，保费收入27.5亿元。二是制定出台了《关于进一步加强金融支持全方位对外开放的指导意见》，持续推进金融领域对外开放。三是制定出台了《内蒙古自治区推进金融大数据发展的实施方案》，计划到2020年推动建成5个金融大数据平台、1个标准化金融大数据基地和1个金融大数据产业发展基地，实现金融与大数据在信息整合、融资对接、行业监管、服务创新、研究开发等领域的深度融合。

三、防范化解金融风险

（一）千方百计化不良

组织各盟市加强不良贷款风险分析和重点企业不良贷款化解，每季度召集各金融机构调度不良贷款化解情况。全年（截至目前）处置不良贷款236亿元。

（二）多措并举降杠杆

认真贯彻落实《内蒙古自治区深入推进供给侧结构性改革　着力做好去杠杆工作的实施方案》，积极推动降低企业杠杆率，组织金融机构与重点企业召开座谈会，协助建立债权人协调委员会。协调各债权金融机构通过续贷增贷、承兑汇票、融资租赁等方式。

（三）依法严厉治乱象

深入推进农村牧区高利贷综合治理工作。牵头举办了“金融知识宣传进农村牧区”活动和“农牧户算账理财”活动,推动11个盟市成立了农村牧区高利贷专项治理工作领导小组，民间借贷登记中心试点范围不断扩大，积极推广基层司法所调解模式，创新开展农村牧区高利贷置换工作。开展交易场所清理整顿工作。全面清查处置非法集资案件，开展全区互联网金融风险专项整治工作，形成对违法违规互联网金融的高压态势。

2018年，自治区金融办和全区金融系统将深入贯彻落实党的十九大和全国、全区金融工作会议精神，切实把思想和行动统一到党中央对金融工作的决策和部署上来，着力构建现代产业体系，深入推动供给侧结构性改革，紧紧围绕“服务实体经济、防控金融风险、深化金融改革”三项任务，主动适应经济增长内核由“旧经济、重资本产业为主、债务驱动型模式”转向“新经济、轻资本产业为主、内生增长型模式”，扎实做好全区金融工作，全力推动我区经济社会持续健康发展。

供　　稿：李　睿　内蒙古人民政府金融工作办公室

责任编辑：高晓焘

内蒙古全面深化改革情况

2017年，自治区党委按照党中央关于全面深化改革决策部署，坚持一手抓方案制定、政策配套，一手抓部署实施、督察落实，先后召开12次党委常委会会议和12次领导小组会议研究重大改革事项，制定提高改革方案质量、推进改革举措落实的意见，建立重点改革任务台账（2017—2020年），开展2次全面督察、19次专项督察，全区改革呈现全面发力、多点突破、纵深推进的良好态势。全年共出台重点改革方案53个，形成改革成果212条。

一、经济体制改革方面

供给侧结构性改革持续推进，去产能年度任务全部完成，商品房待售面积、规模以上工业企业资产负债率和每百元主营业务收入成本均有所下降，公共服务、基础设施、资源环境等支撑能力不断提升。“放管服”改革不断深化，简政放权持续深入，商事制度改革全面发力，工商登记“多证合一”改革全面完成，相对集中行政许可权改革试点积极推进，“证照分离”改革试点启动实施。国企国资改革稳步进行，经营性国有资产集中统一监管改革持续深化，全区所有国有企业基本完成公司制改制，国资委审批事项精简48.6%，混合所有制改革有序实施。财税金融改革扎实推进，编制了国有资本经营预算和社会保险基金预算，修订了自治区本级部门基础信息库和基本支出管理办法、本级项目支出和对下专项转移支付管理办法，全面完成“营改增”试点，多层次资本市场建设力度不断加大。农村牧区综合改革进展顺利,土地草牧场确权登记颁证加快推进，土地确权完成全区二轮承包合同面积的70.8%，草牧场确权工作基本完成，龙头企业与农牧民利益联结机制不断完善，土地流转规范化水平不断提高，呼伦贝尔、兴安农垦集团化改革迈出实质性步伐。科技体制改革继续推进，出台促进科技成果转移转化八项措施等政策文件，将科技成果的使用权、处置权、收益权全部下放给事业单位，设立了协同创新股权投资基金。开放型经济新体制不断完善，国际贸易“单一窗口”建设在全区所有沿边口岸推开，呼和浩特海关关区实现中蒙联合监管全覆盖。

二、民主法治领域改革方面

地方立法体制不断完善，启动编制十三届人大常委会五年立法规划，探索委托第三方起草地方性法规草案，自治区人大及其常委会先后制定、修改和批准地方性法规、单行条例24件。协商民主建设积极推进，制定《关于加强和改进人民政协民主监督工作的实施意见》，深入开展政党协商、人大协商、政府协商、政协协商、基层组织协商和人民团体协商，自治区政协围绕精准扶贫、安全生产等开展了视察监督。建立健全党委法律顾问制度，制定自治区党委法律顾问工作规定。法治政府建设不断加强，出台《贯彻落实〈法治政府建设实施纲要（2015—2020年）实施方案〉》，制定《内蒙古自治区法治政府建设指标体系》，把法治政府的原则要求转化为易判断、可操作的具体标准。群团改革进展顺利，工会、共青团、妇联、科协等改革深入实施，侨联改革方案正式出台。

三、文化体制改革方面

文化管理体制不断健全，建立新闻出版业年检年审制度；注销违规出版的内部资料114种；深化新闻工作者职业资格制度改革，收回并注销401名未通过年检新闻记者证件。现代文化市场体系日益完善，出台《自治区国有文化资产监管机构组建方案》，成立文资管理机构；内蒙古新华发行集团、出版集团、电影集团和有线电视网络集团利润大幅增长。现代公共文化服务体系进一步健全，出台《内蒙古自治区提升边境及贫困旗县公共文化服务水平方案》，继续实施“数字文化走进蒙古包”项目和“彩云服务”项目，新华发行集团与呼市图书馆合作实施了“鸿雁阅读计划”，群众公共文化生活日益丰富。

四、司法和社会体制改革方面

司法人员分类管理改革进展顺利，完成了首批遴选员额法官、员额检察官工作。司法责任制不断完善，自治区、盟市、旗县三级检察院已全部组建办案组织，基层法检两院85%以上的人力资源配置到办案一线，办案力量增加20%以上。司法人员职业保障制度逐步健全，自治区以下法检两院机构编制、财物、经费预算、资产债务等全部上划自治区管理。公安改革持续深化，警务运行机制、公安行政管理机制改革积极推进；在全国率先开展居民身份证异地办理；深化“阳光警务”工程，案件公开比例达97%。司法行政改革有序实施，在呼伦贝尔市开展建立律师专业水平评价体系和评定机制工作试点，旗县（市区）和苏木乡镇（街道）普遍建成公共法律服务实体平台。社会治理体系不断完善，国家社区治理和服务创新实验试点取得积极进展，食品药品监管机制进一步完善，构建遏制重特大事故双重预防机制改革试点取得积极进展。

五、社会事业领域改革方面

考试招生制度改革不断深化，新增5所高职院校开展单独招生考试试点，分类考试招生人数约占高职院校招生总数的50%。义务教育均衡发展加快推进，32个旗县通过国家评估认定，达标旗县累计达到93个。职业教育快速发展，在17所高职院校推行“3+2”培养模式。教育保障机制改革向前推进，为贫困地区学校招聘600名国家“特岗教师”。探索建立了全国首家众创、众包、众扶、众筹“四众”创业市场。完成跨省异地就医直接结算改革，全面推开小微企业参加工伤保险改革。分级诊疗制度建设加快推进,公立医院综合改革全面推开，取消公立医院“以药补医”机制，启动实施药品采购“两票制”改革。成立自治区脱贫攻坚指挥部，完善省级领导干部联系贫困旗县工作制度，自治区39位省级领导“一对一”联系39个贫困旗县，将贫困村驻村工作队员由原来的每村2～3人充实为5～10人。改革扶贫项目资金管理机制，出台了《内蒙古自治区财政专项扶贫资金管理办法》。明确足协改革脱钩时间表与路线图，举办了青少年足球锦标赛暨青少年U系列足球联赛等赛事，与德国勒沃库森俱乐部共建内蒙古中德足球精英训练中心。

六、生态文明制度改革方面

国土空间开发保护深入推进，准格尔旗、杭锦后旗、扎兰屯市“多规合一”改革试点取得积极进展；出台自治区“十三五”水资源消耗总量和强度双控实施方案，完成各盟市、旗县用水总量控制和强度控制指标分解。自然资源资产管理制度更加完善，全面完成不动产统一登记改革，各盟市、旗县全部实现“发新停旧”，并接入国家不动产登记平台。强化自然资源资产用途管制，在编制完成全区自然资源资产实物量变动表编制的基础上，继续探索更高形态的自然资源资产负债表。持续开展领导干部自然资源资产离任审计试点，在审计方法、核算方式、责任界定方面积累了有益经验。生态保护管理体制进一步健全，全面推行河长制，全区12个盟市和87个旗县设立了“河长制”工作机构。制定出台《内蒙古自治区实施矿业权出让制度改革的意见》《内蒙古自治区农业水价综合改革实施方案》，碳排放权交易试点深入推进。环境治理力度进一步加大。抓好中央环保督察反馈意见整改落实，开展生态环境保护大检查和环境保护督察，加强大气、水、土壤污染防治和总量减排工作，较好完成国家下达的减排目标任务。

七、党的建设制度改革方面

加强党的基层组织建设，在呼和浩特新城区开展健全完善党务公开制度试点。深化干部人事制度改革，出台进一步加强和改进年度考核工作的意见，制定领导班子和领导干部年度考核办法等一系列配套措施，着力形成精准科学、客观公正、简便易行、管用有效的考核评价工作机制。深化人才发展体制机制改革，出台《关于深化人才发展体制机制改革的实施意见，制定《关于深化职称制度改革的实施意见》等配套政策，形成以实施意见为总纲、以配套文件为补充的“1+N+X”政策体系。健全改进作风长效机制，制定实施自治区党委《关于深入贯彻落实中央八项规定精神　进一步加强作风建设的实施办法》，持续释放越往后执纪越严的强烈信号。

八、纪律检查体制改革方面

出台践行监督执纪“四种形态”的指导意见、进一步落实主体责任和监督责任，推进干部约谈工作常态化的意见，强化对“第一种形态”的运用，自治区领导同志带头约谈党风廉政建设方面存在轻微问题的党员领导干部。出台《关于加强工作督导　提升派驻机构履职能力的意见》，配齐配强派驻工作力量。加强巡视机构建设，探索常规巡视与专项巡视相结合，加快巡视进程、提升巡视震慑、保证巡视质量，十届党委完成两轮巡视。积极推进监察体制改革试点，盟市旗县巡察工作全面推开，改革试点任务基本完成。深入推进反腐败斗争，保持了惩治腐败高压态势。

2018年是改革开放40周年。自治区党委十届五次全会暨全区经济工作会议对全面深化改革重点任务作出了安排部署：按照中央“在经济体制改革上步子再快一些”的要求，以完善产权制度和要素市场化配置为重点，在垄断行业、产权保护、财税金融、社会保障等领域谋划和推进一批重大改革项目，以重点改革突破带动经济社会发展。以商事制度改革为突破口深化“放管服”改革，最大限度减少政府对资源的直接配置和对企业经营的直接干预，更好发挥市场主体的创新活力和创造动力。以打破垄断、引入竞争为重点，推进电力、天然气领域综合改革，促进投资主体多元化，放大低成本竞争优势。进一步调整完善产业政策，全面清理保护落后产能的优惠补贴政策，加大新技术、新产品、新业态、新商业模式扶持力度，支持资源型地区转型发展，特别要抓好改革举措落地落实，进一步释放改革红利。

供　　稿：王雪峰　内蒙古全面深化改革领导小组办公室
责任编辑：梅　园

内蒙古对外开放情况

2017年，内蒙古自治区以习近平新时代中国特色社会主义思想为指导，主动适应经济发展新常态，坚定不移贯彻新发展理念，谋好谋深、抓好抓实，撸起袖子加油干，全区对外经贸总体工作实现稳中有进。

一、工作进展情况

（一）贸易合作不断深化

据海关统计，1—11月，全区外贸进出口额累计完成127.25亿美元，同比增长20.4%，其中累计进口额82.39亿美元，同比增长25.5%；累计出口额44.86亿美元，同比增长12.2%。按照人民币口径，进出口额累计完成864.86亿元，同比增长24.4%，其中累计进口额559.82亿元，同比增长29.6%；累计出口额305.05亿元，同比增长15.9%。1—11月，我区外贸运行主要特点是：当月出口止跌回升，全区外贸进出口较快增长态势进一步巩固。11月当月，全区出口结束了连续3个月下跌态势，同比增长11%。边境小额贸易增长迅速。1—11月，全区边境小额贸易额实现40.53亿美元，同比增长45.2%，快于全区平均增速24.8个百分点。一般贸易进出口实现72.64亿美元，同比增长23.1%。加工贸易进出口实现3.04亿美元，同比下降33.3%。对蒙古国等主要市场增势良好。1—11月，我区与蒙古国贸易额达到35.5亿美元，同比增长41.5%，占全区进出口总额比重27.9%，同比提升4.4个百分点，第一大贸易伙伴地位不断巩固。与英国、澳大利亚、伊朗、印度、越南、俄罗斯等其他主要贸易伙伴贸易额增长明显，增速分别达到115.9%、101.9%、62.7%、40%、27.3%、12%。多数盟市进出口实现增长，但增速有所回落。12个盟市中有9个盟市进出口呈现正增长，其中除锡林郭勒盟外，其他盟市增速均有所回落。进出口增幅超全区平均水平的盟市是乌兰察布市、锡林郭勒盟、阿拉善盟、巴彦淖尔市、包头市、呼和浩特市，增速分别达到2.3倍、63.5%、53%、44%、23.9%、22%。

（二）利用外资稳中有进

1—11月，我区新设外资企业42家，实际利用外资24.25亿美元，同比增长1.6%。从资金来源看，外商投资主要来自香港地区；从资金分布情况看，主要集中在鄂尔多斯市、呼和浩特市、包头市、赤峰市、巴彦淖尔市、锡盟；从投资行业看，主要是采矿业、制造业、农林牧渔业、服务业。

（三）对外投资合作提质增效

1—11月，全区新备案境外投资企业（机构）38家，中方协议投资额2.46亿美元，同比下降88.5%。投资国别（地区）主要是美国、蒙古国、俄罗斯等，投资领域主要为农林牧渔业、采矿业、制造业、纺织业、商务服务业等。

（四）口岸运量平稳增长

1—11月，全区口岸进出境货运量达到7452.5万吨，同比增长12.2%。其中进境货运量5683.09万吨，同比增长19.4%；出境货运量705.6万吨,同比增长9%；转口货运量1063.81万吨，同比下降13.8%。对俄口岸进出境货运量2828.03万吨，同比增长2.0%，其中进境货运量1393.23万吨，同比增长12.3%；出境货运量370.99万吨，同比增长25.1%。对蒙口岸进出境货运量4624.47万吨，同比增长19.5%，其中进境货运量4289.86万吨，同比增长21.9%；出境货运量334.61万吨，同比下降4.6%。全区口岸进出境客运量531万人次，同比增长10.7%；进出境交通工具170.32万列辆架次，同比增长16.3%。

二、采取的主要措施

（一）狠抓外贸政策落地，推动外贸稳增长调结构

发挥全区外贸工作厅际联席会议机制作用，深入推进包保服务工作，做好重点地区、重点行业和重点企业精准服务。创新对外贸易方式，借鉴跨境电子商务和市场采购贸易先进经验，组织相关部门和盟市赴阿里巴巴和浙江聚贸电子商务有限公司总部进行了学习考察，就双方关切的跨境电商有关问题进行了深入探讨，并表达了合作意向；赴广东南沙，浙江义乌、海宁，江苏常熟等市场采购贸易试点地区进行了考察调研，推进二连浩特和满洲里市场采购贸易试点相关工作。积极承接产业转移,落实国家促进加工贸易发展政策措施，组织盟市和企业，赴江苏、广东等地对接承接加工贸易产业转移相关工作。组织企业积极参加境内外展洽活动，支持企业开拓国际市场。组成自治区经贸代表团专程赴匈牙利和捷克开展营销促进和贸易对接活动，宣传展示我区对外开放形象，积极推介我区优势特色产品，深化与“一带一路”沿线国家的贸易合作。联合财政厅赴日本对我区鄂尔多斯羊绒、鹿王集团、小尾羊等企业有关情况进行调研，了解企业境外营销网络和海外自主品牌推广中遇到的困难和问题。

（二）提升开放平台功能，优化利用外资环境

落实国家将外商投资企业设立及变更由逐案审批改为备案制管理的要求和抓住《国务院关于扩大对外开放积极利用外资若干措施的通知》（国发［2017］5号）、《国务院办公厅关于促进开发区改革和创新发展的若干意见》（国办发［2017］7号）、《中西部地区外商投资优势产业目录》等一系列利好政策的机遇，充分借鉴中国（上海）自由贸易试验区的改革经验，不断放宽外资准入限制、降低准入门槛，进一步改善我区利用外资环境，拓展利用外资领域。加快推进“事中事后监管”工作,严格执行安全审查制度。组织企业参加津洽会、渝洽会，展示我区绿色农畜产品加工、文化旅游、清洁能源等主导产业发展现状及招商项目。采取紧盯大项目的策略，对1000万美元以上的大项目全程跟踪服务，加大招商引资工作力度。

（三）健全对外投资管理，引导对外投资健康发展

开展了全区外经政策实务培训及工作调研，传达了国家最新的对外投资监管措施以及自治区政府办公厅2016年出台的《关于支持企业“走出去”开展跨国经营的指导意见》。继续推进乌兰乌德境外林业合作园区、扎门乌德自贸区中内蒙古境外经贸园区建设和中俄林业合作（布里亚特）第五期规划项目。组织有关盟市和企业赴莫斯科对接“内蒙古之窗”商品展示中心筹建事宜，签署了关于“内蒙古之窗”项目落户格林伍德国贸中心框架协议。结合我区中欧班列回程空载率较高的实际，为保障中欧班列高效稳定运行进行了规划布局。

（四）积极推动口岸开放和口岸建设，提升口岸服务地方经济社会发展和扩大对外开放的能力

率先在满洲里口岸启动“单一窗口”建设试点，一期工程已经完工并投入运行，启动了呼和浩特国际贸易“单一窗口”建设项目，完成了白塔机场国际快件一体化系统测试，并开展跨境电子商务通关公共服务平台建设。全区各口岸结合“单一窗口”建设不同程度地启用“一站式”查验，“三个一”通关模式，有效地缩短通关时间，降低通关成本，提高通关效率。加强区域通关协作，与广东省口岸办签署《关于合力保障“粤蒙俄”跨境班列通关便利化服务协议》,与北京口岸办签了《京蒙口岸工作合作备忘录》，与盘锦港签署《辽宁盘锦港口与内蒙古口岸合作框架协议》。

三、2018年工作计划

按照十九大提出的决胜全面小康社会，分两个阶段实现第二个百年奋斗目标的战略安排，2018年，我们将坚持以习近平新时代中国特色社会主义思想为指导，聚焦社会主要矛盾变化，紧紧抓住我国推进“一带一路”和“中蒙俄经济走廊”建设的机遇，坚持以创新与俄蒙合作机制为主线，以重大项目建设为抓手，从基础设施、口岸建设、经贸合作、人文交流等方面加大工作力度，以重点突破带动工作的全面展开，推动我区对外开放取得实实在在的成果。

（一）积极参与国家“一带一路”建设

“一带一路”建设是我国在发展新常态下，全面布局新一轮对外开放的大战略，是国家的一项宏大系统工程。我们要充分利用好这一战略机遇，立足比较优势，把中央的战略规划和我区实际紧密结合起来，在国家宏观框架内找准自身定位，发挥更大作用。尽可能争取把我区一些重大基础设施建设项目、人文交流活动纳入国家规划层面或工作体系之中，千方百计争取国家的支持和倾斜，争取一批重点项目率先在我区落地实施。

（二）不断调整外贸结构

落实国家关于加快培育外贸竞争新优势、促进跨境电子商务健康发展、支持沿边重点地区开发开放等精神，完善重点外贸企业联系机制，助推涉企问题的解决。推动建立进口促进政策体系，利用进口贴息资金，鼓励企业引进技术、加大设备改造力度和扩大资源性原材料进口。助推呼和浩特市、鄂尔多斯市申报跨境电子商务综合试验区。推动满洲里、二连浩特互市贸易区建设。积极承接服务外包业务，推动自治区蒙医药企业、文化企业走出去开拓国际市场。

（三）优化外商投资环境

推进我区外商投资体制改革，推动我区鼓励投资优惠政策出台。完善外商投资企业备案工作办理程序，做好外资大项目的跟踪服务。推进国家级经济开发区转型升级，组织好呼和浩特、巴彦淖尔、呼伦贝尔三家国家级经开区考核评价工作，推动包头装备制造园区升级为国家级经开区。推进二连浩特、满洲里边合区转型升级、加快发展，推动二连浩特—扎门乌德中蒙跨境经济合作区建设。抓好上海等自由贸易试验区可复制经验推广工作。

（四）深入实施“走出去”战略

推进境外经贸园区建设工作，鼓励我区企业在俄罗斯、蒙古国建设和参与建设境外经贸园区，争取园区建设工作取得实质性进展。力争设立俄罗斯内蒙古企业协会，推进“内蒙古之窗”项目落户格林伍德国贸中心。支持包头市政府承建蒙古国乌兰巴托棚改项目，做好与商务部的沟通协调工作。与乌兰巴托市有关部门对接中蒙俄商贸中心项目，密切关注蒙方项目进展情况，协助蒙方相关部门在我区开展项目推介会。推动我区与克拉斯诺亚尔斯克边疆区的经贸投资合作。落实国家和自治区与蒙古国、俄罗斯、美国等的经贸协调工作机制项下的重点工作和重要活动，为企业“走出去”搭建交流合作平台。

（五）提升口岸综合功能

争取将包头、二连航空口岸列入国家口岸开放2018年度审理计划。推进额布都格、阿日哈沙特口岸通过国家验收，实现常年开放。加快乌力吉公路口岸建设。推动策克、甘其毛都、珠恩嘎达布其和阿尔山铁路口岸建设，协调中蒙两国外交部门尽快确定甘其毛都、阿尔山铁路口岸跨境通道位置。巩固和发挥满洲里、二连浩特中欧班列东部和中部大通道地位，开通更多经我区的中欧班列，推动区内始发中欧班列常态化运行。推进巴彦淖尔和包头保税物流中心（B型）建设，保障鄂尔多斯综合保税区封关运营。办好第四次自治区政府与蒙古国外交部常设协商工作会议。

供　　稿：张振鹏　内蒙古自治区商务厅办公室

责任编辑：吴伊娜

社会发展篇

内蒙古城乡居民收入情况

2017年，内蒙古坚持落实“以人民为中心”的发展思想，高度重视城乡居民收入和就业问题，在提升经济发展质量的同时，更加注重提升城乡居民收入水平和质量，全区居民群众的获得感、幸福感、安全感进一步提升。

一、2017年前三季度内蒙古城乡居民收入情况

（一）居民收入整体增速超过经济增速

调查数据显示，2017年前三季度，全区全体居民人均可支配收入为19321元，增速为8.8%，增速与上半年持平。其中，城镇常住居民人均可支配收入为26939元，在全国31个省区市中位列第九位，同比增长8.2%，比2016年同期增速提高0.3个百分点；农村牧区常住居民人均可支配收入为8478元，在31个省区市中位列第十九位，同比增长8.1%，比2016年同期增速提高0.4个百分点。

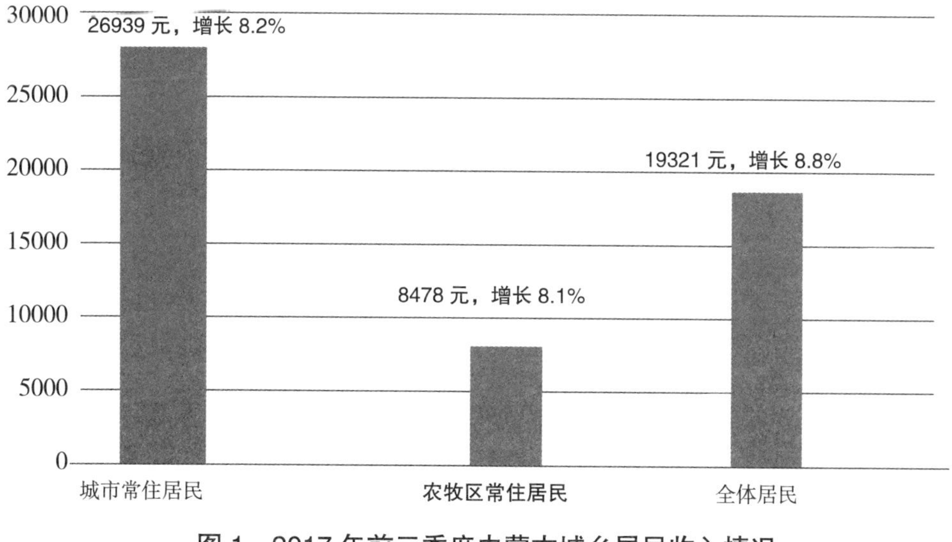

图 1　2017 年前三季度内蒙古城乡居民收入情况

总体来看,前三季度全区居民收入增长呈现了平稳较快的增长特征。“平稳”主要体现在城乡居民收入继续保持一季度和上半年的增长趋势。“较快”主要体现在城乡居民收入增长均超过8%，增速明显快于全区整体经济增长速度。数据显示，扣除价格因素，全区城乡居民人均可支配收入分别同比增长6.5%和6.6%，分别高于地区生产总值增速1.5、1.6个百分点，均“跑赢”了地区生产总值增速。

（二）宏观形势稳定，城镇居民收入实现全面增长

1.就业稳、报酬增，工资性收入增长较快

就业方面，前三季度全区城镇新增就业22.83万人，全区城镇登记失业率为3.63%，低于年初确定的控制目标0.37个百分点，就业情况整体平稳。劳动报酬方面，前三季度，规模以上法人单位从业人员工资总额和在岗职工工资总额同比分别增长3.9%和4.2%。在就业稳定和劳动报酬增长同时向好的双动力驱动下，前三季度内蒙古城镇居民人均工资性收入达到16453元，增长8.2%。

2.市场主体活跃，经营净收入是增长最快的构成类别

前三季度，城镇居民人均经营净收入为4780元，同比增长9.0%。随着宏观经济总体平稳，市场主体逐渐活跃，截至8月底,全区各类市场主体户数和注册资本（金）分别增长7.0%和24.4%，民间资本积极性被有效调动。受自治区成立70周年、第二十六届中国金鸡百花电影节在呼和浩特举办等庆祝活动影响，今年全区旅游业、餐饮业、住宿业的利润均明显增长，前三季度，全区旅游业总收入同比增长28.6%。以上利好因素带动了经营净收入的稳定增长。

3.房地产市场活跃，财产性收入增长偏慢

前三季度，城镇居民人均财产净收入为1309元，同比增长4.7%。2017年以来，全区房地产市场去库存效果显著，1—10月，全区商品房待售面积同比下降7.8%。住房价格上涨，带动房屋租赁价格上涨。前三季度城镇居民来自租赁房屋的收入增长20%以上，带动了财产净收入实现增长。

4.社保覆盖面扩大，转移性收入稳定增长

前三季度，城镇居民人均转移净收入为4397元，同比增长8.5%。截至9月底，全区城镇职工基本养老保险完成计划的99.8%，城乡基本

医疗保险完成计划的95.8%，城乡居民基本养老、失业、工商、生育保险都已经提前完成全年计划任务；社会保障卡持卡人数达到1763.4万人，完成全年计划98.5%。同时，社会保障水平持续提高,企业和机关事业单位人员养老金平均涨幅为5.5%，养老金发放金额比2016年同期人均增加150元，定点药店、医院实现了异地直接结算,带动了城镇居民转移净收入稳定增长。

（三）增收动力接续转换，农牧民收入呈现“三升一降”

“三升一降”是指前三季度，全区农牧民4项收入中有3项收入，即工资性收入、财产净收入、转移净收入均保持了两位数以上的增速，而作为我区农牧民主要收入来源的经营净收入则呈现下降趋势。这说明由于农牧业供给侧改革的不断深入，农牧民收入增长已经进入动力接续转换的关键时期。

1.新兴农牧民增收动力显现，促进农牧民收入增长

新兴增收动力主要表现在三点。一是农民工就业稳定，报酬增加，工资性收入占比不断扩大，前三季度农牧民人均工资性收入为2419元，增长11.6%,拉动可支配收入增长3.2个百分点。二是农牧民财产积累初具规模，产权制度改革逐渐深化，收入来源渠道拓展，前三季度农牧民人均财产经营收入为407元，同比增长11.6%,拉动可支配收入增长0.5个百分点。三是惠民政策得力，农牧民参与收入转移分配的程度不断提升。受全区生产者价格补贴、大豆生产者价格补贴、粮改饲、耕地轮作等政策的影响，农牧民补贴资金大幅增加。根据一卡通资金去向看，截至2017年8月31日，全区共发放惠农惠牧补贴资金230.30亿元。前三季度，农牧民人均转移净收入为1962元，同比增长34%，拉动农牧民可支配收入增长6.4个百分点。

2.传统农牧业生产经营动力受阻，影响收入增长

传统农牧业生产经营动力受阻的表现是主要农产品，即玉米价格下降直接影响了我区农牧民收入增长。玉米是我区产量最高的粮食作物，占粮食产量的比重达85%以上。2016年，全区玉米总产量为2143.3万吨，农牧区人均玉米拥有量达2000千克以上。前三季度，内蒙古玉米价格仍然维持低迷水平，为每千克1.37元，同比下跌15%，据此测算玉米价格下跌带来的人均收入损失接近500元。

牧业方面，前三季度，我区畜牧业生产经营保持了稳定态势，牛、羊出栏分别增长1.9%和5.3%，牛、羊价格分别恢复性上涨1.4%和6.8%。根据出栏量及价格测算，全区农牧民人均牧业销售收入增加约150 元，带动人均牧业收入增长约7.0%。虽然牧业收入在一定程度上弥补了种植业收入带来的损失，但综合农牧业生产形势和农牧民家庭二、三产业经营实际，前三季度全区农牧民经营净收入为3690元，比2016年同期减少159元，下降4.1%，下拉农牧民可支配收入2.0个百分点。

当前，全区居民收入在实现稳步增长的同时，仍存在增长不快、持续性不足、收入不平衡等突出问题，需要今后着力解决。

二、农牧民转移就业稳中向好

据国家统计局内蒙古调查总队调查显示，前三季度，全区农村牧区转移就业劳动力（简称“农牧民工”）达269.2万人，同比增加3万人，增长1.1%，地域上总体呈现“两头减，中间增”态势，从业收入明显增加。

（一）地域分布“两头减，中间增”

据调查，在269.2万转移农牧民工中，外出（本乡镇以外）人数为175.1万人，比2016年同期增加5.7万人，增长3.4%。在外出农牧民中，约有141.2万人在自治区内就业，增长8.3%；有33.9万人跨省流动，缩减13.1%。本地农牧民工人数94.1万人，同比减少2.7万人，缩减2.7%。其中，非农自主创业（包括注册企业、个体户和小摊小贩）30.2万人，增长1.4%；非农务工63.8万人，缩减4.6%。详见表1。

表1　2017年前三季度内蒙古农牧居民工总量变化情况

指标名称	单位	2017 年前三季度	2016 年前三季度	增量	增幅（%）
农牧民工	万人	269.2	269.2	3.0	1.1
外出农牧民工	万人	175.1	169.4	5.7	3.4
自治区内流动农牧民工	万人	141.2	130.4	10.8	8.3
跨省流动农牧民工	万人	33.9	39.0	–5.1	–13.1

（续表）

指标名称	单位	2017年前三季度	2016年前三季度	增量	增幅（%）
本地农牧民工	万人	94.1	96.7	−2.7	−2.7
本地非农自主创业农牧民工	万人	30.2	1374	0.4	1.4
本地非农务工农牧民式	万人	63.8	66.9	−3.1	−4.6

（二）建筑业向第三产业转移明显

从产业分布看，农牧民工在第三产业的就业比重占比为72.2%，同比增加6.5个百分点；而在建筑业从业的农牧民工占比由22.5%明显下降至16.4%，降幅达6.1个百分点。

（三）月均收入明显增加

前三季度，全区农牧民工人均月收入2964元，比2016年同期增加170元，增长6.1%。外出和本地月均收入均显著增加，直接促进了全区农牧民工资性收入的增长。外出农牧民工人均月收入3267元，同比增长5.8%，主要原因是5000元以上高收入群体的扩大。数据显示，外出收入在3000元及以下的转移就业劳动力占38.8%，比2016年下降3.2个百分点；3000～5000元的占40.3%，下降2.0个百分点；5000元以上的占20.9%，上升5.2个百分点。

三、对2018年有利于增加居民获得感的有利因素分析

总体看，我区经济已由高速增长阶段转向高质量发展阶段。2018年，全区居民能分享到的经济发展成果会更多，获得感会更强，收入增长会更为稳定持久。从可预见的因素条件分析，2018年，全国及全区经济和民生形势中的一些有利因素和条件，将会为全区居民实现持续增收、获得感增强提供新的保障。概括起来主要有以下几点。

（一）从国家层面看

一是国家可能出台一些更加利民惠民的民生举措。2018年是国家及各地落实党的十九大精神的开局之年，为了落实“以人民为中心”的发展思想及新发展理念，预计2018年国家会推出一系列惠民生、顺民意、得民心的政策措施和改革举措，这将会使包括我区居民在内的

全国老百姓得到更多、更大的“民生红包”，提升获得感和幸福感。

二是新材料正在广泛领域得到应用。如以液态金属为代表的我国原创性新材料技术正在更广泛领域得到推广和应用，会在未来衍生出更多的全新产业，为全区技术创新、发展质量提升、满足人民美好生活需要提供新的动力和领域。

三是国家医药卫生体制改革的红利正逐步释放。随着全国医药卫生体制改革的深入推进，目前全国所有的公立医院都取消了“以药养医”和药品加成。这也为我区医疗卫生事业发展带来了红利，既降低了群众的医药费用负担，突出了公立医院的公益性，又保护、调动了医护人员的积极性，提升了民生福祉和居民健康水平。

（二）从全区层面看

一是居民持续增收的基础和条件仍具备，为全区居民收入稳定持续提高奠定了良好基础。初步展望，2018年，全区经济仍将保持稳中有进的发展势头，增长质量第一、效益优先的态势更为明显，就业岗位仍会源源不断地增加，企业效益继续提升，这为满足全区居民就业需求、稳步提高收入提供了基础条件和可靠保证。

二是军民融合成效显著，助推了全区相关产业的技术产品创新和提升了居民生活便捷度。目前，全区有效利用军工企业的技术和制造优势，积极探索打破军民之间的体系壁垒，全面共享资源和技术，大力推进军民融合发展，助推了相关产业特别是制造业的稳步发展和提质升级，提升了居民生活便捷度和质量。

四、对2018年城乡居民增收的几点建议

2018年，要按照党的十九大报告提到的“以人民为中心”的发展思想和自治区党委十届四次全委会精神要求，积极作为，团结奋斗，决胜全面建成小康社会，开启全面建设现代化内蒙古新征程，把祖国北部边疆这道风景线打造得更加亮丽。对于做好2018年的居民增收工作，我们提出如下建议。

（一）抓好重点项目建设，促进投资稳定增长

要进一步强化责任意识，深入一线，加大对停工项目的摸底和督促力度，认真分析原因，大力研究引进社会和民间资本投资项目建

设，充分运用政府和社会资本合作模式，以减缓政府资金投资不足和债务负担过重的压力。同时，对已开工或续建的项目要加大定期检查、现场督察的力度，及时发现和解决项目建设中出现的新情况、新问题，确保项目建设有序推进。各地要认真贯彻自治区党委、政府关于深化投融资体制改革的实施意见，充分发挥投资对稳增长、调结构、惠民生的关键作用。加快推进新区统筹建设。当前，要举全区之力加快推进和林格尔新区规划、建设、招商引资工作，使其尽快成为全区经济新的增长级和落实新发展理念示范区。

（二）抓好乡村振兴战略，稳定好农牧业良好发展的基本面和走势

要大力推进农牧业供给侧结构性改革，大胆探索，促进农村牧区一、二、三产业融合发展，支持和鼓励农牧民就业创业，不断拓宽增收渠道。一是，深化农村牧区土地草场制度改革，保持土地草场承包关系长期稳定不变，保障农牧民草场权益，壮大实体经济。二是探索构建现代农牧业产业体系。在今年的中央一号文件中，首次提出了“田园综合体”的概念。田园综合体是集现代农牧业、休闲旅游、田园社区为一体的特色小镇和乡村牧区综合发展模式。要鼓励全区多地通过规划培育、发展新兴的驱动型产业、旅游产业两大支撑，开展新型城镇化的田园社区的建设，使城乡互动更加活跃，营造出新型乡村牧区、小镇，形成社区群落，形成城乡间真正的互通。三是引导更多的工商资本投入农牧业。要研究制定引导和规范工商资本投资农牧业的具体意见，促使越来越多的工商资本把目光转向农牧业，因为工商资本不仅能解决农牧业创业项目急缺的资金问题，还可以帮助提升农牧业创业团队的管理水平和技术研发能力，加快农牧业转型升级的步伐。

（三）加大扶贫资金的投入力度，用资金为脱贫致富保驾护航

加大各级财政专项扶贫投入，继续推进金融扶贫富民工程，以财政扶贫专项资金为杠杆，撬动更多的金融资金参与扶贫，从根本上解决资金投入不足问题；变无偿资金为有偿贷款，创新贷款担保模式，降低贫困户担保门槛，解决农牧民担保难、贷款难的问题，对有资金需求的贫困户实现贷款全覆盖；整合扶贫资金，实现扶贫资金效益最大化；鼓励社会组织和个人多渠道筹集扶贫开发资金，拓展扶贫开发资金的筹集渠道。扶贫资金是贫困群众的“保命钱”和减贫脱贫的“助推剂”，要加强对扶贫资金的监管力度，保证扶贫资金的使用安全，切实保障扶贫资金能及时、有效地用于脱贫攻坚。

（四）适度扩大消费需求，促进消费转型升级

在促进城乡居民收入稳定增长的同时，不断提升消费能力。进一步强化稳增长、促消费等各项政策的督促落实，发挥政策的引导作用，促进消费升级。稳定传统消费，鼓励线上线下融合发展，推动实体商业创新转型。围绕旅游、文化、体育、健康、养老、教育培训等重点领域，扩大新兴服务消费，满足人民群众多样化需求。全面实施质量强区战略，大力推进品质消费、品牌消费，通过提高产品质量，创造消费新需求。加快农村牧区电子商务发展，挖掘农村牧区消费潜力。加强消费基础设施建设，营造便利、放心的消费环境。

（五）降本增效相结合，提高居民生产经营利润

城镇居民的经营净收入来源于个体工商户从事生产经营的利润。目前个体经营户面临的最大问题是融资难和市场需求不足。建议各级相关部门，加强政策协调，深化金融体制改革，完善金融服务体系，为个体工商户减轻负担，保障小微企业及个体工商户健康发展。

农牧民的经营净收入主要来源于农牧业生产经营。要进一步夯实农业生产基础，加强农田水利基本建设，提高设施农业科技投入，通过良好的基础建设来提高农业生产效率，降低生产成本。同时，各地要加大力度对当地农牧业产品进行品牌化运营和扶持，改变内蒙古农产品在市场竞争中的弱势局面，提高生产经营利润。

（六）坚持以人民为中心，切实在发展中保障和改善民生

全区各地要继续贯彻落实自治区增加城乡居民收入等政策措施，坚守底线、突出重点、完善制度、引导预期，不断满足人民日益增长的美好生活需要。要将扶贫工作摆在更加突出的位置，突出重点，统筹谋划，实施更加精准的扶贫政策。要通过大力推动对贫困农牧民的基础培训及对农牧民工就业后的再培训等措施，想方设法提高贫困农牧民工的劳动技能和素质，以更加适应岗位需求。不断提升教育扶贫水平，通过教育增强贫困群众的脱贫能力。要根据医疗技术和行业的发展，适时动态调整全区医保范围和种类，将先进有效的医疗器械、新药等及时纳入全区医保报销范围内，不断增进全区居民的健康福祉。深入探索医养结合养老模式。要按照党的十九大报告对养老事业提出的新要求，推进医养结合，将就医和养老融合在一起，既可以支持老人的慢病康复，又能缓解医院住院难的现状。

供　　稿：张　晶　蔡雨成　内蒙古自治区统计局
责任编辑：双　宝

内蒙古教育事业发展情况

2017年以来，全区教育系统深入贯彻落实中央和自治区党委政府决策部署，以习近平新时代中国特色社会主义思想为指引，认真学习宣传贯彻落实党的十九大、自治区第十次党代会精神，坚持立德树人根本任务，努力提高质量、促进公平，全面深化教育领域综合改革，一些关键环节的改革取得明显成效，一些群众关切的教育热点难点问题有效缓解，各项工作实现稳中有进、稳中提质。

一、2017年教育事业发展的总体情况

（一）教育系统党建工作深入推进

党建工作机构进一步健全，自治区党委教育系统工委成立以来，教育系统各级党委（党组）进一步充分发挥领导核心作用，全面落实从严治党责任，稳步推进高校党建工作，全面加强教育系统党的建设。全区教育深入开展“两学一做”学习教育常态化制度化，认真学习宣传贯彻党的十九大精神，不断加强和规范党内政治生活，严明党的政治纪律和政治规矩，净化教育系统政治生态，推动了全面从严治党向纵深发展。教育系统坚决落实意识形态责任制，全面加强高校思想政治工作，妥善应对国内外、校内外敏感复杂事端，连续27年保持和谐稳定局面。

（二）教育领域综合改革稳步推进

一是编制《自治区“十三五”教育事业发展规划》，对“十三五”期间自治区教育改革发展指明了方向、绘制了蓝图。以考试招生制度改革为龙头，逐步完善分类考试、综合评价、多元录取的考试招生模式。作为考试招生制度改革配套文件，自治区《关于初中学业水平考试的实施意见（试行）》已上报教育部待批。

二是全区33所高职院校开展高职院校单独招生考试试点工作，比

2016年增加5所，完成单独考试招生15724人，比2016年增加3451人，分类考试招生人数约为高职院校招生总数的50%。面向贫困地区学生安排重点普通高校招生计划920人，比2016年增加10%。

三是进一步深化校园足球改革。在全国首家将U系列赛事引入校园足球，产生12支盟市联队、3支区域联队。全年完成校园足球四级联赛1万场，有4500队次、7.2万人次参加。在全国首家率先实施两级特色校升降级制，完成了241所自治区级特色学校晋级国家级的申报工作、首批293所自治区校园足球特色幼儿园创建工作。我区国家级校园足球特色学校达到984所，国家级校园足球试点县（区）增加到4个。

（三）立德树人取得扎实成效

1.加强和改进德育、思想政治教育

深入实施“小学生公民意识”“初中生公民素养”和“高中生合格公民”教育，开展“少年传承中华传统美德”系列教育活动，推动社会主义核心价值观教育落小、落细、落实。开展高校思想政治理论课教学质量年专项工作，深化文明校园建设，加强网络思政教育，高度重视高校辅导员队伍和思政教师队伍建设，加强大学生思想政治教育的针对性、实效性。

2.学校体育、美育、卫生和国防教育工作开创新局面

以校园足球活动带动学校体育各项工作纵深发展，举办2017年全区中学生中国式摔跤、篮球、田径、网球锦标赛和大学生篮球、田径锦标赛；在第十三届全国学生运动会上，我区代表团获得2金5银5铜。坚持维护学生健康安全防线，扎实推进学校卫生与营养改善计划工作。全面加强和改进学校美育工作，加大对中小学校美育教师特别是农村牧区美育教师培训力度，成立了校际美育协作组织，促进美育优质师资资源共享。自治区政府召开全区学校美育工作现场会，教育厅与各盟市政府签署学校美育改革发展备忘录。继承民族传统文化，打造地方美育特色。积极推进学校国防教育工作有序开展。

（四）教育发展水平持续提高

1.基础教育办学水平显著提高

全区学前三年毛入学率继续稳定在90 %以上，高于全国平均水平。县域义务教育均衡发展步伐加快，年内有31个旗县（市、区）

通过国家督导验收。截至2017年底，全区累计有93个旗县通过国家验收。普通高中优质特色多样化发展稳步推进，优质普通高中教育资源不断扩大，自治区示范性普通高级中学已达73所，惠及约23万学生，占普通高中在校生总数一半以上。特殊教育呈现良好发展局面，学校办学规模不断扩大，学校布局、学段衔接、普职融通、医教结合的特殊教育体系基本形成，资源教室实现县域全覆盖。

2.现代职业教育体系进一步完善

中职、高职、职业本科衔接贯通的职业教育人才培养“立交桥”日益完善。试办本科职业教育的高职院校达到17所，完成招生2480人。高职院校单独考试招生规模继续扩大，完成招生1.57万人。各级各类职业院校积极推进教学诊断与改进工作，不断提高教育教学质量，中、高职院校在全国技能大赛中共获得5个一等奖，中职实现了金牌零的突破。全区有23所中职学校和5所高职院校开展现代学徒制试点，职业院校社会服务能力明显增强，为自治区经济转型和产业结构调整提供了有力的人力资源保障。

3.高等教育内涵式发展

着力推进“双一流”建设，自治区投入1亿元重点支持内蒙古大学的一流大学建设以及内蒙古大学、内蒙古农业大学等7所高校的33个学科的一流学科建设，内蒙古大学入选全国95所一流学科建设高校行列，生物学成为“双一流”建设学科。全面深化高校创新创业教育改革，资助内蒙古大学等17所高校251项大学生创新创业训练计划项目；举办第三届内蒙古自治区“互联网+”大学生创新创业大赛，我区参赛队在全国总决赛获得银奖1项、铜奖12项；加强创新创业基地建设，新增7个自治区级实验教学示范中心。高校主动服务自治区产业发展需求，在内蒙古工业大学设立了航空学院，首届招生200人。推荐内蒙古医科大学、赤峰学院为博士、硕士授予单位，并拟新增19个博士学位授权点、37个硕士学位授权点。加强重点创新平台建设，内蒙古大学草原家畜生殖调控与繁育实验室被批准为省部共建国家重点实验室，实现了我区国家重点实验室零的突破。内蒙古大学大数据分析技术工程实验室等4家工程实验室被认定为自治区工程实验室。有2个教育部重点实验室通过评估验收。继续实施高校“青年科技英才支持计划”，资助青年学术领军人才和科研骨干60余人。继续开展自治区级教学名师、教坛新秀、教学团队的评选工作，加大对高等学历继续教育管理力度，促进高等教育教学质量提升。全面加强创新创业课程与师资队伍建设和创新创业实践实训，推动以创业带动就业工作，持续开展就业指导课程督查，强化就业质量报告反馈机制，提升人才培养对经济社会发展需求的适应性，截至2017年10月，普通高校毕业生就业率达88.08%。进一步支持和规范民办教育发展，2017年自治区财政安排民办教育专项补助资金5700万元，起草了《自治区鼓励社会力量办学促进民办教育健康发展的实施意见》（征求意见稿）。

4.坚持“优先重点”发展民族教育

进一步改善民族学校办学条件，实施“民族学校和民族语言授课学校标准化建设工程”，涉及项目学校40所。组织开展了民族教育发展水平提升工程自治区评估验收，继续加强双语教学，加大对蒙汉双语授课中小学教师特别是理科教师的培训力度，努力提升蒙汉双语授课学校理科教学水平。进一步加大少数民族高层次人才培养，2017年全区少数民族高层次骨干人才计划录取硕士研究生434人、博士研究生116人。加强蒙古语授课教学资源建设，开展了蒙古语授课中小学信息化教学资源建设项目第三期扩充资源工作。审查中小学（幼儿园）蒙古文教材教辅400种，通审修订义务教育阶段和高中阶段各学科蒙古文教材教辅212种，向蒙古语文协作八省区有关院校提供大中专蒙古文教材300余种。

5.积极推进终身教育体系建设

出台《老年教育发展实施意见》，将社区老年教育作为发展社区教育和老年教育的突破口，着力推进终身教育体系建设。组织开展了全民终身学习活动周。各级各类职业院校加大对应往届初中毕业生、未升学普通高中毕业生、城乡劳动者、退役士兵、在职职工、残疾学生的职业技能培训，积极承担“雨露计划”、劳动力转移“阳光工程”等培训任务，每年开展职业技能培训近100万人次，有效地促进了终身教育体系建设，为自治区城镇化发展作出了应有的贡献。

6.扩大教育对外开放

来华留学生规模进一步扩大，截至2017年11月底，共有来自57个国家的5691名国际学生来我区进行长期或短期学习，全区33所基础教育及学前教育学校接受国际学生1138人，留学生来源进一步多元化。充分发挥中俄蒙经济走廊建设、中蒙博览会等战略平台作用，深化与俄蒙的教育交流，合作办学水平不断提升，人文交流日益密切。截至2017年底，全区高校取得教育部中外合作办学许可的专业共计18个。内蒙古师范大学二连浩特国际学院与蒙古国扎门乌德二中合作设立孔子课堂项目获得国家汉办批准。教育系统遴选公派出国留学人员245人次，选派6所高校的7名校级领导参加“千名中西部大学校长海外研修计划”。

（五）教育惠民政策得到有效落实，教育公平得到有力保障

1.教育保障能力不断增强

深入实施义务教育经费保障机制，2017年共下达经费26.5亿元，其中学校公用经费及取暖费补助资金17.9亿元、校舍维修改造专项资金4亿元、家庭经济困难寄宿生生活费补助资金2.5亿元、双语授课寄宿生生活费补助资金1.7亿元、集中连片特困地区乡村教师补贴0.4亿元。完成“全面改善贫困地区义务教育薄弱学校基本办学条件”项目五年规划任务的近九成。截至2017年8月底，全区累计投入全面改薄资金72.06亿元，校舍建设开工学校1521所，竣工学校1431所，完成设施设备购置22.8亿元。实施自治区成立70周年国家发改委支持我区面向农村牧区重点建设农村牧区幼儿园项目、农村牧区“教师周转宿舍建设”项目、“义务教育学校建设”项目、“改善普通高中办学条件”项目等，投入资金超过8亿元。截至2016—2017学年，我区小学生均仪器设备值、生均校舍面积、教师学历合格率、百名学生拥有计算机台数等主要指标均排在全国和西部省区靠前位次（分别排在全国第五、第二、第一、第十一，西部省区第二、第二、第一、第四）；初中生均仪器设备值、生均校舍面积、教师学历合格率、百名学生拥有计算机台数等主要指标均排在全国和西部省区靠前位次（分别排在全国第七、第六、第二、第十，西部省区第二、第二、第一、第三）。

2.全覆盖的学生资助体系进一步完善

学生资助政策体系在更高水平上实现了“三个全覆盖”，即所有学段全覆盖、公办与民办全覆盖、家庭经济困难学生全覆盖。截至

2017年11月，全区累计资助各级各类学生531万人次,资助金额达60.6亿元，较2016年的56.1亿元增加了4.5亿元，增幅8.02%。其中普通高等教育阶段14.3亿元，惠及学生19.1万人次；中等职业教育阶段共计6.84亿元，惠及学生42.5万人次；普通高中阶段共计14.27亿元，惠及学生65.6万人次；义务教育阶段共计12.9亿元，惠及学生343.5万人次；学前教育阶段共计1.54亿元，惠及儿童14万名。普通高校生源地信用助学贷款突破9亿元，较2016年增加0.38亿元，并加大了贷后管理工作，不仅保证学生“应贷尽贷”，还确保了学生“应还即还”。进一步完善学生资助管理信息系统建设和应用，逐步建立“精准资助”工作机制，加大监督检查力度，提高了资金使用效益。

3.教育扶贫工作进一步强化

统筹各类教育项目，加强农村牧区特别是贫困地区学校基础建设。2017年，自治区使用地方政府债券资金，计划投资6.61亿元集中解决当前义务教育阶段学校“大通铺”、旱厕、学生宿舍卫生和淋浴设施短缺、食堂土灶台、火炉取暖等突出问题，涉及8个盟市48个项目旗县816所学校。进一步完善对家庭经济困难大学生的资助政策，在对城乡低保家庭子女（含孤儿）实施普通高校新生入学资助政策的基础上，将建档立卡家庭经济困难大学新生也纳入资助范围。2017年共落实城乡低保家庭子女、孤儿、建档立卡贫困家庭子女升入普通高校新生入学资助资金7.49亿元，惠及学生2.14万人。启动实施营养改善计划自治区试点工作，营养改善计划覆盖全区31个国贫县，全区有25.7万名农村牧区学生享受到了每生每天4元、每年800元的营养膳食补助。继续扩大重点高校面向贫困地区招生规模，2017年安排920人，比2016年增长10%。

4.教师队伍建设进一步强化

乡村教师补充渠道进一步拓宽，2017年共招聘597名国家“特岗教师”，招录377名自治区免费定向师范生，加强乡村教师队伍的师资储备。继续加大师资培训，围绕44个国贫、区贫、山老区、边境、牧区、半牧区旗县实施2年递进式“国培计划”培训，切实提高乡村教师教学能力。进一步提高集中连片地区乡村教师生活补贴，村小学教师提高到每人每月300元，教学点教师提高到每人每月400元。

5.教育信息化建设进一步加强

基本完成自治区教育公共服务平台，有3个盟市已建成区域教育云平台。截至2017年9月底，全区中小学（含教学点）互联网宽带接入率99%，其中10兆以上宽带接入的中小学校比例达到94%。“同频互动课堂”系统进一步完善，全区已有98个旗县建成“同频互动课堂”，连接近千个中小学互动教室，农村牧区学校共享优质教育资源覆盖面逐步扩大。已初步建成自治区教育数据中心，不断提升教育管理信息化水平。争取中国教育交流协会装备分会支持，组织企业为我区捐赠教育教学设备5000余万元。

6.学校安全稳定工作进一步强化

连续5次召开全系统安全维稳会议，全面部署全系统安全稳定工作。把学校安全管理责任列入对盟市政府、高校领导班子年度考核目标，列入对教育督导评估重要内容。组织开展“隐患排查整治年”和“平安校园创建年”活动，成立学校安全和矛盾隐患排查整治工作领导小组，联合有关部门赴12个盟市63个旗县204所学校开展了10批明察暗访及食品安全专项督查，向200多所学校下达整改意见400多项。

二、存在的问题和困难

随着自治区党委、政府各项重大决策部署的稳步实施，人才市场的供需关系正由教育为主导的供给驱动变为社会为主导的需求驱动，教育也由服务和支持转向服务和引领同步。因此与这些新形势下的新需求相比，我区教育事业发展还存在一些差距和不足：一是现代教育理念尚未牢固树立，落实立德树人根本任务和推进素质教育的整体合力还未有效形成；二是教育发展还不够均衡，区域、城乡、校际之间仍有一定差距，基本公共教育服务均等化水平不高；三是高中阶段职业教育和普通教育结构须进一步优化，职业教育校企合作深度不够，高层次技术技能人才供求矛盾还比较突出；四是高校创新能力、综合竞争能力还不强，在国内有影响力的高水平大学及一流学科数量不足；五是教师队伍整体结构尚不合理，高校缺乏学术领军人物和高水平科技创新团队，等等。

三、2018年重点工作安排

（一）进一步加强教育系统党的建设和党风廉政建设

认真抓好党的十九大精神学习、宣传、贯彻、落实工作，推动全面从严治党向纵深发展。进一步充分发挥教育系统党委（党组）总揽全局、协调各方的领导核心作用，紧密团结在以习近平同志为核心的党中央周围，增强政治意识、大局意识、核心意识、看齐意识，落实全面从严治党主体责任。加强和规范党内政治生活，扎实推进教育系统学习型、服务型、创新型党组织建设。切实加强教育系统意识形态工作，严格落实党风廉政建设主体责任和监督责任。

（二）进一步健全立德树人系统化落实机制，切实把立德树人的根本任务落到实处

全区各级各类学校要紧密团结在以习近平同志为核心的党中央周围，牢牢把握立德树人这个根本任务，推动习近平新时代中国特色社会主义思想在各级各类学校落地生根，构建以社会主义核心价值观为引领的大中小幼一体化德育体系，大力提升高校思想政治工作质量，全面实施素质教育，切实加强和改进体育，改变美育薄弱局面，深入开展劳动教育，着力培养德智体美全面发展的社会主义建设者和接班人。

（三）加快推进教育综合改革和依法治教，扩大教育开放

以考试招生制度改革为龙头，推进教育综合改革，深化教育供给侧结构性改革，着力提高教育优质资源供给能力；建立健全教育改革统筹决策、研究咨询、分工落实、督察督办、总结推广的改革工作链条，健全教育改革的试点、容错、督查、推广机制。加大教育行政执法力度，完善教育督导制度，推进依法治教。以俄蒙为重点，广泛开展国际交流合作，不断拓展教育合作交流的广度和深度。

（四）创新学前教育普惠健康发展的体制机制，进一步完善学前教育公共服务体系

有序扩大城镇学前教育资源，重点提高农村牧区学前教育公共服务能力。建立涵盖公办园和普惠性民办园在内的生均公用经费标准和生均财政拨款机制、幼儿园教师动态补充机制。完善学前教育监管体

系，规范幼儿园办园行为，加强幼儿园科学保教，遵循幼儿身心发展规律，保障幼儿身心健康、快乐成长。

（五）进一步完善义务教育均衡优质发展的体制机制，大力促进城乡义务教育一体化与优质均衡发展

全面完成县域义务教育均衡发展任务，抬高底部，补齐短板，推动义务教育从基本均衡向优质均衡升级。进一步促进校长教师轮岗交流机制常态化。改进教学方式和学习方式，变革教学组织形式，创新教学手段，改革学生评价方式，大力普及适合的教育才是最好的教育。

（六）进一步扩大普通高中优质教育资源，推进育人方式改革

深入推动普通高中优质特色多样化发展，深化普通高中课程与教学改革，不断提高学生认知能力、合作能力、创新能力、职业能力。

（七）进一步完善现代职业教育体系，不断提高职业教育质量

健全德技并修、工学结合的育人机制，改进产教融合、校企合作办学模式，大力增强职业教育服务现代农业、新农村建设、新型职业农民培育和农民工职业技能提升的能力，充分发挥职业教育扶贫功效。

（八）坚持优先重点发展民族教育，完善民族教育加快发展机制

全面落实《内蒙古自治区民族教育条例》，推进民族教育人才培养模式改革，着力提升蒙汉双语授课理科教学质量，全面加强双语教学，进一步提高蒙古文教材编译质量。

（九）进一步健全高等教育内涵发展的体制机制，不断提高高等教育水平

加快推进“双一流”建设，创新人才培养机制，把创新创业教育贯穿人才培养全过程，深化科研体制改革，以高水平的科研支撑高质量的人才培养。

（十）进一步健全投入和保障机制，在更大范围、更高标准上促进教育公平

建立完善城乡统一、重在农村牧区的义务教育经费保障机制，进一步完善学生“精准资助”政策，提升贫困家庭学生脱贫能力，加强教师队伍特别是乡村教师队伍建设，围绕教育综合改革提升教育科研能力，进一步提高教育信息化基础支撑能力和应用水平，以信息化带动教育现代化，加强平安校园建设，为自治区经济社会发展提供更加有力的人才保障和智力支撑。

供　　稿：郝文婷　张　磊　内蒙古自治区教育科学研究所
责任编辑：乌仁塔娜

内蒙古人力资源与社会保障事业发展情况

2017年，是实施“十三五”规划和深化改革的重要一年，是迎接自治区成立70周年大庆、党的十九大胜利召开的一年，全区各级人社部门全面贯彻落实自治区党委、政府的决策部署，坚持稳中求进工作总基调，强化措施，狠抓落实，各项工作都取得了新进展，绝大部分指标提前完成年度目标任务。

一、人力资源和社会保障事业发展基本情况

（一）就业形势保持总体稳定

截至11月底，全区城镇新增就业25.81万人，完成年度计划的103%；城镇登记失业率3.63%，低于4%的年度控制目标。主要采取了以下措施。一是完善创业就业政策体系。制定了《当前和今后一段时期就业创业工作的实施意见》《关于“十三五”促进就业的意见》，加大政策落地见效力度，最大限度地释放政策红利。二是统筹做好各类群体就业工作。深入推进高校毕业生就业创业促进计划和基层服务计划，组织高校毕业生就业服务月活动、离校未就业高校毕业生技能就业行动，高校毕业生就业总体平稳。全区高校毕业生实现就业或落实就业去向15.27万人以上，完成年度计划117.5%。通过“春风行动”“京蒙劳务对接”等活动，提升农牧民转移就业组织化程度，农牧民转移就业251.24万人，完成年度计划的103%。强化就业援助，实现就业困难人员就业5.46万人，完成年度计划的109%；城镇失业人员再就业5.64万人，完成年度计划的113%；“零就业”家庭保持动态清零。认真做好化解煤炭、钢铁过剩产能职工安置工作，涉及的1882名职工已妥善安置1834人，安置任务基本完成。积极推进就业扶贫，帮助3.81万建档立卡贫困劳动力实现就业，做到“就业一人、脱贫一户”。三是发挥创业带动就业作用。深入实施“创业内蒙古行动”，

发放创业担保贷款14.2亿元，创业培训4.83万人，培训后创业成功3.29万人，创业带动就业10.56万人。推进“互联网+创业服务”，探索建立了全国首家“四众”创业市场，开通内蒙古“四众”创业市场网和“四众”创业超市，引入“四众”现场服务平台13个、网上平台261个，入驻企业242家，等待入驻企业168家；引进创业领军人才294人、团队146个，直接就业2346人，带动周边地区就业1.2万人。四是着力提升劳动者就业能力。加强职业技能培训，积极化解就业结构性矛盾，培训城乡劳动者26.12万人，完成年度计划的100.4%。积极落实失业保险支持参保职工提升职业技能计划，为符合条件的企业职工发放了技能提升补贴。建立了自治区职业培训联盟，搭建校企培训合作平台，吸纳55所技工、职业院校和16家大中型企业加入培训联盟，通过“专业+产业”“教学+研发”“培养+就业”等链条，将行业、企业、院校等市场主体和人才培养的各个环节有机联合，实现资源优化配置和功能整合。五是加强公共就业服务。进一步拓展公共就业服务群体覆盖范围，举办各类线上线下人才交流会597场，组织参会单位2.91万家，提供就业岗位60.55万个。全区失业动态监测4000户企业，监测在岗职工95.7万人。

（二）社会保险制度运行平稳

坚持全覆盖、保基本、多层次、可持续方针，稳步提高社会保障能力。一是积极扩大社会保险覆盖面。深入推进全民参保计划，加大信息采集和入户调查工作力度，全面比对核实各类人群参保情况，努力扩大社会保险覆盖面。截至11月底，全区参加城镇职工基本养老保险685.5万人、城乡居民基本养老保险740.9万人、基本医疗保险2156.8万人、失业保险246.2万人、工伤保险306.7万人、生育保险307.3万人，均超额完成年度扩面任务。二是待遇水平稳步提高。调整了企业和机关事业单位退休人员基本养老金水平，月人均增加151元，增加的养老金已经基本发放到位；城乡居民基础养老金标准由每月90元提高到110元，高于全国平均水平；城乡居民医保财政补助由420元提高到450元；城镇职工、城乡居民医保政策内住院费用平均报销比例达到85%和75%，均高于全国平均水平；城乡居民大病保险实现全覆盖，有效减轻了群众就医负担。执行新的基本医疗保险、工伤保险和生育保险药品目录，新增报销药品339个，增幅为15.4%。二是深化社会保险制度改革。出台了《进一步深化基本医疗保险支付方式改革实施方案》，积极推进总额控制基础上的按项目、按病种、按人头、按服务单元等复合式医保付费方式，保障参保人员权益、保证基金平衡。会同卫计委制定《内蒙古自治区基本医疗保险按病种付费改革试行办法》，确定了117个病种付费参考标准。再次降低了失业保险缴费率，为企业减轻负担5亿元。在总结试点经验的基础上，出台了小微企业参加工伤保险的优惠政策，加大对小微企业和职工工伤风险的保障力度，为促进小微企业发展提供了有力支持。四是提高经办服务水平。实现区内跨盟市异地购药、异地住院直接结算，全区各统筹地区全部实现跨省异地就医住院费用直接结算。加快社会保障卡推广应用，全区社会保障卡持卡人数达到1794.12万人。

（三）人才工作不断加强

深入实施人才强区工程，推进人才制度改革，创新人才政策，健全人才公共服务体系，优化人才发展环境，进一步激发了各类人才创新创业创造活力。一是推进人才政策创新。从用人单位和各类人才最关心、反映最集中的问题入手，形成了加强人才引进流动、深化职称制度改革、鼓励和支持事业单位专业技术人员创新创业等一系列政策，推动形成含金量高、灵活性强、有集成效应的“1+N”人才政策体系。二是加强专业技术人才队伍建设。加大高层次人才引进力度，首次在清华大学举办了专项引才招聘活动，组织留学人员回国创业启动支持计划，加强海外赤子为国服务行动计划选拔推荐和留学人员科技活动择优资助工作，评选出“自治区杰出人才奖”10人、“自治区突出贡献专家”100人。深入实施专业技术人才知识更新培训项目，举办“白云鄂博稀土永磁材料”“智能制造”等高级研修项目7期，开展了“内蒙古少数民族专业技术人员特殊培养计划”，组织了“511人才培养工程”和“111企业经营管理人才培养工程”等人才专项工程，举办“服务业千人培训工程”国内培训班5期。三是加强高技能人才队伍建设。实施高技能人才振兴计划，依托有条件的大中型企业、示范性高职院校和技师学院、高级技工学校，建立了12个国家级和39个自治区级高技能人才培训基地，20个国家级和32个自治区级技能大师工作室，9所技工院校被评为国家级高技能人才培训基地建设项目；广泛开展职业技能竞赛，新增高技能人才4.91万人，完成年度计划的122.8%。

（四）人事制度改革迈出新步伐

深化人事制度改革，进一步规范人事管理。一是加强公务员考录和管理。组织公务员“四级联考”和公安、司法等考录遴选工作，参加考试19.4万人次，公务员“阳光考录”得到了社会广泛好评。探索平时考核信息化建设，加强“法定四类”培训，推进公务员职业道德建设，努力提高公务员的能力素质。二是加强事业单位人事管理。完善事业单位岗位设置管理政策，出台了《内蒙古自治区事业单位专业技术二级岗位申报聘用办法（试行）》，开展了机关事业单位“吃空饷”问题专项治理情况专项督查，配合有关部门推进文化、医药卫生事业单位综合配套改革。三是做好军转干部安置工作。全面推行军转干部赋分选岗安置办法，年度军转安置任务圆满完成，部分困难企业军转干部总体保持稳定。

（五）收入分配制度改革不断深化

围绕扩大中等收入群体、缩小工资收入分配差距，逐步健全工资收入分配制度。一是完善机关事业单位工资制度。积极推进公立医院薪酬制度改革，确定鄂尔多斯市为全区公立医院薪酬制度改革试点城市，出台了自治区《关于开展公立医院薪酬制度改革试点工作的实施意见》。稳步推进法官、检察官工资制度改革，提高了法院、检察院工作人员工资水平。二是加强企业工资收入宏观调控。扩大工资集体协商覆盖面，公布了2017年企业工资指导线和13个行业工资指导线，调整了最低工资标准，一至四类地区平均增幅8.1%，引导企业职工工资合理增长。

（六）劳动关系保持和谐稳定

积极化解新形势下劳动关系领域的矛盾风险，总体上平稳可控。一是完善劳动关系协调机制。认真落实《关于构建和谐劳动关系的实施意见》，健全完善党委领导、政府负责、社会协同、企业和职工参与、社会诚信、法治保障的工作体制。积极推进劳动用工备案工作，落实《和谐劳动关系单位评价规范》和《内蒙古自治区社会法人劳动保障信用失信惩戒办法》，建立了劳动保障“红黑名单”制度，被评为自治区“十大法制事件”，守信激励、失信惩戒初见成效。二是强化劳动人事调解仲裁工作。加强基层调解组织建设，建立大中型企业劳动争议调解委员会10291个，乡镇街道调解组织820个，组建率高于国家80%的要求。开展在线调解仲裁，加强调裁审衔接，提升案件调裁审工作效能。全区各级仲裁机构处理争议案件1.2万件，结案率达到96.3%，调解成功率达到63.2%，高于国家95%和60%的要求。三是加大劳动保障执法监察力度。开展农牧民工工资支付、清理整顿人力资源市场秩序、规范用工秩序等专项行动，主动检查用人单位3.7万户，补签劳动合同1.99万人，为3.76万名劳动者追发工资等待遇5.15亿元，督促缴纳社保费6523万元。

同时，全面落实党建工作责任制，扎实推进“两学一做”学习教育常态化制度化，深入实施人社系统干部能力素质提升工程，全面落实党风廉政建设主体责任，人社系统党的建设、作风建设、制度建设、队伍建设和廉政建设等都得到进一步加强。

二、存在的主要问题

总的看，2017年我区人社工作进展顺利，大部分工作已提前完成了年度任务。但是，在经济下行压力不断加大的情况下，还存在不少困难和问题。一是就业总量压力、结构性矛盾依然突出，自治区经济增速放缓对就业的拉动效应减弱，稳定和扩大就业难度加大。二是企业职工养老保险可持续发展压力增大。随着人口老龄化进程加快，社会保险扩面空间收窄，基金征缴难度增加，加上社会保险待遇刚性增长，社保基金收支平衡、持续发展的风险增多。三是人才队伍建设薄弱。受自然条件、区位条件和收入水平等因素影响，我区与发达地区相比，还存在人才数量不足、分布不均、结构不合理等突出问题。

三、2018年工作打算和措施

2018年是贯彻党的十九大精神的开局之年，是改革开放40周年，是决胜全面建成小康社会、实施“十三五”规划承上启下的关键一年。我们将认真贯彻落实党的十九大精神，以习近平新时代中国特色社会主义思想为指导，围绕民生为本、人才优先工作主线，坚持稳中求进工作总基调，全面落实以人民为中心的发展思想，坚持改革创新，守住民生底线，主动作为，精准发力，全力打造群众放心、人才称心、社会安心、干部用心、服务尽心的“五心”人社，推动人社事业实现新发展。

（一）推动实现更高质量和更充分就业，全力确保就业局势持续稳定

就业是最大的民生，把促进就业作为最重大的政治责任，坚决守住就业大局稳、重点群体稳的底线。一是完善落实积极的就业创业政策。深入实施就业优先战略和积极就业政策，加强就业新业态的扶持力度，鼓励多渠道多形式就业，扩大就业规模，提高就业质量，实现城镇新增就业25万人左右，城镇登记失业率控制在4%以内。二是推进大众创业万众创新。深入实施“创业内蒙古行动”，完善创业扶持政策和激励机制，支持创业园区、创新工厂、创客空间等孵化平台建设，切实解决创业者关心的场地难、融资难等实际问题，更好地发挥创业带动就业的引领作用和倍增效应。三是抓好重点群体就业。重点扶持高校毕业生、就业困难人员、农村牧区转移劳动力等群体就业创业，确保“零就业”家庭至少有一人就业，做好就业脱贫工作和化解过剩产能中职工安置工作。四是加强职业技能培训。积极解决结构性就业矛盾，实施全民技能振兴工程，完善职业培训政策，建立劳动者终身职业技能培训制度，大规模开展职业技能培训，不断提升劳动者素质和就业能力。五是提升公共就业服务能力。提供全方位公共就业服务，加快人力资源服务业发展，破除妨碍劳动力、人才社会性流动的体制机制弊端，畅通人力资源流动渠道，使人人都有通过辛勤劳动实现自身发展的机会。

（二）推进社会保障工作改革创新，织密兜牢民生安全网

按照兜底线、织密网、建机制的要求，全面建成覆盖全民、城乡统筹、权责清晰、保障适度、可持续的多层次社会保障体系。一是扩大社会保险覆盖面。全面实施全民参保计划，以灵活就业人员、各类新业态就业群体等为重点，引导更多人群参加社会保险，努力实现法定人员全覆盖。二是完善社会保障制度。按照国家部署，改革完善基本养老保险制度。完善基本医疗保险制度、大病保险制度，提高社会保险统筹层次。深化基本医疗保险支付方式改革，提高医保制度运行效能。三是加强社保基金管理。加大社保基金稽核力度，合理制定基金收支预算，严格控制基金支出，严查严处严防基金“跑冒滴漏”，确保社会保险基金稳定运行。四是提高经办服务水平。推进社保服务标准化、信息化建设，加快社会保障卡的发行和应用。完善异地就医结算政策，进一步优化经办流程，努力为参保群众提供高效便捷的服务。

（三）加强人才队伍建设，为创新发展提供有力支撑

全面推进人才强区和创新驱动发展战略，贯彻落实“聚天下英才而用之”的战略思想，不断深化人才发展体制机制改革，为推动创新发展提供强大动力和支撑。一是创新人才政策。完善“1+N”相关配套政策，实行更加积极、更加开放、更加高效的人才政策，扩大用人单位自主权，让各类人才的创造活力竞相迸发、聪明才智充分涌流。二是加强专业技术人才队伍建设。深入实施“人才强区”工程，落实青年创新人才培养、高层次人才引进等专项工程和计划，突出“高精尖缺”方向，大力引进培养急需紧缺人才和创新型人才，打造人才培养链。分类推进人才评价机制改革，持续深化职称制度改革，建立科学的人才评价体系。三是加强高技能人才队伍建设。积极推进技工院校改革，全面深化校企合作。深入实施高技能人才振兴计划，广泛开展职业技能竞赛活动，大力弘扬劳模精神和工匠精神，不断壮大产业发展急需的高技能人才队伍，建设知识型、技能型、创新型劳动者大军。

（四）深化人事管理制度改革，提高干部队伍执政发展能力

紧紧围绕新时代建设高素质、专业化干部队伍的目标，完善人事管理制度，提高干部执政能力。一是加强公务员管理。把政治建设摆在公务员队伍建设的首位，深入学习贯彻党的十九大精神，全面开展“不忘初心、牢记使命”主题教育。推进公务员分类管理，全面落实专业技术类、行政执法类公务员和聘任制公务员管理规定。加强公务员教育培训，努力建设高素质、专业化的公务员队伍。二是深化事业单位人事管理制度改革。积极推进事业单位分类改革，围绕强化事业单位公益属性，研究完善事业单位人事管理政策。坚持规范与管理并重，加强政府宏观管理，落实用人主体自主权，健全完善人员聘用制度、岗位管理制度、公开招聘制度。加强事业单位工作人员考核，促进工作人员依法履行岗位职责。加强源头治理，完善机关事业单位防治“吃空饷”长效机制。三是加强军转安置工作。全面落实军转安置任务，继续推行军转干部量化积分安置办法，做好自主择业军转干部管理服务和企业军转干部维稳解困工作。

（五）稳步推进工资收入分配制度改革，形成合理有序的收入分配格局

围绕提高职工收入水平、促进收入分配更合理、更有序，坚持按劳分配原则，在劳动生产率提高的同时，实现劳动报酬同步提高，积极完善按要素分配的体制机制。一是深化机关事业单位工资制度改革。落实机关事业单位基本工资定期调整机制。扩大公立医院薪酬制度改革试点。建立事业单位高层次人才工资收入分配激励机制。二是深化企业工资收入分配制度改革。推进企业工资集体协商制度，完善工资指导线制度，建立统一规范的薪酬调查和信息发布制度。深化国有企业负责人薪酬制度改革，建立差异化薪酬分配机制。

（六）着力构建和谐劳动关系，维护企业和劳动者合法权益

一是坚持促进企业发展、维护职工权益，完善政府、工会、企业共同参与的协商协调机制，健全劳动关系协商协调机制，完善集体协商和集体合同制度，探索建立多种形式的企业内部民主协商机制，健全协调劳动关系三方机制，形成共建共享共治的劳动关系治理格局。二是健全劳动争议处理机制。完善劳动人事争议协商调解制度，健全仲裁办案制度，加强裁审衔接机制建设，推进调解仲裁信息化建设，进一步完善争议多元化处理格局。三是健全劳动保障监察执法机制。加大劳动监察执法力度，创新监察执法方式，加快推进举报投诉案件跨地区联动处理机制和“双随机一公开”监管机制建设，完善行政执法与刑事司法衔接机制，建立健全劳动保障违法失信联合惩戒机制。四是加大农牧民工工资治欠保支力度。落实农民工工资支付保障政策措施，继续加大源头治理力度，着力解决政府投资工程项目的欠薪问题，健全治理欠薪问题长效机制。

（七）加强人社领域信息化建设，着力提升公共服务能力和水平

加快推进“互联网＋人社”建设，为人民群众提供更加优质高效便捷的服务，提升人社工作决策科学化、管理精细化、服务人本化水平。一是提高公共就业服务信息化水平。完善就业信息服务系统，进一步加强基于大数据的就业形势分析，搭建供需对接平台，推动就业创业工作。二是完善社保经办服务信息化功能。以全面实施全民参保计划为重点，实现参保服务信息化、便捷化；推进社保基金智能监控，运用互联网和大数据技术，加强社保基金监管，有效解决基金“跑冒滴漏”、重复享受、骗保冒领、违规补缴、擅自挪用等问题。三是推行劳动保障智能监察。将劳动用工监测、劳动保障监察、信用评价、失信联合惩戒等有机结合起来，提升智能监察水平；四是健全公共服务体系。加强窗口单位作风建设，打造阳光、智慧、服务人社，让数据多跑路、群众少跑腿，以优质、高效、便捷的服务，增强人民群众的获得感、幸福感。

供　　稿：高国青　内蒙古自治区人力资源和社会保障厅
责任编辑：双　宝

内蒙古卫生与计生事业发展情况

一、重点任务落实情况

（一）全力推进健康内蒙古建设

印发《“健康内蒙古2030”实施方案》《“十三五”卫生与健康规划》，形成以健康内蒙古为主线的卫生与健康事业改革发展框架。加大“把健康融入所有政策”的宣传和推进力度，基本医疗和公共卫生服务体系不断健全，医疗服务水平和能力不断提升，基本公共卫生和重大公共卫生服务项目全面落实，医疗保障水平不断提高，健康产业加速发展，社会办医积极性显著提升，健康城市、健康村镇建设深入推进。人民健康水平显著提高，全区人均预期寿命2015年底达到75.8岁，接近全国平均水平；婴儿死亡率2016年降至5.02‰，5岁以下儿童死亡率降至6.04‰，孕产妇死亡率降至15.6/10万，均低于全国平均水平。截至2016年底，全区有医疗卫生机构总数23998个，床位13.9万张，卫生技术人员17万人，每千人口拥有病床5.52张，每千人口拥有执业（助理）医师2.64人，每千人口注册护士2.64人。人口健康信息化建设取得成效，完成了自治区全民健康信息平台与国家平台的对接，全区42.38%的二级以上公立医院和50.43%的基层医疗卫生机构实现与区域健康信息平台的对接。

（二）全面深化医药卫生体制改革

对医改重点任务实行台账管理，城市公立医院综合改革实现全覆盖。将社会办医疗机构纳入分级医疗服务体系，严格控制公立医院发展规模。加大社会办医相关政策的扶持力度，将社会办医人才引进和培养纳入当地政府人才发展规划和住院医师规范化培训规划，鼓励开展医师多点执业。加强社会办医监管，严厉打击各类违法违规行为，建立“黑名单”制度。83个旗县区开展分级诊疗工作，覆盖率达到

81.4%。全面启动多种形式的医联体建设试点，全区组建医联体59个，104所旗县医院纳入远程医疗协作网。大力推进家庭医生签约服务，全区103个旗县全面组建了以医疗、护理、公卫人员组成的家庭医生服务团队。全区家庭医生（团队）签约服务覆盖率为52.8%（国家要求30%以上），重点人群覆盖率68%（国家要求60%以上），建档立卡贫困人口签约率达到90%以上。继续实施和完善药品分类采购政策，重点推进医疗联合体内带量带预算采购。积极推动陕川蒙宁医用耗材联采机制建设，支持各盟市与福建省三明市建立招采联盟。自治区卫生计生委等八部门联合印发《公立医疗机构药品采购“两票制”实施方案》，从7月1日起启动实施“两票制”。建立完善短缺药品监测预警和分级应对机制，实现短缺药品公立医疗机构监测全覆盖。推进政府办基层医疗卫生机构和公立医院全面落实定点生产品种配备使用政策，实施县乡村一体化采购和配送。

（三）公共卫生和疾病防控能力进一步提高

疾病预防保障政策不断完善，保障机制进一步健全。加强二类疫苗采购和使用管理，实施新的脊髓灰质炎疫苗免疫策略。结核病、布病报告病例持续下降。爱国卫生运动深入开展，全区行政村环境卫生综合整治率达到88.5%，农村牧区卫生厕所普及率达到71.39%，全区国家和自治区卫生城市比例分别达到30%和90%。卫生监督和食品安全保障能力有效提升，12个盟市和103个旗县区全部纳入全国饮用水卫生监测网络，集中式供水单位卫生监督覆盖率达到100%。食品风险监测能力全面提升，监测覆盖率达到100%。卫生应急机构覆盖12个盟市，建立盟市级和旗县级卫生应急队伍449支，应急队员6674人。积极防范疟疾、登革热和寨卡病毒疫情传入，及时有效处置鼠间鼠疫、流感、H7N9人感染禽流感等传染病疫情，加大人间布病防治力度。全区疫情形势平稳，无重大传染病疫情暴发流行。全区基础免疫接种率和加强免疫接种率分别达到98.7%和96.78%。全区严重精神障碍患者累计报告10882例，报告患病率达到4.02‰。全力重点公共卫生建设项目。内蒙古医科大学第二附属医院、自治区中医医院住院及医技综合楼、自治区儿童医院妇产医院妇幼保健院三位一体外迁新建、自治区康复疗养中心、自治区综合疾病预防控制中心、自治区肿瘤医院门诊楼6个项目进入内外部装修阶段，自治区中医医院住院及医技综合楼和自治区儿童医院妇产医院妇幼保健院三位一体项目接近收尾。

（四）蒙医药中医药事业快速发展

蒙医药中医药政策体系不断完善，服务资源快速增加，公立蒙医中医医院增加到122所，病床发展到2万张，蒙医药中医药专业技术人员增加到2万余人。全区89.19%的苏木乡镇卫生院和92%的社区卫生服务中心设有蒙医科、蒙药房或中医科、中药房，62.36%的嘎查村卫生室和79.76%的社区卫生服务站能够提供蒙中医药服务。蒙医药中医药特色优势得到发挥，获评国家重点学科重点专科36个，自治区级领先学科重点学科63个、特色优势重点专科132个。第二届中蒙博览会蒙医药成就展和蒙医药论坛圆满举办。每年全区各级蒙医中医医院收治蒙古国、俄罗斯患者2～3万人，蒙医药中医药的国际影响力不断扩大。完成55个旗县（市）蒙中医院建设项目，总建筑面积55.11万平方米，总投资21.7亿元。制订《振兴蒙医药行动计划（2017—2022年）》，大力推进蒙医药中医药政策法规贯彻落实。推进77所蒙医中医医院急诊急救能力、10所蒙医中医医院制剂室能力、16所蒙医中医医院适宜技术服务能力建设。开展基层蒙医药中医药工作先进单位创建和基层医疗卫生机构“蒙医馆、中医馆”建设，推进蒙医中医分级诊疗和医疗联合体机制建设。推进蒙医老年护理中心和PPP模式蒙医养老康复治未病旅游中心建设。16个病种的蒙医临床诊疗指南制定研究取得阶段性成果，20项适宜技术推广通过了国家中医药管理局的验收。组织申报了4家国家蒙医住院医师规范化培训基地，2家国家中医住院医师规范化培训基地。

（五）医养结合工作初见成效

构建有利于医养结合的政策环境，初步形成了保基本、建机制、补短板、多样化的内蒙古医养结合服务模式。在国家卫生计生委和民政部联合召开的全国医养结合工作会议上，自治区卫生计生委作了经验介绍。全区现有60岁以上的老年人口436万，占总人口的17.4%；80岁以上的高龄老人58.8万，占老年人口的13.5%；失能、半失能老人73.3万，完全失能老人28万以上；空巢家庭中心城区超过50%，农村牧区超过30%。自治区医养结合监测平台显示，全区现有医养结合机构

171个，其中已建成83个，纳入医保24个。80%以上的二级以上综合医院开设了老年就医绿色通道，城乡养老机构50%以上与医疗机构建立合作机制。全区老年健康管理率67%，老年人口家庭医生签约率超过60%。呼和浩特、鄂尔多斯、乌海被国家卫生计生委、民政部确定为国家医养结合试点市，呼伦贝尔市、乌兰察布市和巴彦淖尔市被确定为自治区级医养结合试点市，包头市昆都仑区、兴安盟扎赉特旗、通辽市科左后旗、赤峰市红山区、锡林郭勒盟太仆寺旗和阿拉善盟额济纳旗被确定为自治区级试点旗县。23家机构被确定为自治区第一批医养结合示范试点。自治区卫生计生委将医养结合工作列为年重点推进的五大试点工作，要求每个旗县都要有一个医养结合机构。在基本公共卫生重点项目中，增加医养结合项目，安排专项经费。要求10万人以上的城镇都要建一所康复、护理、安宁疗护型医疗机构。全区康复院和护理院由2015年的3个发展为2016年的12个。

（六）基层服务能力和水平持续提升

深入推进社区卫生服务机构建设和农村牧区卫生服务体系建设，建成社区“名医工作室”132家，为762个不宜建卫生室的行政村配备了流动医疗车。“农牧民满意的嘎查村卫生室”示范达标活动有序展开，146个卫生院获得全国“群众满意的乡镇卫生院”称号。基层医药卫生体制改革不断深化，建立起“定编定岗不定人”的人事制度，所有政府办基层医疗卫生机构公益性管理体制基本确立。基本公共卫生服务覆盖全体城乡居民，人均补助经费提高到50元，服务项目扩大到12类。人才队伍建设和科技创新力度加大。自治区领先、重点学科达到66个和98个。组织科研立项444项，全区卫生科研技术获自治区自然科学奖 15项、科技进步奖58项，推广适宜技术81项。积极落实“草原英才”工程，先后入选和评为国务院特殊津贴12名、“卫生部有突出贡献中青年专家”3名，获“自治区杰出人才奖”12名、“自治区突出贡献专家”24名、自治区“草原英才”个人79名、“511人才培养工程”34名。住院医师规范化培训在培人数达到3340人，助理全科医生培训共招录学员192人，启动专科医师规范化培训试点工作，招收农村订单定向免费医学生1121人，全科医生转岗培训1990人，在岗乡村医生中等学历教育毕业学员1.2万人。健康扶贫工作扎实推进。农村牧区贫困人口基本医疗保险“两升两降”政策稳步推开，贫困人口门诊和住院费用实际补偿比例稳定在50%和60%左右，重大疾病费用报销比例达到80%以上。9种大病集中救治覆盖所有贫困地区，全面落实县域内先诊疗、后付费和一站式服务。积极推进为贫困人口免费健康体检工作，人均体检经费标准在170～500元之间。

（七）计划生育服务管理改革有序推进

全面推行生育登记网上办理，取消二孩生育审批，积极推进“一次登记、全程服务”,鼓励群众按政策生育。自治区党委办公厅、政府办公厅印发《关于坚持和完善计划生育目标管理责任制的实施意见》。全区产前筛查与产前诊断机构增加到10所，新生儿遗传代谢病筛查机构增加到10所，新生儿疾病筛查率提高到65.04%。大力推进国家免费孕前优生健康检查项目，产科、儿科服务供给能力持续增强，孕产妇和新生儿危急重症救治能力不断提升。计划生育特殊家庭历年累积未发放的一次性扶助金全部落实到位。计划生育特殊家庭家庭医生签约服务率、就医绿色通道、联系人制度实现全覆盖。全面实施“新家庭计划”，形成“培训+服务”的内蒙古模式。家庭健康服务体系建设进一步加强，目前有编制部门批准的县级家庭健康服务中心22个，乡镇社区级家庭健康服务中心373个。出生人口性别比稳定在正常值范围。流动人口服务管理“一盘棋”工作机制基本建立，流动人口婚育证明电子化改革全面推进，流动人口权益得到有效保护。全力推动家庭科学育儿、青少年健康发展、养老照护等项目。层层推选、层层命名幸福家庭示范单位和示范家庭，自治区命名12个自治区级幸福家庭示范县、24个自治区级示范乡镇苏木、36个自治区级示范嘎查村社区、107个自治区级示范家庭。自治区命名2个“新家庭计划”示范区、1个家庭科学育儿示范区、1个青少年健康发展示范旗、36个新家庭计划先进工作者、150个自治区级新家庭计划示范项目。

二、存在的问题和2018年重点工作安排

全区卫生计生事业虽然有了长足发展，但也存在诸多矛盾、问题和困难。主要表现在：由于主客观原因，全区卫生计生事业投入不足，发展相对滞后，包括蒙医中医在内的医疗卫生服务体系建设仍须

加强；鼠疫、布病等传统传染病和新发传染病、慢病等防治任务十分艰巨；国土面积大，居住分散，卫生服务成本偏高，可及性问题尚未完全解决；深化医改深层次体制性机制性矛盾凸显，各地改革进展不平衡，改革系统性协调性联动性需进一步加强；人才缺乏依然困扰着卫生计生事业的发展；计划生育信息化工作相对滞后。

2018年，将在以下几个方面重点突破：

（一）健全健康内蒙古建设领导体制和工作机制

推动成立健康内蒙古建设组织机构，建立健全工作机制和相关制度，建立部门协调联动机制，进一步加强健康内蒙古建设组织领导工作。深入落实《“健康内蒙古2030”实施方案》，制订年度工作计划，明确责任分工。将主要健康指标纳入各级党委和政府考核指标，完善考核机制和问责制度。

（二）继续深化医药卫生体制改革

加快推进建立现代医院管理制度，开展公立医院薪酬制度改革试点，实施公立医院绩效考核，加快建立规范的运行机制。推进医联体建设，组织开展三级医院日间手术试点，探索建立急慢分治模式，调动公立医院参与分级诊疗工作的积极性。进一步巩固完善基本药物制度。继续推进药品分类采购工作，扩大高值医用耗材阳光采购范围。深入推进公立医疗机构药品采购 “两票制”，减少流通环节，规范流通秩序。完善综合监管制度建设。

（三）加强计划生育服务管理

开展生育政策前瞻性研究，强化基层基础工作，加快计划生育信息化建设。开展妇幼保健机构标准化建设和妇幼重大项目工作，推进各级危重孕产妇和新生儿救治网络建设。做好计划生育特殊家庭扶助工作，大力推进医养结合，深化创建幸福家庭，实施新家庭计划。推进流动人口基本公共卫生计生服务均等化。

（四）提高医疗服务质量和能力

进一步改善医疗服务行动计划，三级医院全面实施预约诊疗服务,推动实名制预约诊疗试点工作。积极建立医疗机构、医师和护士执业全过程、动态化和高效能的管理模式。深入推进创建“平安医院”活动，健全“三调解一保险”医疗纠纷处理制度及保障机制。全面开展基层医疗卫生服务能力提升年活动。全面推行乡村医生每月到卫生院工作3天的岗位培训制度。深入实施健康扶贫工程。进一步完善基本医保、大病保险、医疗救助、慈善救助等制度的衔接机制，建立起兜底保障机制。

（五）加强公共卫生和应急能力建设

大力加强健康促进与教育工作，推进健康促进示范旗县（市、区）建设。提高盟市、旗县级疾病预防控制中心检测能力建设。强化传染病监测报告和部门间的联防联控，强化疫苗采购供应和接种安全管理。继续推进旗县慢性病示范区创建任务和第二阶段全民健康生活方式行动。深入开展爱国卫生运动。推进卫生应急规范化建设。抓好突发事件应急处置工作。

（六）促进蒙医药中医药改革发展

推进蒙医中医医院重点项目建设，深化蒙医中医医院服务能力建设。推进公立蒙医中医同步改革，推行公立蒙医中医医院绩效管理和考核。全面推开蒙医药中医药县乡村一体化管理。强化蒙医药中医药预防保健服务体系，推进蒙医药中医药医养结合。加强蒙医药中医药传承、保护与理论研究，抓好蒙药材中药材资源普查与保护。加强蒙医药中医药人才队伍建设。推进蒙医药中医药对外学术文化交流。

供　　稿：杨若锋　内蒙古自治区卫生和计划生育委员会
责任编辑：双　宝

内蒙古脱贫攻坚工作情况

2017年是深入推进脱贫攻坚的关键之年。自治区党委、政府坚持以习近平新时代中国特色社会主义思想为统领，坚决贯彻党中央、国务院关于打赢脱贫攻坚战的决策部署，全面落实精准扶贫精准脱贫基本方略，强化组织领导，完善政策措施，动员社会广泛参与，全区脱贫攻坚工作取得新进展新成效。预计全年减少贫困人口20万人，1个国贫县、13个区贫旗县摘帽。31个国贫旗县农牧民人均可支配收入预计达到9800元，增长9%以上，比全区农牧民人均可支配收入平均水平高1个百分点。贫困地区贫困群众基础设施、公共服务明显改善，义务教育、基本医疗和住房安全保障水平显著提高。

一、2017年工作进展

（一）强化责任落实

认真落实自治区负总责、市县抓落实的工作机制，将年度减贫任务逐级分解，并层层签订了责任书。新成立自治区脱贫攻坚指挥部，党政分管领导直接调度脱贫攻坚具体工作。向31个国贫旗县派驻由1位厅级干部带队的自治区脱贫攻坚督导组，常驻贫困旗县200天以上实地督查指导。李纪恒、布小林同志多次深入贫困地区专题调研脱贫攻坚，督促基层落实责任，反复强调脱贫攻坚是我们党的庄严承诺，是习近平总书记最牵挂的工作之一，是必须完成的政治任务，多次作出批示提出要求。自治区39位省级领导“一对一”联系39个贫困旗县，带动409名盟市级领导、1852名县处级领导分别联系贫困苏木乡镇和贫困嘎查村。严格执行攻坚期内贫困旗县党政正职保持相对稳定的纪律。加强扶贫机构和队伍建设，57个贫困旗县扶贫办全部单设，新增扶贫专干2000多名。

（二）完善政策保障

围绕落实中央打赢脱贫攻坚战的决策部署和要求，结合自治区实际，相继制定出台内蒙古自治区脱贫攻坚责任制实施细则、深度贫困地区脱贫攻坚推进方案、推进健康扶贫工作方案，加大教育扶贫实施意见等多个政策性文件。2017年年初自治区出台了关于进一步加大脱贫攻坚力度的十项措施，紧盯贫困人口实现“两不愁、三保障”脱贫目标，聚焦促进贫困人口发展特色产业，实现稳定就业，针对教育、健康、住房安全“三保障”等突出问题，实施针对性强、含金量高的硬举措实办法，政策效果明显，得到群众普遍认可。各级各部门结合部门行业特点，精准对接脱贫攻坚，强化政策措施，形成横向到边、纵向到底的政策体系。

（三）加大扶贫投入

2017年，四级财政投入扶贫专项资金近100亿元，达到历史最高水平。自治区本级财政专项扶贫资金由2016年的18.8亿元增加到37.37亿元，新增18亿元，增幅100%。盟市旗县投入财政专项扶贫资金35.8亿元，增幅100%倍。在57个贫困旗县开展统筹整合财政涉农涉牧资金试点工作，整合用于脱贫攻坚的涉农涉牧资金达77.9亿元。全区9家金融机构开展了金融扶贫工作，年内新增金融扶贫贷款215亿元。自治区新设立20亿元产业扶贫发展基金，计划撬动100亿元的金融和社会资本，扶持对贫困户有较强辐射带动力的扶贫龙头企业和农牧民专业合作组织，实际签约达到160亿元。

（四）聚焦实现“两不愁、三保障”目标分类施策

在认真分析致贫原因基础上，因户因人落实了“五个一批”分类扶持措施。预计2017年脱贫的20万人中，发展产业脱贫9.9万人，易地扶贫搬迁5万人，生态补偿脱贫5000人，教育资助脱贫9000人，社会保障兜底3.7万人。

1.产业扶贫

将特色产业发展作为扶贫的重要举措和主攻方向，70%以上财政扶贫资金用于扶持贫困户发展特色产业。资金投入上，主要采取以奖代补形式；项目选择上，充分尊重贫困群众意愿，完全由贫困户自行选择想干的、会干的项目，扶贫资金给予一定补贴。对于不适合一家一户发展的项目，主要采取“企业+基地+贫困户”“党支部+专业合作社+贫困户”等模式，让贫困户深度参与产业发展并稳定增收。探索资产收益扶贫模式，鼓励贫困户流转土地得租金，扶贫资金量化折股分股金，就近打工挣薪金。全区有214万户农牧户进入产业化经营链条，农牧民从产业化经营中获得的收入达到5264元，24.4万贫困人口加入产业利益联结链条。在57个贫困旗县实施光伏扶贫项目，覆盖5.6万建档立卡贫困户。在89个贫困村重点推进旅游扶贫，10个旗县开展电商扶贫综合示范县建设。

2.易地扶贫搬迁

投入各类资金33亿元，计划搬迁建档立卡贫困人口5万人。641个集中安置点已经全部开工建设，2.6万贫困人口已搬迁入住，2017年年底前60%的搬迁户可搬迁入住。项目实施中，严守搬迁对象精准的“界线”，人均住房面积不超25平方米的“标线”，不因搬迁举债（户均自筹不超1万元）的“底线”和资金项目管理的“红线”。坚持哪有产业往哪搬，哪能就业往哪搬，把解决搬迁贫困户后续工作作为重中之重，全部落实了“四不变、两同等、一减免”政策。“四不变”是原承包耕地、草地、林地的经营权和受益权不变，子女进城上学“两免一补”政策不变，新农合政策不变，低保政策不变；“两同等”是子女入托上学和就业享受与城镇居民同等待遇；“一减免”是自愿转为非农户口的，减免各种行政性收费，切实消除贫困户后顾之忧，确保搬得出、稳得住、能发展、可持续，做到搬迁和脱贫同步。

3.金融扶贫

把金融扶贫作为增加收入的重要举措，出台进一步推动金融扶贫工作的意见，调整完善扶贫小额信贷政策，对建档立卡贫困户扶贫小额贷款执行基准利率，鼓励各保险公司创新产品，提高对建档立卡贫困户融资支持力度，加大小额扶贫贷款对建档立卡贫困户的覆盖面。全区有32.84万户建档立卡贫困户累计获得扶贫贷款132.27亿元，建档立卡贫困户获贷率55.6%。2017年新增扶贫小额贷款27.3亿元，覆盖7.2万贫困户。

4.生态扶贫

坚持守住生态底线的发展思路，国家和自治区实施的退耕还林还草、天然林保护、防护林建设、防沙治沙、湿地保护与恢复、坡耕地综合整治、退牧还草、水生态治理等重大生态工程项目和资金进一步向贫困地区倾斜，投入45亿元用于57个贫困旗县生态保护与建设。全面落实草原补奖政策，奖补区人均政策性补贴收入增加了850元，惠及480万农牧民。优先吸纳贫困人口参与生态保护和建设，实行生态护林员政策，为8000名建档立卡贫困人口提供护林员公益性岗位，年人均补贴1万元。

5.教育扶贫

出台加大教育扶贫力度的专项支持政策，建立起了从学前教育到高等教育、职业教育一条龙的教育资助政策体系。从2017年春季学期开始，农村牧区义务教育阶段在校生营养改善计划试点范围由8个集中连片特困县扩大到其他23个国贫县，实现31个国贫县全覆盖。2017年，自治区使用地方政府债权资金5亿元，集中解决全区816所义务教育阶段学校“大通铺”、旱厕、学生宿舍卫生和淋浴设施短缺、食堂土灶台、火炉子取暖等问题。实施学前教育三年行动计划，推动普惠制幼儿园负责，2017年全区新增幼儿园173所，普惠性幼儿园覆盖率达到66%。从2017年开始，对建档立卡贫困家庭考入普通高校的新生每人每年给予1万元资助，资助学生2.1万人。启动了“自治区免费定向师资培养计划”，培养贫困地区教师386名。

6.健康扶贫

全面实施贫困人口免费健康体检和“两免、两降、四提、四助”的医疗保障倾斜政策，“两免”即免住院押金，免（减）个人参保费用；“两降”即降低基本医保、大病保险起付线；“四提”即提高住院治疗报销比例、提高重大疾病报销比例、提高门诊常见病报销比例、提高慢性病门诊补助比例；“四助”即开展新农合大病保险救助、建立大病保障基金救助、落实民政医疗救助、购买大病商业保险救助。在全区全面实施大病集中救治一批、慢病签约服务一批、重病兜底保障一批“三个一批”行动计划和先诊疗、后付费，一站式结算服务。实施“三个一批”行动计划，78个有建档立卡贫困人口旗县实现了县域内先诊疗后付费、一站式结算服务，全部建立贫困人口大病保障基金，建档立卡贫困人口住院费用个人自付比例控制在10%以内。

7.社会保障兜底

2017年，全区农村牧区低保标准达到4851元，比扶贫标准高1800多元，保障人数达到116万人。推进低保政策与扶贫开发政策有效衔接，全区57万建档立卡贫困人口中，17.9万人纳入低保政策兜底范围，基本实现了应保尽保。

8.深度贫困地区脱贫攻坚

针对内蒙古实际，确定了15个深度贫困县、258个深度贫困村、12.9万深度贫困人口。从产业扶贫、易地扶贫搬迁、生态扶贫、教育扶贫、健康扶贫、住房安全、保障兜底扶贫、基础建设、土地征用9个方面明确了支持政策。2018—2020年，自治区财政对深度贫困旗县的财力性转移支付增幅高于其他旗县平均增幅2个百分点，中央和自治区财政扶贫资金投入比全区平均水平高10个百分点，新增财政扶贫资金和各部门新增涉农涉牧资金重点向深度贫困旗县倾斜。农牧业产业扶贫发展基金优先支持深度贫困旗县发展特色产业。支持深度贫困旗县对自然条件较差、产业基础薄弱、基础设施建设投入较大的老龄村、空壳村、自然村整村搬迁。深度贫困旗县25度以上坡耕地全部纳入退耕还林还草项目，享受国家现行补贴政策；企业、社会捐助教育扶贫资金主要用于深度贫困旗县教育资助项目；新增建设用地指标优先保障深度贫困地区用地需求。同时，加大少数民族聚居区、边境地区、牧区的脱贫攻坚工作，实行差别化政策。

（五）完善扶贫机制着力解决突出问题

1.完善建档立卡动态调整机制

组织动员10.37万人，在全区范围内开展贫困人口再识别再核查和建档立卡动态调整工作，新识别建档立卡贫困人口3万户6.4万人，清退不符合标准人口3.54万人，年内返贫2.2万人。调整后的建档立卡贫困人口为26万户57.9万人，贫困发生率4.3%，分布在全区12个盟市78个旗县801个苏木乡镇10599个嘎查村。针对识别不精准、退出不精准问题，自治区扶贫开发领导小组牵头，在全区范围内开展了拉网式摸底排查和数据比对工作，按照“谁识别、谁签字、谁负责”原则，建立了从精准识别到精准退出的责任倒查问责机制，做到应纳尽纳、应扶尽扶、应退尽退，贫困识别和退出精准度显著提升。开展了精准扶贫大数据平台建设，实现了建档立卡信息系统与教育、民政、卫生、工商、公安等部门的信息共享和互联互通。整合各部门信息资源，年底自治区将建成覆盖各行业部门的综合性大数据平台。

2.强化干部驻村帮扶机制

深入推进规划、项目、干部到村到户工作，贫困村驻村工作队员由每村2～3名调整为5～10人，全区共选派驻村工作队7239个，驻村干部近4 万名，第一书记1.1万名，覆盖全部 2834个贫困村和建档立卡贫困人口较多的非贫困村。针对部分驻村干部对扶贫政策了解不全面，工作思路不宽、办法不多等问题，以旗县为单位在全区范围内普遍开展了驻村干部观摩培训，每名驻村干部至少接受1次培训。针对部分驻村工作队员挂名、走读和帮扶工作不实问题，自治区扶贫开发领导小组牵头，在全区范围内开展了干部驻村治理整顿工作，调整召回工作不力的驻村干部1366人，新增派干部5283人。

3.改进督查考核机制

从自治区层面整合涉及脱贫攻坚检查督查力量，明确从2017年开始，2017后每年自治区开展的脱贫攻坚检查督查原则上不超过2次，盟市、旗县减少检查考核次数，为基层干部留出更多时间和精力投入到实际工作。充分发挥考核指挥棒作用，用严格的考核倒逼责任落实。2017年，自治区扶贫开发领导小组分两批，对57个贫困旗县和14个建档立卡贫困人口2000人以上的旗县共71个旗县开展了交叉检查。根据检查结果，对排名靠后的13个旗县委书记和所在7个盟市的党政分管领导进行了提醒谈话。交叉检查和提醒谈话这种较真碰硬的方式，取得了明显效果。一是压实了责任，促进盟市、旗县领导干部特别是主要负责同志，切实把主要精力聚焦到了脱贫攻坚上。二是发现并解决了问题，通过交叉检查共发现错评漏评等10类1065个问题，到目前85%的问题已整改。三是推动了工作，贫困人口识别度、退出精准度、群众满意度明显提高，帮扶措施得到较好落实。

4.改革扶贫资金管理机制

将扶贫项目审批权全部下放到旗县，建立起了任务、责任、项目、资金“四到旗县”的工作机制。出台了《内蒙古自治区财政专项扶贫资金管理办法》，把资金使用与建档立卡结果相衔接，与脱贫成效相挂钩，按照因素法将扶贫资金直接切块下达到旗县，不指定具体项目，不指定资金投向，完全由旗县统筹整合用于建档立卡贫困人口脱贫。在自治区、盟市、旗县层层设立“12317”扶贫监督举报电话，广泛接受社会监督。建立了正向激励机制，采取以奖代投形式，对2016年扶贫开发工作成效、资金使用绩效评价较好的地区给予奖励。在全区范围内集中开展了“拍苍蝇”专项行动、雁过拔毛和执纪问责专项治理工作，通过加强问责，从严查处惩治，保持了对扶贫领域违纪违法行为的高压态势。

（六）汇聚社会合力

全面落实《京蒙扶贫协作框架协议》，北京市在对口支援赤峰市、乌兰察布市16个国贫旗县基础上，将重点帮扶地区扩大到集中连片地区兴安盟的5个县和通辽市的4个国贫县，帮扶旗县扩大到25个，选派41名挂职干部，投入政府帮扶资金2.5亿元，实施产业发展、就业、教育、医疗卫生、人才培训等项目60个。同时，本着优势互补、合作共赢的原则，双方加强了基础设施、商贸物流、清洁能源、生态保护、产业转移等方面的合作，有力助推了内蒙古脱贫攻坚。26个中央国家机关定点帮扶31个国贫旗县，选派挂职干部42名，帮助协调引进项目 19个，资金3亿多元。自治区170个直属机关企事业单位定点帮扶兴安盟和乌兰察布市170个贫困嘎查村，221名机关干部驻村扶贫，在推进精准扶贫、夯实基层组织和帮助贫困群众解决实际困难等方面发挥了重要引领作用。实施“万企帮万村”行动，504家企业结对帮扶673个贫困村，实施帮扶项目826个，覆盖8.9万贫困人口。组织全国脱贫攻坚奖评选表彰活动，通辽市扎鲁特旗巴彦塔拉苏木东萨拉嘎查党支部书记吴云波获得奋进奖。

（七）加强扶贫宣传

2017年，在中央和自治区主要媒体刊发反映内蒙古脱贫攻坚的稿件8000多篇（条），其中《人民日报》75篇，新华社101篇，中央电视台57条，《内蒙古日报》994篇，内蒙古广播电视台372条。自治区成立70周年之际，中央电视台连续播出反映我区脱贫攻坚工作的专题报道《风从草原来》，在全区引起很大反响。自治区政府召开脱贫攻坚新闻发布会3次。自治区组织10个宣讲团，赴贫困地区宣讲中央精准脱贫政策。公开发行反映内蒙古驻村干部扶贫工作先进事迹书籍《向阳花开》，在全区总结推广“六个精准”“五个一批”典型案例，开展以“精准扶贫、廉洁为民”为主题的扶贫领域专题警示教育基层行第二轮宣讲活动，面向贫困地区、基层和扶贫干部宣讲12场，参与人数3万余人。

二、2018年工作安排

2018年是贯彻落实党的十九大精神的第一年，是全面推进深度贫困地区脱贫攻坚的关键一年。我们要坚持精准扶贫、精准脱贫基本方略，围绕“两不愁、三保障”脱贫目标，落实“六个精准”“五个一批”措施，聚焦重点区域、重点群体、重点问题，因地制宜、因户因人施策，全力推进我区脱贫攻坚工作。

（一）全面贯彻落实党的十九大关于脱贫攻坚的新部署新要求

党的十九大报告进一步强调，让贫困人口和贫困地区同全国一道进入全面小康社会是我们党的庄严承诺。要动员全党全国全社会力量，坚持精准扶贫、精准脱贫，确保到2020年我国现行标准下农村贫困人口实现脱贫，贫困县全部摘帽，解决区域性整体贫困，做到脱真贫、真脱贫。明确了新时代脱贫攻坚的基本方略、工作机制、重点任务和总体目标。全区扶贫系统要深刻理解和把握十九大关于脱贫攻坚的新部署新要求，切实把思想和行动统一到十九大精神和总书记扶贫开发战略思想上来，切实把工作做实做细，要激发贫困人口内生动力，把扶贫和扶智结合起来，把救济脱贫和内生脱贫结合起来，把发展短平快项目和培育特色产业结合起来，变输血为造血，实现可持续稳固脱贫，勠力同心打赢我区脱贫攻坚战。

（二）紧盯目标把握标准

围绕到2020年现行标准下农村贫困人口实现脱贫，贫困旗县全部摘帽，解决区域性整体贫困的总体目标，始终坚持“两不愁、三保障”和“一高于、一接近”标准，既不提高又不降低，也不能吊高胃口，在保证现行标准下脱贫质量的基础上，确保贫困人口科学合理有序退出，贫困旗县稳定脱贫摘帽。认真落实“脱贫不脱帮扶，摘帽不摘政策”规定，确保稳定脱贫。2018年，全区减少农村牧区贫困人口20万，13个自治区贫困旗县、9个国贫旗县摘帽。

（三）强化责任落实

进一步增强脱贫攻坚责任感、紧迫感和使命感，切实把脱贫攻坚责任放在心上、扛在肩上、抓在手上。坚持五级书记抓扶贫，进一步压实各级各部门责任，特别是贫困旗县的主体责任。落实行业部门职责，解决好住房、饮水、交通、教育、医疗等与贫困群众密切相关的突出问题。发挥自治区派驻国贫旗县督导组作用，加强对驻村工作队员管理考核，强化驻村帮扶工作。把抓党建促脱贫作为强化责任落实的重要内容，选好配强村级两委班子。

（四）聚焦精准持续用力

加强建档立卡动态管理，把符合条件的贫困人口和返贫人口全部纳入。紧紧围绕“两不愁、三保障”脱贫目标，全面落实“六个精准”“五个一批”要求，落实好行业部门精准扶贫、精准脱贫配套政策举措，以产业扶贫、易地扶贫搬迁、金融扶贫、劳务协作扶贫、生态扶贫、教育扶贫、健康扶贫、社会保障兜底扶贫、贫困村提升等重点工程为抓手，针对致贫原因，因地因户因人分类扶持，着力解决贫困户产业发展、教育、医疗、住房、饮水安全等突出问题。2018年，完成5万建档立卡贫困人口易地扶贫搬迁任务。要深化产业扶贫，用好产业扶贫资金，对突泉县家禽养殖产业、科左后旗黄牛产业、开鲁县红辣椒产业、奈曼旗蒙中药材产业、巴林左旗笤帚产业、阿鲁科尔沁旗牧草产业、宁城县设施农业、化德县服装产业、四子王旗马铃薯产业、五原县肉羊养殖产业和阿拉善右旗骆驼产业进行总结推广。采取菜单式、自建直补、先建后补等模式，由贫困户自行选择增收发展项目，扶贫资金直接补贴到户。密切专业合作社、扶贫龙头企业与贫困户的利益联结机制，使贫困户参与产业发展并从中获益。开展脱贫攻坚调研和产业扶贫专项督查，总结推广产业扶贫典型。做好电商、旅游、光伏等新型产业扶贫。

（五）加大扶贫投入

2018年，继续加大财政扶贫资金和统筹整合涉农涉牧资金力度，制定《财政扶贫专项资金分配办法》，将扶贫资金使用与建档立卡贫困人口、脱贫成效挂钩，采取因素法下达财政专项扶贫资金。调整金融扶贫相关政策，进一步完善金融精准扶贫有关政策措施，充分推动金融机构参与脱贫攻坚的积极性，着力解决贫困人口生产发展资金不足问题。进一步加大资金监管力度，实现审计部门对57个贫困旗县资金审计全覆盖。开展扶贫领域腐败和作风问题专项治理工作，坚决斩断伸向扶贫资金的黑手，确保扶贫资金“阳光运行”。

（六）攻克脱贫难题

认真落实中央和自治区深度贫困地区脱贫攻坚政策措施，加大对15个深度贫困旗县、258个深度贫困嘎查村、12.88万深度贫困人口的扶持力度。新增脱贫攻坚资金主要用于深度贫困地区，新增的扶贫攻坚项目主要布局于深度贫困地区，新增脱贫攻坚举措主要集中于深度贫困地区，坚决攻克深度贫困堡垒。在做好贫困县贫困村脱贫攻坚的同时，进一步重视非贫困县非贫困村的脱贫攻坚，防止出现“死角”和“盲区”。

（七）强化督查考评

年初做好国务院扶贫开发领导小组省际脱贫攻坚交叉考核、第三方评估迎检工作；6月，做好迎接国务院扶贫开发领导小组脱贫攻坚年度督查工作；采取交叉检查、暗访、第三方评估、交叉考核、绩效考核等方式对脱贫攻坚成效综合考核，对排位靠后的旗县委书记、督导组组长及所在盟市分管扶贫的党政主要领导进行约谈，层层传导压力。

（八）深化社会扶贫

适时召开中直单位定点帮扶高层座谈会。年底会同机关工委召开170个直属单位定点帮扶工作经验交流会。对厅局帮扶、对口支援、京蒙帮扶进行考核评估。采取分级培训方式，分别对驻村干部进行2～3次培训。组织优秀乡镇、嘎查村干部、驻村干部，开展巡回宣讲。出台干部驻村考核办法，加强对干部驻村工作的督察。采取“互联网+”方式，在呼市、包头市和呼伦贝尔市等8个盟市各选择一个旗县进行社会扶贫网试点工作。结合“10·17全国扶贫日”活动，做好全国脱贫攻坚奖评选推荐工作，组织好全区脱贫攻坚奖表彰活动。

（九）培育内生动力

加强宣传教育，引导贫困群众克服“等、靠、要”思想，注重培育贫困群众发展生产和务工经商基本技能，提高自我发展能力。改进帮扶方式方法，更多采用生产奖补、劳务补助、以工代赈等机制，提高贫困群众参与度。加强村两委建设，选好用好脱贫致富带头人，培养“不走的工作队”。加强致富带头人培训力度，与赤峰农业学校、兴安职业技术学院等合作。2018年，对1800名有带动贫困户脱贫致富能力的两委班子、致富能人、小微企业负责人进行培训。

供　　稿：张　国　内蒙古自治区扶贫办

责任编辑：双　宝

内蒙古文化事业与文化产业发展情况

2017年，内蒙古文化工作全面贯彻习近平新时代中国特色社会主义思想，认真贯彻习近平总书记考察内蒙古重要讲话精神和“建设亮丽内蒙古，共圆伟大中国梦”的题词精神，聚焦迎接宣传贯彻党的十九大、自治区成立70周年等重点工作，大力传承弘扬优秀民族文化，加强优秀文艺作品创作生产，扎实推进公共文化服务体系建设，深化文化体制改革和文化产业发展，不断提升文化影响力和软实力，着力建设民族文化强区，有力推动了自治区文化的繁荣兴盛。

一、创作展示文艺精品

深入学习贯彻习近平总书记在文艺工作座谈会和中国文联十大、中国作协九大开幕式上的重要讲话精神，全面贯彻落实《中共中央关于繁荣发展社会主义文艺的意见》。一是打造文艺精品。坚持以人民为中心的创作导向，围绕迎接宣传贯彻党的十九大、自治区成立70周年等重大主题，召开重点文艺作品策划选题研讨会、评审会，建立重点文艺作品选题库。扎实推进草原文学扶持工程、优秀蒙古文译介工程、舞台艺术精品工程，实施重点题材纪录片创作工程、老艺术家口述史记录工程、老艺术家经典宝库建设工程等重点文艺工程。创排音乐剧《草原英雄小姐妹》、歌剧《千古情缘》、歌舞剧《我的乌兰牧骑》、蒙古剧《鸿嘎鲁》、话剧《草原丰碑》、二人台《老牛湾》等一批节目。话剧《热土》入选全国舞台艺术重点创作剧目，群舞《爷爷们》、电影《乌珠穆沁的孩子》《告别》等一批优秀文艺作品，分获荷花奖、金鸡奖等全国重要奖项。组织自治区第十三届“五个一工程”评选， 7个门类、78部蒙汉语作品获得优秀作品奖。出版《草原文学精品选编（2007—2017）》图书、《亮丽内蒙古》摄影艺术画册，推出大型系列纪录片《永远的乌兰牧骑》《梦中的额吉》。二是举办精彩活动。精心组织自治区成立70周年专场文艺晚会《赞歌》，为中央代表团及各界群众演出，被誉为“政治性与艺术性兼备，是一台难得的艺术精品”。大型展览《守望相助　团结奋斗》“全景式展示了70年来党的民族政策在内蒙古的生动实践”。配合中央“心连心”艺术团组织《守望相助草原情》主题慰问演出，在呼和浩特、乌兰浩特、二连浩特演出4场。成功举办第十四届中国·内蒙古草原文化节、第七届乌兰牧骑艺术节、首届全区蒙古语戏剧节、娜仁花戏剧节等，组织庆祝《内蒙古民族电影70年》观摩研讨会，开展庆祝内蒙古自治区成立70周年歌曲创作征集、第四届中国西部交响乐周、内蒙古自治区美术作品展、第二届国际蒙古舞蹈展演、“草原儿女心向党”大型主题演唱会等文化活动。三是推进文化惠民。积极推动文化志愿服务工作，实施“文艺扶贫奔小康”志愿服务行动，开展“阳光工程”“春雨工程”“大地情深”“结对子种文化”等主题文化志愿活动，组织“百团千场下基层”“送欢乐 下基层”“高雅艺术进校园”“草原戏剧演出月”等惠民演出，全年演出7000多场次。贯彻《内蒙古自治区全民阅读中长期规划（2016—2025）》，制定2017年全民阅读方案。举行全民阅读表彰活动，对80个（名）先进集体或个人进行表彰，组织开展“书香内蒙古·迎庆七十年”2017草原阅读季系列活动300余项。深入开展 “银幕之光映草原·迎庆辉煌70年——少数民族精品电影展映季”活动，在全区103个旗县市区公益放映民族精品电影百余部，共计4227场，观众66.5万人。开展“魅力乌拉特”西部民歌会、中老年合唱艺术节、原创民族广场舞大赛等群众性文化活动，组织“群星奖”优秀作品巡演，营造欢乐祥和的社会氛围。四是加强文艺批评。精心办好《金钥匙》《草原·文艺论坛》等文艺评论刊物，开展文艺评论年度评优活动,壮大文艺评论队伍。召开内蒙古美术发展70年成就高峰论坛、内蒙古新生代影视创作研讨会、文艺作品研讨会，加强对重点文艺作品、文艺现象的评论引导，活跃了文艺评论氛围。

二、弘扬传承民族文化

全面贯彻落实《关于进一步加强文物工作的意见》《关于实施

中华优秀传统文化传承发展工程的意见》，积极弘扬优秀民族文化，推动非物质文化遗产创造性转化和创新性发展。一是提升文物保护利用水平。积极推进万里茶道内蒙古段、辽代上京城和辽祖陵遗址等重点文化遗产申遗工作。组织对辽上京、将军衙署、王昭君墓、乌兰夫故居、五一会址、城川民族学院旧址等重点文物保护单位及红色文化遗址遗迹开展保护修缮和环境整治，对内蒙古博物院展览陈列进行改造提升。成立长城保护工作中心，对境内长城状况进行调查，推进长城保护规划编制工作。积极推动契丹辽博物馆建设。组织开展文物安全大排查行动，对违法案件加强督办。开展可移动文物普查工作，全区登录馆藏文物1125464件（套）（共计1506421件），其中珍贵文物15916件/套（一级2152件/套，二级5397件/套，三级8367件/套）。二是加强非物质文化遗产保护。颁布实施《非物质文化遗产保护条例》，开展濒危项目抢救“双百工程”和“非遗代表性传承人技艺技能抢救性记录”项目，组织开展第六批自治区级非遗代表性项目申报工作，进一步完善自治区级非物质文化遗产代表性项目名录体系。积极推动文化生态保护实验区建设，开展“国际博物馆日”“文化和自然遗产日”宣传展示活动。实施中国非遗传承人群研培计划，组织开展蒙古族刺绣、毡绣和蒙古包、勒勒车、马具、驼具及家具制作技艺培训工作。举办首届“科尔沁杯”乌力格尔大赛，促进国家级非物质文化遗产乌力格尔艺术（蒙古说书艺术）的保护、传承和发展。实施内蒙古民间文化遗产抢救工程，出版《内蒙古民间故事集成》6卷。扎实推进蒙汉文互译出版工程，对民族历史文化进行系统性抢救挖掘和保护传承。

三、稳步推进文化体制改革

深入贯彻中央文改领导小组和自治区党委决策部署，抓好系统谋划，强化督促检查，推进任务落实，文化体制改革工作取得扎实成效。一是加强顶层设计和调度。编制完成自治区“十三五”时期文化发展改革规划纲要，明确“十三五”时期文化发展改革的总体思路、主要任务和保障措施。制定《2017年自治区文化体制改革工作要点》《2017—2020年重点文化体制改革任务要点》，对15项年度改革任务和4项重点改革任务实行台账式清单制管理。制定印发文化体制改革工作督察实施方案、工作落实情况“回头看”工作方案，加强重点专项督查和全面督查工作力度，推动改革任务落地见效。二是推动实现双效统一。研究制定组建国有文化资产监管机构方案、直属国有文化企业法人治理结构方案，直属国有文化企业深化改革实施方案和重大事项决策程序暂行规则，积极构建“四管统一”的国有文化资产监管体系，明确国有文化企业改革方向和重点任务。三是推进文化管理体制改革。加强文化类社会组织和行业自律建设，建立舆情会商机制和社会舆情预警机制方案，建成网络版权公共服务平台，研究审定融媒体建设实施方案。深入推广公共图书馆、文化馆总分馆制试点改革经验，继续探索公共文化单位法人治理结构改革，公共文化服务效能不断提升。推进“文化市场北疆稳定工程”，推广“互联网+技术监管”做法，加强文化市场信用体系建设，持续提升文化市场监管工作水平。贯彻落实《关于进一步深化文化市场综合执法改革的实施意见》，积极推动现代文化市场体系建设。四是强化国有文化企业管理。研究制定深化直属国有文化企业改革实施意见。推动企业加快股份制改造，新华发行集团完成股改上市方案，广电网络集团研究提出筹备上市方案，电影集团研究提出股份制改造方案，稳步推进有关工作。建立对企业前末端有机衔接的监管模式，制定企业负责人双效考核和薪酬管理办法、自治区直属国有文化企业重大事项管理办法及监管责任清单、审核备案事项清单，确保企业依法依规运行，维护文化安全。

四、加快发展文化产业

全区文化产业增加值继续保持快速增长，产业结构渐趋优化，新兴业态发展良好，为全区经济总体平稳、稳中有进、稳中提质提供有力支撑。截至2017年10月，内蒙古新华发行、出版、电影、广电网络等四大直属国有文化企业集团实现营业收入38.22亿元，同比增长14.9%；净利润6.1亿元，同比增长16.8%。一是强化总体部署。召开全区文化改革发展工作会议，系统总结“十二五”以来特别是党的十八大以来文化改革发展成果，对深化文化体制改革、推动文化产业成为国民经济支柱性产业提出明确的斗目标、工作任务和具体举措。研究提出“十三五”时期各盟市文化产业发展目标责任。汇编中央和自治区文化产业政策，积极做好政策宣传。制定关于进一步促进自治区影视产业繁荣发展的若干政策措施，为影视产业发展营造良好环境。二是强化项目支撑。认定全区20个骨干文化企业和70个重点小微文化企业，加大扶持力度，培育市场主体。认定70个重点文化产业项目，落实文化产业项目土地优惠政策。出台《自治区文化产业项目库管理暂行办法》，按月调度自治区新建、续建、拟建文化产业项目。向自治区发改委争取项目前期经费，督促、指导各地区各部门各直属国有文化企业积极策划项目并推动项目早日建成达效。推动自治区重大文化产业项目进入2017—2019年自治区级重大项目滚动实施计划，享受相关优惠政策。三是强化文旅融合。研究制定文化旅游融合发展实施意见和进一步促进文化旅游融合发展政策措施，明确当前和今后一个时期全区文化旅游融合发展的目标原则、具体任务和保障措施。编制自治区文化旅游管理图和文化旅游地图，推动文化旅游融合工作。安排文化产业发展专项资金，加大对文旅融合项目的支持力度。召开全区文化旅游融合发展工作会议，安排部署文化旅游融合工作。四是强化资金扶持。积极争取自治区直属国有文化企业服务业发展引导资金、少数民族新闻出版“东风工程”专项资金、战略性新兴产业发展专项资金等中央和自治区预算内资金。修改完善自治区文化产业发展专项资金管理暂行办法，优化专项资金使用用途和方式。组织专家评审分配2017年度文化产业专项资金，对资金支持项目进行跟踪督查。五是强化金融保障。大力支持文化企业上市挂牌融资，推动新华发行集团整体改制上市，加快电影集团和广电网络集团股改工作。制定自治区文化产业发展基金管理办法和基金改造方案，发挥基金对文化产业的支持作用。探索在自治区股权交易中心设立“文化板”，汇集政策、资本、智力等各类资源，吸引各类资金投资区内文化企业。探索成立自治区文化投资集团，搭建文化产业领域政府投融资平台。与政府融资担保机构对接，探索支持文化企业融资担保模式，突破文化企业融资瓶颈。六是强化平台搭建。组织全区29家文化企业参加第十三届深圳文博会参展，积极开展招商引资。召开自治区第二届文化产业博览会，339家区内外企业参展（其中国外企业61家），现场签约额达760万元，意向合作金额达1.29亿元。在北京市、赤峰市分别举办文化产业培训班，培训学员300余人。加强京蒙文化领域协同发展，开展项目对接、产业合作、人才交流。全面落实《关于推动文化文物单位文化文物创意产品开发的实施意见》，推动文化创意产品开发。推进鄂尔多斯市文化消费试点，扩大文化产品和服务有效供给。

五、健全完善公共文化服务体系

深入贯彻落实《公共文化服务保障法》，不断加快现代公共文化服务体系建设，积极推进公共文化服务标准化均等化。一是服务体系更加健全。制订修订《内蒙古自治区广播电视直播卫星公共服务管理办法》《直播卫星维修维护管理办法》《运行维护机构管理办法》，全区建成盟市旗县维修中心103个、乡镇苏木维修点523个、村嘎查联络点6149个。呼和浩特市创建国家公共文化服务示范区，全面提速旗县区“两馆”、乡镇综合文化站、基层综合文化服务中心建设步伐。乌拉特前旗广播电视公共服务标准化试点工作通过国家级验收，成为全国首个县级广电公共服务标准化单位。鄂尔多斯市蒙古源流文化产业园区、内蒙古人民出版社入选国家版权示范园区和示范单位，实现重要突破。制定《建立网络版权公共服务平台实施方案》，作品登记量240件，同比增长79.1%。二是覆盖范围有效拓展。认真贯彻落实《公共文化服务保障法》《内蒙古自治区全民阅读中长期规划（2016—2025）》，推动新闻出版广播影视公共服务无死角全覆盖。加快广播电视村村通向户户通升级，累计投入资金15亿余元，已建成户户通213万余户，全区广播、电视综合覆盖率分别达99.21%和99.18%。全区全年广播电视户户通建设任务69391户，总建设资金3400.159万元，年底前完成全部建设任务。改造完成6678公里的数字化微波电路，投资5000多万元升级改造无线广播电视发射台站基础设施建设126座，实现无线广播电视节目数字化全覆盖。三是优质内容供给极大丰富。持续推进数字文化工程、流动文化服务，开发文化精准扶贫统计信息系统。实施“数字文化走进蒙古包”工程，完善全区公共文化服务管理监控平台。积极推进内蒙古群众艺术馆、乌兰牧骑宫等重点文化工程项目建设。投资800万元建成微波蒙古语广播电视节目交互平台，每天可为基层免费编辑推送4个小时的蒙古语节目，有效解决了基层蒙古语广播电视节目源不足的问题。农村牧区电影工程放映9.76万场，观影387.4万人次，1355个放映点实现固定化，同比增加近70%。盘活“草原书屋”资源，制定“草原书屋”与图书馆总分管制实施方案，出台扶持实体书店发展的意见。有步骤、分阶段对边境地区、贫困旗县新华书店进行升级改造，推进“全民阅读报刊行”活动和绿色旅游书吧建设。公益电影放映、广播村村响、“草原书屋”实现嘎查村全覆盖。四是边境地区贫困旗县公共服务水平进一步提升。召开全区提升边境和贫困旗县公共文化服务水平工作会议，制定《自治区提升边境和贫困旗县公共文化服务水平实施方案》。深入实施新闻出版广播影视固边工程，争取国家财政资金2000万元，推动边境地区和贫困旗县广播电视户户通全覆盖，争取国家财政资金4800万元推进24个国贫旗县的广播电视台制播能力建设。投入3000多万元分批次对边境地区、贫困旗县新华书店进行升级改造。实施“百部精品实用蒙古文图书进牧户”工程。开展向边境和贫困旗县捐赠图书活动，向201个中小学、765个边境旗县嘎查（村）及333个国家级贫困旗县嘎查（村）共捐赠图书8大类、15万册图书。

六、积极拓展对外文化交流

立足国家对外总体战略，发挥内蒙古地缘优势，积极讲好中国、内蒙古故事，多领域、多层次开展对外文化交流，弘扬中华优秀传统文化，增强内蒙古文化软实力。一是文化走出去迈出新步伐。出台《关于加强和改进中华文化走出去工作的实施意见》《关于加强“一带一路”软力量建设的实施意见》。与美国探索频道合作拍摄纪录片《彩虹草原·内蒙古》，向国际社会展示内蒙古优秀民族文化，提出成功解决民族问题的“中国方案”“中国智慧”。利用春节在美国、巴基斯坦、埃及等国家开展“欢乐春节”活动，推出文艺演出47场。在德国举办“内蒙古文化年”系列活动、在非洲举办“中非文化年”活动，丰富拓展对外文化交流活动的内容形式。翻译出版西里尔文中国畅销科幻小说《三体》三部曲。二是对外文化活动异彩纷呈。第二届中蒙博览会、外交部内蒙古全球推介活动，组织开展文艺演出、展览展示等系列文化活动，积极向中外宣传推介内蒙古优秀民族文化。举办“呼和浩特·蒙古国文化周”“70周年·我眼中的内蒙古”国际学生系列考察活动、第四届“70周年·我眼中的内蒙古”国际学生汉语征文比赛活动、第四届“中蒙友好林”植树活动、“70周年·亮丽内蒙古”第六届中蒙少年儿童绘画比赛活动、“相聚内蒙古”2018国际学生新年晚会等系列活动，展示自治区成立70年来取得的辉煌成就和经济社会发展情况，增进与世界各国人民的友好交流合作。三是对外合作不断拓展。深化与蒙古国教育文化科学体育部合作机制，在双方互办文化周、相互邀请对方团组来访开展业务交流、学术交流和考察活动等方面达成合作。按照国务院新闻办的部署和要求，积极推进蒙古国国立教育大学“中国馆”项目，打造中蒙教育、学术、文化交流与融合发展新平台。制定《内蒙古自治区“一带一路”文化发展行动计划》，进一步深化与俄罗斯、蒙古国在艺术演出、人才互派、图书交流、考古合作、学术交往等各个领域的交流与合作。深度融入国家“一带一路”战略，与蒙古国签订合作备忘录，实施“纳荷芽中蒙出版交流”工程。“喀尔喀蒙古语影视剧及新闻节目译制项目”被确定为“丝绸之路影视桥工程”2015—2020年中长期首批重点实施项目之一。

七、文化人才队伍不断壮大

积极选拔推荐2017年文化名家暨“四个一批”人才、国家“万人计划”哲学社会科学领军人才。组织编制《“十三五”时期文化人才队伍建设规划》，“三区”人才计划文化工作者专项进展顺利，艺术创作、公共文化、文化产业、文化市场、文博系统等领域的培训成效显著。研究制定自治区直属国有文化企业人才培育和引进的实施意见、中层以上干部登记备案管理办法。加强马克思主义文艺观教育，举办学习贯彻党的十九大精神暨马克思主义文艺观培训班，努力建设德艺双馨的文艺队伍。发挥文艺名家作用，扶持德德玛民族歌舞剧《爱在胡杨》进京演出，推出包田宝等一批优秀演员。在新建内蒙古美术馆筹建妥木斯、刘大为、杨飞云工作室，培养高端美术人才，推动美术创作。举办全区音乐、舞蹈、美术、书法等艺术门类新人新作赛事，积极搭建展示平台，形成扶持新人出好作品的良好氛围。注重培养基础人才，支持艺术类院校发挥主力军作用，优化招生结构，与人才需求有效对接。在上海戏剧学院、上海音乐学院委培舞蹈编导、艺术管理等10名紧缺专业学生。举办第八期文研班，培训戏剧影视编导人员40名。

八、2018年主要工作

2018年，全区文化工作要坚持以习近平新时代中国特色社会主义思想为指引，深入贯彻落实党的十九大关于文化工作的重大部署，进一步坚定文化自信，推动我区文化繁荣兴盛，为“建设亮丽内蒙古，共圆伟大中国梦”凝聚文化力量。在文艺创作方面，紧紧围绕改革开放40年、中华人民共和国成立70年、全面建成小康社会、建党100周年四个重要时间节点，在文学、戏剧、影视、音乐、美术等重点门类分别确定重点项目，加强现实题材文艺创作，推出一批讴歌党、讴歌祖国、讴歌人民、讴歌英雄的精品力作。在公共文化服务体系建设方面，全面贯彻落实《公共文化服务保障法》，推动《公共文化服务保障条例》立法，按照“七个一”标准重点助推农牧区嘎查村综合文化服务中心建设。全面推进公共图书馆、文化馆总分馆制建设，开展公共文化机构法人治理结构改革试点工作。在民族文化遗产保护和传承方面，划定并公布长城保护规划、保护范围及建设控制地带。继续推进辽上京和祖陵遗址、万里茶道内蒙古段等重点文化遗产申遗工作。推动出台《博物馆管理办法》《关于推进特色博物馆建设的指导意见》。完善非物质文化遗产保护体系，积极推动蒙医药申遗工作，继续开展“双百工程”，持续加大对濒危和“三少”民族非遗项目保护力度。落实国家传统工艺振兴计划，实施非遗传承人群研培计划，加大文化生态保护区建设，力争举办中国少数民族非遗博览会。在发展文化产业方面，逐步完善文化产业政策体系，推动形成形式多样、特色鲜明、富有创意、竞争力强的文化创意产品体系。推动数字文化产业发展，建立扩大和引导文化消费的长效机制。在对外文化交流方面，把握国家“一带一路”总体战略，加强与俄罗斯和蒙古国的文化交流合作，积极促成中俄蒙联合举办“文化那达慕”活动。参加“欢乐春节”活动，深入开展对外文化交流活动，推动内蒙古优秀民族文化走出去。

供　　稿：冯　超　内蒙古自治区党委宣传部
责任编辑：张　敏

内蒙古科技事业发展情况

按照《2017年内蒙古自治区人民政府工作报告》重点任务的细化分解，自治区科技厅围绕两个方面进行工作部署，一是在清洁能源、现代煤化工、有色金属、高端装备、农畜产品加工等重点领域，开展技术攻关，加快技术成果转化，建立以市场为导向、产学研结合的科技成果转化推广工程；二是积极创建呼包鄂自主创新示范区。

一、重点工作取得的新进展

（一）进一步深化科技体制机制改革

一是2017年初，按照自治区第十次党代会精神，完善并印发《贯彻落实〈国家创新驱动发展战略纲要〉实施方案》，编制完成了“十三五”科技创新规划和一批重点领域的专项发展规划。二是为落实《国务院关于印发实施〈中华人民共和国促进科技成果转化法〉若干规定的通知》（国发［2016］43号）和《国务院办公厅〈关于印发促进科技成果转移转化行动方案〉的通知》（国办发［2016］28号），于1月4日出台《内蒙古自治区人民政府关于印发〈内蒙古自治区促进科技成果转移转化八项措施〉的通知》（内政发［2017］2号）。三是编制印发《内蒙古自治区“十三五”科技创新规划》《内蒙古自治区知识产权事业发展“十三五”规划》，指导“十三五”期间我区科技创新和知识产权工作开展。编制完成“十三五”科技合作、基础研究、技术创新战略联盟、生态建设、资源环境、民族医药、技术市场、科学技术普及等一批重点领域的专项发展规划。

（二）着力促进科研成果向现实生产力转化

一是出台《自治区促进科技成果转移转化八项措施》，在8个方面提出了具体的政策措施。如充分发挥市场配置资源的决定性作用，对科技成果转化活动实施后补助；高等院校、科研院所应设立科技成果转移转化工作机构，建立符合科技成果研发转化特点的内部激励制度；允许高等院校、科研院所等事业单位科研人员到企业兼职和离岗从事科技成果转化、技术攻关活动、创业，等等。二是积极建设自治区科技成果交易平台。依托内蒙古科技创新大数据云平台，引入“互联网+”科技成果转化模式，构建一个基于互联网线上、线下相结合的技术转移全流程服务平台，提供公益性、基础性、战略性的科技创新一站式服务，为资源集聚、对接、定价、交易、服务、管理等各节点提供科技成果交易支撑。目前，平台正在试运行。

（三）着力推进重点领域关键技术攻关

以解决重大核心技术问题为目标，围绕稀土、装备制造、新能源、现代农牧业、生态治理等重点领域，组织开展技术攻关工程。一是结合自治区党委、政府重点工作部署和自治区新型研发机构建设，组织实施自治区科技重大专项。目前已经下拨2017年第一批经费2.8亿元，带动了企事业单位加大投入，开展关键核心技术攻关。二是在前期广泛开展科技储备项目的基础上，面向攻关类项目，印发了2017年科技计划项目申报指南，共计征集各类科技项目1400余项，组织专家完成了项目的评审工作。2017年，首次采用该方法启动了303个项目。2017年，共计下达资金2.19亿元，占应用金总经费的85%，组织了一批攻关项目。2017年，自治区科技计划项目突出了科技与经济紧密融合的要求，特别是针对自治区重点布局的“七业”等战略性新兴产业的技术需求，加大了科技项目的布局，组织了一批重点项目。三是自治区科学技术厅以聚焦重点、避免撒胡椒面式的方式，重点支持了一批团队实力雄厚、技术引领和产业带动能力强、符合我区重点发展方向的科技计划项目，开展集中攻关。如中国科学院包头稀土研发中心开展稀土新材料领域的核心技术攻关和高端成果转化，突破了绿色环保稀土着色剂规模化、连续化生产工艺技术瓶颈，建成了世界首条稀土硫化物（着色剂）连续化隧道窑生产线并下线第一批产品，成功试制绿色环保稀土印泥、口红等着色剂应用产品，解决了含重金属铅、铬等有毒有害颜料污染问题，替代进口，丰富了包头镧、铈应用领域，促进稀土资源平衡利用。攻克了稀土永磁材料表面防腐关键技术，解决了磁体传统电镀带来的环保问题。正在建设两条百吨级钕铁硼永磁体绿色表面防护生产示范线，填补了包头稀土永磁材料表面绿色防腐空白。

（四）强化人才、项目、平台一体化建设

按照支撑产业发展、平台载体、人才团队三位一体推进原则，推动各类创新要素集聚并发挥放大效应。一是经过一系列的前期培育，鄂尔多斯高新技术产业开发区获国务院批准成为国家高新区，使全区拥有国家高新技术产业开发区数量达到3家。乌海高新区和阿拉善乌兰布和生态沙产业高新区获批成为自治区高新区，自治区级高新区达到9家。内蒙古大学省部共建草原家畜生殖调控与繁育国家重点实验室获得国家科技部和自治区政府批准，成为自治区首家省部共建国家重点实验室。二是在创新创业方面，2017年新认定众创空间试点69家、试点培育24家。举办了中国创新创业大赛（内蒙古赛区）。三是加快实施国家高新技术企业培育行动。组织3批高新技术企业申报认定工作，2017年高新技术企业有望达到500家。

（五）开展呼包鄂自主创新示范区创建

一是加强呼包鄂地区3家国家高新区建设。2月，鄂尔多斯高新区获国务院批复，正式升级为国家高新技术产业开发区。目前，呼包鄂三市各拥有1家国家高新区，为呼包鄂国家自主创新示范区建设、推进呼包鄂一体化进程打下了坚实的基础。二是积极与国家科技部开展对接，了解自主创新示范区建设的相关政策。重点做好3家国家高新区建设，做好3家高新区间的协同创新和协同发展，为推进自主创新和高新技术产业发展先行先试、探索经验、作出示范打好基础。三是正在起草自主创新示范区建设的方案，向自治区政府上报了《关于提请国务院领导支持呼包鄂国家自主创新示范区建设的请示》，提请布小林主席向刘延东副总理呈递一封请示信件，请刘延东副总理作出批示，根据批示意见，自治区政府和科技部启动相关工作。目前，正在等待自治区政府批复。

二、制约内蒙古技术创新与科技进步的主要问题

近年来，内蒙古技术创新与产业应用势头良好，但在规模、人才、研发能力、信息服务、国际化等方面依然存在一些不足和问题。

（一）区域发展不均衡

由于不同区域的地理资源、经济发展水平、科技创新实力等存在较大差距，各地方的技术创新与高新技术发展呈现出严重的不均衡态势。以2016年统计为例，呼和浩特和包头两市拥有高新技术企业202家，占全区高新技术企业总数的57.4%，鄂尔多斯市、赤峰市占总数21.3%，其他8个盟市占总数21.3%。呼包外其他盟市政府科技投入总量偏低，虽然相继出台了一批支持科技创新创业的政策措施，但对企业研发、技术进步过程中的金融扶持政策较少。

（二）行业发展不充分

我区产业结构重型化特征较为明显，2016年三次产业占比为8.8∶48.7∶42.5，第三产业所占比重低于全国51.6%的平均水平。据初步调查，我区科技服务业发展滞后，科技服务业增加值占第三产业的比重为5%，对经济社会发展的带动作用没有充分发挥出来。全区规模以上制造业企业初加工产品多，深加工产品少，缺乏科技含量高、附加值高的核心产品和核心技术。在高新技术产业的八大行业分类中，生物医药、新材料、电子信息三大行业的总产值占全区高新技术产业61.9%的份额，其他行业仅占38.1%，行业分布过度集中，产业覆盖面较窄。

（三）复合型人才匮乏

结合2016年统计分类的情况来看，高层次科技创新型人才、优秀企业经营管理人才和高技能人才严重缺乏。高新技术人才向企业流动的激励机制尚不完善，企业科技人才的培养、使用还存在体制性障碍，人才引进难、流失严重的问题不同程度的存在，促进高新技术产业发展的人力资源支持体系尚未建立。

（四）高新技术产业发展规模小

一是高新技术产业总体水平偏低、规模小，相当数量的高新技术企业处在孵化期，产品处于价值链低端，对传统产业的扩散和辐射作用不强、对相关产业的带动力不够，对经济的促进作用不明显。2016年度全区拥有高新技术企业352家，排全国倒数第五位，高新技术企业全年总收入1453.35亿元，上缴税额68.8亿元，在全区经济总量占比较轻。二是科技创新平台载体的数量和水平与自治区经济总量相比还有较大差距。2016年，自治区地区生产总值达到1.86万亿元，排在全国第十六位。国家高新区、科技企业孵化器、高新技术企业数在全国都排在了靠后位次，与经济总量发展情况极不相符。三是科技成果与产业化应用结合不紧密的问题仍比较突出，产业发展的基础还不巩固，产业链条短、协作配套能力不足的问题严重制约着高新技术企业引进和创新成果的应用。大部分科技力量仍游离于企业和市场之外。多数高新技术企业尚未与科研院所、高校相互间建立长期稳定的合作关系。高新技术产业自主发展能力和技术开发能力比较薄弱,以企业为主体的技术创新体系需大力推进。

（五）投融资的环境不佳

一是全社会研究开发经费投入占全区生产总值的比重仍然较低，2016年为0.76%，部分盟市的财政科技投入严重不足。全区高新技术企业R&D经费支出64.8亿元，技术改造经费支出6.9亿元，与发达省市相比仍有较大差距。二是全区风险资本规模偏小,融资渠道单一,民间主体投资积极性差，创业基金和中小企业信用担保及高新科技金融服务体系尚未建立。三是高新技术企业培育的经费不足。目前大部分省市区都有高企培育的专项经费，特别是广东省，每年的培育经费达到30亿元。我们虽然在推动高企发展方面做了大量工作，但由于缺乏一定数量的专项经费，还不能开展定向培育、全程服务等针对性更强的工作。

三、2018年工作思路

2018年是贯彻落实党的十九大精神的开局之年，也是贯彻落实自治区第十次党代会精神的关键之年，自治区科技创新工作将围绕自治区经济社会发展的需要，以推进供给侧结构性改革和经济发展方式转变为总目标，深入实施创新驱动发展战略，组织实施科技创新三大工程，深化科技体制改革，培育壮大创新主体，强化全方位开放合作，努力营造良好创新环境，为加快推进创新型内蒙古建设，打造祖国北疆亮丽风景线提供科技支撑。

（一）完善科技成果转化体系，着力提升产业技术水平

一是运行和完善以科技大数据平台为核心、线上线下相结合的科技成果交易平台，促进成果与需求的有效对接，全年技术交易额实现

增长30%以上。

二是完善科技成果转化中介服务体系，大力培育专业化服务机构，进一步加强对技术开发、咨询、服务、培训、中介等服务活动的补助支持。

三是实现年转化重大科技成果100项以上，形成一批高技术含量的新材料、新工艺、新产品，支撑六大基地建设和引领七业同兴，推动产业和产品向价值链中高端跃升。

四是全面落实《内蒙古促进科技成果转化八项措施》等促进科技成果转化的政策措施，细化管理措施，制定《自治区促进科技成果转化后补助细则》，建立市场导向、政府服务、企业主体、产学研结合的科技成果转化推广体系。

（二）优化重点科技计划，着力解决产业技术瓶颈

一是围绕现代农牧业、战略性新兴产业、大气联防联控、荒漠化治理等领域的重大科技需求，组织实施一批自治区科技重大专项，突破一批关键共性技术，构筑引领型发展的支撑基点。

二是集中部署一批科技创新项目。广泛应用高新技术改造提升能源、新型化工、有色金属、装备制造、农畜产品加工等产业，明显增强传统产业技术含量和附加值，积极推进高新技术产业化，2018年全区高新技术产业总产值争取达到6000亿元。围绕我区马铃薯、杂粮、设施蔬菜、肉羊、肉牛、奶牛及绒山羊等特色优势产业发展需求，在优良品种选育、高产高效栽培和养殖、动植物疫病防控、草原与畜牧业发展等关键技术方面加大研发力度，切实解决一批严重制约产业发展的科技问题。围绕人口健康、公共安全、智慧城市管理等需求，开展技术研发与应用，增加普惠性、共享性创新成果供给，推动科技成果更多惠及民生。

三是积极引导一批自主创新项目。广泛开展储备项目征集，评审凝练一批反映产业需求和技术发展方向的科技项目，通过储备库和项目申报指南，引导企业、高校、科研院所等创新主体自主实施一批创新项目，提升产业技术水平。

（三）强化创新人才平台建设，着力发挥创新资源集聚功能

一是提升优势创新平台。积极开展国家级创新平台培育行动，进一步提升省部共建国家重点实验室培育基地的建设水平，力争在2018年再推动1家培育基地升级为省部共建国家重点实验室。稳定增加基础研究投入，实施好自然科学基金计划，支持科技人员重点围绕自治区优势特色学科和战略发展方向开展前沿性、交叉性科学探索，进一步夯实我区的创新积淀和储备基础。争取一批国家级大科学装置落户内蒙古，2018年在鄂尔多斯启动建设中科院国家微波遥感综合实验定标场，在和林格尔新区争取启动E级超级计算中心。

二是扩充完善重点平台。根据科技创新规划，在自治区重点领域，新增10家自治区工程技术研究中心。实施人才优先发展战略，继续做好“草原英才”工程人才推荐工作。围绕特色优势产业发展需要，组建一批产业技术创新战略联盟；打造一批具有较强创新实力和竞争力的产业基地和高水平科技示范园区，发挥特色产业园引擎带动作用，推动产业集聚区向创新示范区转变。在包头市、呼和浩特市等地布局一批军民结合、产学研一体的科技协同创新平台，开展军民科技融合的综合示范。

三是积极推动呼包鄂国家自主创新示范区的创建工作，2018年在呼包鄂3个国家级高新区开展深化改革和政策先行先试工作。以开展呼包鄂三市大型科学仪器设备资源开放共享和技术市场建设为抓手，积极推动呼包鄂协同发展。积极推进赤峰、巴彦淖尔、阿拉善、乌海等自治区级高新区的升级。引导条件较好的巴彦淖尔国家农业科技园区争创国家农业高新技术产业开发区。鼓励、支持国家和自治区级农业科技园区向高端化、集聚化、融合化、绿色化方向发展，为自治区一二三产融合发展发挥好引领示范作用。支持县域建设不同类型的科技示范园区基地，形成地方经济新的增长点。以科技信息平台建设、科技特派员服务、星创天地建设、农牧业科技培训为抓手，鼓励和支持各级各类科技力量与贫困地区开展帮扶结对活动，大力助推脱贫攻坚工作。建设国家荒漠化防治产业科技创新中心和自治区生态产业创新示范区，构建生态文明建设创新示范体系。

四是推进大型科学仪器设备共享共用。建立呼包鄂协同发展科学仪器开放共享服务平台，制定开放共享运行和后补贴机制。设立大型科研仪器升级改造、分析检测方法研究的公共开放课题，激励科学仪器设备资源持有单位和分析测试人员开放共享的积极性。依托呼包鄂地区具有分析测试培训能力单位，加强自治区分析测试人员培训，逐步提升自治区分析测试服务能力。

（四）大力培育高新技术企业，着力壮大创新主体

一是大力实施高新技术企业培育工程，2018年建立500家以上的高新技术企业培育库，新增高新技术企业150家，总数达到650家以上。加快发展科技服务业，积极构建涵盖科技成果推广转化、信息交流、培训咨询评估、创业孵化、知识产权服务等内容的科技服务体系，2018年争取达到1000亿元。

二是以“孵化机制+成长机制”为核心，加快补足创业孵化的功能短板和能力不足，推动创业孵化向营造创新创业生态延伸转变。加快发展众创空间等新型企业服务平台，围绕自治区特色产业和企业建设不同类型的专业化众创空间。引导开展星创天地建设，推动农村牧区大众创业，万众创新。在畅通“众创空间—孵化器—加速器—高新区”孵化链条的基础上，主动吸纳与融合各类科技服务机构，为初创企业提供更多创新服务的内容，形成覆盖科技企业全生命周期的创新创业服务体系，促进创业服务、研发管理、技术转移、科技金融、园区建设等各项工作融通协同，营造良好的创新创业生态。

三是加强新型研发机构运行绩效评价指标体系建设，推动科技创新平台提升能力。进一步明确研究院的功能定位，探索和完善新的运行机制，突出“创新、创业、服务”的新型功能，打通技术创新向成果产业化通道，形成多样发展、错位发展的格局。围绕自治区“七业同兴”发展战略，和国家“一带一路”战略，在和林格尔新区支持建设大数据研究院、蒙中医药研究院，在包头市支持建设中欧金属材料研究院等的新型研发机构，继续支持中科院包头稀土中心、浙江大学包头研究院等已建设新型研发机构的科技成果转移转化工作。

（五）进一步推进开放合作，着力强化协同创新

一是围绕重大技术需求，提高制造领域的国际合作水平。推进开放创新，加强在更高层次上与全球科技和创新要素的深度融合，在新一代信息技术、高端装备、新材料、生物医药等高端制造领域，鼓励区内研发机构与境外企业和科研机构联合设立研发机构，鼓励与境外企业和科研机构开展多种形式的技术合作。

二是加强科技创新主体能力建设，积极融入全球创新网络。鼓励高校、科研院所、企业等加强技术创新能力建设，推动产学研合作，增强自主创新能力，继续扩大开放，积极利用全球创新资源和市场，加强技术的国际合作交流，形成新的比较优势，提高我国产品附加值，提升产业核心竞争力。

三是深化产业国际合作，提升产业国际竞争力。贯彻落实“一带一路”等重大战略部署，积极参与和推动国际产业合作，加强政策引导，推动产业合作由加工制造环节为主向合作研发、联合设计、品牌培育等高端环节延伸，提升国际合作水平。

四是强化中蒙俄三方科技园区和创新基地合作，在推动科技成果转化的同时，稳步提高装备制造和高技术产品的生产水平，实现技术转移。加强科研机构间的交流合作，促进青年科学家交流和人才培养计划的实施。

五是研究建立信息共享平台可能性、开展生物多样性、自然保护区及荒漠化领域的合作，积极开展生态环境保护、农牧业及疫病防治领域的技术交流合作。

（六）深化科技体制机制改革，着力营造良好创新环境

一是落实增加知识价值为导向分配政策。按照“放管服”的要求，进一步推动政府职能从研发管理向创新服务转变。强化战略规划、政策制定、环境营造、公共服务、监督评估和重大任务实施等职能，推进行政决策科学化、民主化和法治化建设，完善重大行政决策、法律顾问和公职律师等制度，加大服务保障力度。

二是全面完善科技计划改革。完善科技项目形成机制和管理办法，改进和优化科技计划管理流程，建立科技项目评估和监督制度，进一步改革完善科研成果评价机制。完善项目绩效评估制度和科技计划科技报告制度。严肃追究失职失责项目承担单位和项目负责人的责任，逐步建立科研信用制度。

三是加强科技经费监管。根据自治区《关于进一步完善自治区财政科技项目资金管理等政策的实施意见》，会同财政厅修订完善应用技术研究与开发资金和科技重大专项资金管理办法。针对盟市基层、高校、科研院所和科研人员开展宣传培训，解读自治区出台的科技经费管理政策和要求。加强科技计划项目经费使用监督管理，针对部分重点项目开展经费使用专项检查工作。加大对科技项目承担单位和科研人员提供预算编报、执行、验收等咨询服务，提高项目单位经费使用的规范化水平。

四是完善科技创新投入体系。争取财政科技投入，设立自治区科技成果转化专项资金，用于科技成果转化引导、后补助、创新券、风险补偿等；推进科技协同基金投资进度，设立2亿元天使投资子基金，支持发展中的科技型中小企业和初创期的科技型小微企业；加强与银行、担保公司、投资机构等金融机构合作，推进知识产权质押融资试点工作，扩大知识产权质押融资数量和规模。

五是推进实施知识产权战略。做好《内蒙古自治区人民政府关于加快知识产权强区建设的实施意见》《内蒙古自治区知识产权事业“十三五”规划》任务分解和落实工作。促进《内蒙古自治区专利促进和保护条例》制定工作。强化知识产权创造和运用，深入推进企业知识产权托管工程试点，争取2018年专利申请量和授权量均达到20%以上。加强专利信息、专利运营、知识产权质押融资、知识产权维权援助服务平台的建设。继续推动建立知识产权质押融资风险补偿基金，探索开展专利保险工作。继续开展知识产权执法维权“护航”“雷霆”专项行动，严厉打击专利侵权和假冒行为。强化专利执法培训，提高执法能力和水平，推进专利执法工作的规范化和法制化。推进企业贯标进程，引导创新型企业开展知识产权贯标工作。围绕优势特色产业开展知识产权联盟试点工作。大力培育国家知识产权示范、优势企业，不断增强试点示范的引领带动作用。开展自治区知识产权试点中小学培育工作。通过组织世界知识产权日、中国专利周相关活动，进一步提升全社会知识产权意识，营造浓厚的知识产权氛围。

供　　稿：姜宝林　内蒙古自治区科学技术厅火炬中心
责任编辑：双　宝

内蒙古法治政府建设情况

党的十九大明确提出，建设法治政府，推进依法行政。法治政府建设包含6个方面的制度建设重点：依法全面履行政府职能，健全依法行政决策，深化行政执法体制改革，坚持严格规范公正文明执法，强化对行政权力的制约和监督，全面推进政务公开。党的十八届三中全会以来，按照中共中央、国务院《法治政府建设实施纲要（2015—2020年）》的要求，内蒙古自治区全面贯彻落实改革，积极推进依法行政，圆满完成了全年的各项任务，依法行政水平进一步提高，法治政府建设正在稳步推进中。

一、2017年法治政府建设情况

（一）加强科学立法、民主立法，以良法促进发展，保障善治

1.以良法促进发展，保障善治

党的十九大报告指出“推进科学立法、民主立法、依法立法，以良法促进发展，保障善治”，自治区政府立法工作始终坚持“围绕中心、服务大局，突出重点、急需先立，体现特色、注重质量”的基本思路，推进科学立法、民主立法、依法立法，为自治区经济社会又好又快发展提供了良好的法制保障。2017年，审查、修改地方性法规审议项目8项，其中有突出自治区生态环境保护的立法项目《内蒙古自治区饮用水水源保护条例》；服务自治区经济发展，打造旅游大省战略的立法项目《内蒙古自治区旅游条例》；维护公共安全，保障人民生命财产安全的立法项目《内蒙古自治区安全生产条例》《内蒙古自治区公共安全技术防范管理条例》；维护基础设施保护方面的立法项目《内蒙古自治区电信设施建设和保护条例》；保护国有资产，规范国有企业资产管理的立法项目《内蒙古自治区企业国有资产监督管理条例》。

2.坚持立改废并举，维护社会主义法制统一

《中共中央办公厅、国务院办公厅关于甘肃祁连山国家级自然保护区生态环境问题督查处理情况及其教训的通报》明确要求："要组织对不符合生态文明建设和环境保护要求的地方性法规、政府规章、规范性文件等进行清理，杜绝故意放水、降低标准、管控不严等问题。"为了贯彻落实中共中央和国务院要求，维护社会主义法制统一，坚持立改废释并举的原则，2017年，加大了对法规规章的清理力度。截至目前，本次清理共发现不符合生态文明建设和环境保护要求的地方性法规45件、政府规章26件，共计71件。地方性法规中已废止1件，已修改10件，拟废止3件，拟修改31件。政府规章中已废止11件，已修改12件，拟修改3件。自治区各级政府及部门共清理文件4378件，已废止141件，拟废止21件，已修改18件，拟修改13件。从源头上扫除了与生态文明建设和环境保护要求的不符的法规、规章和政策文件。

3.坚持科学立法、民主立法、依法立法

为了加快推进科学立法、民主立法的进程，广泛征求意见是审查和修改每一项地方性法规、政府规章草案的必经程序，特别是涉及民生和广大人民群众切身利益的立法项目。2017年，我区地方立法首次尝试立法听证会，选择立法项目为《内蒙古自治区物业管理条例》，听证会邀请自治区住建厅、专家学者、业主代表、物业服务企业、房地产开发企业、物业管理部门以及各新闻媒体等50余人参加，就条例中社会关注、群众关心的热点问题进行了立法听证。力争让社会各界的诉求特别是广大人民群众的诉求体现于立法之中，制定出台符合区情民情的地方性法规。

4.将立法协商常态化

立法协商是人民政协政治协商的内容之一。重要的地方性法规在制定中和出台前经过人民政协的协商，是体现民意、集中民智的必然要求，也是国家民主政治的重要体现。立法协商经过几年的探索和实践，取得了良好的社会效果。2017年的立法协商项目为《内蒙古自治区企业国有资产监督管理条例》和《内蒙古自治区公共信用信息管理办法》，在具体的调研、审查、修改过程中，邀请政协社法委的有关政协委员、专家全程参与，加强联系与沟通，充分发挥了政协委员在

立法协商中的作用，充分调动了政协委员的积极性,形成高质量的地方立法协商成果。

（二）贯彻落实“放管服”改革，推动改革成果的转化

1.公布“八张清单”，建立清单动态调整机制

按照国务院的要求，在权责清单公布的基础上，继续深化行政审批制度改革。国务院提出公布“六张清单”的要求，截至2016年12月，自治区已经公布“八张清单”，即权力清单、责任清单、公共服务事项清单、行政审批中介服务事项清单、随机抽查事项清单、行政许可证明事项、行政事业性收费、行政审批中介服务事项收费清单。从权力清单到责任清单，再到“八张清单”的公布，体现了政府逐步加强行政审批制度改革，转变政府职能，打造权责一致、高效便民的法治政府的决心，努力实现“全部权力进清单，清单之外无权力”的目标，极大地推动了我区依法行政的进程。自治区对“八张清单”的公布严格实行动态管理，逐步完善“八张清单”建设，有力地推进简政放权，推动自治区行政审批制度改革向纵深发展。

2.做好法规、规章和规范性文件清理，让“放管服”改革在我区落地

2017年，国务院领导多次对“放管服”改革的法制保障工作作出重要指示，要求及时修改法律法规，加大立改废释力度。李克强总理在2017年6月13日召开的全国深化简政放权放管结合优化服务改革电视电话会议上强调：“今年年底前，各级政府要对行政法规、规章、规范性文件进行一次全面清理，用法治为改革‘护航’。”2017年4月28日，国务院办公厅印发《关于进一步做好“放管服”改革涉及的规章、规范性文件清理工作的通知》（国办发［2017］40号），内蒙古自治区贯彻落实国务院要求，于2017年组织了“放管服”改革涉及的规章和规范性文件的清理。清理共发现与“放管服”改革决策不一致的规章93件，其中已废止规章62件，已修改规章19件，拟修改规章12件。自治区共清理规范性文件4378件，已经废止258件，拟废止77件，已修改12件，拟修改145件。通过政府规章和规范性文件的清理，为“放管服”改革的落地扫清了制度障碍，提供了制度依据，让“放管服”改革真正于法有据，让老百姓切实感受到改革的红利。

（三）强化重大行政决策合法性审查制度，保证重大行政决策合法

按照十八届四中全会中关于加强重大行政决策和规范性文件合法性审查的要求，自治区政府下发了《关于加强文件合法性审查的通知》（内政办发［2016］61号），对自治区内加强行政决策、规范性文件的合法性审查工作作出了细致的要求。截至2017年底，前置合法性审查自治区政府拟制发的规范性文件共320件（次），所有提交自治区政府常务会议讨论的规范性文件、请示、建议、决策类事项都要进行合法性审查，并且由起草部门作出合法性说明，自治区出台的所有决策、文件都必须合法。为了规范合法性审查工作程序，自治区政府法制机构制定了《文件合法性审查工作规程》（内政法发［2017］86号）、《合法性审查意见书规范格式》和《合法性说明规范格式》，加强了合法性审查的规范化建设，为全区的合法性审查工作规范提供了参照和指导，构建起自治区合法性审查的体系化和制度化框架。为了提高合法性审查质量，自治区建立了专家协助审查制度，以自治区政府法律顾问和专家库为依托，对于涉及面广、疑难的重大行政决策，邀请专家参加审查和论证，借助专家的智慧，为自治区政府的重大行政决策提供智力支持。2017年，共审查各盟行政公署、市人民政府及自治区各部门、单位报送备案的规范性文件500件。按照“有备必审，有错必纠”的备案监督要求，发现和纠正内容违法的规范性文件共计4件，从源头上遏制行政机关的抽象行政行为违法的现象，保障了行政管理相对人的权利，提高行政机关的公信力。

（四）全面加强行政复议化解社会矛盾的作用

截至2017年12月，自治区政府共办理行政复议案件66件，行政应诉案件15件，办理向国务院申请裁决案10件。为了加强和改进行政应诉工作，按照国务院的要求，自治区政府出台了《关于加强和改进行政应诉工作的实施意见》（内政办发［2016］167号），同时自治区还根据行政诉讼法和国务院的最新要求，对《内蒙古自治区行政应诉规定》（自治区政府令第97号）进行了修订，对行政应诉的准备工作、落实行政机关负责人出庭应诉职责，自觉执行人民法院生效裁决等内容进行了规范，通过加强和改进行政应诉工作，支持人民法院的审判，提高行政机关依法行政的意识和责任，有力地促进了行政机关依法行政。为了强化行政复议人员资格和队伍建设，我区于2014年颁布了《内蒙古自治区行政复议人员资格管理办法》（内政发［2014］128号），在全区正式建立了行政复议人员资格管理制度。2016年、2017年，完成了全区行政复议人员资格认证，全区1267名行政复议人员取得了行政复议资格证，并研发内蒙古自治区行政复议人员资格管理系统，实现了行政复议队伍专业化和规范化，对复议人员队伍管理起到了重要作用。2017年的行政复议工作，注重复议工作的规范化建设，颁布了《行政复议案件办理程序规定》，规范了案件办理程序，明确了案件办理流程，保障了当事人的权利。2017年，自治区政府法制机构首次组织了第三方专项评查活动，邀请第三方对随机抽查的复议案卷进行评查，引进第三方评查制度，扩大监督途径，有效地促进了复议案卷质量，使行政复议充分发挥政府内部层级监督的作用，让行政争议解决在政府内部，实现定纷止争的社会效果。

（五）贯彻落实行政执法体制改革，加强行政执法监督

1.建立行政处罚自由裁量权管理制度

规范行政处罚裁量权，主要解决的就是行政执法的合理性问题。内蒙古自治区自2010年以来，采取试点先行、精心部署、科学指导、扎实推进、强化监督等方式，在规范行使行政处罚裁量权方面取得了阶段性成果。自治区级42个执法部门均已经制定出台行政处罚自由裁量基准及适用规则。经过多年的实践工作经验的总结，制定行政处罚裁量权基准办法的时机已经成熟。2017年，自治区政府实施《内蒙古自治区规范行政处罚裁量权基准办法》（以下简称《办法》），对裁量权的制定主体、范围、种类、幅度和法律责任进行了相关规定。《办法》的出台，是贯彻落实国务院《关于加强法治政府建设的意见》的重要措施，是对我区开展行政处罚裁量权工作经验的总结和提升，为自治区行政处罚裁量权建立了统一的基准。

2.行政执法责任制工作大力开展

为了总结我区多年来行政执法责任制工作开展的经验，按照《国务院办公厅关于推行行政执法责任制的若干意见》（国办发［2005］37号），提出要全面落实行政执法责任制，严格确定不同部门及机构、岗位执法人员的执法责任，建立健全常态化的责任追究机制的要求，自治区政府正在着手修订《内蒙古自治区行政执法责任制规定》（自治区政府主席令第98号），对行政执法责任制的界定，行政执法部门责任和行政执法责任制的落实作出了重大修改，标志着我区行政执法责任制的与时俱进，为全区行政执法责任制的落实提供制度依据。

3.加大行政执法监督力度，拓宽渠道实现监督机制多样化

为了加大行政执法监督力度，2017年开展了“规范行政处罚督查月”专项活动，委托第三方组成督查组随机抽查了自治区4个厅局、2个盟市的121卷行政处罚案卷，发现并纠正600余个问题，极大地提高行政执法水平，促进公正文明执法在自治区的普及。为了更好地锻炼行政执法队伍，2017年自治区举办了千家行政执法单位法律知识竞赛，全区共有1961个行政执法单位、7844名行政执法人员参加了比赛，有效地提高行政执法队伍的本领。开展选聘“万名行政执法义务监督员”活动，广泛发动人民群众参与行政执法监督，共选聘10326名行政执法义务监督员。

（六）建立自治区法治政府建设指标体系

为贯彻落实党的十九大报告关于法治政府建设的要求，坚持依法治国、依法执政、依法行政共同推进，坚持法治国家、法治政府、法治社会一体建设，深入推进依法行政，实现2020年基本建成法治政府目标，根据中共中央、国务院《法治政府建设实施纲要（2015—2020年）》（中发［2015］36号）和自治区党委、政府《贯彻落实〈法治政府建设实施纲要（2015—2020年）〉实施方案》相关规定，我区的法治政府建设进程实施分步走的战略。2017年初，自治区人民政府颁布了《内蒙古自治区人民政府办公厅关于印发〈自治区2017年度法治政府建设工作计划〉的通知》（内政办发［2017］83号），在五年规划的基础上，制定了年度法治政府建设工作计划，稳步推进法治政府建设分步实施。并于2017年颁布实施《法治政府建设考评办法》（自治区政府令第223号）和《内蒙古自治区法治政府建设指标体系（2016—2020年）》（自治区政府令第225号），为法治政府建立了衡量基准和考评制度。至此，内蒙古自治区的法治政府建设以五年规划为统

领、年度计划为目标、指标体系为基准、考评办法为手段的法治政府建设制度体系基本形成。

（七）政府法律顾问制度在我区普遍建立

为了贯彻落实十八届四中全会提出的普遍建立政府法律顾问的要求，自治区政府率先垂范，于2017年选聘了10位国内和自治区知名法学专家作为自治区政府法律顾问，并且组建了由65名专家组成的自治区法律专家库，为自治区内各级政府和部门提供法律人才支持。到目前为止，已经实施了《内蒙古自治区人民政府法律顾问选聘规则》《内蒙古自治区人民政府法律顾问工作考核办法》《法律专家库管理办法》等制度，逐步规范和完善政府法律顾问的选聘、履职、报酬和考核等规定，使法律专家在政府立法、重大行政决策、重大疑难案件中充分发挥把关者的作用，在规范性文件和具体行政执法行为等日常行政行为充当参谋助手，让法律顾问在各级政府决策中全方位发挥作用。截至目前，自治区已经实现各级政府及部门法律顾问全覆盖，3102家政府及部门法律顾问全覆盖，7569个嘎查村有法律顾问，覆盖率达到70%。

二、2018年法治政府建设展望

（一）提高法治思维的意识和依法行政的能力

行政机关工作人员特别是领导干部要带头学法尊法守法用法，牢固树立以依法治国、执法为民、公平正义、服务大局、党的领导为基本内容的社会主义法治理念。把能不能遵守法律、依法办事作为考察干部的重要内容，优先提拔使用法治素质好、依法办事能力强的干部。拟任地方人民政府及其部门领导职务的干部，任职前要考察其掌握相关法律知识和依法行政情况。公务员录用考试要注重对法律知识的测试，对拟从事行政执法、政府法制等工作的人员，还要组织专门的法律知识考试。完善各级行政机关领导干部和行政执法人员学法制度，组织学习宪法、通用法律知识和与履行职责相关的专门法律知识。普遍建立政府法律顾问制度。切实加强依法行政工作的组织领导和督促检查，强化行政首长作为推进依法行政第一责任人的责任，把依法行政成效纳入政绩考核指标体系。

（二）大力促进政府职能转变，建设有限有为的服务型政府

根据党的十九大报告的要求，继续深化行政审批制度改革，进一步简政放权，最大限度减少政府对微观事务的管理，市场机制能有效调节的经济活动，一律取消审批，对保留的行政审批事项要规范管理、提高效率；直接面向基层量大面广、由地方管理更方便有效的经济社会事项，一律下放地方和基层管理，加强基层行政审批能力建设，做好承接工作。转变政府职能必须深化政府机构改革，实现行政组织法定化。改革开放以来，我国已进行了7次政府机构改革。今后，改革的重点方向是优化政府机构设置、职能配置、工作流程，完善决策权、执行权、监督权既相互制约又相互协调的行政运行机制。推进行政组织编制管理法制化是深化政府机构改革的重要环节和根本保障。完善行政组织法律法规制度，推进机构、职能、权限、程序、责任法定化，推进各级政府事权规范化、法制化，这是防止机构膨胀、人员超编的法制保障，也是依法行政的重要基础。

（三）加强重大行政决策制度的落实

继续完善重大行政决策权限和程序，首先要完善科学民主的决策机制，把公众参与、专家论证、风险评估、合法性审查和集体讨论决定作为重大决策的必经程序。完善行政决策风险评估和跟踪反馈机制。凡是有关经济社会发展和人民群众切身利益的重大政策、重大项目等决策事项，都要进行社会稳定、环境、经济等方面的风险评估。在重大决策执行过程中，决策机关要跟踪决策的实施情况，全面评估决策执行效果，并根据评估结果决定是否对决策予以调整或者停止执行。建立重大决策终身责任追究制度及责任倒查机制，对出现重大决策失误或依法应及时作出决策但久拖不决造成重大损失、恶劣影响的，要按照谁决策、谁负责的原则严格追究责任。

（四）严格规范行政执法行为，推进公正文明执法

加快制定内蒙古自治区行政程序规定，针对行政检查、行政处罚、行政强制等执法行为，制定具体执法细则、操作流程，做到步骤清楚、要求具体、期限明确、程序公正。创新执法方式，积极应用行政指导、行政协议实施管理，扩大行政补偿和行政奖励适用范围。改变运动式治理为常态化治理，统一执法标准，建立执法规则。加强重点领域风险防控管理机制，完善以随机抽查为重点的日常监督检查制度。大力推进行政执法信息化，全面推行执法过程全程记录制度。探索实行行政执法案例指导制度，提高行政执法标准的统一性。改变单一强制粗暴的执法方式，全面推行全程说理性执法、行政监管劝勉、执法事项提示等柔性执法方式。加强行政执法队伍建设，提高执法人员素质。全面落实行政执法经费队伍保障制度，确保执法人员工资足额发放。严格执行罚缴分离和收支两条线管理制度，严禁收费罚没收入同部门利益直接或者变相挂钩。

供　　稿：戴　燕　内蒙古自治区人民政府法制办
责任编辑：朱　檬

地区发展篇

呼和浩特市经济社会发展情况

2017年，呼和浩特市深入学习宣传贯彻党的十九大精神，认真贯彻中央、自治区各项决策部署，坚持稳中求进工作总基调，牢固树立和践行新发展理念，全面落实市委十二届二次全会精神以及“五项重点工作”“17个领域关键任务”，着力推进稳增长、促改革、调结构、惠民生、防风险各项工作，圆满完成自治区成立70周年庆祝活动、第二届中蒙博览会等重点任务，成功举办第二十六届金鸡百花电影节、呼和浩特（北京）专题招商会等重大活动，在建设更具活力、更为美丽、更加和谐的现代化首府过程中取得了新成绩，较好地完成了年初确定的各项目标任务。

一、2017年的主要工作

（一）主要经济指标运行良好

预计到2017年底，呼和浩特市地区生产总值将达到3100亿元，增长6%左右；固定资产投资完成1500亿元；规模以上工业增加值增长6%；社会消费品零售总额增长7.5%；城镇常住居民人均可支配收入达4.3万元，农村常住居民人均可支配收入达到1.57万元，增长8%。全市经济运行的主要特点基本可以概括为“稳”“实”“新”，即“稳”字托底、“实”字保障、“新”字引领。“稳”主要体现在三次产业运行稳、先行指标表现稳、投资消费增长稳。“实”主要体现在抓改革创新工作实、抓重点项目推进实、抓生态建设和民生保障工作实。“新”主要体现在推动发展的新态势正在加速集蓄、支撑发展的新优势正在加速集成、引领发展的新动能正在加速集聚。

（二）以供给侧结构性改革为主线，推动经济发展质量效益得到新提升

深入推进“三去一降一补”，全面完成去产能任务，退出炼铁产能55万吨。全年销售商品房530万平方米，商品房待售面积下降20%，房地产市场平稳有序。通过改组内蒙古青城国有资本运营公司、盘活国有经营性资产、加强政府投资项目审批管理、置换债券等措施，有效防范化解财政金融风险。积极开展电力多边交易、物流降本增效行动、“营改增”、中小企业减税降负等工作，累计为各类企业降低成本近6.5亿元。在产业发展、社会民生、生态环保等领域，启动实施了468个亿元以上重点项目，累计完成投资813亿元，发展短板得到明显改善。积极扩大消费需求，传统消费稳定增长，旅游、健康养老、信息等新兴消费快速增长。规模以上工业企业实现利润翻番，全社会用电量、公路货运周转量分别增长11%、14.2%，稳中提质的内涵式发展特征更加明显。

（三）以创新驱动为引领，推动产业转型升级取得新成效

制定出台加快传统产业绿色化改造、发展循环经济、促进乳业产业升级等一系列政策，为产业转型升级提供了有力的政策保障。坚持以创新驱动转型，设立12亿元的科技创新基金、1亿元的旅游业发展基金，启动建设了呼和浩特科技城，培训国家级高新技术企业68户、创新创业平台29个。加快发展都市型农业，新建休闲观光示范区13家，打造一村一品专业村54个，产业化龙头企业销售收入1560亿元，居全区首位。积极支持工业园区、重点企业开展产业升级和技术改造，中环四期、晶环蓝宝石二期扩能、沃特玛新能源汽车产业园一期等重大项目投产运行。现代服务业加快发展，大数据服务器装机能力突破70万台，旅游接待人数、旅游收入分别增长13%和23%，现代服务业对经济增长的贡献率达到40%。

（四）以环境综合整治为重点，推动城市面貌呈现新变化

深入开展5大类25个方面的城市环境综合整治专项行动，着力提升城市宜居水平。启动实施昭乌达路、巴彦淖尔路、金海路改造提升工程和三环快速路工程建设，打通“断头路”13条，新建续建道路8条，维修改造主次干道32条、小街巷265条。全面改善城市环境卫生面貌，清理各类垃圾233万吨，清除“三乱”广告355万处，新建、改造、回购、租赁公厕3085座。大力解决交通拥堵，制定交通治堵三年行动计划，开通学生公交专线10条，新增公交线路10条、公交车386辆，施划停车位1.8万个。积极改善居民生活环境，对833个住宅小区水、电、气、暖及配套设施进行了全方位改造升级，拆除凉房9.8万间、拆除违建3万余处，全市574个小区进驻专业物业服务企业，其余1085个小区实现基本物业服务全覆盖。全面提升城市美化绿化水平，全市对62条主次干道、2108栋建筑实施景观改造，对447条街道两侧墙体、楼体立面进行整治改造，利用渣土山、边角地新建改建公园绿地179处、1.6万亩。

（五）以打造经济发展新引擎为目标，推动和林格尔新区建设拉开新序幕

按照“生态产业化、产业生态化、城市景观化、建设现代化”原则，高起点高水平编制完成新区总体规划和海绵城市、综合管廊等13个专项规划。启动建设金融小镇、数聚小镇、颐养小镇等产业发展基础平台，微软创新孵化器、公安部第一研究所数据中心、货车帮信息平台等一批填补自治区产业空白的重点项目签约落地。实施“两合一廊道”生态治理工程，开工建设金盛快速路改造、核心区主次干道、地下综合管廊、供电供水供气供暖等基础设施工程，全面拉开核心区建设框架，和林格尔新区建设扎实起步。

（六）强化精准扶贫，扎实做好民生保障工作

聚焦重点领域和薄弱环节，精准施策、精准推进，紧扣“六个精准”“五个一批”和“两不愁、三保障”，以产业扶贫、易地搬迁、金融扶贫、社会扶贫等为抓手，强化工作举措，深入推进“四到村四到户”，制定出台12项精准扶贫具体措施，精准脱贫工作不断取得进展，年度脱贫任务全面完成。大力扶持创新创业，全市全年新增城镇就业4.1万人，转移农村劳动力就业27.9万人。进一步提高社会保障标准和救助水平，各类社会保险征缴额达到152亿元，企业退休人员养老金人均每月达到2430元，城市和农村低保标准分别提高到每人每月620元和每人每年5200元，为城乡社会救助对象、贫困家庭大学生、重度及部分困难残疾人、大病患者等群体发放救助金5.6亿元。分配公租房

7252套，改造棚户区住房2.3万套，解决了1.4万户群众回迁安置遗留问题。

二、2018年的工作重点

2018年是决胜全面建成小康社会和实施“十三五”规划承上启下的关键一年。呼和浩特市将全面贯彻党的十九大精神，以习近平新时代中国特色社会主义思想为指导，深入贯彻习近平总书记考察内蒙古重要讲话精神，认真落实自治区党委、政府和市委各项决策部署，坚持稳中求进工作总基调，坚持新发展理念，紧扣我国社会主要矛盾变化，按照高质量发展的要求，统筹推进“五位一体”总体布局，协调推进“四个全面”战略布局，坚持以供给侧结构性改革为主线，扎实推进稳增长、促改革、调结构、惠民生、防风险各项工作，大力推进改革开放，切实打好防范化解重大风险、精准脱贫、污染防治三大攻坚战，坚决守好发展、生态、民生三条底线，加快培育具有首府特色的现代化经济体系，加快形成共建共治共享的社会治理体系，加快构建支撑有力的服务保障体系，奋力开启首府现代化建设新征程。

全市经济社会发展的主要预期目标是：地区生产总值增长7%左右，居民消费价格涨幅3%左右，城乡常住居民人均可支配收入分别增长8%左右。城镇新增就业4万人左右，城镇调查失业率控制在5%左右。单位地区生产总值能耗完成自治区下达的目标。供给侧结构性改革取得实质性进展。政府债务化解完成年度任务，财政金融风险得到有效防控。经济结构加快调整，发展动能接续转化，发展的质量和效益不断提高。

（一）坚决打好三大攻坚战，务求取得扎实进展

坚决打好防范化解重大风险攻坚战。针对呼和浩特市经济运行风险总体可控，但金融和债务风险特别是隐性债务风险较大的实际，进一步加强政府债务管理，打好预算安排、债权置换、资产重组、资源盘活等组合拳，稳妥有序化解存量债务。强化财政约束，严格规范地方政府投资项目、举债融资等行为，从严从紧控制政府债务增量。力争全年化解政府债务300亿元左右，到2021年将政府债务率降到合理水平。政府投资和民生项目坚持尽力而为、量力而行，调整优化财政支

出结构，压缩一般性支出。

坚决打好精准脱贫攻坚战。统筹精准脱贫与农村经济社会发展，把扶贫工作与产业发展、生态建设、基础条件改善、社会保障相结合，用发展的办法帮助贫困人口稳定脱贫，夯实贫困人口稳定增收基础，建立精准扶贫长效机制。持续推进集中贫困村易地搬迁，注重贫困边缘人群帮扶。坚持大扶贫格局，广泛动员全社会力量参与扶贫攻坚，推行贫困户种养殖保险保障服务。做实做细建档立卡工作，提高贫困识别、帮扶、退出精准度。实行扶贫与“扶智”“扶志”相结合，激发贫困人口内生动力。完善驻村干部帮扶管理制度，严肃查处扶贫工作不正之风。年内力争现行标准下建档立卡贫困人口全部实现动态稳定脱贫。

坚决打好污染防治攻坚战。高度重视大气污染防治，开展10蒸吨以上分散燃煤锅炉综合整治，完成全部火电机组超低排放改造。加大城市扬尘污染管控力度，建成区全面禁止小煤炉烟煤散烧，有序推进煤改气、煤改电，确保空气质量稳居北方城市前列。深入实施“水十条”，加强水污染防治，启动班定营污水处理厂三期扩建，提升城镇污水处理能力，消除城市黑臭水体。全面落实“土十条”，开展土壤环境质量详查，提升土壤环境信息化管理水平，推进土壤污染防治。坚决执行最严格的环保制度，落实企业主体责任，提升环境监察执法能力，推进能源、冶金、建材、化工等行业的清洁生产改造。持续抓好中央环保督察和自治区环保大检查反馈问题整改，确保环保突出问题得到有效解决。

（二）大力推进工业强市战略，全面提升工业对经济社会发展的支撑带动作用

推动工业布局优化调整。按照工业园区化、园区特色化发展思路，打破行政区划限制，完善各园区发展定位和利益共享机制，科学调整优化工业布局，启动实施城区及周边工业企业搬迁计划，推进园区加快转型，推动产业集中集聚发展。围绕园区功能定位，加快完善基础配套，充分留足发展空间，不断提升承载保障能力。年内力争百亿元级企业达到5个，新增规模以上工业企业15户，工业总产值达到1400亿元，工业增加值占地区生产总值比重超过22%。

积极推动传统产业转型升级。开展乳业升级行动，支持伊利、蒙牛等企业利用全球资源，强化研发生产，开展国际合作，建设乳业科技创新园区、乳业标准创新中心，打造“中国乳都”升级版。支持蒙草、蒙羊等优势企业开拓市场、做大规模，加快实施圣牧乳业、正大食品等重点食品加工项目，做大做亮绿色农畜产品加工业品牌。继续抓好和林电厂、环聚新能源等重大能源项目建设，打造全国重要的清洁能源输出基地。大力发展现代化工产业，加快实施久泰煤制乙二醇项目，争取恒德环保催化剂、兰宇环保脱硫氨水等精细化工项目落地建设。推动创维电视机项目搬迁，引导液晶电视企业调整产品结构，加大高端产品研发生产比例，提高转化增值效率和市场竞争力。

更加注重战略性新兴产业培育发展。以大数据云计算产业为基础，加快发展新一代信息技术产业，强化移动互联网、大数据、物联网、人工智能研发与应用，规划建设中国北方数据资源汇聚中心、政务服务云计算中心。加快发展工业互联网，推动信息技术与实体经济、公共服务深度融合。积极推进高端装备制造产业发展，开工建设开沃汽车整装项目，尽快形成新能源汽车整车制造能力。加强与航天科工、航天科技等企业合作，布局建设高性能医疗器械、航空装备制造项目。发挥新材料产业竞争优势，开发电子级硅材料、高纯铝、石墨烯、特殊镁合金等新型材料，加快建设中环光伏四期扩能、爱迩电子材料产业园等项目，形成多元化新材料产业集群。

（三）深入落实乡村振兴战略，加快农业农村现代化进程

制定乡村振兴三年行动计划，设立乡村振兴基金，推动农村产业发展和基础设施建设。努力做精都市型农业。坚持质量兴农、绿色兴农，深化农业供给侧结构性改革。围绕乳业升级行动计划，推进牧场标准化建设和优质牧草规模化种植，提升完善10个标准化奶牛规模养殖场，牛奶产量达到180万吨。出台专项政策，鼓励发展生态农业、观光农业、体验农业、创意农业，提高农业效益。鼓励发展农业生产性服务业，推进农产品精深加工。积极发展“互联网+现代农业”，加快构建现代农业产业体系、生产体系、经营体系。认真落实国家农业产业竞争力提升科技行动，提高农业生产科技水平。

强化乡村振兴制度性供给。坚持农民家庭经营主体地位，发展多种形式适度规模经营，培育新型农业经营主体。完善龙头企业与农民利益联结机制，促进家庭经营与现代农业发展有机衔接。全面完成农村土地、草原确权登记颁证工作，实现农村房地一体不动产统一登记。落实农村土地承包关系稳定并长久不变政策，开展农村土地“三权”分置改革试点。完成各旗县区土地流转平台和土地纠纷仲裁机构建设。

加强农村基础设施建设。探索建立涉农资金统筹整合长效机制，拓宽投融资渠道，保障农村基础设施建设投入稳定增长。大力发展高效节水农业，新增节水灌溉面积20万亩。高度重视农业生态环保，推动农药化肥使用量持续下降，提升畜禽粪污无害化处理和秸秆资源化利用水平。以农村垃圾、污水治理、厕所建设和村容村貌提升为主要内容，开展农村人居环境整治三年行动计划，加快补齐农村发展建设短板。

（四）全力推动和林格尔新区建设，着力打造经济发展新引擎

积极引导战略性新兴产业布局。争取国家互联网骨干直联点、国际通信专用通道、绿色金融改革创新试验区、国家康复示范产业综合创新试点落户新区，培育打造引领未来发展的基础支撑优势和核心竞争优势。全力争取国务院信息中心灾备中心、京东“亚洲一号”现代化物流园、航天九院无人机、清华同方空气热源泵清洁能源、银帝集团智能交通等项目落地，全面形成产业大发展、项目大建设的生动局面。

全面推进产城融合发展。按照森林小镇、生态社区的建设理念，高标准打造数聚小镇、金融小镇、教育小镇、颐养小镇，为项目引进落地、产业培育发展搭建基础保障平台。完成金盛快速路提升改造工程，加快实施宝贝河、什拉乌素河治理工程和核心区生态绿化工程，整体推进市政设施、地下综合管廊建设，尽快构建“双城两轴五心”空间体系和“三横五纵”结构性路网体系。

全面提升公共服务保障能力。以智慧政务平台建设为切入点，着力优化管理机构设置及运转机制，加快完善新区项目引进落地服务保障流程，扎实推进各项政策落地实施，全力打造更加精简高效、执行有力的政务服务环境。

（五）全面加强生态保护建设，着力提升生态保障能力

持续推进生态保护修复。以主要山脉、交通干线、主干河流为重点，以土默川平原为主体，扎实推进国家重大生态修复工程。巩固提升大青山前坡、蛮汗山等重点区域治理成效，全部清理关停各类自然保护区内工矿企业，推进矿区生态修复治理，实施大青山自然保护区7条沟系治理工程。启动呼包鄂沿黄生态走廊和阴山北麓绿化工程，全面加大绿化造林力度，全年完成生态建设25万亩。

落实最严格的水资源管理制度。加强地下水资源保护，通过完善引黄入呼设施、强化再生水利用、实施农田高效节水等措施，加快推进地下水超采区综合治理，有效降低地下水超采规模。铺设托清工业园区再生水利用专线，再生水利用率超过50%。全面落实“河长制”，推行“湖长制”，推进大黑河全域、浑河等7条河流治理工程，加强哈素海湿地保护，启动哈素海调水工程，推动河湖水系连通，促进水资源高效利用。

加快生态文明制度建设。深入实施主体功能区战略，划定生态保护红线。全面推开领导干部自然资源资产离任审计，健全自然资源资产产权制度，改革生态环境监管体制，研究建立市场化多元化生态补偿机制。

（六）着力保障和改善民生，全力开创共建共治共享社会治理新格局

大力促进就业创业。深入推进“首创助航”品牌行动，进一步完善就业创业扶持政策，加快建设各旗县区劳动用工综合服务市场，突出抓好高校毕业生、去产能企业分流职工、农村富余劳动力三大群体就业工作。高度关注破产转制企业职工安置，化解结构性失业矛盾。加强对灵活就业、新型就业形态的支持。全面落实就业援助政策，规范公益性岗位开发和管理，抓好“零就业”家庭就业援助工作。

扎牢民生社会保障网。认真落实全民参保计划，推进机关事业单位人员养老保险并轨。以非公企业职工、个体工商户、灵活就业人员和农民工为重点，扩大社会保险覆盖面。加大困难群众生活保障力度，做好医疗救助与临时救助。加快完善“一门受理、协同办理”机制，确保困难群众求助有门、受助及时。加强农村留守儿童关爱保护和城乡困境儿童保障，关心帮助军烈属和孤寡老人，全面落实残疾人“两项补贴”制度。加强社区、家庭适老化设施改造，支持老年人居住比例高的住宅楼加装电梯。完善解决房地产遗留问题措施，加快解决办证难、回迁难等问题。

积极推动社会治理创新。加强基层民主政治和社区服务体系建设，完成第十届村委会换届选举。继续优化完善社区基础设施，打造100个服务创新示范社区，开展农村社区建设试点。全面提升社会信用体系试点城市建设水平，打造全市统一的信用管理平台，完善守信激励与失信惩戒机制，优化信用环境。扎实推进“双安双创”工作，巩固“厨房革命”成果，全面提升食品药品安全治理能力。加强全面质量监管，开展质量提升行动。加强国防教育，推进军民融合发展，维护军人军属合法权益。深入推进平安首府建设，严厉打击各类违法犯罪活动，进一步提高人民群众安全感。

供　　稿：杨尚智　呼和浩特市发改委
阿拉腾　呼和浩特日报社
乔庆智　内蒙古社科院呼和浩特市社科分院
责任编辑：张志华

包头市经济社会发展情况

2017年以来，包头市深入学习贯彻党的十八大，十八届三中、四中、五中、六中全会精神和党的十九大精神，全面落实党中央和自治区党委各项部署要求，坚持稳中求进工作总基调，落实新发展理念，以提高发展质量效益为中心，以推进供给侧结构性改革为主线，以“提档升级、争创一流”为目标，全面做好改革发展稳定各项工作。前三季度，全市生产总值实现2990.23亿元，增长6.6%；全市一般公共财政预算收入169.77亿元，同比下降25.8%；第二产业增加值1461.88亿元，同比增长5.8%；全市固定资产投资2719.95亿元，同比增长6.7%；全市社会消费品零售总额1079.34亿元，同比增长8.5%；城镇常住居民人均可支配收入33480元，增长8.0%；农村牧区常住居民人均可支配收入11138元，增长8.0%。

一、2017年的主要工作

（一）认真学习宣传贯彻党的十九大精神，坚决维护习近平总书记核心地位、坚决维护党中央权威和集中统一领导

党的十九大闭幕后，包头市委第一时间传达学习党的十九大精神，安排部署全市学习宣传贯彻工作。11月25日召开的市委十二届四次全会，审议通过《中共包头市委员会关于深入学习宣传贯彻党的十九大精神，决胜全面建成小康社会，奋力谱写“建设亮丽内蒙古，共圆伟大中国梦”包头篇章的决定》，动员全市各级党组织和广大党员干部群众，更加紧密地团结在以习近平同志为核心的党中央周围，不忘初心、牢记使命，锐意进取、埋头苦干，为决胜全面建成小康社会，奋力谱写“建设亮丽内蒙古，共圆伟大中国梦”的包头篇章而不懈奋斗。同时，面向全市党员干部开展了多形式、分层次、全覆盖的党的十九大精神学习培训，扎实做好集中宣传，让党的十九大精神家

喻户晓、深入人心。

（二）坚持稳中求进工作总基调，全力保持经济平稳健康发展

一是全力支持实体经济发展。认真落实中央、自治区振兴实体经济政策举措，出台推动国有企业改革发展的政策措施，实施市级领导包联重点企业责任制，帮助企业克服困难、健康发展。全力支持包钢脱困发展，扭转了包钢连续3年的亏损局面。积极争取自治区电力多边交易、基本电费减免政策，为全市200多户企业降低用电成本20亿元。制定出台扶持“百年老店”发展的政策，为26家企业授予“百年老店”称号。二是狠抓重点项目建设。认真落实全区春季重大项目集中开工建设动员大会精神，扎实抓好项目建设。截至11月底，全市亿元以上重点项目开复工873个，完成投资1857.7亿元，竣工217个。三是积极稳妥化解地方政府债务、防范金融风险。成立规范政府债务管理防范金融风险、政府投资项目清理整顿两个专项组，摸清底数，制定出台了政府债务化解实施方案，稳妥有序做好政府债务化解工作，对全市政府性投资项目全面排查、分类处置。全力防范化解金融风险，落实流动性风险审慎监管要求，抓好处置非法集资、整顿整治互联网金融风险和交易场所等工作，确保金融体系安全、高效、稳健运行。全面开展农民工工资清欠专项行动，筹集资金4.85亿元，下拨相关旗县区用于解决“十个全覆盖”工程欠款，同时拿出8000万元，用于化解市政建设领域工程欠款，确保不发生拖欠农民工工资事件。

（三）自觉践行新发展理念，着力推动经济转型升级

一是加快推进工业提档升级。深入贯彻落实习近平总书记考察内蒙古提出的“五个结合”要求，围绕改变“挖土卖土”粗放型资源开发模式，加快稀土产业提档升级，稀土新材料产业园区成功挂牌自治区级产业园区；大力推动钢铁、铝业、装备制造等传统产业改造升级，研发生产了稀土高强度防护用钢等一批新产品，“中国制造2025”示范城市通过国家评审，成功申报国家级蒙西产业转型升级示范区。积极培育发展七大战略性新兴产业，预计全年战略性新兴产业增长15%，占工业增加值达到20%。加速军民深度融合发展，启动建设全国首个军民融合综合评估中心、军民融合创新促进中心，全力争创国家军民融合创新示范区。二是大力发展现代服务业和“高精强”

现代农牧业。加快现代服务业发展步伐，重点监测的电子商务企业交易额达到400亿元，成功入选第三批国家电子商务示范城市；蒙西公铁物流园等17个重点物流项目完成投资27亿元；举办展会60场，拉动消费601亿元；加快推进全域旅游建设，预计全年旅游接待1400万人次，旅游收入500亿元。深入推进农牧业供给侧结构性改革，壮大现代农牧业，全市农畜产品加工转化率达到63%，“三品一标”农畜产品数量达到330个，成功举办第十八届中国绿色食品博览会。三是扎实推进“三去一降一补”。去产能方面，淘汰48万吨落后钢铁产能，化解60万吨煤炭过剩产能。去库存方面，推动棚户区改造货币化安置，截至11月底，全市可售新建商品房面积较2016年底减少20.25万平方米，减少2.8%。去杠杆方面，全市规模以上工业企业资产负债率下降0.2个百分点。降成本方面，全市取消停征行政事业性收费17项，为企业减轻负担9235万元；规模以上工业企业每百元主营业务收入成本较2016年下降2.6元。补短板方面，加大基础设施、生态环保、民生保障等方面投入力度，全市民生支出占一般公共预算支出比重达到82.5%。

（四）全面深化改革推进创新，持续增强发展动力活力

一是坚定不移深化改革扩大开放。深化“放管服”改革，推行“互联网+政务服务”模式，市本级公共服务事项全部实现网上办理；实行公共资源交易目录制度，完成市县交易平台整合，实现工程建设交易全流程电子化。稳步推进国有企业剥离办社会工作，包钢职教医疗机构实现委托接管、“三供一业”完成整体移交；36户市属企业纳入国有资产集中统一监管。实施龙头企业与农牧民利益联结机制“六个一”提升工程，82%的龙头企业与农牧民形成有效利益联结。国有林场、土地确权和不动产统一登记制度改革全面推进，草原确权基本完成。创新同俄蒙合作机制，满都拉口岸过货量首次突破百万吨，进口肉类指定口岸、互市贸易区、口岸物流园区开工建设。推动呼包鄂协同发展，包鄂沿黄经济带建设加快推进。

二是大力实施创新驱动发展战略。以科技创新激发提档升级内生活力，积极推进可持续发展议程创新示范区、农业高新技术产业示范区、军民融合协同科技创新平台、农业科技示范区四大国家级创新载体创建，新建16个院士工作站，达到37家，组建石墨烯材料综合研发中心等7家研发机构，转化科技成果33项。2017年以来，全社会研究与试验发展经费支出增长20%、占地区生产总值比重达到2%，高新技术产业增长12%。稀土高新区成为全区首个国家级双创示范基地，东宝生物明胶重点实验室获批国家首批轻工业重点实验室。

（五）加强城市建设和环境保护，进一步提升城市品位

一是抓好城乡规划建设管理。强化城乡规划战略引领和刚性管理，新一轮城市总体规划获得国务院批复，入选全国第一批城市设计试点城市和全国“城市双修”试点城市。北梁腾空区20个重点项目全面启动，新都市区开发建设扎实推进。全面启动110国道改造、沼南大道建设等重点工程，完成15条重点道路提质改造。实施园林绿化工程45项，新增绿地面积282公顷，赛汗塔拉新增草原面积2800亩。大力实施硬化、绿化、亮化、美化、净化“五化”工程，顺利通过“国家卫生城市”复审。

二是全力争创全国文明城市“五连冠”。深入实施文明城市创建三年行动计划，分类分众开展社会主义核心价值观主题实践活动，全力推进道德之城、志愿之城、诚信之城建设，推动创建工作制度化常态化，第五次被授予全国文明城市荣誉称号，成为全国文明城市“五连冠”仅有的2个地级市之一，同时囊括全国文明村镇、全国文明单位、全国文明校园、全国未成年人思想道德建设工作先进代表、全国道德模范及提名奖等全部奖项，精神文明创建工作迈上新台阶。

三是加强生态环境保护。组织召开全市环境保护工作推进会议，对全市环境保护工作进行安排部署。大力推进生态保护修复，完成国家林业重点工程等62万亩，启动大青山南坡生态综合治理工程，实施矿山地质环境治理7.65平方公里，清理整顿工矿企业256家。坚决打赢污染防治攻坚战，抓好中央环保督察反馈意见整改落实，实施污染治理工程130项，划定300平方公里高污染燃料禁燃区，完成原煤散烧整治8.2万户。截至11月底，空气良好以上天数达到252天。全面推行“河长制”，实施城市水生态综合治理工程，完成56公里河湖连通改造。

（六）着力保障和改善民生，切实提高各族群众生活质量和水平

一是坚决打赢脱贫攻坚战。认真落实“六个精准”要求，实施好“五个一批”工程，投入扶贫资金3.15亿元。引导贫困户发展特色优势产业，覆盖6752户12728人。实施易地扶贫搬迁，全部解决贫困人口安全住房问题。对国贫家庭子女实行12年免费教育，对国贫大学生参照低保家庭助学标准进行资助，对未考取大学的国贫家庭子女安排职业技术培训、优先安排公益岗位就业。采取“一降四提五救助”措施，解决好因病致贫返贫问题。将符合条件的贫困家庭全部精准纳入低保范围，做到应保尽保。确保年底前国贫人口全部脱贫、固阳区贫县摘帽。

二是切实做好就业社保工作。大力推动大众创业、万众创新，出台支持大学生创业担保贷款八条措施，为8926名创业者发放创业担保贷款9.28亿元；全市城镇新增就业4.24万人，城镇登记失业率控制在3.9%以内。全面落实社保惠民政策，投入1.7亿元，提高养老、医疗、低保等7项社会保障和救助标准，全市各项社会保险参保人数达到484万人次。

三是加快社会事业提档升级。制定教育提升三年行动计划，新建18所中小学、幼儿园，实施普通高中分层教学和班主任职级制改革，提高教师待遇水平。大力推进健康包头建设，包医国际医院、中蒙医院二期等重点卫生项目建设稳步实施，与解放军总医院等合作共建院士工作站7个，投入6000万元为年满50周岁的农牧民免费体检。

四是全力推进平安包头建设。大力开展社会矛盾积案化解“百日攻坚”专项行动，信访批次和人数分别下降5.2%和5.5%。全面推行“三见警”街面巡控工作，全面开展缉枪治爆、打击“黄赌毒”专项行动，严厉打击各类违法犯罪活动。深入开展安全生产大检查，制定安全隐患和责任清单两本台账，建立有奖举报制度，压实工作责任，彻底消除各类安全隐患。

（七）压实管党治党责任，推动全面从严治党向纵深发展

一是扎实推进“两学一做”学习教育常态化制度化。始终把思想政治教育放在首位，推行党支部工作目标、专题学习、党员履责“三项制度”，持续开展“两学一做”学习教育，教育引导广大党员干部不断“四个意识”、坚定“四个自信”，严守政治纪律和政治规矩。

二是严肃党内政治生活。认真落实市委工作规则和常委会议事决策规则，进一步提高市委班子科学决策、民主决策、依法决策能力。

严格执行《关于新形势下党内政治生活的若干准则》，严肃认真召开“两学一做”学习教育专题民主生活会和巡视整改专题民主生活会，进一步增强了党内政治生活政治性、时代性、原则性、战斗性。

三是全力抓好干部队伍建设。健全完善市委、旗县区委和市直部门党委（党组）干部选拔任用工作流程和相关制度，形成“好干部”脱颖而出的选人用人机制。深入实施干部队伍素质提升工程，培训干部5000余人次。全面加强干部日常监督管理，建立干部人事档案审核未通过不予启动干部调整联动机制；制定出台《关于党员干部容错纠错实施办法》《关于领导干部不担当不作为问责的暂行办法》等，支持党员干部放手大胆工作，严肃查处不担当、不负责、不作为、乱作为等问题。认真做好人大、政府、政协领导班子换届工作。

四是切实加强基层党组织建设。大力推进后进嘎查村党组织整顿提升工作，加大“村霸”整治力度。成立全市非公经济组织和社会组织党工委，对符合条件的实现党组织应建必建。加强机关、事业单位和高校党建工作，分领域开展党建示范点创建工作。制定加强国企党建实施办法，推广国企党建“1234”工作模式。严格执行发展党员全程记实制，全面推行党员积分管理制度。

五是高度重视意识形态领域工作。严格落实主体责任，逐级签订意识形态安全工作责任书，做好意识形态工作督查检查，推动工作责任有效落实。制定社科类学会及其报告会管理办法措施，强化备案管理。大力开展净化网上舆论环境专项整治行动，严厉查处各类违法违规网站。

六是全面落实从严治党责任。压实各级党组织管党治党政治责任，推动全面从严治党向纵深发展。持之以恒改进作风，对各地区和97个部门开展明察暗访，推动党风政风持续好转。坚决抓好中央和自治区党委巡视整改，取得阶段性成果。扎实开展市委巡察工作，切实发挥利剑和震慑作用。坚持有腐必反、有贪必肃，积极营造更加风清气正的政治生态。

二、2018年的工作重点

（一）进一步增强发展后劲，加快建设现代化经济体系

一是把转变经济发展方式的重中之重放在工业提档升级上，加快

传统产业优化升级，壮大战略性新兴产业，制定实施智能制造“三年行动计划”，出台促进稀土新材料产业发展意见，加快转变“挖土卖土”的粗放型资源开发模式。二是把发展经济的着力点放在实体经济上，深化供给侧结构性改革，抓好“三去一降一补”任务落实，支持实体经济发展，促进企地融合，壮大民营企业，开展质量、品牌、标准提升行动，深入实施军民融合发展战略，加大精准招商力度，推进现代服务业提质增效发展。三是把引领发展的第一动力放在创新上，加强创新型企业培育，推进产学研深度合作，让每一所院士工作站成为一支创新团队，推出一批科研成果，造就一批前景产业。四是把破除体制机制弊端、培育竞争新优势的关键放在改革开放上，深化“放管服”、商事制度和国企国资改革，推动呼包鄂协同发展，积极融入国家“一带一路”建设，打造自治区向北向西开放的战略支点。五是坚决打好防范化解重大风险攻坚战，全面落实自治区党委部署要求，认真做好化解政府债务、防范金融风险、清欠农民工工资、维护社会稳定等工作。

（二）进一步提升城市品位，倾心打造以人为核心的宜居宜业城市

一是全面提升城市发展质量，推动“多规合一”，开展城市设计和城市“双修”试点，补齐基础设施短板，加快棚户区和老旧小区改造，开展住宅小区物业提档升级三年行动，加快“智慧包头”建设。二是实施乡村振兴战略，落实第二轮土地承包到期后再延长30年政策，深化农牧业供给侧结构性改革，壮大菜薯肉乳主导产业，健全完善农牧民利益联结机制，开展农村牧区人居环境整治三年行动，大力推进“厕所革命”。

（三）进一步改善人民生活，更好满足各族群众日益增长的美好生活需要

一是坚决打赢脱贫攻坚战，加大资金投入、项目扶持和智志双扶力度，按照自治区要求完成贫困人口脱贫任务和区贫县、区贫村退出工作。二是着力促进就业增收，加快高技能人才实训基地建设，年内新增城镇就业4万人以上，农牧民转移就业23万人以上，城镇登记失业率控制在3.9%以内。三是完善社会保障体系，实施全民参保计划，推进农村低保制度与扶贫开发政策衔接，落实特困人员救助供养政策。四是打造全区一流的现代教育，实施教育质量提升三年行动计划，提升全市教育水平，打造教育强市。五是推动文化事业和文化产业繁荣发展，巩固公共文化服务体系示范区创建成果，大力弘扬乌兰牧骑优良传统，加快文化产业园区和示范基地建设，年内文化产业增加值地区生产总值占比达到3.6%以上。六是全力打造健康包头，落实23项健康行动和10项健康产业工程，打造12个医疗联合体，加快城市养老服务示范基地建设，创建国家食品安全示范城市，促进体育事业与体育产业协同发展。

（四）进一步优化生态环境，奋力建设人与自然和谐共生的美丽包头

一要坚决打赢污染防治攻坚战，全面推进大气、水、土壤等污染防治。二是加强生态保护修复，开展国土绿化行动，加强围封禁牧、退牧还草，全面落实“河长制”，实施城市水生态提升综合利用工程。三是促进低碳循环发展，强化能源消耗总量和强度“双控”，推动传统工业绿色化改造升级，加快发展循环经济。四是健全生态文明制度，健全自然资源资产产权制度，建立自然资源价格体系，推进碳排放权交易改革，严格污染物排放许可制度，完善自然资源有偿使用和生态补偿制度。

供　　稿：吕先荣　包头市委政研室副调研员

责任编辑：多志勇

呼伦贝尔市经济社会发展情况

2017年，在自治区党委、政府的坚强领导下，呼伦贝尔市全面深入学习贯彻落实习近平总书记系列重要讲话、考察内蒙古重要讲话精神和党的十九大、自治区十次党代会、十届二次全会精神，认真落实执行中央和自治区党委的决策部署，聚精会神谋发展，全心全意保民生，从严从实强党建。扎实推进市第四次党代会确定的“两区三地一家园”建设目标，较好地完成了年初全会确定的工作任务，为我市拥抱新时代、践行新思想、开启新征程奠定了坚实基础。预计全市地区生产总值增长2%左右，城乡居民人均可支配收入分别增长8%和8.5%，一般公共财政预算收入可比口径增长2.62%，社会消费品零售总额增长8%。

一、2017年的主要工作

（一）切实加强党对经济工作的领导，经济发展的质量和效益不断提升

坚定不移贯彻新发展理念，坚持稳中求进的总基调，紧紧围绕稳增长、调结构、促升级的目标，顶住经济下行压力，积极调整产业结构，经济运行保持在合理区间。坚守生态底线，主动降低资源开发强度。自觉践行绿色发展理念，大幅度调整开发重点和时序，果断停止一批未经环境评估论证的项目，及时调整“十三五”规划及项目库中与国家和自治区对我市定位有明显矛盾的项目。坚守发展底线，产业结构调整力度加大。一、二、三产业的比重预计为15：45：40，经济发展先行性指标大幅增长，全年全社会用电量增长5.2%，其中工业用电量增长5.7%；铁路货物发送量增长12.9%，公路货物周转量增长13.97 %；贷款余额增长10.23%。提升财政收入质量，合理控制地方债务规模。税收收入保持增长，财政支出保障有力，财政收支在全区

的位次好于历史同期。全年一般公共财政预算收入总额和支出总额分别居全区第五位和第三位，增速分别均居全区第四位和第二位。坚持“量力而行、尽力而为”的原则，进一步规范政府债务管理。全方位改善发展环境，企业效益进一步提高。千方百计采取各种有效措施，促进企业内外部生产经营环境的改善，工业企业利润实现快速增长。2017年，规模以上企业利润总额达到50亿元，增长45 %，亏损企业较2016年同期减少15 %。

（二）推动生态主体功能区的深度实施，生态环境保护建设力度不断加大

以打造全国可持续发展的生态环境保护建设示范区为目标，统筹推进山水林田湖草等生态系统保护与建设，实施了一大批生态环境保护和治理工程。在呼伦湖保护上，呼伦湖综合治理一期工程累计完成投资9.5亿元，完成计划总投资的80%，湖面面积已稳定在2050平方千米左右，基本达到国家批复的治理总目标，周边违规经营设施全部拆除或停止经营，水质及周边生态环境得到明显改善。加快了海拉尔河、伊敏河流域的城市和开发区污水处理厂的提标改造、中水回用等工作，排放全部达到一级A标准。在草原保护上，禁牧和草畜平衡完成1亿亩，退牧还草2000万亩，沙区累计治理面积1100万亩，加强同中科院的合作，建立了6个院士工作站，举办了首届生态草牧业发展论坛，生态草牧业试验区建设积极推进。在森林保护上，持续巩固天然林保护和商业性采伐停伐成果，新增造林绿化58.08万亩，森林抚育215万亩，大力度开展打击毁林毁草专项行动，完成退耕59.89万亩、还林造林26.24万亩。在黑土地保护上，重点加强岭东地区黑土地保护，推进阿荣旗黑土地保护利用试点，实施65万亩耕地轮作休耕，探索开展改良土壤、培肥地力的轮作模式。在环境综合整治上，全力做好中央环境保护督察组反馈意见整改落实工作，涉及我市23项整改任务，已完成15项。对北方药业等重点问题紧盯不放，北方药业整改取得阶段性成效，部分生产线恢复试生产。在生态制度建设上，出台《呼伦贝尔市国家主体功能区建设试点示范总体实施方案重点工作责任分工》

《党政领导干部生态环境损害责任追究实施细则（试行）》等制度。

（三）大力推进全域旅游，国际化高端旅游目的地建设取得新成效

面对转变经济发展方式等一系列政策调整带来的变化，市委加大了把旅游业作为战略性支柱产业和结构调整主攻方向的工作力度，全力实施旅游业优先发展战略，围绕大草原、大雪原、大花园、大族源四大主题，大力发展全域旅游、四季旅游，我市的知名度和影响力持续扩大。高起点规划，以成功承办全区首届旅游发展大会为契机，编制完成《呼伦贝尔全域旅游发展规划》（初稿），制定了《呼伦贝尔市关于进一步加快旅游业发展的意见》和《呼伦贝尔市国家级旅游业改革创新先行区实施方案》等指导性文件。规划了岭西满洲里—海拉尔—额尔古纳—根河—鄂伦春、岭东扎兰屯—阿荣旗—莫力达瓦—鄂伦春旅游精品线路。高标准建设，依托规划的旅游精品线路，加快沿线城市及高品质景区景点建设步伐，海拉尔区突出“三城”创建，满洲里互市贸易区、套娃广场二期全部投入运营和三期项目顺利启动，额尔古纳“蒙兀室韦·蒙古之源”景区具备开园条件，鄂伦春嘎仙洞文化园、根河敖鲁古雅乡改造提升工程全面完成，在鄂伦春建设成我市第一个国家地质公园。扎兰屯柴河景区同阿尔山景区一起被命名为5A级景区，呼和诺尔大草原旅游区、额尔古纳湿地创建5A级景区进入建设阶段。高质量推进，成功举办全市首届旅游发展大会，承办了全区第九届民族运动会，举办了第十八届中国（呼伦贝尔）冰雪那达慕、中国·鄂伦春——国际森林山地运动节、满洲里国际冰雪节、兴安杜鹃节等一系列大型旅游节庆活动。海拉尔—根河“冷极号”旅游专列顺利开通，文化与旅游融合度显著提升。

（四）高度重视农牧林区工作，绿色有机农畜林产品生产加工输出基地建设步伐加快

围绕调整优化产品结构、产业结构，不断适应市场的变化，塑造“呼伦贝尔绿色品牌”，农牧业质量效益显著提高。种养结构不断优化，以稳粮、优经、扩饲为主线，农作物总播面积达2789万亩，重点调减籽粒玉米种植面积，由907万亩调减到760万亩，高蛋白大豆、强筋小麦、双低油菜种植比例增加，粮经饲比例进一步优化为

83：12.5：4.5。以“稳羊增牛”为主线，加快优良品种培育，优化畜种结构，转变“一羊独大”局面，三河牛、呼伦贝尔羊、呼伦贝尔短尾羊育种和扩繁力度不断加大，奶牛、肉牛、肉羊、生猪规模化养殖水平分别达到65%、38%、75%和70%。农牧业产业化水平持续提高，出台了《关于促进农牧业产业化发展若干政策》，扶持壮大本土龙头企业和积极引进国内外知名大型龙头企业，重点打造“高精强”现代农畜产品生产加工企业，成功引进建设100万吨甜菜加工项目，满洲里口岸成为国家对俄粮食进口指定口岸和荞麦、燕麦、葵花籽、亚麻籽唯一指定进境口岸，新增30万吨油菜籽加工能力，满洲里市已成为全国最大的对俄农产品进口加工基地。抗旱减灾工作取得全面胜利，面对重大旱灾，在国家、自治区亲切关怀和大力支持下，我市通过采取抗旱保春播、积极筹措资金和申请上级项目资金扶持、加大抗旱救灾宣传力度、各部门通力合作、农牧民积极开展自救等有效措施，有效缓解了旱情，保住了农牧业增收势头。粮食总产量预计达到150亿斤，牧业年度牲畜存栏总数达到2164万头只。

（五）城镇体系建设不断完善，特色城镇建设步伐加快

在城镇体系建设方面，加快实施市第四次党代会确定的城镇化战略，进一步明确了海拉尔“三城”建设的目标定位，海拉尔城区包括周边生态环境发生了显著变化，完成了海拉尔河和伊敏河交汇湿地、东山绿地保护及机场路出口改造、西山保护区综合治理等工程；国际化音乐名城建设取得阶段性成效，呼伦贝尔大剧院改造、乌兰牧骑宫、往日时光音乐厅、草原文化国际合作交流中心等一批新建、改扩建重点项目相继开工，部分投入使用，市场化运作的民族舞台音乐剧《天边——呼伦贝尔大草原》商业演出取得成功。围绕打造冰雪运动名城，第十四届冬季运动会一、二期主场馆全面开工建设，苍狼白鹿冬季越野汽车运动基地建成并承办了国家级赛事。中心城区公共基础设施方面，85.4千米一级城区外环路正式贯通；中心城区公交一体化得以实现；建设了红花尔基新的永久水源地，实现了“引红入海”；完成了重点街区景观及夜景亮化改造；在全市范围内开展了城市管理“三清”行动。向自治区提出了海满阿中小城市群区域发展“三个一体化”战略的建议，得到了肯定和支持。各旗市区，因地制宜，彰显特色，花钱不多，建设效果非常明显。

（六）加大基础设施建设力度，经济社会发展的保障能力进一步增强

统筹城乡基础设施建设，着力增强保障发展能力。以公路、机场、铁路、通讯、水利等为重点的基础设施项目进展顺利。扎兰屯—阿荣旗高速、海拉尔—拉布大林一级、海拉尔—伊敏一级、满洲里—阿拉坦额莫勒一级（一幅）、阿拉坦额莫勒—阿木古郎一级（一幅）、奇乾—恩和哈达（三级）等重点公路项目建成通车；海拉尔—满洲里高速公路、阿里河—根河、根河—牙克石、牙克石—大杨树等项目具备开工条件；扎兰屯支线机场正式通航，海拉尔机场扩建项目部分交付使用，新右旗通用机场实现通航，莫旗、阿荣旗通用机场竣工，陈旗、满归通用机场加快建设，市域内4支线6通用机场的航空网初步形成。滨洲铁路电气化改造项目竣工验收，海拉尔—满洲里城际列车试运行，齐海满城际列车正式签订加快推进建设协议。

（七）加快改革开放步伐，进一步增强发展活力

坚持全面深化改革、扩大开放，着力破解制约发展的体制机制障碍，加快培育对外开放新优势，经济社会发展的活力动力进一步增强。从健全机制入手，强化责任、狠抓落实，统筹推进各领域改革，一些重点领域和关键环节取得了扎实成效。积极推进投融资机制改革，政府与社会资本合作的PPP模式取得突破。加快行政审批制度改革，成立满洲里市行政审批服务局，完成自治区相对集中审批权试点年度改革工作。全面推进部门预算、国库集中支付、政府采购等财政体制改革。建立市委法律顾问制度，市委行使权力更加科学规范。有序推进妇联、共青团、科协等群团系统改革和新形势下宗教工作改革。开展公共文化单位法人结构治理改革，进一步促进文化市场综合执法规范化建设。优化司法资源配置，提高司法效率，实现了“繁案精审、简案快审”；实施办案责任终身负责制和错案责任倒查问责制。加快社会信用体系建设。开展政府向社会组织购买服务试点工作。全面推进意识形态责任落实。深化干部人事制度改革,进一步规范干部动议调整及选人程序；提升基层党建工作水平，实行农村牧区党员项目积分制管理，扶持发展嘎查村新型集体经济，理顺国有企业党建工作管理体制。完善派驻机构管理体制机制，加强巡察体系建设，实现了市、旗市区两级巡察制度全覆盖。

对外开放政策环境进一步优化。抢抓国家“一带一路”建设和新一轮东北振兴战略的有利契机，自治区专门出台了《关于支持呼伦贝尔中俄蒙合作先导区建设的若干意见》《关于支持满洲里和二连浩特发展的若干意见》等专项支持我市对外开放政策，增强了发展活力和动力。对外开放重点项目加快推进，实施了满洲里公路口岸国际物流贸易综合体、阿拉坦额莫勒镇—阿日哈沙特口岸、阿拉坦额莫勒镇—贝尔湖、阿木古郎—额布都格、黑山头—室韦未连通段等重点公路基础设施项目，海拉尔航空口岸候机楼完成扩能改造。口岸工作取得重大进展，满洲里国家重点开发开放试验区建设加快推进，阿日哈沙特—哈毕日嘎、额布都格—巴彦呼舒两个陆路口岸正式获批升格为双边性常年开放公路客货运输口岸，成立了额布都格海关。边境互市贸易取得新突破，中俄、中蒙互市贸易区深度开放，辐射6个边境旗市区。在海拉尔设立了互市贸易体验店，满洲里拉动效应显现。重点口岸通关能力大幅提升，增开了鲁满俄、庆满欧、齐满欧班列，口岸跨境班列线路达41条，可辐射带动国内外50多个城市。全年进出境班列1300列，增长18%，全市各口岸进出境货运量完成3200万吨，同比增长2%。对外贸易及交流成效显著，成功举办了第十三届中国·海拉尔中俄蒙经贸洽谈暨商品展销会，16个国家和地区的400余家企业参展，现场交易额达1.66亿元，意向签约额达165.14亿元。全年外贸进出口总值完成29.12亿美元，同比增长10.14%。

（八）坚守民生底线，保障和改善民生水平显著提高

坚持以人民为中心的发展理念，民生投入力度不断加大。全力推动脱贫攻坚，按照“六个精准”“五个一批”要求，不断完善责任体系，出台多项指导政策，向6个重点贫困旗市分别派驻推进组和督导组，268个驻村工作队、1503名干部深入脱贫一线。全年各级财政共投入扶贫资金8.56亿元，实现2.7万人脱贫目标。大力推进百姓安居工程，新开工城市棚户区改造45962户，货币化安置率达到100%。完成农村牧区危房改造1661户。大力推进就业创业，全市各类创业基地、孵化器等创业就业平台突破100家，新增城镇就业31131人，农牧民转移就业61216人，均提前超额完成年度任务。

2017年诸多成绩的取得，首先得益于党中央和自治区党委的坚强领导，确保全市改革发展稳定，各项事业才能沿着正确方向前进；得益于始终坚持发展第一要务，才能经得住下行压力，保持了经济平稳运行；得益于始终坚持以人民为中心的发展思想，民生福祉才能不断增强；得益于始终坚持深化改革开放，呼伦贝尔的创造力、竞争力和吸引力才能不断提升；得益于始终坚持全面从严治党，为各项事业的发展提供了坚强的组织保障。

在总结成绩的同时，我市也清醒地认识到，呼伦贝尔虽地大物博、资源富集，但生态主体功能区的深度实施在一定程度上挤压了部分地区和产业发展空间；虽具有利用完整良好生态系统的优势发展绿色产业的基础，但也面临生态环境保护的巨大压力，如何把握适度开发利用的难度大；呼伦贝尔有8个国家级口岸，是口岸大市，但也面临远离中心市场、毗邻地区经济不发达、口岸经济发展不充分等问题，口岸大市地位与大开放的格局还不相称。

二、2018年的工作重点

2018年是贯彻落实党的十九大精神的开局之年，是改革开放40周年，是决胜全面建成小康社会、实施“十三五”规划承上启下的关键一年。下一步，我市要全面贯彻落实党的十九大精神，以习近平新时代中国特色社会主义思想为指导，统筹推进“五位一体”总体布局，协调推进“四个全面”战略布局，深入贯彻落实自治区第十次党代会和十届五次全会精神，自觉践行新发展理念，持续推进“两区三地一家园”建设，大力加强基础设施建设，积极构建现代化经济体系，着力提高经济发展质量，着力加强生态文明建设，着力保障和改善民生，着力加强民主政治建设，着力全面从严治党，促进经济平稳健康发展、各项社会事业全面进步和社会和谐稳定，奋力开创决胜全面建成小康社会的新局面。

（一）大力推动发展方式转变，提高经济发展质量

以建设现代化经济体系为目标，以供给侧结构性改革为主线，准确把握呼伦贝尔经济发展的主攻方向，转变发展方式，优化经济结

构，转换增长动力。增强经济可持续发展能力，发挥投资对优化供给结构的关键性作用，紧盯党的十九大带来的政策红利，谋划实施一批符合产业调整方向和民生改善需求的项目，保持经济平稳健康发展。着力做大做强优势产业，继续把旅游业作为战略性支柱产业和结构调整的主攻方向，大力促进现代服务业提质增效，改造升级现代农牧业产业体系，推动传统产业进行供给侧的优化升级。加快培育和发展新兴产业，以实体经济为着力点，以科技创新为驱动，培育和发展一批战略性新兴产业，加快形成新动能。大力实施乡村振兴战略，坚持农村牧区优先发展，按照产业兴旺、生态宜居、乡风文明、治理有效、生活富裕的总要求，科学制定乡村振兴规划，加快推进农牧业农村牧区现代化。

（二）统筹基础设施建设，拓展区域发展空间

发挥基础设施建设的引导和支撑作用，完善基础设施网络，尽快补足基础设施短板，提高保障和服务发展能力。落实区域协调发展战略，统筹农区、牧区、林区等不同经济类型地区的发展，兼顾“三少”民族自治旗、国贫区贫旗市、边境旗市、革命老区、资源枯竭型城市等国家特殊政策倾斜地区的发展，促进区域协调发展。加快新型城镇化进程，按照建设国际化的草原音乐名城、冰雪运动名城、文化旅游名城的发展目标，继续大力实施中心城区优先发展战略，高起点规划、高标准建设，做大外环生态圈，做活老城区，做足文化区，做优新城区，做特民族区，着力提升中心城区的带动辐射能力。加快各旗市区所在地和重点城镇发展，着力建设一批生态、宜居、宜业、宜游，体现边疆民族地域文化特征、活力四射的特色城镇。

（三）深化改革开放，激发发展的活力和动力

深入推进全面深化改革，继续推进落实党的十八大以来已经出台的改革方案，进一步巩固改革成果，按照中央和自治区党委的部署，有力有序有效地推进一批重要领域和关键环节的改革任务，推出一批具有呼伦贝尔特色的自主改革事项，有针对性地破除制约呼伦贝尔发展的体制机制弊端。着力构建全面开放格局，坚持开放发展理念，利用好两个市场两种资源，瞄准国际国内进行资源配置，构建全面开放新格局，积极融入“一带一路”建设，加快中俄蒙合作先导区、满洲里国家重点开发开放试验等各类平台建设，用好用活新一轮振兴东北政策，加快推进海满阿协作区建设，推动同周边地区一体化发展，提高全市整体开发开放水平。

（四）深化生态文明体制改革，建设美丽呼伦贝尔

加大生态系统保护力度，统筹推进山水林田湖草综合治理，从源头上、根本上实施好呼伦贝尔大草原保护治理、大兴安岭森林保护治理、以呼伦湖为重点的河湖水系保护治理、黑土地保护治理四大重要生态系统保护和修复工程，努力实现生态保护由工程治理向科学管护转变，由点上治理向全域治理转变，由河湖治理向全生态系统综合治理转变。加快生态文明制度体系建设，有效落实主体功能区制度，认真落实资源有偿使用和生态补偿制度，继续抓好自然资源资产负债表试点和领导干部自然资源资产离任审计，改革生态环境监管体制，在全市形成不敢且不能破坏生态环境的高压态势和社会氛围。

（五）坚持以人民为中心，切实保障和改善民生

坚决打赢脱贫攻坚战，把脱贫攻坚作为第一民生工程来抓，不折不扣贯彻落实中央、自治区关于脱贫攻坚的政策措施，确保党的每一项惠民政策都能温暖我市的贫困群众，确保到2020年现行标准农村牧区贫困人口全部脱贫、贫困旗市全部摘帽。立足我市特殊的人口结构和城乡发展不平衡的实际，实施更加积极的就业政策，健全覆盖城乡的公共就业创业服务体系，确保城乡居民收入稳定增长。按照兜底线、织密网、建机制的要求，全面实施全民参保计划，加快建成覆盖全民、城乡统筹、权责清晰、保障适度、可持续的多层次社会保障体系。大力增加社会公共产品供给，推动公共服务向基层延伸、向弱势群体倾斜、向高水平迈进，不断满足人民群众日益增长的美好生活需要。

供　　稿：孙晓亮　呼伦贝尔市委政研室主任
责任编辑：天　莹

兴安盟经济社会发展情况

2017年以来，兴安盟上下深入贯彻习近平总书记系列重要讲话精神和治国理政新理念新思想新战略，全面落实习近平总书记考察内蒙古重要讲话精神，统筹推进“五位一体”总体布局，协调推进“四个全面”战略布局，扎实做好稳增长、促改革、调结构、惠民生、防风险各项工作，经济运行总体平稳，部分指标稳中向好，经济结构有了积极变化。1—11月，全盟规模以上工业增加值按可比价计算同比增长3.6%；固定资产投资完成539.55亿元，同比增长7.2%；社会消费品零售总额完成221.49亿元，同比增长7.6%；一般公共预算收入完成29.27亿元，同比增长14.0%；一般公共预算支出完成2.8.92亿元，同比增长8.2%；城镇常住居民人均可支配收入实现21953元，同比增长8.5%；农村牧区常住居民人均可支配收入实现7644元，同比增长7.5%。

一、2017年的主要工作

（一）农牧业生产形势持续向好

农牧业综合生产能力稳步提高。围绕“减粮增经扩饲草”调整思路实施种植业结构调整，全盟农作物总播种面积1616万亩，其中种植玉米、葵花面积同比减少210万亩，种植水稻、大豆、甜菜等作物面积增加200万亩，设施农业达到8.7万亩，优势特色作物规模和效益得到巩固提升。全年粮食产量稳定在100亿斤以上，预计较2016年增产10亿斤。围绕“减羊增牛扩猪禽” 调整思路实施畜牧业结构调整，全年牲畜存栏1300万头只，其中肉羊存栏同比减少15万只，肉牛存栏同比增加 6.8万只，生猪存栏同比增加26.8万只；禽饲养量达到6000万羽，同比增加470万羽。农牧业产业化提质增效。“三品一标”认证企业达到117家，同比增长10.4%；认证产品268个，同比增长8.5%；认证面积204万亩，同比增长3.7%。“兴安大米”首次登上国际展会高端论坛，扎旗绰勒银珠、金丰农牧、乌市金谷粮油和前旗金米粒水稻，荣获中国绿色博览会金奖，万佳食品荣获第十五届国际农交会集体组织奖。加快农牧业规模化发展。出台了支持全盟农牧业合作社发展政策文件，已建设11个国家级农牧民合作社示范社、49个自治区级示范社，培育100个规范合作社，认定家庭农牧场213家。全盟规模化经营面积达到381万亩。

（二）工业经济平稳运行

推动工业经济跨越发展。成立工业经济跨越发展领导小组，建立盟级领导包扶重点工业企业运行与重大工业项目建设“双包联”工作制度，通过出台厂房代建等扶持政策，集中培育食品加工、制糖、制药及高新技术等7个超百亿元产业，蒙羊、荷马糖业等企业呈现出较好发展态势。1—9月，七大产业实现工业总产值220亿元，占全部规模以上工业的70.8%。改造提升传统产业。实施工业技术改造项目22项，完成投资8.56亿元。重点推进了白医制药注射剂新药产业化、蒙佳粮油搬迁扩产二期和埃玛矿业扩能改造等一大批技改升级项目，全盟传统产业转型升级步伐不断加快。加大科技创新力度。大力培育扶持高新技术企业发展壮大，巩固区级高新技术企业6家、区级民营科技企业9家；培育国家级高新技术企业2家，自治区级高新技术企业1家，申报专利技术20余项。

（三）服务业稳步增长

旅游业继续保持较好发展势头。在阿尔山—柴河旅游景区晋升国家5A级景区、阿尔山国家地质公园晋级世界地质公园、兴安盟整体列入国家全域旅游示范区创建行列等多重因素带动下，全盟四季旅游、全域旅游快速发展。1—10月，全盟共接待国内游客796.4万人次，同比增长21.9%；旅游收入87.1亿元，同比增长24.1%。加大冬季旅游营销，承办了2017内蒙古冰雪旅游季活动，就兴安盟冰雪旅游资源和重点项目进行了推介。交通运输业稳定增长。前三季度，全盟公路货运量完成2956万吨，同比增长12.7%；铁路货物量完成539万吨，同比增长62%。乌兰浩特机场旅客吞吐量50万人次，同比增长16.7%；阿尔山机场旅客吞吐量12.8万人次，同比增长67.8%。金融业运行总体平稳。截至10月末，全盟金融机构各项存款余额580.2亿元，同比减少11.7亿元，下降2%；各项贷款余额835.6亿元，同比增加22.5亿元，增长2.8%。综合存贷比114%。累计发放贷款220.6亿元，同比减少91亿元，下降29.2%（主要影响因素：农发行临储粮收购贷款下降43.3亿元，建设银行因受规范政府合作项目政策性因素等影响下降22.2亿元，国开行投放棚户区改造贷款较2016年同期下降47.5亿元）。进入多层次资本市场融资项目库的重点培育企业达到24家，并列入自治区备案。房地产行业企稳回升。1—10月，全盟房地产开发施工面积346.8万平方米，同比下降9.7%（半年数据是下降23%），环比增长4.4%；完成投资36亿元，同比下降19.2%（半年数据是下降9%），环比增长2%。全盟现有库存房源189万平方米，19871套，较2016年同期下降29%。电子商务发展迅速。截至目前，全盟已建成6个电商产业园、5家县域电子商务公共服务中心，6个旗县市全部成为全国电子商务进农村综合示范县，建设了570家村屯级电子商务综合服务站。前三季度，电子商务线上交易额达13亿元，同期增长100%。

（四）投资力度不断加大

全盟计划实施盟级重大项目154个，总投资1467.9亿元，同比增长50%，当年计划完成投资358.6亿元，同比增长56%；1—10月，开复工135项，完成投资279.4亿元，同比增长67.5%。列入2017年自治区级重大项目17项，总投资602.6亿元，年底前计划完成投资111.3亿元，截至10月末，已开复工16项，完成投资68亿元。全盟秋季集中开工重大项目29项，总投资356.6亿元，年底前计划完成投资51.8亿元。预计年底全盟固定资产投资能够完成年度目标任务。精准发力推进招商引资。主动加强同东北三省的经贸交流，积极参与京蒙、粤蒙合作，不断深化海满阿区域协同发展。前三季度，全盟共引进投资项目255个，引进资金186.5亿元，同比增长27.9%，完成全年任务的71.7%。

（五）脱贫攻坚实现六精准

一是扶贫对象进一步精准。盟扶贫开发领导小组制定印发了开展扶贫对象动态调整工作的通知和扶贫领域存在问题专项整改的指导意见，进一步明确了识别退出标准、程序。通过动态调整和整改，新识别贫困户3700户9035人，清退户11314户26078人，稳定脱贫户8734户23718人，返贫户143户2961人，2017年计划脱贫14658户33265人，到今年底全盟剩余未脱贫人口19860户46671人。二是项目安排进一步精准。针对具有一定劳动能力和较强产业发展意愿的贫困人口，实行

“政府出单、贫困户点菜、政府补贴”的菜单式扶贫模式，充分尊重贫困农牧民意愿，协商确定贫困户增收产业项目，平均每人口奖补1万元，并借助农投公司担保，支持1万元贴息贷款。三是资金使用进一步精准。制定出台了扶贫资金使用管理办法，建立了以奖代补、先建后补、先贷再补的奖补机制，全年争取上级财政专项扶贫资金6.42亿元，增长142%，整合涉农涉牧资金6.97亿元,现已支出5.04亿元。四是措施到户进一步精准。出台了产业精准扶贫、住房安全保障“两挂车”和健康扶贫、教育扶贫、生活救助“三张网”政策措施。目前，产业精准扶贫施策覆盖30476户65353人，占建档立卡贫困人口的81.76%；住房安全保障政策覆盖15073户，入住11355户，入住率75.3%。教育扶贫资助贫困学生12252名，发放补贴资金4186.5万元；健康扶贫惠及贫困人口10.5万人，其中46615人享受到健康扶贫医保报销政策；生活救助惠及贫困人口4137名，发放救助金805.28万元，“三张网”政策覆盖率均达到100%。五是因村派人进一步精准。制定出台了驻村第一书记及帮扶工作队管理办法，明确了选派组队、职责任务、日常管理、考核奖惩、保障措施等内容，按照每个工作组3～5人的标准，组织各部门单位为847个嘎查村选派了思想好、作风正、能力强的驻村干部4700多人。六是脱贫成效进一步精准。以旗县市为单位接受国家和自治区组织开展的巡视巡查、督查暗访、专项审计、交叉检查等18次，对存在的问题及时制定整改方案，限期整改完善，确保了脱贫成效真实准确。

（六）深化改革工作取得新成效

实施一批叫得响、立得住、群众认可的硬招实招，推动改革开放向纵深发展。一是深入推进“三去一降一补”。完成乌钢产能置换，总产能达到150万吨，企业经济效益和社会效益逐步凸显。制定出台促进房地产健康发展实施意见，设立肉羊、制糖等产业基金，建立盟级“助保贷”平台，助推企业发展。落实直供电交易政策，实现交易电量5.5亿千瓦时，降低企业成本5000万元。扎实推进援企稳岗工作，取消、停征57项行政事业性收费，为企业减负松绑。二是习近平总书记要求先行先试的三项重点改革任务取得实效。深入推进国有林场改革，探索建立生态环境保护制度。全盟60%的农牧民与龙头企业建立利益联结机制。创新对蒙合作机制，完善口岸基础设施建设，阿尔山口岸实现铁矿石进口零的突破。通过中蒙绿博会、博览会以及文艺演出等形式加强双方互动交流。积极融入新一轮东北振兴，与东三省深化交流、互惠共赢。主动参与京蒙、粤蒙合作。三是加大“放管服”改革力度，全面推行“负面清单”管理和政务公开制度。盟本级原196项行政审批项目，取消（停止）、下放、调整110项，保留88项。深入推进“双随机一公开”，盟本级31个部门6638项权责事项通过门户网站公布。加快商事制度改革，“十二证合一、一照一码”营业执照正式核发。农垦系统剥离办社会职能全部完成。出台小型水利工程管理体制改革指导意见，乌兰浩特和科右前旗率先开展农业水价综合改革。四是创新招商引资模式。面向珠三角、长三角、环渤海等发达区域点对点开展项目推介，中民新能、华为、联想等国内大企业集团相继进驻。全年签约招商引资项目244个，协议总投资813.4亿元，开工率57.0%，到位资金119.8亿元。五是实施创新驱动。着力构建传统产业新型化、新兴产业规模化、支柱产业多元化的产业发展新格局，制定出台高端人才引进政策，引进高技术人才47名，新建研发平台载体10个，其中包含研发中心4个，实现重大科技成果转化20项。

（七）抓绿化、优环境，推动生态环境建设持续改善

坚持把生态保护作为根本，坚持建设保护并举、增绿增收并重，不断丰富造林绿化发展形式。一是科学布局，推进重点项目建设。突出重点区域绿化，围绕公路沿线、旅游线路沿线，旅游景区、农牧业园区、工业园区，城镇和特色小镇周边“两线、三区、一周边”的布局，启动实施森林公园、观赏花园、采摘果园“三园”建设，深入推进实施百万亩特色经济林基地、百万亩重点区域绿化、百万亩生物质原料林禁地、二百万亩封山育林的“1112”工程，三年新增重点区域绿化面积达到112万亩；新增生物质能源林面积30万亩，总面积达到80万亩；新增封山育林面积80万亩，总面积达到192万亩。二是加强保护，切实维护资源安全。认真实施天然林保护、公益林管护等重点项目，狠抓林业有害生物防治和森林草原防火工作，多次成功堵截蒙古边境火，境内未发生重特大火灾。启动开展毁林开垦和非法征占用林地专项整治行动，有效震慑了违法犯罪行为。三是发展产业，推动富民兴林步伐。坚持把发展果树经济林建设和果品加工作为林业重点产业，给予苗木补贴、配建冷库、培育企业，果树经济林建设快速发展，三年新增特色果树经济林面积42万亩，总面积达到82.72万亩。四是改善环境，推进美丽乡村建设。全面推进环境绿化美化和农村牧区公共服务设施建设，全盟739个嘎查村的生产生活环境得到有效改善。

总的来看，2017年以来全盟经济保持稳定发展，农牧业产量稳定，农畜产品价格回升；乌钢、蒙能兴安热电等工业大户向好发展，埃玛矿业、蒙羊等新的经济增长点为经济发展提供了有力支撑。全盟经济运行呈现结构优、效益好、活力足、质量高的良好态势。同时，经济运行中也存在一些困难和问题。受全区加大统计合法性、严肃性审查以来，各旗县市对政策把握不够准确，从6月以来开始逐渐退出停产报数企业，部分企业开始减少上报数据，导致全盟工业增加值迅速下滑，上半年全盟规模以上工业增加值同比增长6.1%，增速排在全区第四位，而9月当月规模以上工业增加值增速由正转负，下滑到–25.5%，致使前三季度规模以上工业增加值增速同比下降1.9%，拉动地区生产总值同比下降4.2个百分点。同时，由于1—10月，热电企业、农畜产品加工业、烟酒生产企业都不是生产旺季，对经济增速的贡献值较低。后两个月，贯彻落实好中央、自治区各项重大决策部署，把握好利于经济发展的各项重大机遇，扶持好生产性企业开足马力满负荷生产，鼓励、刺激市场消费，及时落实各项惠农资金补贴政策，各项主要经济指标将稳步向好。

二、2018年的工作重点

2018年全年工作要坚持以习近平新时代中国特色社会主义思想指引经济社会发展各项工作，坚决贯彻落实党的十九大关于“贯彻新发展理念，建设现代化经济体系”的决策部署，坚持稳中求进工作总基调，紧紧抓住各项有利因素，坚定信心、振奋精神，强化措施、狠抓落实，全力以赴做各项工作。

（一）科学谋划明年经济重点工作

自治区各厅局正在安排明年项目、资金盘子，各地各部门要及早动手，迅速跟进，搞好衔接，争取把我盟更多的项目纳入自治区计划盘子，获得更多资金支持。要紧紧围绕贯彻党的十九大提出的一系列重大发展战略，紧紧围绕解决发展不平衡不充分问题，紧紧围绕抓重点、补短板、强弱项，科学谋划明年经济工作盘子，提早布局明年重点项目建设，确保明年工作有新作为、新气象。工业方面，推进生产企业充分释放产能。抓好生产销售，确保热电企业、农畜产品生产加工业企业、酒类企业开足马力满负荷生产。力争蒙能兴安热电完成工业增加值1.96亿元，同比增长61.9%；荷马糖业实现新增工业总产值4.33亿元；埃玛矿业工业总产值翻番，增长2.2亿元；蒙羊（前旗）公司新增产值1亿元。推动敬业乌钢尽快完成产能置换手续，实现钢材产量115万吨，新增工业增加值4亿元。抓好烟厂调结构、拓销售、减库存工作，保障企业正常生产，完成26万大箱任务。农牧业方面，继续抓好秋粮收购工作。要全力保障秋粮收购资金需求，引导金融机构积极支持秋粮收购。扎实搞好秋粮收购综合服务，延长农产品产业链，提高农产品竞争力等方式，提高粮食生产效益、增加农民种粮收入。抓好农牧民专业合作社规范化建设。完善相关制度，提升规范化、科学化、规模化和集约化效益。完善农（牧）企利益联结机制，建立健全支持新型农牧业经营主体发展的政策体系。服务业方面，全力抓好冬季旅游营销宣传。研发富有特色的冬季主题旅游产品，建立并延伸冬季冰雪旅游产业链，着力举办丰富多彩的冬季旅游节庆活动，大力宣传推广冬季旅游项目，把兴安的冬季做热做火。加大金融对实体经济的支持力度。搭建政银企对接平台，解决好金融部门和企业信息不对称问题。做好上市后备企业的培育和扶持力度，重点推动蒙羊牧业、莱德马业等成长性好的企业上市。广泛开展汽车、房地产等市场营销活动，带动第三产业稳定增长。

（二）全力抓好民生和社会保障工作

全力实施脱贫攻坚工程。认真落实全区推进深度贫困地区脱贫攻坚现场会精神，落实好“三张网”“两挂车”政策。发挥龙头企业带动作用，通过产业扶贫，带动农牧民增收。继续抓好金融扶贫、教育扶贫、生活救助，确保扶贫政策落实到位，真正做到精准扶贫、精准施策、精准推进、精准落地。加大考核督查力度，确保完成年度脱贫任务。加强社会保障工作。及时跟踪监测大学生、农民工、困难企业下岗职工等重点群体的就业情况，千方百计稳定和扩大就业。完善救灾应急预案，切实做好冬季的防灾救灾工作，认真解决困难群众和受灾群众生产生活中的实际问题，增强各族群众的幸福感、获得感、安全感。围绕“三医联动”推进医药卫生体制改革、分级诊疗及家庭签约制度改革、药品采购制度改革。进一步抓好义务教育均衡发展，不断提高教育教学水平。扎实做好维护社会和谐稳定各项工作。要坚持不懈地抓好安全生产，加大对重点领域、重点环节排查整治，严格落实安全生产责任制，严守安全生产红线，坚决防止重大安全事故发生。要常态化开展社会矛盾排查化解，不断巩固扩大化解信访积案“百日攻坚”行动成果，突出抓好源头化解和末端稳控工作。要严厉打击各类违法犯罪活动，强化网络舆情监控，为经济社会发展营造和谐稳定的社会环境。加强生态文明建设。建设生态文明，是关系人民福祉、关乎民族未来的长远大计。面对资源约束趋紧、环境污染严重、生态系统退化的严峻形势，必须树立尊重自然、顺应自然、保护自然的生态文明理念，把生态文明建设放在突出地位，融入经济建设、政治建设、文化建设、社会建设各方面和全过程，发挥我盟后发优势，努力建设美丽、生态、和谐兴安盟。坚持节约优先、保护优先、自然恢复为主的方针，着力推进绿色发展、循环发展、低碳发展，形成节约资源和保护环境的空间格局、产业结构、生产方式及生活方式，从源头上扭转生态环境恶化趋势，为人民创造良好生产生活环境，为全国乃至全球生态安全做出贡献。

（三）不断加强党的建设，推动全面从严治党向纵深发展

切实把党的政治建设摆在首位，旗帜鲜明讲政治，牢固树立“四个意识”，坚决维护以习近平同志为核心的党中央权威和集中统一领导。持续强化思想理论武装，切实用习近平新时代中国特色社会主义思想武装头脑，认真开展“不忘初心、牢记使命”主题教育。深入推进反腐败斗争，持之以恒正风肃纪，巩固拓展落实中央八项规定精神成果，继续整治“四风”问题，不断加强队伍建设，切实转变工作作风，更好为群众服务。

供　　稿：额　图　兴安盟住房和城乡规划建设局

责任编辑：多志勇

通辽市经济社会发展情况

2017年以来，通辽市上下深入学习贯彻党的十九大精神，以习近平新时代中国特色社会主义思想为指引，统筹推进“五位一体”总体布局，协调推进“四个全面”战略布局，认真践行新发展理念，推动各项事业发展迈上了新台阶。预计全年地区生产总值增长6%，一般公共预算收入完成70.5亿元，税收收入增长11.9%，规模以上工业企业利润增长8.4%，城乡常住居民人均可支配收入分别增长8%，用电量、货运量等先行指标持续稳步增长。

一、2017年的主要工作

（一）迎接和学习宣传贯彻党的十九大

通辽市及早谋划、统筹推进迎接党的十九大召开的各项工作，认真学习贯彻习近平总书记“7·26”重要讲话精神，深入开展大学习、大调研系列活动，精心组织迎接党的十九大主题宣传报道，营造了浓厚氛围和良好环境。及时召开市委常委会会议、干部大会、中心组集体学习会，传达学习党的十九大精神，召开市委五届五次全会，制定出台《中共通辽市委关于认真学习宣传贯彻党的十九大精神的意见》，引导广大党员干部在学懂弄通做实上下功夫，在全市上下兴起学习宣传贯彻热潮。

（二）深入推进供给侧结构性改革

利用市场化、法治化手段推进“三去一降一补”，完成电解铝产能指标置换83.3万吨，取缔“地条钢”2.6万吨，将去库存与棚改工作相结合，消化房地产库存2.6万套，制定政府债务化解方案，停建缓建政府投资项目40个，出台降本增效38条意见，落实“助保贷”、大用户直购电等综合措施，为企业降本20多亿元。

（三）推进全产业链建设

全力推进生态农牧业、玉米生物、有色新材料、科尔沁肉牛、现代蒙医药、煤化工（乙二醇）、沙产业、会展业、文化旅游等产业全链条发展，全年开工亿元以上延链补链项目160个，完成投资735亿元。铝精深加工产品达到402种、产能258万吨，玉米生物精深加工产品达到200个、产能290万吨。科尔沁牛业牛产业园基本建成，伊赛牛肉、邦杰食品肉牛加工项目具备投产条件。修正科尔沁药业蒙药基地开工建设，伯恩露笑蓝宝石二期建成投产。科尔沁500公里风景大道被列入自治区旅游品牌线路，银沙湾、宝古图等10个自驾车露营地及服务驿站建成使用，“一带一路”敖包相会旅游品牌推向全国。建成农业精准节水面积152万亩，压减籽粒玉米248万亩，饲草料面积达到530万亩，粮经饲比例调整为68：13：19，主要农作物机械化水平达到85%，粮食生产大灾之年再获丰收。农企利益联结更加紧密，100多万农牧民进入产业链增收。

（四）全面深化改革开放

通辽市先后8次召开市委常委会会议、深改领导小组会议，研究部署改革工作，研究制定232条改革任务，开展2轮全面督察、5次专项督察，推动各项改革任务精准落地。坚持抓重点、攻难点、出亮点，总书记嘱托内蒙古先行先试的三项改革事项取得明显成效，电力体制、金融体制、“放管服”、城市综合执法体制等重点改革扎实推进。主动融入“一带一路”建设，深化与俄蒙合作，加强与辽宁、吉林融入对接，组团赴发达地区、领军企业洽谈合作，全年签约亿元以上项目138个，开放质量水平显著提升。

（五）成功创建全国文明城市

坚持创城为民、创城利民、创城惠民、创城化民，实施社会主义核心价值观24字进万家、好人之城塑造、文明行动引导、优秀文化传承、未成年人道德建设、基础设施改善、生活环境美化、城市顽疾治理等工程，中心城区拆除违法建筑、硬化背街小巷等330万平方米，清运城乡垃圾110万立方米，张贴小广告、占道经营、乱堆乱放等城市顽疾得到治理，城市面貌和民生质量显著改善，市民文明程度普遍提高，群众获得感、满意度大幅提升。

（六）全力打好精准脱贫攻坚战

落实精准扶贫、精准脱贫基本方略，强化产业脱贫，通过土地流转、牲畜托养、入股合作等方式，带动4.14万贫困人口实现产业增收及就业。突出抓好教育扶贫和健康扶贫，全面落实贫困家庭学生定额补助，全面推行大病、重病3000元以上和慢病100元以上三个全兜底政策，将9816名符合条件的建档立卡贫困人口纳入低保，实行贫困人口先诊疗后付费，开通定点医院一站式即时结算系统，降低基本医疗和大病保险报销起付线，提高医疗合规费用报销比例。年内4.6万贫困人口实现稳定脱贫。

（七）着力保障和改善民生

通辽市千方百计增加民生投入，全市财政民生支出占财政总支出的78%。全力做好就业创业和社会保障工作，城镇新增就业1.8万人，“零就业”家庭动态清零，棚户区改造开工近6000套，主要社会保障标准稳步提高。大力发展社会事业，城乡义务教育办学条件和教育质量稳步提升，6个旗县通过义务教育均衡发展验收；公立医院改革深入推进，城乡医疗卫生服务体系进一步完善，成功创建国家卫生城市。深化平安通辽建设，社会矛盾大排查、“百日攻坚”化解积案和缉枪治爆、打击“黄赌毒”等行动取得重要成果，安全生产形势整体稳定，全市未发生重特大事故。

（八）持续加强生态文明建设

坚持“绿水青山就是金山银山”理念，大力实施重大生态修复和保护工程，完成科尔沁沙地综合治理312万亩、重点区域绿化12万亩。全市污水处理厂集中处理率达97.7%，主要污染物实现达标排放，整治燃煤锅炉267台，城市空气质量优良天数占比达到86.4%。抓好中央、自治区环保督查反馈问题整改，对12家电解铝、火电等重点企业实行在线、工况、视频“三位一体”自动监控管理，煤电铝烟气污染物近零排放工程陆续建成，北部环境综合整治取得重大成果。

（九）深入推进全面从严治党

扎实推进“两学一做”学习教育常态化制度化，开展规范党内政治生活推进年活动，加强领导班子和干部队伍、人才队伍建设，人大、政府、政协换届工作圆满完成。深入推进嘎查村集体经济“清零递增”行动，深化“五个一”帮联行动，基层党组织凝聚力战斗力进一步提升。强化监督执纪问责，全面推进监察体制改革，持续整治“四风”，深入开展“打老虎”“拍苍蝇”“雁过拔毛”式腐败和扶贫领域专项整治，保持了正风肃纪、惩治腐败的高压态势。强力推进中央巡视“回头看”和自治区党委巡视反馈意见整改落实，整改工作取得阶段性成果。

在取得成绩的同时，通辽市经济社会发展也面临着不少困难和挑战：发展不平衡不充分的问题还比较突出，经济发展内生动力不强，新经济体制机制不健全不完善，民生领域还有不少短板，全面建成小康社会还有很多难关需要攻克，党的建设还有一些薄弱环节，需要采取有力措施，认真加以解决。

二、2018年的作重点

2018年是贯彻党的十九大精神的开局之年，通辽市将把学习贯彻党的十九大精神与深入贯彻落实习近平总书记考察内蒙古重要讲话和为内蒙古题词精神结合起来，坚决落实中央和自治区党委决策部署，锐意进取、埋头苦干，扎扎实实做好各项工作，努力开创经济社会发展新局面。

（一）聚焦全面建成小康社会，打好三大攻坚战

一是坚决打好防范化解重大风险攻坚战。通过调整优化财政支出结构、债权置换、盘活存量资产等措施，积极稳妥化解存量债务，力争用3年时间，把政府债务率降到国家要求的合理水平。严禁违法违规融资担保或以政府投资基金、政府和社会资本合作、政府购买服务等名义变相举债，建立完善政府举债终身问责制和债务问题倒查机制，完善债务风险预警和处置机制，确保风险可防可控。开展金融风险专项整治，严厉打击各类金融违法违规行为。开展农民工工资清欠专项行动，建立健全农民工工资支付监控、应急周转金和保障制度，建立责任追究制度。有效防范化解稳控社会治安、安全生产、食品安全、网络安全等各领域风险隐患，确保社会大局稳定。二是坚决打好精准脱贫攻坚战。严格“两不愁、三保障”脱贫标准，突出产业脱贫治本作用，坚持龙头企业带动、合作社拉动、“三权”分置推动，创新组

织形式、合作方式、服务模式，实施“百企千社联万户”行动，建立长期稳定的农企利益联结关系。推行资源变股权、资金变股金、农牧民变股民，保证有劳动能力的人口有产业、没有劳动能力的人口有分红，实现租金、股金、薪金“三金”增收。充分发挥政策保障兜底作用，全面落实贫困家庭学生定额补助，大力实施大病集中救治、慢病签约服务、重病兜底保障。强化党组织和党员干部包扶作用，坚决杜绝扶贫领域的形式主义、官僚主义，确保真脱贫、脱真贫。三是坚决打好污染防治攻坚战。深入实施大气、水、土壤污染防治计划，全面落实“河长制”，提升污水处理标准和再生水利用水平，完成再生水管网改造。建成运营电解铝烟气近零排放工程，开展第三方监测工作，持续整治城区散烧煤、农区秸秆焚烧、企业无序排放等问题。加强农业面源污染防治和投入品管控，大力推广资源化利用、无害化处置农牧业、工业废弃物和城市垃圾，切实改善土壤环境质量。坚决淘汰落后产能、落后工艺、落后设备，大力引进环保装备、环保产业，积极发展节能高效、先进环保、资源循环利用等先进技术，最大限度降耗减排。

（二）深化供给侧结构性改革，推动经济高质量发展

一是建设“五个结合”转方式发展先行区。深入贯彻落实习近平总书记考察内蒙古提出的“五个结合”重要指示，把主导产业链建设作为转方式的重要抓手，推动重点项目集中集聚，铝镍硅有色新材料产业向轨道交通和汽车轻量化发展，力争福耀集团二期项目开工建设，联晟双零箔、伯恩露笑蓝宝石晶体三期等项目建成投产。玉米生物产业向食品级和医药级延伸，开工建设梅花生物食品医药生产质量管理规范（GMP）平台等项目，开封药业一期等项目建成投产。煤化工产业向新型可降解塑料等下游产品拓展，启动建设金煤化工聚乙醇酸项目，加快富德康乃尔重组步伐。沙产业向控、治、用融合发展，加快建设仁创砂产业园。二是扎实推进“破、立、降”。坚决化解环保、能耗、质量、安全不达标的落后过剩产能，积极推进煤矿兼并重组，依法依规处置“僵尸企业”。以先进技术改造传统产业，培育一批具有创新能力的骨干企业和科技型中小企业，使优势产业、主导产品迈向中高端，推动战略新兴产业和现代服务业集聚发展。通过扩大大用户直购和电力多边交易范围、申建多能互补集成优化示范项目等降低生产成本，通过落实税费减免政策、规范中介服务收费、清理违规收费等降低税费成本，通过优化物流配送体系、推动产业上下游配套等降低物流成本，通过扩大“助保贷”、组织银企对接等降低财务成本，打好降本增效组合拳。三是培育壮大实体经济。实施名企业和企业家培育工程，研究制定更具针对性、可操作性的扶持政策，支持骨干企业争创名牌名企。建立重点企业名录，实行领导干部一对一包联、政企早茶会、信息直通车等制度，构建亲清新型政商关系。四是加快建设创新创业集聚区。围绕产业链部署创新链，加强与中科院、吉林大学、清华大学、内蒙古民族大学等院校合作，开展产业技术创新行动，实施关键技术攻关和高端产品研发。实行更加积极、更加开放、更加有效的人才政策，制定实施科技人才引进培育“千人计划”、高层次人才培育引进“万人行动”和10万高校毕业生通辽创业就业计划，加强智库建设，重奖贡献突出人才，营造浓厚的创新创业氛围。

（三）实施乡村振兴战略，推动城乡融合发展

一是大力推进农牧业现代化。深化农牧业供给侧结构性改革，高标准建设节水高产高效粮食功能区400万亩，发展特色种植，蒙中药材、甜菜、红干椒、荞麦、杂粮杂豆等经济作物面积达到340万亩，建设优质饲草料基地550万亩。大力发展以肉牛为主的现代养殖业，实施肉牛提质扩群工程，更新增加优质母牛20万头。健全质量安全追溯体系，开展“三品一标”百企创建活动。加快一、二、三产融合发展，密切农企利益联结机制，促进农牧业全链条升值、农牧民全链条增收。二是建设美丽乡村。把改善村居环境、完善基础设施、发展社会事业与推进产业发展、创新乡村治理、培育良好风尚等统筹结合起来，实施农村牧区人居环境整治三年行动计划，搞好“厕所革命”“餐厨革命”试点，推动城乡基础设施和基本公共服务有效衔接。加强农村牧区基层党组织和“三农三牧”干部队伍建设，创新乡村治理体系，大力培育和弘扬文明乡风、良好家风、淳朴民风，把农村牧区建成安居乐业的美好家园。三是构建城乡融合发展格局。落实“三个一百万”人口布局规划，加快推进百万人口区域中心城市建设，继续改造城市供热、供水、供气、污水、雨水管网，大力推进城市生活垃圾、建筑垃圾、餐厨垃圾综合处理，启动实施民大新校区建设和高铁站广场、城市出口路等重点部位改造，积极推进恒大、富力、碧桂园等知名企业参与城市建设和棚户区改造，提升基础设施建设水平和服务功能。加强县城和小城镇建设，从整治脏乱差入手，加大绿化美化亮化力度，不断完善城关镇市政设施，发展立旗立镇的主导产业，建设功能完善的美丽县城和各具特色的精致小镇，推动外来务工人员、农村牧区转移就业人口、城中村和城边村居民转市民“三个市民化”进程，吸纳百万人口就地就近城镇化。通过建设美丽乡村、发展现代农牧业，实现百万农牧民安居乐业。

（四）创新体制机制，全面深化改革扩大开放

进一步强化改革意识，弘扬改革精神，持续抓好总书记嘱托内蒙古先行先试的三项改革任务，大力推进“放管服”、行政管理体制、综合执法体制、投融资体制、电力体制、水务管理体制等重点领域和关键环节改革，努力形成一批叫得响、立得住、有影响的改革亮点，以实际行动和优异成绩纪念改革开放40周年。建设立足蒙东、融入东北，守望草原、面向渤海，东西集通、南北联开的“一带一路”草原名城，积极主动融入“一带一路”建设和新一轮东北振兴、京津冀协同、环渤海发展，全面加强与俄蒙的互联互通与合作交流，把开放前沿、创新前沿推进到发达地区、领军企业，紧扣9条全产业链精准招商、以商招商，引进高端项目、高端技术、高端人才和先进理念、新兴业态。

（五）切实保障和改善民生，提高人民群众生活水平

一是推进社会事业现代化。从群众关心关注、社会反映强烈的中小学生课外负担重、择校热、大班额和看病难、看病贵等突出问题入手，找准症结、精准施策。优化教育布局，扩大优质教育资源供给，加强师德师风建设，提高城乡办学条件，推进义务教育和普通高中教育走进自治区前列。推进健康通辽建设，深化医疗卫生体制改革，加强与高水平医疗机构合作，引进培养高水平医疗人才，完善城乡基本医疗服务体系，推动基本公共卫生服务均等化。实施更加积极有效的就业政策，针对不同就业人群实施精准技能培训，年内城镇新增就业

1.7万人。二是推进保障体系社会化。深入推进全民参保计划，加快实现城乡基本养老保险人员全覆盖，扩大社会保险覆盖范围，推进跨省就医即时结算工作，提高养老保险待遇水平和城乡居民医保财政补助标准。建立多主体供给、多渠道保障、租售并举的住房制度，推动房地产市场持续健康发展，加大棚户区改造力度，不断改善群众居住条件。三是建设新时代文明城。大力实施意识形态统领、社会主义核心价值观铸魂、文明城市创建提升、文化惠民、科尔沁文化传承保护、文艺精品创作、文化产业培育“七大工程”，深入推进“八大环境”建设，持续办好老旧小区改造、环境综合治理、公共秩序整顿、公交便民等惠民实事，让广大群众共享城市文明。四是建设新时代民族团结进步模范区。全面贯彻党的民族政策，坚持和完善民族区域自治制度，深化民族团结进步教育和创建活动，大力发展民族教育、民族文化、民族体育、民族医药等社会事业，加强各民族交往交流交融，创造各族群众共居、共学、共事、共乐的社会条件。

（六）加强生态修复保护，建设北疆生态安全屏障功能区

坚持“北保护、中节水、南治沙”，大力实施“四个千万亩”工程。一是实施千万亩农业高效节水工程，集成应用水肥一体化、用水计量化、秸秆还田、病虫害绿色统防统治、全程机械化技术，力争3年内，将全市农业用水在现有基础上再减少50%以上。二是实施千万亩草原修复工程，坚持自然修复为主，综合采取封育、禁牧、免耕补播飞播等措施，对退化较为严重的1000万亩草原进行修复，2018年重点实施400万亩。三是实施千万亩天然草原现代畜牧业示范工程，按照习近平总书记“退牧还草、舍饲半舍饲、禁牧不禁养”的要求，加大北部草原生态奖补力度，通过种草养畜、以草定畜，积极调整牲畜结构，切实解决超载过牧问题。四是实施千万亩科尔沁沙地治理工程，推动防沙、治沙、用沙和林业生态建设相融合，年内完成沙地综合治理630万亩、无立木林地改造100万亩。同时，加大管护力度，切实增绿护绿，推动科尔沁沙地生态环境持续好转。

（七）强化全面从严治党基层基础建设，为决胜全面小康、实现现代化提供坚强政治保证

一是夯实党的政治基础。坚持党对一切工作的领导，强化“四个意识”，坚定执行党的政治路线，严明政治纪律和政治规矩，在政治立场、政治方向、政治原则、政治道路上同以习近平同志为核心的党中央保持高度一致，坚决维护党中央权威和集中统一领导。二是夯实党的思想基础。深入开展习近平新时代中国特色社会主义思想学习教育，深入推进“两学一做”学习教育常态化制度化，扎实开展“不忘初心、牢记使命”主题教育，把党内教育融入日常、抓在经常，进一步纯正干部思想、纯洁干部队伍。三是夯实党的组织基础。树立正确选人用人导向，注重在基层一线和困难艰苦地方培养锻炼干部，从严管理监督干部，推动形成干部能上能下机制，完善干部考核评价机制，建立健全激励机制和容错纠错机制。全面加强基层组织建设，实施农村牧区“富民党建”、街道社区“暖心党建”、机关事业单位“活力党建”、国有企业“聚力党建”、非公有制经济组织和社会组织“连心党建”工程，发挥党组织的政治核心、政治引领作用。四是夯实党的执政基础。严格落实中央八项规定精神，持续深入整治“四风”问题，坚决压减会议和事务性活动，把主要精力放在一线、放在基层解决问题和推动工作，坚决整治不作为、慢作为、乱作为和微腐败等群众反映强烈的突出问题，着力构建作风建设长效机制。坚持有腐必反、有贪必肃，持续保持高压态势，夺取反腐败斗争压倒性胜利。持续深化中央巡视“回头看”和自治区党委巡视整改成果，加大巡察工作力度，营造风清气正的政治生态。

供　　稿：高志峰　通辽市委副秘书长
责任编辑：崔树华

赤峰市经济社会发展情况

2017年，赤峰市全面贯彻落实中央和自治区党委决策部署，坚持发展是第一要务，坚持创新、协调、绿色、开放、共享发展理念，稳增长、调结构、促改革、惠民生、防风险，保持了经济社会发展良好势头，实现了稳中有进。1—9月，全市生产总值完成1282.7亿元，增长4.2%；城乡常住居民人均可支配收入分别为22879元和6986元，分别增长8.5%和8.2%。1—10月，规模以上固定资产投资1421.7亿元，增长7.1%；社会消费品零售总额613.1亿元，增长9.1%；一般公共预算收入完成84.3亿元。预计到年末，全市生产总值2198亿元，增长5.5%；规模以上固定资产投资1616亿元，增长10%；社会消费品零售总额766.8亿元，增长9.5%；城乡常住居民人均可支配收入29659元和10278元，分别增长8.5%和8%；一般公共预算收入完成101亿元。

一、2017年的主要工作

（一）围绕供给侧结构性改革扎实推进产业转型和结构调整

围绕建设国家级高新技术产业开发区构建新型工业体系。通过在禁止开发区实行工业退出机制、在全市范围内实行“飞地经济”政策，引导推动各旗县区将新引进的项目直接放入开发区、将“退城入园”和技改扩建项目迁入开发区，加快推进马林有色金属产业园和云铜、金剑各40万吨铜冶炼、自备电厂、大地云天120万吨缓控释肥等重点项目建设，使开发区真正成为赤峰工业的核心区、创新区、引领区。目前，开发区“一区四园”规划面积129平方千米，建成区面积46平方千米，入驻企业212家，1—9月实现工业增加值63.3亿元，占全市工业增加值的25.4%；11月，科技部专家咨询调研组到开发区进行实地考察，创建国家级高新区工作进入实质推进阶段。在全力打造开发区的同时，实施了瑞阳化工、赤峰制药等一批传统产业延伸升级项目和拓佳电子信息产业园、泰岭生物医药产业园、蓝越新能源汽车等一批新兴产业项目，工业转型发展步伐持续加快，企业效益达到了近年最好水平。前9个月，规模以上工业企业主营业务收入增长16.3%，利润增长76.4%，税收增长41.9%。

围绕推动一、二、三产业融合发展构建新型农牧业体系。经过努力，2017年农牧业实现丰年丰收，粮食产量稳超百亿斤，牲畜存栏数量保持全区第一。立足解决玉米“一粮独大”和肉羊“一畜独大”的问题，着力推进农牧业供给侧结构性改革，设施农业达到146万亩，林果116万亩，人工紫花苜蓿187万亩。生态观光、休闲农牧业等新兴业态蓬勃发展，全市休闲农牧业经营主体发展到960个，从业农牧民1.1万人，收入16.1亿元，红山区成为自治区2个田园综合体建设试点旗县之一；以温氏、牧原为龙头的生猪产业，以草原兴发、蒙都羊业为龙头的肉羊产业，以恒都、中敖为龙头的肉牛产业，以东阿阿胶、太极集团为龙头的肉驴产业，以北京首农、蒙草抗旱为龙头的草产业均保持强劲势头，农牧业主要产业实现了全产业链发展。举办了中国北方农博会、中国牛羊肉产业大会、世界小米大会，农畜产品品牌影响力进一步扩大。

围绕壮大物流、金融等服务业态构建新型服务业体系。着力推动赤峰B型保税物流中心向综合保税区迈进，赤满欧国际货运班列运行15列，出口创汇1.2亿元；全市物流园区交易额458亿元。建设了“塞北金融小镇”，入驻金融企业6家；启动了企业上市4年行动计划；中国北方有色金属交易中心、内蒙古股权交易中心赤峰分中心投入运营。1—11月，全市金融业存贷款余额分别增长19.8%和19%。新增房地产开发面积348万平方米。

具体工作中，坚持把投资和项目建设作为重要抓手。认真落实习近平总书记批示精神和自治区党委部署，坚决打好防范化解重大风险攻坚战，审慎谋划和实施PPP项目，既保持项目建设的良好势头，又从源头上严控财政风险。截至10月末，全市动开工重点项目773个，完成投资1040亿元，增长21.8%。

（二）大力推动文化旅游业快发展、大发展

立足迎接“高铁时代”和打造新型绿色主导产业，2017年在发展文化旅游产业上集中发力。组织推动上，成立了旅游发展委员会，组建了文旅集团，设立了50亿元的文化产业发展基金。规划建设上，确定了建设中国草原自驾游胜地、中国旅游强市和世界级旅游目的地的目标。宣传推介上，集中宣传“全家去赤峰，愉快又轻松”旅游形象推介语，在人民网进行城市品牌发布和旅游推介，召开了意向投资额超千亿元的旅游招商大会，承办了“中华一家亲，巴林草原情”海峡两岸各民族欢度那达慕大会和内蒙古第七届乌兰牧骑艺术节，举办了第二届蒙冀辽文化产业博览会，推动乌兰布统景区与河北塞罕坝景区无缝对接。基础设施上，启动了1000千米旅游公路两年行动计划，已开工777千米；新建自驾车营地7个，旅游特色小镇18个，克什克腾石阵景区晋升5A级景区通过国家资源评价。文旅融合上，启动了阿鲁科尔沁草原游牧系统申遗工作，二道井子遗址展示馆、辽上京文化产业园、阿旗蒙古汗廷文化产业园建成运营，中国契丹辽文化博物馆、红山文化展示中心、辽上京国家考古遗址公园正在建设。话剧《草原丰碑》入选自治区成立70周年献礼剧目，《诺恩吉雅》大型实景剧演出获得成功。深入落实习近平总书记给苏尼特右旗乌兰牧骑队员们的回信精神和李纪恒书记考察乌兰牧骑指示精神，把乌兰牧骑作为文化强市建设的红色基因、重要载体和亮丽品牌进行重点打造。1—11月，旅游接待人数和收入分别达到1572万人次、255亿元，分别增长12%、14%，其中乡村旅游分别达到321万人次、12.7亿元，分别增长47%、150%。

（三）举全市之力打好脱贫攻坚战

坚持精准扶贫、精准脱贫，从精准识别到精准施策，扎实抓好每一个环节的工作，集中全社会力量推进脱贫攻坚，为如期实现全面建成小康社会目标打下了坚实基础。坚持把产业扶贫作为主要途径，每个旗县区都规划建设了扶贫产业园区，每个贫困村都确定了扶贫主导产业，确保年内3万人通过发展产业脱贫。坚持把健康扶贫作为关键举措，针对全市40%以上的贫困人口属于因病致贫返贫的实际，设立市级贫困人口大病保障基金，在全市推广央视《新闻联播》报道的敖汉旗“五道保障线”大病扶贫专项救助模式，取得了明显成效。大力推广“产业园区

+易地扶贫搬迁”模式，规划建设集中安置区77处，年内完成8328名建档立卡贫困人口搬迁任务。注重做好金融扶贫，全年发放“强龙贷”等各类扶贫贷款90亿元。加强生态补偿脱贫、发展教育脱贫、社会保障兜底等工作，构建起了大扶贫工作格局。加强建档立卡贫困人口动态管理工作,预计全年实现5.8万人稳定脱贫。高度重视因灾返贫致贫问题，积极稳妥应对“8·11”龙卷风灾害，2个月时间内388户灾民全部搬入新居。结合学习宣传党的十九大精神，因势利导开展“感党恩、听党话、跟党走”主题教育活动，引导各族群众感恩向党、立志创业。

切实做好保障和改善民生各项工作。1—11月，全市民生支出300亿元，占公共财政预算支出的76.1%。全市新增就业2.3万人。计划投资500亿元，改造各类棚户区5.1万套，已全部开工，完工后可基本消灭中心城区集中连片棚户区；李克强总理关注的铁南棚户区改造全面完成，7422户居民喜迁新居；9059户农村牧区危房改造工程开工。启动了总投资200亿元的迎接自治区成立70周年十大民生建设工程，农村牧区中小学办学条件提升工程基本完成，中心城区11所中小学幼儿园全部开工建设，高考本科上线率高于自治区平均水平3.27个百分点。启动了市传染病医院和蒙中医院建设，全面推开城市公立医院综合改革，实施取消药品加成和分级诊疗制度，中心村电网升级改造全面完成，基本公共服务水平不断提高。

（四）持续用力推进生态环境保护与建设

坚持绿色发展和“绿水青山就是金山银山”的理念，坚持把绿色作为底色，把生态环境保护作为责任，进一步加大生态环境保护与建设力度。重点实施了环中心城市50公里生态圈和重点区域绿化工程，扎实推进经济林、樟子松、文冠果、山杏林、沙化土地综合治理“五大基地”建设，新增营造林面积110万亩，赤峰市被评为国家园林城市。依法推进生态保护工作，市人大常委会颁布了《赤峰市禁牧休牧和草畜平衡条例》，将于2018年7月1日正式施行，《赤峰市地下水资源保护条例》起草工作已经完成。总投资100亿元的老哈河上游生态环境综合治理与保护工程全面启动，包括植树造林、节约用水、污水治理、矿山环境综合整治、生态恢复等方面。认真落实中央和自治区环保督察反馈意见，制定整改方案，责任到单位到人，逐条进行整改落实，对自然保护区内违规开发建设项目进行了清理，全面推动土壤和大气污染防治，打响了污染防治攻坚战。

（五）切实把改革创新作为推动发展的第一动力

年初，全市共确定6个领域206项改革任务，目前已启动实施180项，取得改革成果形式159个，跟上了中央和自治区改革步伐。扎实推进供给侧结构性改革，化解煤炭过剩产能225万吨，房地产库存下降7.7%，降低企业用电成本1亿元，减轻中小企业税负11.5亿元。深化行政审批制度改革，全面推行“双随机一公开”监管，全面实施企业登记注册“五证合一、一照一码”、个体工商户“两证整合”改革和工商电子化登记，行政审批申报材料减少6.4%、环节精简20.5%、时限压缩58.1%，初步实现市县乡村四级政务服务一体化。投融资体制改革取得重大成效，组建了8家国有投融资平台，设立了11支基金，实施了83个PPP项目，国务院表彰赤峰市为“推广政府和社会资本合作模式成效明显、社会资本参与度较高的市”。国企国资改革进展良好，出台了投资管理办法、工资总额管理办法等一系列制度性文件，投融资和风险管控能力显著增强。深入推进农村牧区综合改革，完成7429万亩草原、1315万亩土地确权登记。民主法制、文化、社会、党的建设制度和纪律检查体制等领域改革有序推进。坚持先行先试，承担国家级改革试点22项、自治区级改革试点21项，供销合作社综合改革、市场主体全程电子化登记、电子商务进农村等试点改革走在全区前列。

（六）积极推动赤峰融入全国全区发展大格局

按照习近平总书记“登高望远”指示精神和自治区党委对外开放工作部署，赤峰市坚持把发挥区位优势作为第一优势来打造。围绕构建以赤峰为中转枢纽，南接锦州港、天津港，北接满洲里、二连浩特口岸的公铁海联运大物流格局，加强与锦州市和锦州港的对接，与朝阳市、天津港保持密切沟通，积极推动绿色草原和蓝色海洋相拥发展，力求通过赤峰这个枢纽把距内蒙古最近的海港与自治区向北开放的陆港拧在一起，实现双向互济、东西互动。积极融入京津冀协同发展战略，深入落实李纪恒书记与多部委座谈会精神和内蒙古大数据产业推介大会部署，重点围绕承接非首都功能产业，积极创建国家级承接产业转移合作示范区，全年共承接京津冀地区产业转移项目182个，投资418亿元。专门组织招商引资考察团，赴长三角、珠三角进行新兴产业招商。1—10月，引进国内区外资金674.7亿元，增长11.6%。

（七）进一步提升基础设施保障能力

集中精力补齐基础设施短板。赤峰至京沈高铁连接线基本完成线下路基和桥梁工程，高铁枢纽站启动建设，集通铁路扩能、京通铁路电气化、叶赤铁路改造等项目加快推进，大板—经棚、经棚—乌兰布统—围场高速正在建设，玉龙机场旅客吞吐量超过百万人次，改扩建工程启动，阿旗通用机场成功试飞。中心城区中环快速路、城市综合管廊、环城水系治理、“两山两园”景观提升等市政工程进展顺利。三座店水库向中心城区供水工程加快推进，琥珀沟水库开工建设，辽西北调水赤峰支线工程可行性研究报告通过水利部专家咨询，东台子水库即将进入招投标阶段。辽宁至赤峰天然气长输管线工程完成核准手续。赤峰至京津冀电力外送通道正在编制建设方案。加强通讯信息网络建设，启动了宽带进乡村工程和移动信号网络建设集中攻坚工程，推动旅游景区4G网络全覆盖和常住农牧户电视信号、网络宽带全覆盖。

当前，赤峰经济社会发展中不平衡、不充分、不协调、不可持续的问题依然突出，主要表现在：一是实体经济特别是工业经济规模小，企业融资成本较高，民间投资增速回落，财政增收困难；二是改善和保障民生任务重，城乡居民增收速度放缓，脱贫攻坚任务紧迫而艰巨，科技、教育、医疗、文化、社保等方面既存在供给能力不足的老问题，也面临着供给质量不高的新问题，较大的民生保障需求与有限的财力矛盾十分突出；三是城乡基础设施和公共服务短板较多，生态环境总体脆弱，节能减排压力大，大气、水、土壤污染问题还没有得到根治；四是公共安全工作还有待加强，等等。

二、2018年的工作重点

2018年，是全面贯彻落实党的十九大精神的开局之年，也是决胜全面建成小康社会的关键之年。赤峰市将全面贯彻落实党的十九大精神，以习近平新时代中国特色社会主义思想为指导，以全面建成小康社会为目标，不折不扣落实中央、自治区决策部署，进一步增强“四个意识”，坚定“四个自信”，紧紧抓住发展第一要务不动摇，统筹推进

“五位一体”总体布局和协调推进“四个全面”战略布局，扎实工作，锐意进取，努力推动赤峰跨越崛起。重点做好以下几个方面的工作：

（一）强力推动项目投资再上新层次

坚持把项目建设作为推动赤峰跨越崛起的关键抓手，全市动员、全民参与，深入开展招商引资“冬季行动”，力争引进投资亿元以上工业和服务业项目100个以上。继续在基础设施和公共服务领域规范推广政府与社会资本合作，鼓励支持扩大民间投资，进一步扩大信贷投放规模，着力引进一批引领行业发展、带动产业升级、补齐发展短板、增强保障能力的大项目、好项目。全年实施投资5000万元以上重点项目800个以上，完成投资1200亿元以上。

（二）强力推动工业经济焕发新活力

落实好“飞地经济”政策，加快打造赤峰东部工业经济走廊，确保园区2×30万千瓦自备电厂投产运营，赤峰云铜40万吨铜冶炼、远联钢铁技改升级项目竣工投产，赤峰高新区晋升为国家级高新区。积极推进中蒙药颗粒剂试点，加快普因医药抗肿瘤新药、泰领医疗产业园项目建设。推动建设神雾70万吨乙二醇、中粮2×30万吨燃料乙醇、盛森硅锆化工、克旗120万千瓦抽水蓄能、平煤集团400万吨扩能改造、大地云天二期40万吨缓控释肥等一批重大能源化工项目开工建设，保持工业经济稳定增长。

（三）强力推动乡村振兴开启新征程

大力发展全产业链高效农牧业，深化农牧业供给侧改革，积极推广设施农牧业和高效节水农牧业，全年新增设施农业、优质紫花苜蓿、丰产经济林各20万亩，新增节水灌溉面积20万亩，优质肉牛肉羊出栏1000万头只、生猪出栏800万口。进一步完善农村牧区生产生活设施，持续巩固美丽乡村建设成果，建立农村牧区环境整治长效机制。

（四）强力推动现代服务业开创新局面

加快推进全域旅游、四季旅游，全面完成1000公里旅游公路建设任务，落实全市自驾游配套服务体系规划，加快开发房车旅游市场，基本建成中国草原自驾游胜地。大力发展现代物流，推进金融物流港二期建设，推动赤峰保税物流园区晋升国家综合保税区。加快金融创新，深入实施企业上市直接融资四年行动计划，积极发展动漫、演艺等泛娱乐产业，推动五甲万京信息产业园投入运营。

（五）强力推动脱贫攻坚取得新胜利

牢牢把握“六个精准”“五个一批”总要求，充分发挥产业扶贫的主体作用，加快推进易地搬迁扶贫、金融扶贫、健康扶贫、教育扶贫，强化扶贫资金监管，坚决整治扶贫领域的腐败和作风问题，坚决打好打赢脱贫攻坚战。集中整合投入各类扶贫资金150亿元以上，年内确保6.9万贫困人口稳定脱贫。

（六）强力推动生态环境保护与建设取得新成效

进一步强化绿色发展理念，全面实施老哈河上游生态环境综合治理与保护工程，完成重点林业生态建设工程100万亩、水土保持综合治理150万亩。完成水资源管理保护条例立法工作，实施大气、水、土壤等污染防治行动计划，按计划有序退出国家自然保护区内工矿企业，不断改善发展条件。

（七）强力推动民生社会事业再有新进步

持续加大民生和社会事业领域投入，抓好就业创业和社会保障，投资110亿元改造城市棚户区1.32万套、185.2万平方米，全面完成农村牧区危房改造。加快中小学和幼儿园、医疗机构等一批民生项目建设，完成乌兰牧骑宫、中国契丹辽博物馆、红山文化展示中心主体工程，启动新一轮全国文明城市创建工作。统筹城乡建设，全面推进公路、铁路、航空、供水、电力、天然气、通信等基础设施建设，构建与百万人口城市相匹配的基础设施网络体系。

（八）强力推动防控重大风险取得新进展

按照“借之有度、用之有效、还之有道”的方针，切实规范政府债务管理，确保公共财政安全。全力做好安全生产，保持严管重罚高压态势，坚决防止重特大事故发生。强化食品药品监管，启动国家食品安全城市创建工作，全面完成旗县区小食品加工园区建设。深化平安赤峰建设，确保社会大局和谐稳定。

供　　稿：刘　浩　赤峰市委办公厅综合处
责任编辑：张　敏

锡林郭勒盟经济社会发展情况

2017年，锡林郭勒盟坚持以习近平新时代中国特色社会主义思想为指导，认真贯彻党的十九大精神，全面落实自治区各项决策部署，牢牢把握稳中求进工作总基调，扎实推进稳增长、促改革、调结构、惠民生、防风险各项工作，经济社会继续实现了平稳健康发展。前三季度，全盟地区生产总值完成709亿元，增长4.4%；全社会固定资产投资完成418亿元；一般公共预算收入完成65亿元；社会消费品零售总额完成182亿元，增长7.7%；城乡常住居民人均可支配收入达到26616元和9824元，分别增长8.4%和8.3%。预计全年，全盟地区生产总值完成1010亿元左右，全社会固定资产投资完成550亿元，一般公共预算收入完成78亿元，城乡居民收入分别完成35700元和14375元。

一、2017年的主要工作

（一）着力稳定经济运行

全年安排亿元以上盟级重点项目190个，开复工率90%，完成投资350亿元。实施招商引资项目465个，到位资金326亿元。PPP项目累计入库60个，落地建设8个。规模以上工业企业达到396户，实现产值716亿元。深入落实“三去一降一补”重点任务，妥善做好煤炭去产能工作，销售商品房1.55万套，发放“助保金”贷款2亿元以上，为企业减免税费约13亿元，降低用电和物流成本近亿元。规模以上工业企业效益延续2016年上半年以来的向好态势，前三季度全盟累计实现利润总额、主营业务收入和税金分别为36.5亿元、635.1亿元和56.7亿元，分别增长12.6倍、12.6%和62.1%，规模以上工业企业主营业务收入利润率为5.58%，比2016年提高4.59个百分点，亏损企业由2016年同期99户减少为72户。截至9月底，全盟商品房待售面积94.3万平方米，下降17.5%。短板领域投资大幅增长，全盟第三产业投资占到全部投资的48.3%，高于2016年10个百分点，高于第二产业占比3.9个百分点，拉动全部投资增长3.5个百分点；教育卫生和社会工作、文化及体育等民生领域投资分别增长6%、37.2%和1.1倍；技术改造完成投资32.9亿元，增长6.7%，高于全部投资增速18.6个百分点。全力做好政府债务化解和金融风险防范，扎实开展互联网金融、非法集资等专项整治，认真做好农村牧区民间借贷综合治理，农牧户民间借贷规模从2016年的12亿元减少到5亿元。

（二）着力推动产业转型升级

一是突出抓好现代畜牧业发展。大力推进畜牧业供给侧结构性改革，加快实施“减羊增牛”战略，以建设国家重要的优质畜产品生产加工基地和生态高端畜产品之都为目标，制定出台加快发展优质良种肉牛产业的决定、规划和扶持政策，共引进优质良种肉牛3.2万头。编制肉羊产业发展规划，坚持“精养少养”，推动苏尼特羊、乌珠穆沁羊提纯复壮和察哈尔羊选育扩繁，牧业年度羊存栏减少152万只。二是持续推进清洁能源产业发展。锡林郭勒盟至山东、至江苏两条特高压电力外送通道建成，蒙能、华润、京能3个电厂明年陆续投产；配套外送新能源和二连浩特微电网示范项目加紧推进。三是大力推动以旅游业为代表的服务业发展。制定全域旅游发展规划和加快旅游业发展实施意见，二连浩特市、多伦县国家级全域旅游示范区建设加快推进，元上都遗址保护展示、锡林河生态景观带、特色文化旅游小镇等14个重点项目完成投资16亿元。前三季度，全盟接待游客1430万人次，实现旅游收入316亿元，分别增长8.4%和12.4%。全盟服务业增加值增长8%，高于第二产业增速5.2个百分点，服务业对全盟经济增长的贡献率达到52.6%，比2016年提高19.6个百分点，高于第二产业对经济增长贡献率12.1个百分点。四是驰而不息推动战略性新兴产业发展。明阳电气、特变电工等装备制造项目建成，大数据产业园和系列智慧示范应用工程扎实推进，太仆寺旗生泰尔中蒙药深加工及制剂、正蓝旗粉煤灰综合利用等项目投产。

（三）着力加强草原生态保护

初步将75%的土地面积划入生态保护红线。新一轮草原生态保护补奖政策覆盖5000万亩禁牧区、2.2亿亩平衡区，并将200万亩特殊生态功能区划入禁牧区管理，补奖资金发放与责任落实相挂钩，实行最严格的监管制度。启动实施“农区禁牧”和“沙地禁羊”、自然保护区规范管理三年行动计划和工矿企业退出行动。完成林业生态建设任务81万亩，矿山地质环境治理5万亩。全面抓好中央、自治区环保督察反馈意见的整改，锡林郭勒国家级自然保护区内67户工矿企业已关闭64户，剩余3户将有序退出；淘汰和改造燃煤小锅炉206台，完成172蒸吨非电行业燃煤锅炉除尘改造。全面落实能源、水资源消耗总量和强度“双控”要求，完成主要污染物减排项目22个。全面推行“河长制”，4条重点河流均已确定盟级河长。深入贯彻绿色发展理念，前三季度全盟生态保护和环境治理业投资10.2亿元，增长1.9倍，六大高耗能制造业投资下降22.4%。

（四）着力深化改革扩大开放

认真落实中央、自治区全面深化改革部署要求，实施改革试点34个，形成制度成果37项，习近平总书记嘱托自治区先行先试的3项改革任务扎实推进，重点领域和关键环节改革成效显著。通过深化“放管服”改革等措施，截至9月底，全盟企业法人发展到12387户，增长17.8%，其中非公有制企业12106户，增长18.3%。认真落实全区“一带一路”建设暨对外开放工作会议精神，制定了扩大向北开放深化与蒙俄务实合作的意见，实施重点口岸基础设施项目12个。前三季度，全盟口岸货运总量1182万吨，增长5.7%；进出口总额11亿美元，增长64.2%；进出境人员176万人次，增长15.3%。

（五）着力改善基础设施条件

多丰进京铁路建成，实现盟府所在地铁路进京的目标。锡张快速铁路项目前期加快推进，集通铁路电气化改造工程前置要件齐备，锡多复线、集二铁路扩能等重点铁路项目前期有序推进。实施重点公路项目11个，完成投资34亿元，新续建重点公路766公里、农村牧区公路1568公里。锡林浩特机场改扩建工程具备开工条件，东乌、上都支线机场选址获批，正黄旗通用机场开工建设。启动城镇规划建设管理提档升级三年行动计划，实施重点市政基础设施项目26项。

（六）着力做好精准脱贫

深入落实“六个精准”“五个一批”要求，以精准扶贫为手段，以产业扶贫为主攻方向，2017年投入各类扶贫资金11亿元，在416个嘎查村实施“三到村三到户”项目，对1647人实行易地扶贫搬迁，年内确保5767人脱贫。强化脱贫攻坚精准性，向贫困旗县派驻专项督导组，全盟各级落实驻村工作队615个3215人，设立了产业扶贫发展基金。多次组织开展督查、核查、暗访等活动，压实责任，传导压力，全面系统推进脱贫攻坚工作。

（七）着力保障和改善民生

前三季度，全盟一般公共预算民生支出占总支出的81.3%。城镇棚户区改造1.8万套，农村牧区危房改造977套。低保城乡统筹试点工作全面推开，旗县民办公助牧民养老机构达到8处。盟医院门急诊楼、乌兰牧骑艺术宫等重点民生项目启动实施，请国内外一流团队打造了大型文化实景演出剧《蒙古马》，民族歌舞剧《我的乌兰牧骑》入围内蒙古草原文化节优秀剧目，鼓励支持民营企业家建成二连浩特茶叶之路博物馆和锡林浩特红色记忆展博馆。投入抗旱救灾资金1.2亿元，最大程度降低旱情影响。持续开展安全生产大检查和专项整治，强化食品药品安全监管和重大动物疾病防控等工作，组织开展社会矛盾积案化解、整治信访突出问题等专项行动，为党的十九大胜利召开和自治区成立70周年营造了和谐稳定的社会环境。

2017年以来，锡林郭勒盟经济社会虽然实现了平稳健康发展，但发展不平衡、不充分仍是当前面临的主要问题。一是产业结构不合理，资源型产业比重高，非资源型产业、战略性新兴产业、现代服务业发展不足，经济增长动力不强。二是农牧业传统动能减弱，生产经营方式较为粗放，供给质量有待进一步提高。三是生态环境比较脆弱，处在“不进则退”的关键时期，实现美丽与发展双赢的目标任重而道远。四是基础设施仍然滞后，城镇化水平较低，发展支撑保障能力不够强。五是城乡、区域、经济与社会间发展不够协调，城乡居民收入水平和基本公共服务水平不高，与全国全区同步全面建成小康社会的任务艰巨繁重。

二、2018年的工作重点

2018年，锡林郭勒盟将高举中国特色社会主义伟大旗帜，以习近平新时代中国特色社会主义思想为指导，全面落实党中央大政方针和自治区党委决策部署，统筹推进“五位一体”总体布局和协调推进“四个全面”战略布局，坚持发展第一要务不动摇，坚定不移贯彻创新、协调、绿色、开放、共享的发展理念，坚定实施科教兴国、人才强国、创新驱动发展、乡村振兴、区域协调发展、可持续发展、军民融合发展战略，坚决守住发展、生态和民生三条底线，推动新型工业化、信息化、城镇化、农牧业现代化同步发展，围绕建设国家重要的绿色农畜产品生产加工基地和国家级生态高端畜产品之都、国家重要的清洁能源输出基地、国内外重要旅游休闲目的地和全域旅游示范区、向北开放先行区、生态文明建设走进全区前列等发展目标，加快经济转型升级，促进社会和谐稳定，更好满足人民日益增长的美好生活需要，奋力开创建设富裕文明美丽幸福锡林郭勒新局面。

（一）围绕提高发展质量效益，加快构建现代产业体系

树立质量变革、效率变革、动力变革意识，深化供给侧结构性改革，推动经济更高质量、更有效率、更加公平、更可持续发展。一是加快发展现代农牧业。围绕打造国家重要的绿色农畜产品生产加工基地和国家级生态高端畜产品之都，认真落实“一条主线、两条底线、三大战略、四项改革”发展要求，因地制宜推进“减羊增牛”战略，着力构建现代畜牧业产业体系、生产体系、经营体系，促进产业提质增效。年内引进优质良种肉牛2万头，肉牛良改率达到98%。调整种植业结构，大力发展特色种植业，扶持龙头企业，注重品牌品质，提升产业附加值、竞争力和影响力。二是统筹发展清洁能源产业。围绕打造国家大型煤电和清洁能源输出基地，争取京能、华润、蒙能3个电源点并网发电，大唐、国能投、华能3个电源点完成主体工程，直流通道配套电源点规划尽早获批。推动二连浩特微电网示范项目尽早开工建设，年内新能源项目开工规模达到400万千瓦。三是做实做强新型工业产业。抓好贺斯格乌拉等3户煤矿不停产整改，加快胜利西二号、西三号等5户煤矿核准进程，争取吉林郭勒二号矿采矿权手续获批，力争煤炭产量达到1.1亿吨以上。推动白音华高精铝板带项目尽早开工建设。全面落实《锡林郭勒盟工业园区统筹整合方案》，推动工业园区节约集约聚集发展。加快华润五丰、大庄园二期、额尔敦肉业、中蕴马产业、绿满家、生泰尔、佰惠生等农畜产品综合开发项目建设，提升农畜产品精深加工水平，促进一、二、三产业深度融合发展。四是大力推动文化旅游业。围绕打造国内外重要旅游目的地和全域旅游示范区，突出蒙元文化、民俗风情、绿色草原、边关哨所鲜明特色，持续推进“一区、一线、两都、四片区、四环线”建设，高标准规划设计锡林郭勒千里草原观光大道，高水平抓好二连浩特市、多伦县国家级全域旅游示范区建设和锡林浩特市、西乌旗、乌拉盖自治区级全域旅游示范区创建工作，加快元上都遗址保护展示、中国马都核心区、乌拉盖九曲湾等53个旅游重点项目建设，有序推进旅游公路、旅游小镇、特色乡村建设，策划推出一批精品旅游文化项目和产品，提高优质旅游产品供给能力。五是着力培育新兴产业。以清洁能源、装备制造、工业固废综合利用以及大数据等产业为突破口，谋划推进一批示范项目，培育打造一批龙头企业，构建多元发展、多极支撑的现代产业体系。推动明阳电气、上海电气、特变电工、金风科技等装备制造项目达效生产，争取锡林郭勒云计算大数据中心建成运行，加快中电智云、蓝旗云计算产业园建设步伐，抓好正蓝旗、东乌旗、太仆寺旗、西苏旗国家级电子商务进农村牧区综合示范旗县项目建设，形成各具特色、结构合理的战略性新兴产业发展格局。六是继续发挥好投资对优化供给结构的关键性作用。继续实行“一个项目、一位领导、一套班子”的调度机制，切实抓好重点项目建设，初步安排亿元以上盟级重点项目148项，总投资1739亿元，年内完成投资463亿元。瞄准重点投资领域精心策划包装一批高质量的PPP项目，依法依规加大落实推进力度，争取年内落地重大PPP项目15个以上。

（二）围绕促进统筹协调发展，着力改善发展条件

一是加快推进以人为核心的新型城镇化。以城镇生态修复、功能修补为抓手，实施城镇规划建设管理提档升级三年行动，集中建设一批市政道路、供水、供热、绿化、地下综合管廊等基础设施项目，完善配套服务设施，切实改善城镇人居生态环境，提高综合承载能力。二是大力实施乡村振兴战略。以美丽乡村建设为抓手，按照“产业兴旺、生态宜居、乡风文明、治理高效、生活富裕”的总要求，积极推动农村牧区产业发展和建设提档升级，推进基本公共服务、基础设施向农村牧区延伸，逐步消除城乡发展差异，改善农村牧区生产条件，提升农牧民生活品质。深化农村牧区综合改革，推进农村牧区土地草牧场“三权”分置，推动土地草牧场经营权有序流转，鼓励发展多种形式适度规模经营。三是切实加强基础设施建设。按照适度超前、合理布局、完善网络、提升质量的原则，加快构建覆盖全域、功能配套、智能高效、安全便捷的铁路、公路、民航等现代交通基础设施网络体系。争取中国铁路总公司和自治区等支持，完成虎丰一期铁路改造升级，争取锡张快速铁路开工建设，配合做好集通铁路电气化改造前期工作。积极推进重点公路、旅游公路、农村牧区公路等建设，争取年内完成投资50亿元，建设二级以上公路1212公里。加快正黄旗通用机场建设，年内确保锡林浩特机场改扩建工程和正蓝旗、东乌旗2个支线机场开工建设，争取西乌旗通用机场开工。协调启动“引嫩济锡”调水工程前期工作，争取将锡盟纳入“引绰济辽”工程实施范围。坚持不懈推动“厕所革命”从景区向农村牧区延伸，补齐影响旅游服务环境和群众生活品质的短板。

（三）围绕建设美丽锡林郭勒，切实加强生态建设和环境保护

将建设美丽锡林郭勒和北方重要的生态安全屏障列入地方战略性安排，积极探索实践绿色发展新模式，努力让锡林郭勒的天更蓝、水更清、草原更美丽、空气更清新。一是持续推进生态工程建设。严格落实新一轮草原生态保护补助奖励政策和禁牧、草畜平衡等制度。积极推进锡林郭勒国家草地公园规划建设，争取早日纳入国家公园体系。统筹落实浑善达克和乌珠穆沁重点危害区专项治理规划及内蒙古浑善达克规模化林场建设方案，有序推进“农区禁牧”“沙地禁羊”工程。组织实施好京津风沙源治理、“六个百万亩”基地、重点区域造林绿化、水土保持、沙地水系湿地治理等生态工程，促进区域生态持续向好。全面推进“河长制”“湖长制”，完成主要河流一河（湖）一策方案。执行最严格水资源管理制度，推动形成集约节约循环用水良好格局。二是坚决打好生态环境保护和建设攻坚战。实行最严格的环境保护制度，打好大气、水、土壤污染防治攻坚战。全面落实中央、自治区环保督察和自治区生态环境大检查反馈意见，认真落实自然保护区总体规划、三年行动计划和工矿企业退出方案，加快建立绿色低碳循环发展的经济体系，提高绿色发展水平。三是积极完善生态文明体制机制。认真落实自治区《划定并严守生态保护红线工作方案》，严格执行《内蒙古自治区党委自治区人民政府关于加快推进生态文明建设的实施意见》《领导干部生态环境损害责任追究办法（试行）》《锡林郭勒盟征占用生态资源审查暂行办法》《生态文明建设目标评价考核办法》等文件，健全环保信用评价、信息强制性披露、严惩重罚等制度，加快构建约束和激励并举的生态文明制度体系。四是大力提升生态监管能力。强化生态管理委员会自然资源资产管理和自然生态监管职能职责，建立协调联动常态化综合执法机制，完成数字草原信息中心建设，综合运用现代信息手段，从严加强执法监管。落实《锡林郭勒盟生态环境保护约谈办法》，加大破坏生态环境行为曝光力度，严格追责问责。五是切实强化节能降碳工作。压实政府、行业部门和企业节能降碳责任，突出抓好大唐煤化工、兴安铜锌冶炼等重点企业任务落实，鼓励清洁能源消费，确保完成年度任务。

（四）围绕激发发展动力活力，全面深化改革开放

一是突出抓好重点领域改革。紧紧扭住习近平总书记要求我区先行先试的三项改革任务，持续推进落实，全力推动重点领域和关键环节改革落地生根。深入推进“放管服”改革，认真落实“三清单一目录”制度，完成政务信息共享交换和“互联网+政务服务”平台建设。全面推开“多证合一”等商事制度改革，持续加强“双随机一公开”监管。认真落实深化投融资体制改革的意见，简化投资项目报建审批程序，全面推进在线审批监管平台应用。二是全方位扩大开放。围绕打造向北开放先行区深度融入“一带一路”倡议和“中蒙俄经济走廊”建设，积极协调推动二连浩特—乌兰巴托跨境公路升级和铁路电气化改造、珠恩嘎达布其—霍特—乔巴山跨境铁路、珠恩嘎达布其—西乌尔特跨境公路等互联互通重大基础设施建设。加强锡赤通地区协同发展，深化与京津冀、东北地区和环渤海重点港口合作，提升全方位开放水平。

（五）围绕落实习近平总书记扶贫开发战略思想，坚决打赢精准脱贫攻坚战

继续深入贯彻落实党中央、国务院《关于打赢脱贫攻坚战的决定》和习近平总书记扶贫开发战略思想，按照自治区党委、政府脱贫攻坚工作安排部署，认真落实“六个精准”“五个一批”要求，全面落实旗县主体责任，层层压实定点帮扶责任，加大追责问效力度，强化结果运用，确保脱真贫、真脱贫。精准开展动态管理，抓好重点扶贫工程建设，突出抓好产业扶贫，年内争取产业扶贫基金规模达到6亿元以上，下功夫培育地方特色产业、新型经营主体和完善针对贫困人口的利益联结机制，以特色产业为支撑，提高贫困地区、贫困农牧民自我发展能力。高度重视健康扶贫，在继续开展建档立卡贫困人口免费体检的基础上，认真组织实施大病集中救治一批、慢病签约服务健康管理一批、重病兜底保障一批“三个一批”行动计划，全面落实先诊疗、后付费和一站式结算制度，切实解决好因病致贫问题。

（六）围绕满足群众美好生活需要，不断提高保障改善民生水平

坚持以人民为中心的发展思想，努力在幼有所育、学有所教、劳有所得、病有所医、老有所养、住有所居、弱有所扶上持续取得新进展，让改革发展成果更多更公平惠及广大群众。一是全力促进创业就业。加快推进大众创业、万众创新，谋划建设盟“双创”中心，抓好职业教育实训基地和孵化基地（创业园），实施好公共实训基地项目。深入实施“创业锡林郭勒行动计划”，促进高校毕业生、城镇“零就业”家庭、转移农牧民等重点群体稳定就业。二是全面做好社会保障。实施好全民参保登记计划，推进医疗保险盟级统筹。年内旗县市（区）民办公助牧区养老机构实现全覆盖。全面完成城乡低保统筹，将符合条件的建档立卡贫困人口全部纳入保障范围。深入开展扶危济困和留守人员关爱服务，确保关爱到位、管理到位、服务到位。三是繁荣发展文化事业。深入贯彻落实习近平总书记给乌兰牧骑队员回信精神，制定促进乌兰牧骑事业发展中长期规划及配套措施，努力创作更多接地气、传得开、留得下的优秀作品。围绕实施“文化强盟”战略，立足“那达慕”“元上都”“中国马都”等文化品牌，巩固好锡林浩特国际游牧文化节、元上都文化旅游节、多伦诺尔冰雪节等文化体育活动，不断丰富群众生活。持续加强公共文化体系建设，抓好锡林郭勒乌兰牧骑艺术宫、锡林郭勒文化园功能提升以及“数字文化进蒙古包”等工程建设。继续加强非物质文化遗产挖掘整理和保护研究。扎实做好校园足球工作。四是统筹推进社会事业。启动实施新一轮教育质量提升三年行动计划，加强标准化、信息化等基础设施建设，努力让每个孩子享有公平、有质量的教育。大力推进健康锡林郭勒建设，深化医药卫生体制改革，抓好盟医院门急诊医技综合楼等基础设施建设，加强重点专科建设和蒙中医药诊疗服务，努力为群众提供全方位全周期服务。深入开展国家食品安全示范城市创建活动，保障群众饮食用药安全。五是着力维护社会和谐稳定。积极稳妥化解政府存量债务，严格把控增量债务，坚决守住政府债务底线。认真抓好互联网金融风险、非法集资等专项整治，严范重点领域金融风险。继续强化社会治理体系建设、安全生产、矛盾纠纷排查化解、国家安全教育等各项工作，筑牢祖国北疆安全稳定屏障。

供　　稿：锡林郭勒盟行政公署办公室

责任编辑：多志勇

乌兰察布市经济社会发展情况

2017年，乌兰察布市认真贯彻落实党中央、国务院各项决策部署，按照自治区党委十届二次全会部署要求，坚持稳中求进工作总基调，扎实推进供给侧结构性改革，稳增长、促改革、调结构、惠民生、防风险各项工作取得了积极成效，经济社会保持平稳健康发展。1—9月，完成地区生产总值663亿元，固定资产投资510.8亿元，一般公共预算收入37.6亿元，社会消费品零售总额242亿元，城乡居民人均可支配收入分别为21114元和6508元。

一、2017年的主要工作

（一）充分调动各方面积极因素稳增长

一是着力加强有效投资。认真贯彻落实自治区综合基础设施建设、战略性新兴产业发展暨2017年春季重大项目集中开工建设动员大会精神，以“七网”“七业”为突破口，全年计划实施亿元以上重点项目286个，总投资1774.4亿元，当年完成投资568亿元。截至目前，开复工266个，综合开复工率93%，完成投资336.7亿元，投资重点实现由基础设施向产业方向转移。同时，进一步健全项目投融资体制，放宽民间投资准入，1—9月，民间投资完成210亿元，占固定资产投资的41%。抓住京蒙对口帮扶等有利机遇，积极开展招商引资，共建产业园区，实施招商引资项目150项，到位资金167亿元；争取上级京蒙对口帮扶资金1亿元，实施教育、医疗、社会民生等多个重点领域帮扶项目27项。承接北京产业转移项目59项，其中在建37项，总投资251亿元，到位资金53亿元。

二是切实振兴实体经济。认真贯彻国家和自治区振兴实体经济、支持小微企业发展各项政策措施，切实推动企业平稳健康运行。加强企业运行监测，结合落实领导干部包联重大项目责任制，对重点企业实行旬调度、半月分析、每月总结，及时掌握和帮助解决项目建设中的问题和困难。对15种重点工业产品价格加大调度力度，由10天一调度改为3天一调度。积极实施电力综合政策，继续运用好自治区电力综合扶持政策，扩大电力多边交易和大用户直供规模。截至8月底，共有109户企业进入电力多边交易市场，交易电量173亿千瓦时，居全区第一位，降低企业用电成本9.57亿元。着力拓宽中小企业融资渠道，全市中小企业户数达21633户，同比增长12.5%，市中小企业公共服务平台获批国家级中小企业公共服务平台。积极帮助企业通过资本市场实现直接融资，截至8月底，储备拟上市本地企业15家，引进拟上市辖外企业6家，69家企业在内蒙古区域股权交易市场挂牌。

（二）下大力气从实抓起促改革

一是扎实推进供给侧结构性改革。去产能方面，在2016年化解钢铁过剩产能60万吨的基础上，2017年又拆除3户“地条钢”企业，产能合计110万吨。去库存方面，通过启动“半拉子”工程做加法、消化库存做减法、政策叠加做乘法、定纷止争做除法，商品住宅去库存165.7万平方米，非住宅去库存76.4万平方米，库存量处于合理区间。去杠杆方面，制定《加强政府债务管理实施意见》，进一步规范政府债务管理、防范财政金融风险。支持企业市场化债转股，累计发放企业债券60亿元。降成本方面，落实“营改增”和支持小微企业等减税降费政策，截至8月底,共为企业减免税收近7.9亿元，同比增长26%；制定行政事业性收费“负面清单”，取消或停征11项行政事业性收费。补短板方面，制定《关于推进供给侧结构性改革着力做好补短板工作的实施方案》，编制完成“七网”“七业”专项规划。教育、医疗、社会保障、脱贫攻坚等民生支出246.6亿元，占全市公共财政预算支出的85.4%。

二是全面深化“放管服”改革。市本级和旗县市区“权责清单”、行政审批中介服务事项已全部向社会公布。开通网上办事大厅，设立项目审批绿色通道，推行区域性综合评价评估和联合审图、联合验收，探索实行企业投资项目承诺制，开展无审批管理试点工作，进一步提高审批效率。深入实施“多证合一”登记制度改革，全市实有市场主体11万户，比改革前增长了17.3%。全面推行“双随机一公开”监管机制，制定市本级随机抽查事项清单，并在政府门户网站公布了部门执法人员和检查对象名录库，严格规范行政权力。

三是稳步推进“三项重点改革”。建立可持续的生态文明制度，出台《乌兰察布市集约节约利用土地实施意见》《领导干部自然资源资产责任审计总体方案》等一系列文件，启动岱海、黄旗海水生态保护治理工程和相关条例的地方立法，境内5个重要河湖分别设立了市级河长，有序推进四子王旗国家主体功能区试点，生态建设和环境保护工作得到加强。完善龙头企业与农牧民利益联结机制，通过政策引导和资金扶持等措施，206家龙头企业、专业合作社与贫困户建立利益联结机制，紧密型利益联结比例达到47%，直接带动贫困户3万人。创新同俄蒙合作机制，借助乌兰察布市被列入中欧班列枢纽节点城市的优势，开行中欧班列31列，发运集装箱1260柜，带动全市外贸进出口总额完成2亿美元，同比增长664%。

（三）坚持多条腿走路调结构

一是调整优化农牧业结构。坚持走特色路、打绿色牌，深入推进农牧业供给侧结构性改革，持续调整优化产业结构和布局。种养结构方面，以马铃薯、冷凉蔬菜和燕麦为主的杂粮杂豆等优势特色农作物播种面积达到650万亩，畜牧业占农牧业比重达到62%，粮经饲比例为58∶22∶20。品牌建设方面，“三品一标”认证产品261个，认证面积453万亩，占总播面积的45.3%。其中，“乌兰察布马铃薯”荣获“2017年中国百强农产品区域公用品牌”称号，“后旗红马铃薯”被评为国际5A级品牌，“集宁马铃薯种薯”品牌价值评估达8.51亿元。产业化方面，新增年销售收入500万元以上农畜产品加工企业10家，达到164家，完成销售收入270亿元，同比增长7.5%。农畜产品加工转化率达到59%，同比增加3个百分点，进一步提高了农畜产品的附加值和市场份额。

二是推进工业转型升级。坚持转型方式与延伸资源型产业链相结合，扩大氟橡胶、PVA、PVC等高端产品生产规模，延伸氟化工、氯碱化工产业链条，产能分别达到25万吨、89.3万吨。加快吉林铁合金等项目建设，铁合金产量占到全国的11%、全区的60%，成为全国最大的铁合金生产基地。不断培育壮大战略性新兴产业，新兴企业户数占规模以上企业比重达到20%，产值约占规模以上企业的16%，成为工业经济发展的重要支撑。新材料方面，石墨碳素产业形成35.1万吨系列产品产能，其中首条30吨石墨烯生产线投产，负极材料达到2.4万吨，高纯石墨达到3万吨。新能源方面，积极推进五龙集团锂电池等项目落地建设，新增新能源电池产能2.5万吨，达到4.4万吨。LNG燃气项目新增300万立方米，达到560万立方米。光伏、风电装机年底并网将达到642万千瓦。大数据方面，华为二期数据中心开工建设，苹果公司iCloud北方数据中心选址乌兰察布，中联利信、中华联等数据中心项目正在洽谈，年底服务器达到10万台，打造北方大数据中心。华唐大数据服务外包产业基地一期1000个席位已投入运营，鸿联九五、华云等企业相继落地，年内呼叫外包席位达到5000个，打造北方最具规模的呼叫中心产业聚集区。与软通动力合作建设大数据服务平台、乐业空间、大数据体验中心，与百度合作建设双创中心，与九次方联合成立草原云谷大数据学院，打造创业创新示范基地。年内可实现1万人就业。

三是加快发展现代服务业。现代物流方面，庙梁物流园区建成2000万吨的煤炭配送中心，开通“三线一站”铁路专用线，成为天津港、曹妃甸港煤炭配送基地。七苏木中欧班列物流基地完成投资9000多万元。与曹妃甸港合作共建乌兰察布内陆港，着力构建“三乌+曹妃甸港”物流新通道，积极参与“中蒙俄经济走廊”建设。文化旅游方面，围绕打造“京郊草原·避暑之都”品牌，抢抓冬奥会和高铁开通机遇，开工建设亿元以上重点旅游项目32个，总投资320亿元。呼和浩特—集宁—二连浩特、北京—乌兰察布旅游专列均已开通，集宁战役纪念园成为我区红色教育基地，乡村游、自驾游、购物游新亮点。截至9月底，接待游客1160万人次，实现旅游收入150亿元，同比分别增长11%和26%。会展经济方面，成功举办首届冰雪艺术节、首届乌兰察布发展大会、中国创业创新博览会、中俄蒙草原文化节、首届国际草原文化音乐节、国际露营大会、动力机车那达慕大会、草原巴哈大赛、新雅宝路皮革皮草服装产业博览会和时尚设计大赛等活动，带动了人流、物流、资金流向乌兰察布集聚。

四是推进绿色发展。牢固树立“绿水青山就是金山银山”的理念，实施国家重点生态工程和重点区域绿化64万亩，占年度任务的

85%。白泉山山体生态修复暨公园建设项目荣获中国人居环境奖。岱海水生态保护规划获得自治区政府批复，两节、两补、两恢复等综合保护治理措施正在落实。岱海电厂水冷改空冷技改工程正式启动，实施总投资8.1亿元的岱海流域节水工程，年内完成15万亩。制定出台《乌兰察布市燃煤锅炉整治淘汰工作实施方案》，年内将全部取缔10蒸吨以下小锅炉，现已拆除燃煤小锅炉103台。推动污水处理厂提质升级，城镇污水集中处理率达到95.3%。

（四）不断提高保障水平惠民生

一是坚决打赢脱贫攻坚战。针对乌兰察布深度贫困的实际，以国家和自治区历次督查、督办、核查和盟市交叉检查为契机，认真落实精准扶贫措施，重点围绕“两不愁、三保障”标准，切实提高群众满意度。健康扶贫方面，实行贫困人口住院先诊疗、后付费及一站式同步结算，签约医生送医送药上门服务，慢性病报销比例达到95%。危房改造方面，开工危房改造项目26940户，开工率87%，竣工率58%，完成投资6.2亿元。教育扶贫方面，在农村牧区建档立卡经济困难学生上大学补助1万元的基础上，创新救助机制，使非贫困户子女上大学也能得到不同程度的资助。产业扶贫方面，以抓工业经济的思维狠抓产业扶贫，在化德及周边旗县贫困村建立服装企业的生产车间，不断壮大集体经济，带动贫困户脱贫致富。此外，积极推行入股分红、土地托管、牲畜托养、资产收益、光伏发电、农村电商、乡村旅游等模式，因地制宜发展扶贫项目。积极发挥京蒙对口帮扶、中直区直机关定点帮扶、“万企帮万村”三大帮扶力量的作用，推动脱贫攻坚工作取得实效。全市6.1万户13.7万贫困人口中，有1.4万户3.1万贫困人口实现稳定脱贫，年内确保再脱贫3.6万贫困人口。

二是突出抓好民生社会事业。出台支持创业创新政策，从“双创”基地建设、创业孵化等方面给予政策、资金扶持，中国创业创新博览会永久落户乌兰察布市。全年新增城镇就业1.16万人，城镇登记失业率控制在3.8%以内。完成市本级机关事业单位养老保险参保人员参保登记工作。城镇职工和城乡居民医疗保险参保229.5万人，覆盖率达到93.3%。加大棚户区改造力度。截至9月底，已开工13951户，货币化安置比例95%，完成投资36.2亿元。前三季度所有社会救助资金已全部足额发放到位，实现对贫困人口兜底的目标。同时，统筹做好教育、科技、文化、卫生等社会事业，全力推进“五城联创”，广大群众的获得感不断提高。

（五）综合施策标本兼治防风险

认真落实中央金融工作会议和自治区关于规范政府债务、防范金融风险的各项决策部署，成立了专项工作领导小组，制订了工作方案，积极落实化解防范风险的各项任务措施。一是积极化解存量债务。坚持“谁举借、谁偿还”，制定长期偿债计划和年度偿债计划，明确偿债顺序、资金来源和偿债时间。二是严格控制债务增量。完善项目审核机制，对政府出资新上项目严格审批，其他项目引入社会资本投资建设。三是合法合规举债融资。争取土地储备和政府收费公路等专项债券，将污水处理厂、垃圾处理厂、热力公司等适合建成PPP项目的，通过PPP项目方式置换。四是切实防范金融风险。制订了处置金融风险的实施方案，出台了处置农合机构风险一揽子措施，加快化解存量不良贷款。

由于发展不平衡、不充分的问题，乌兰察布经济社会发展仍存在一些问题，经济总量小、产业结构不合理，脱贫攻坚任务艰巨，民生社会事业欠账较多，生态环境保护仍须持续加大力度等等，欠发达的市情还没有得到根本改变。

二、2018年的工作重点

2018年，乌兰察布市将全面贯彻落实党的十九大精神，以习近平新时代中国特色社会主义思想为指导，坚持稳中求进工作总基调，坚持新发展理念，以提高发展质量和效益为中心，以供给侧结构性改革为主线，统筹做好稳增长、促改革、调结构、惠民生、防风险各项工作，促进全市经济社会持续健康发展，为全面建成小康社会打牢基础。

（一）以脱贫攻坚为总揽，推进乡村振兴战略落地生根

按照“六个精准”“五个一批”要求，全面强化产业扶贫、教育扶贫、健康扶贫、生态扶贫、易地搬迁、社会保障等综合措施，举全市之力攻克深度贫困堡垒，年内实现4.5万贫困人口稳定脱贫。构建现代农牧业三大体系，持续深化农牧业供给侧结构性改革，做大做强马铃薯、冷凉蔬菜、以燕麦为主的杂粮杂豆、生猪肉羊等优势特色产业，打造祖国正北方冷凉经济带。深化农村牧区改革，稳妥推进“三权”分置制度改革，深化供销合作社改革，完成国有林场改革。推进美丽乡村建设，促进农村牧区文化教育、医疗卫生等事业发展，推进移风易俗、文明进步。

（二）以创新驱动为引领，提高实体经济质量和效益

加强创新能力建设，围绕新一代信息技术、高端装备制造、新能源、新材料等新兴产业布局创新链，打通科技成果转化通道。推动传统产业优化升级，发展壮大战略性新兴产业，大力实施大数据引领战略，加快建设数字乌兰察布，打造中国北方大数据中心。加快建设庙梁物流园区和七苏木中欧班列物流基地，壮大各类物流专业市场，拓宽物流业发展新空间，建设“一带一路”先导试验区。推进旅游业态多元化、旅游供给品质化、旅游市场规范化，打响“京郊草原·避暑之都”旅游品牌。大力发展蒙中医药、生物科技、健康护理等新兴产业，打响面向京津的养老养生品牌。

（三）以重大项目为支撑，增强经济持续发展后劲

构建大招商格局，形成多层次、多渠道、多元化招商网络。落实重大项目领导责任制，完善项目审批绿色通道，制定“负面清单”，实行企业投资项目承诺制和无审批管理试点工作。做实项目前期工作，制订项目开工年度计划，以开工时间倒逼前期工作，力争新开工项目在三季度前全部开工。全年计划实施亿元以上重点项目282个，总投资1921亿元，当年完成投资423亿元。

（四）以“五城联创”为载体，提升城市发展水平

深化城市管理体制和综合执法体制改革，持续推进市容市貌综合整治。大力推进城市“双修”，开展绿化提升、亮化改造和山体、水系、绿地修复。建设海绵城市、国家生态园林城市、国家森林城市，创建一批文明县城、园林县城和卫生县城，把乌兰察布建设成为居者心怡、来者心悦的宜居宜业宜游的现代化城市。

（五）以改革开放为引擎，激发发展活力动力

深入推进供给侧结构性改革，持续加大“三去一降一补”工作力度。深化“放管服”改革、“多证合一”登记制度改革和财税体制改革，完成事业单位公车改革。加快乌大张合作区建设，推进合作区规划修编工作。主动融入京津冀协同发展，密切与北京的对口帮扶合作关系，建设京蒙产业园，更高水平推进开放合作。

（六）以生态文明为核心，构建绿色生态安全屏障

坚持“山水林田湖草是一个生命共同体”理念，完成国家重点生态建设工程21万亩、重点区域绿化17.4万亩。持续抓好环保督察、巡视问题整改工作，全面落实水、大气、土壤污染防治计划。加强生态文明教育，让绿色消费、绿色生活成为时尚，让尊重自然、保护自然成为习惯。

（七）以改善民生为根本，提升人民群众幸福指数

坚持就业优先战略和积极就业政策，年内城镇新增就业1.65万人，农村牧区劳动力转移就业37.5万人。统筹推进社会事业，实施教育优先工程、文化繁荣工程、健康提升工程和体育惠民工程，满足群众多样化需求。全面推进依法治市，筑牢安全生产防线，加强社会综合治理，建设法治、平安、和谐乌兰察布。

供　　稿：吕　颢　乌兰察布市人民政府秘书长
责任编辑：多志勇

鄂尔多斯市经济社会发展情况

2017年，在中央和自治区的坚强领导下，面对严峻复杂的宏观形势和艰巨繁重的发展任务，坚持稳中求进工作总基调，坚持新发展理念，以推进供给侧结构性改革为主线，在抢抓机遇中乘势而上，在转型攻坚中砥砺前行，在从严治党中凝心聚力，全市经济社会各项事业取得新的重要进展。

一、2017年的主要工作

（一）综合实力稳步提升

2017年以来，积极把握能源市场有所回暖、供给改革稳步实施、“七网”“七业”大力推进、转型发展全面深化等有利机遇，多措并举稳定经济运行，地区生产总值、规模以上工业增加值等多项指标好于全区水平，预计全年地区生产总值增长7%左右，规模以上工业增加值增长7%，固定资产投资与2016年持平，一般公共财政预算收入增长5.1%，城乡居民人均可支配收入分别增长8.2%和7.9%，全市经济运行表现出较强的稳定性。特别是经济发展关联指标稳步向好，预计全社会用电量、公路货运量、铁路货运量分别增长7.8%、5.2%、13%；金融机构存款余额3313.2亿元，增长10.4%，贷款余额3079.5亿元，增长6.6%，经济展望表现出较好态势。

（二）产业转型迈出坚实步伐

农牧业方面，国家现代农业示范园、100个产业结构调整典型示范村建设加快，新增现代农牧业节水基地20万亩，流转土地10万亩，草牧场160万亩。新培育农牧业龙头企业44家、公司化养殖园区10处、养殖大户300户、家庭农牧场80家，新认证“三标一品”品牌11个。工业方面，我市被确定为4个国家级现代煤化工产业示范区之首。全年新增电力装机66万千瓦、煤化工产能120万吨。京东方二期、云泰互联、罗克佳华等项目建成投运，杭锦旗巴拉贡光伏发电、久科环保产业园、中国联通云基地等项目进展顺利。非煤产业增加值占规模以上工业的比重超过50%，对规模以上工业增加值的贡献率为33.6%。服务业方面，鄂前旗红色教育基地、北京动物园服装批发市场、康巴什康镇、乐康吧等亮点项目投入运营；与天津物产、货车帮等大型物流企业建立了合作关系，神华多式联运智慧物流园区已启动实施；中华情医养院、仕博国际健康城等康养项目边建设边发展，接待游客量、旅游收入均增长20%以上。

（三）供给侧改革深入推进

全市关闭退出煤矿7座，退出产能495万吨。消化房地产库存511万平方米，1.6万户棚改任务全部开工，货币化安置率达98.3%。协调减免企业利息及费用支出8.6亿元，企业贷款平均利率降至6.58%。为10户企业提供“助保金”贷款2125万元，为11户企业发放委托贷款1570万元。减轻企业税费负担79亿元。帮助100户企业进入电力多边交易市场，预计完成交易电量200亿千瓦时，节约成本约14亿元。

（四）基础设施支撑保障能力不断提升

加快推进中心城区一体化进程，新建市政道路60公里、管网185公里。深入开展住宅小区文明创建和城市精细化治理行动，依托智慧城市提升管理水平，承办了全区城市建设精细化管理现场会。鄂前旗、准旗被评为国家县级文明城市，达旗、准旗、鄂前旗被评为国家园林县城，东胜区罕台镇、鄂前旗城川镇被评为全国特色小镇。察汗淖—棋盘井、棋盘井—乌海等高速公路建成通车，203公里旅游专线全部开工。呼准鄂、沿河铁路马场壕—大院东线等项目基本建成，新增铁路里程200公里。鄂尔多斯机场运营航线增加至28条，鄂前旗通用机场已开工建设。黄河二期防洪、节水灌溉等重点水利工程有序推进，跨盟市水权转让二期工程获批实施，进一步夯实了发展保障能力。

（五）改革开放不断拓展深化

全面执行“权责清单”“公共服务事项清单”等“八张清单”，基本实现“一站办好、全市通办、最多跑一趟”；全面推行“二十八证合一、一照一码”改革，企业登记注册基本实现全程电子化；代表自治区接受国家“双公示”第三方评估实地检查，已率先开展信用记录查询；出台《鄂尔多斯市建立完善龙头企业与农牧民利益联结机制的实施意见》，联结比例达43%；财税金融、国资国企、社会事业等一系列改革也取得了积极成效。同时，全面提升对外开放水平，鄂尔多斯综合保税区获批实施，鄂尔多斯机场获批国际航空口岸，我市成为自治区第一个开放第五航权的城市；呼包鄂协同发展市长联席会确定的10项共识、15项具体任务有效落实，与包头市共同被确定为国家首批产业转型升级示范区；创新同俄罗斯、蒙古国开放合作机制，全方位参加了第二届中蒙博览会。

（六）民生保障水平持续提升

精准扶贫方面，发放金融扶贫贷款6.32亿元，扶持贫困户4657户，新增69户179人易地扶贫搬迁工程全部开工，278户680人国家标准线下贫困人口稳定脱贫，贫困发生率由4.74%降至0.13%以下，基本消除绝对贫困。区贫旗杭锦旗达到脱贫摘帽标准。就业方面，前三季度全市城镇新增就业2.2万人，农牧民转移就业9万人次，城镇登记失业率控制在2.74%。社保方面，基本医疗保障制度实现统一，企业退休人员养老金每人每月提高148元，城市低保标准每人每月提高32元，农村牧区低保标准每人每年提高300元，农村特困人员集中和分散供养标准每人每年分别提高2000元和1884元。社会事业方面，开复工中小学、幼儿园16所，完工6所，成立了鄂尔多斯应用技术学院，河北衡水实验中学已落户我市；公立医院改革深入推进，市旗两级分别建立了医联体，分级诊疗有序推进，全市家庭医生签约率达到36.14%，重点人群达到65.34%；11家定点医疗机构实现跨省异地就医结算；国家公共文化服务标准化试点建设成果不断巩固，成功举办第二届国际文化创意大会、鄂尔多斯国际马拉松赛、第二届鄂尔多斯文化产业博览交易会。

（七）生态文明建设成效显著

设立并严格执行优化开发区、限制开发区、禁止开发区“三区”规划和禁牧休牧、划区轮牧、草畜平衡制度。大力推进重点生态工程建设，完成林业建设152万亩、水土保持治理182万亩、草原保护建设431万亩。全面提升城市绿化品质，实施园艺花卉景观工程68项，新增城区绿地面积570万平方米。中央环保督察7项年度整改任务、棋盘井蒙西地区68项年度环境整治任务全部完成。完成大气污染整治任务115项、水污染整治任务23项和重点流域治理工程9项，全市空气质量优良率达到85.5%。成功承办《联合国防治荒漠化公约》第十三次缔约方大会和第六届库布其沙漠国际论坛，向世界展示了鄂尔多斯的良好形象。出台《鄂尔多斯市环境保护条例》，探索建立了产业“负面清单”、自然资源资产实物量表、生态环境损害责任追究等生态文明制度，用制度红线守住了绿色底线。

（八）全面从严治党深入推进

把学习宣传贯彻党的十九大精神作为首要政治任务，及时传达学习，出台《关于深入学习宣传党的十九大精神的实施意见》。严格执行抓党建“五个一”工作机制，建立健全各类制度96项，推动管党治党责任有效落实。推动“两学一做”学习教育常态化制度化。坚决落实中央八项规定精神和自治区配套规定，制定《关于贯彻落实中央八项规定精神加强作风建设的具体办法》，党风政风和社会风气持续好转。建立落实干部联系服务群众“三到两强”制度，推进苏木乡镇、街道“去机关化”，整顿软弱涣散基层党组织，推进“智慧党建”及“智慧纪检监察”工程，“一核心三融合”党建工作机制荣获全国基层党建创新优秀案例，各领域党建工作不断加强。干部选拔任用和监督管理机制不断完善，城川民族干部学院揭牌成立并正式开班，人才队伍建设呈现新局面。深入推动党风廉政和反腐败工作，市委和各旗区党委巡察工作全面展开，严肃查办了一批违纪违法案件，进一步营造了风清气正、干净干事的良好环境。

总的看，2017年以来全市各项工作取得了积极进展，但仍存在一些困难和问题。例如经济下行压力依然较大，产业结构不够合理，风险隐患犹存，内生增长动力不足，深化改革仍须系统发力，对外开放水平总体不高，生态环境依然脆弱，城乡区域发展不平衡，民生社会事业存在不少短板，全面从严治党责任落实不够到位，与高质量发展要求还有明显差距。

二、2018年的工作重点

2018年，是全面贯彻落实十九大精神的开局之年，是改革开放40

周年，也是决胜全面建成小康社会的关键之年。总的考虑是，深入贯彻党的十九大精神，以习近平新时代中国特色社会主义思想为指导，认真落实中央和自治区经济工作会议精神，大力践行新发展理念，统筹推进“五位一体”总体布局，协调推进“四个全面”战略布局，着力建设大美、品质、幸福鄂尔多斯，开启全面建设鄂尔多斯现代化新征程。

（一）确保经济平稳运行

去产能方面，稳步引导退出煤炭落后产能，创造条件推动企业兼并重组，妥善处置企业债务，做好人员安置工作。去库存方面，解决好房屋产权登记、“半拉子”项目重组等问题，实行租售并举，完成棚户区改造5399户，消化存量商品房240万平方米。去杠杆方面，鼓励企业利用债权、股权融资手段，引导增加基金、信托、租赁等融资方式，推进小微企业“助保金”贷款、委托贷款、创业担保贷款，有效降低整体杠杆率。降成本方面，继续推进电力多边交易，争取降低准入门槛；进一步清理规范中介服务收费，开展涉企乱收费专项整治。补短板方面，围绕现代服务业等重点领域以及科技创新、基础设施、公共服务等关键性薄弱环节，组织实施补短板专项工程，积极扩大有效投入。抓投资方面，围绕计划实施的233项亿元以上重点项目，逐一落实开复工条件，争取当年完成投资1000亿元以上。通过PPP模式、资金扶持、基金带动等措施，巩固民间投资回升向好态势。全力推进华星、河北建投、渤海化工煤制气等项目前期工作，协调批复《呼吉尔特矿区总体规划（修编）》，为经济持续稳定发展奠定项目基础。促销费方面，启动建设万达城市广场，提升沃尔玛、王府井、大润发等大型综合商业体发展水平。促进商贸流通业线上线下融合发展，打造一批新型智能化商圈。深入实施商标品牌战略，开展质量提升行动。深化供销社综合改革，挖掘农村牧区消费潜力。健全产品质量追溯体系，让老百姓便捷消费、放心消费。

（二）加快构建现代经济体系

优化调整资源型产业，在抓好去产能的同时，趁势释放先进煤炭产能，有效稳定煤炭开发时序；力促国电双维、珠江朱家坪、京泰酸刺沟、汇能长滩等电源点实质性开工；协调天然气价格事宜，保障

LNG等相关产业平稳运行，启动“气化鄂尔多斯”工程；启动实施神华煤直接液化二三线、中煤100万吨合成气制甲醇等项目，重点围绕高端油品、合成材料等终端产品，高纯原料、高分子材料等精细产品延伸突破，加快打造国家级煤化工生产示范基地、国家级煤化工中高端产品制造基地。改造提升传统产业，依托鄂尔多斯品牌影响力，打造产业集聚区，保持羊绒产业振兴态势；推动兴辉等陶瓷项目边续建边升级，建设稳定可靠的陶瓷原料保障基地；推进PVC行业无汞化改造，开发专用PVC、特种树脂、改性PVC等下游系列产品；延伸发展特种钢、车身钢板等钢铁下游产业链。发展壮大战略性新兴产业，争取批复上海庙至山东电力外送通道配套新能源规划，加快实施达旗光伏应用领跑基地；引进发展化工新材料、先进光电材料、石墨（烯)新材料和先进复合材料；保障奇瑞、华泰等汽车企业稳定生产，大力发展汽车产业集群；加快优势特色产业配套能力建设，实现煤机、矿机、风机等换装升级；鼓励发展城市矿产综合利用产业，研发推广高盐废水处理工艺；推进三大电信运营商直达骨干网宽带链路项目，主动对接华为、中兴、京东等行业核心企业，加快达旗电谷、高新区暾澜区块链园区等项目推进步伐；重点发展甘草、麻黄等药材GAP种植和新型产品开发，发展面向中高端消费市场的医药、保健品和生命健康食品；建设国内一流螺旋藻和沙棘工程技术中心，培育具有地方特色和竞争优势的绿色名牌产品。做大做强现代服务业，围绕建设“国内外知名沙漠休闲度假体验区、黄河几字湾风情旅游带、国家级旅游度假区”，全面推进文化旅游融合发展。依托内蒙古煤炭交易中心，加快建设国家西部能源交易中心。加快综合保税区基础设施建设，引入实施货车帮等智慧物流项目，积极发展跨境电子商务。鼓励符合条件的大型企业发起设立民营企业、企业财务公司和基金公司，组建市金融控股集团公司，设立企业上市奖励资金，完善金融产业体系。进一步完善会展业发展配套设施，精心承办好鄂尔多斯国际文化创意大会等我市主打会展，将中心城区打造成为我国西部地区特色会展经济核心区。

（三）统筹推进城乡区域发展

深入开展城市品质提升行动。突出地域和民族特色，启动城市总规修编工作，不断提升规划的科学性、前瞻性。完善城市功能，实施市政基础设施项目177项，新建城区供气管网370公里，引进垃圾无害化处理新技术、新工艺、新项目；加快东胜、康巴什、阿镇中心城区一体化进程，以“绣花”功夫推进城市精细化管理，新增改造绿地800万平方米，创意美化绿地500万平方米；大力发展房屋租赁市场，推进商业地产去库存，改造城市棚户区5399套，消化房地产库存240万平方米；开展生态宜居县城创建工作，力争所有旗区达到创建标准。全面实施乡村振兴发展战略。科学制定乡村振兴战略规划，确保乡村战略开好局、起好步。深化农村牧区改革，推进承包权“三权”分置，保持土地草牧场承包关系长期稳定。深化粮食收储制度改革，解决农民“卖粮难”问题，确保粮食安全。鼓励发展适度规模经营，培育壮大新型农牧业经营主体，推进农村牧区一二三产融合发展，新增龙头企业20家以上。推广“基地+社区”“市场+宅配”等鲜活农畜产品直供模式，让优质农畜产品打开市场、卖出好价格。逐步推开乡镇垃圾、污水无害化处理试点，大力推广天然气、沼气、太阳能灯清洁能源，打造100个以上美丽乡村示范村。培养一批有文化、懂技术、会经营的新型农牧民。挖掘传承优秀乡土文化，弘扬时代新风，营造农牧民精神家园。着力加快基础设施建设。加快实施包茂高速包头—东胜段四改八、乌审旗—鄂旗一级公路、通史—靖边三改一等重点项目；开工纳林河二号矿井专用线、呼和乌素专用线等项目，确保准朔、东乌与包西联络线等项目建成投用；积极开展西北节水增效、跨盟市水权转让二、三期等重点工程，新增节水灌溉面积40万亩；开工建设圣圆、红庆河等220千伏输变电工程，推进杭锦旗呼和木独、东胜容备等农网及城网改造配套工程；积极推进智慧鄂尔多斯和“互联网+”行动，全面完成“国家智慧城市试点”建设任务。

（四）切实保障和改善民生

脱贫攻坚方面，统筹整合财政资金、扶贫贷款和社会资金，认真落实“五个一批”政策，确保政策不撤、力度不减、投入不降。加大产业扶贫投入力度，突出抓好产业扶贫，推行特色农牧业扶贫、光伏扶贫、旅游扶贫和电商扶贫等模式，重点扶持贫困户发展致富增收产业、嘎查村壮大集体经济，构建贫困户发展产业利益联结机制。推进教育、医疗和社保兜底扶贫，鼓励和引导社会力量参与扶贫开发，坚决杜绝群众因灾致贫、因病返贫现象。坚持扶贫与“扶志”“扶智”相结合，提高贫困人口自我发展能力。加强贫困人口动态监管，确保贫困人口稳定脱贫、持续增收。就业方面，实施就业服务工程，统筹解决好高校毕业生、转移进城农牧民、企业下岗失业人员、“零就业”家庭人员等群体就业问题。全年计划新增城镇就业2.9万人，城镇登记失业率控制在3.1%以内。社会保障方面，进一步完善全民参保数据库，深化市级医保统筹和城乡居民医保整合。建设10处以上农村牧区互助养老院，争取吸引“旅居候鸟式”养老对象3万人。教育方面，加大中小学、幼儿园建设力度，推进教育信息化示范学校建设。稳步推进中高考制度改革、“学区制”改革和校长教师交流轮岗制度。医疗卫生方面，重点实施支付制度改革、异地住院直接结算和医疗卫生人事薪酬制度改革；全面推开医联体建设和专科联盟建设；启动全市药品耗材采购监管结算平台，推动智慧卫生工程建设。文化方面，全面做好国家公共文化服务体系示范区后续建设验收迎检工作，推进“十个一”文化工程，举办好鄂尔多斯诗歌那达幕、草原舞蹈嘉年华等品牌活动，深入开展“百团千场下基层”、文化进万家等惠民演出活动。

（五）着力深化改革扩大开放

加快实施创新驱动战略。加快建设科技领军人才鄂尔多斯驱动中心、中国生产力学院鄂尔多斯分院，争取入选企业数达到65家，建成2家自治区级技术转移示范机构，建成1～2家具有推广价值的众创空间。全力实施改革攻坚。深化国有企业改革，发展混合所有制。支持民营企业依法进入更多领域。实现公共资源交易全方位标准化管理。推行个体和零散税收社会化管理模式。实现个人、企业、社会组织等信用记录全覆盖，实施行政管理事项信用记录核查制度，全面落实联合奖惩制度。推动政务服务全程网上办理。探索开展“先建后验”试点，加强事中事后监管。启动实施达拉特经济开发区和棋盘井增量配电试点，形成多买多卖电力营销新格局。组建地方油气公司，争取在市场话语权上有所突破。不断深化区域合作和对外开放。配合国家有关部门做好《呼包鄂榆城市群发展规划》编制工作，认真贯彻首届呼包鄂协同发展市长联席会议10项共识，加快推动率先突破的15项具体任务。深化与蒙古、俄罗斯、以色列等国家合作，强化与晋、陕、宁等周边省区市合作，与呼市、包头共同推动设立内陆自由贸易试验区。

（六）坚持不懈推进生态文明建设

认真实施京津风沙源治理二期、天然林保护、退耕还林等重点工程，完成植树造林150万亩、草原保护建设350万亩、水土流失综合治理180万亩。严格执行基本草原保护、禁牧休牧划区轮牧和草畜平衡政策。推进十大孔兑沙棘生态减沙、淤地坝除险加固等工程项目，完成水土流失综合治理180万亩。新增生态经济林10万亩，精心筹办好中国鄂尔多斯国际沙产业博览会。深入开展化肥、农药减量化行动，加大畜禽养殖废弃物和农作物秸秆综合利用力度。持续推进重点流域水环境整治，确保城镇以上饮用水源地水质达标率100%。加强大气污染防治，确保全市空气优良率达到85%以上。严格落实中央环保督查反馈意见整改任务，确保按时整改到位。全面推行自然资源资产负债表、领导干部自然资源资产离任审计和责任终身追究等制度，建立环境风险预测预警体系，健全联合执法机制，严厉打击环境违法行为。

（七）推进全面从严治党向纵深发展

全面贯彻党的基本理论、基本路线、基本方略，坚决贯彻执行党中央大政方针和决策部署。坚持用习近平新时代中国特色社会主义思想武装党员干部。推进“两学一做”学习教育常态化制度化。以县处级以上党员领导干部为重点，扎实开展“不忘初心、牢记使命”主题教育。树立正确选人用人导向，把那些牢固树立“四个意识”和“四个自信”、坚决维护党中央权威、全面贯彻执行党的理论和路线方针政策、忠诚干净担当的干部用起来，努力打造一支与实现建设现代化鄂尔多斯奋斗目标相适应的领导班子和高素质专业化干部队伍。建立容错纠错机制，旗帜鲜明为那些敢于担当、踏实做事、不谋私利的干部撑腰鼓劲。深入实施人才强市工程，建设高素质人才队伍。深入落实“北疆先锋”工程和“五边行动”，全面推行智慧党建，推动基层党建工作水平整体提升。认真落实中央八项规定精神和实施细则，全面推行“智慧党建+纪检监察”大数据预警监管，重点强化政治纪律和组织纪律，让党员干部知敬畏、存戒惧、守底线。增强改革创新本领，增强科学发展本领，善于贯彻新发展理念，不断开创发展新局面。

供　　稿：余永崇　鄂尔多斯市委政研室主任
责任编辑：天　莹

乌海市经济社会发展情况

2017年以来，在自治区党委、政府的坚强领导下，乌海市认真学习贯彻党的十八大和十八届三中、四中、五中、六中全会精神，深入学习宣传贯彻党的十九大精神，以习近平新时代中国特色社会主义思想为指引，全面落实中央、自治区党委决策部署，牢固树立创新、协调、绿色、开放、共享新发展理念，统筹推进“五位一体”总体布局，协调推进“四个全面”战略布局，开创了各项事业发展新局面，奠定了全面建成小康社会坚实基础。2017年1—9月，全市地区生产总值完成413.58亿元，同比增长7.1%；固定资产投资完成132.13亿元，同比增长15.1%；一般公共预算收入完成45.27亿元；社会消费品零售总额完成115.59亿元，同比增长7.3%；城镇、农区常住居民人均可支配收入分别达到30014元和11682元，同比增长7.9%、8.4%。

一、2017年的主要工作

（一）加快推动转型升级，经济运行保持稳中有进态势

一是产业结构渐趋合理。坚持把优化产业结构、推动产业转型升级作为转变发展方式的重点，促进经济结构从增量扩能为主向调整存量、做优增量并存转变，支柱产业多元化格局日益形成。工业内部结构不断优化。按照习近平总书记“五个结合”要求，着力推动传统产业延链补链、改造升级、结构优化，传统产业新型化、新兴产业规模化、支柱产业多元化步伐进一步加快。北京神雾集团投资118亿元的乙炔化工新工艺年产40万吨PE多联产示范项目和自治区重点军民融合示范项目航天十二院氢等离子体煤制乙炔示范项目进展顺利，氯碱化工产业进一步提质升级。总投资70亿元的天津渤海精细化工一期10万吨粗苯精制项目开工建设，全部建成后将成为全球最大的黑G染料生产基地，精细化工集群化、终端化发展基础不断夯实。内蒙古恒业成有

机硅有限公司与美国卡博特公司合作，建设具有全国领先生产技术的8000吨气相二氧化硅项目，建成后将成为全国产能第二、自治区最大的气相二氧化硅项目。加快中钰镁轮毂、京运通新材料等新兴产业项目建设，新能源、新材料等战略性新兴产业总产值占规模以上工业总产值比重达到25.2%。现代服务业提速提质。坚持把发展服务业作为扩大内部需求、改善供给结构、实现产业升级的重要突破口，改造提升传统服务业，大力培育现代服务业，第三产业增加值占地区生产总值比重达到43.2%，产业综合竞争力稳步提升。乌海海关开关运行，自治区西部首家跨境电商体验店投入运营，服务业发展层次和水平显著提升。全域旅游、四季旅游扎实推进，1—9月，接待游客228.6万人次，实现旅游收入46.4亿元，同比增长27.8%。内蒙古世环新材料股份有限公司实现“新三板”挂牌，金融业增加值占地区生产总值比重达到6.8%。特色农业加快发展。坚持以产业化的思维经营农业、以市场化的手段营销农业，深化农业供给侧结构性改革，生态、高效、特色、精品的现代农业发展成效显著。葡萄种植面积占全市耕地面积的1/3，成功举办2017中国·乌海“丝绸之路”世界沙漠葡萄酒文化节，“葡萄之乡”美名远扬。

二是全面深化改革稳步推进。坚持依靠深化改革逐步破除制约发展的体制机制，市场活力和改革红利充分释放。紧紧扭住经济体制改革这个“牛鼻子”，优先推进有利于稳增长、调结构、激活力和事关群众切身利益的改革任务，推出了一系列改革举措，形成了一批标志性、支撑性的改革成果。海勃湾区推广PPP模式、城市公立医院综合改革试点受到国务院通报表扬。稳步实施供给侧结构性改革，消化商品房住宅6873套70.27万平方米；补齐基础设施短板，排水管网和供水管网改造分别完成5.45公里和40.1公里，打通8条断头路，新增道路面积2.36万平方米。深化“放管服”改革，逐步推行“互联网+政务服务”的“一号一窗一网”服务模式，便民、利民、为民的政务服务环境逐步形成。

三是开放发展局面全面打开。充分把握对外开放和区域合作两个格局，通过要素整合、资源共享、发展联动，逐步构建起了全方位、多领域的开放合作发展格局。积极开展对外贸易，与21个“一带一路”国家建立贸易往来，外贸进出口总额达到4700万美元。与法国利布尔纳市建立友好城市关系，在葡萄产业、体育、旅游、文化等方面开展务实合作。积极推进乌海及周边地区一体化发展，市级领导带队主动与巴彦淖尔市、石嘴山市、银川市等周边地区对接，共同梳理提出10大类65个合作意向性项目。编制《乌海及周边地区一体化发展规划纲要（2017—2020年）》，成功举办呼包银榆经济区第五届联席会议、宁蒙陕甘毗邻地区共同发展联席会议第十四届年会，为加速区域互利共赢发展打下了坚实基础。

四是经济发展基础不断夯实。按照项目向园区布局、企业向园区集中、产业在园区循环的思路，积极推进产业集结、工业集聚、企业集群，全力打造高水平产业载体，不断提升经济转型发展的承载能力和集聚水平。加快推进以“七网”为统领的基础设施建设，高铁、高速、机场、信息网络等一大批重大基础设施工程有序推进，地区发展能力持续增强。

（二）积极发展社会主义民主政治，民主法治建设长足进步

一是市委在全市的领导核心作用不断强化。充分发挥总揽全局、协调各方的作用，不断提高党领导经济社会发展的能力，先后召开市委全会、经济形势分析会等重要会议研究部署全市各项事业发展；专题听取市人大、政府、政协党组和法院、检察院党组工作汇报，研究解决事关发展全局的重大问题，确保了经济社会始终沿着正确方向稳步前进。

二是民主政治建设不断巩固。支持人大及其常委会充分发挥国家权力机关作用，依法行使立法、监督、决定、任免等职权，有效保障了各项决策部署的贯彻落实。坚持和完善中国共产党领导的多党合作和政治协商制度，深入落实中央《关于加强政党协商的实施意见》，广泛开展专题协商、对口协商等多种协商活动，探索实施民主评议政府部门工作、集中视察监督全市重点工作等民主监督方式，参政议政水平不断提升。认真贯彻中央统战工作会议精神和《中国共产党统一战线工作条例（试行）》，统一战线凝聚人心、汇聚力量的政治优势不断巩固。积极发挥各级群团组织的桥梁纽带作用，全面深化群团改革，群团事业保持健康发展势头。

三是依法治市进程进一步加快。紧紧围绕法治乌海建设目标，建立依法治市协调联动机制，探索推行“4332”依法治市工作模式，形成了思想认识统一、行动步调一致、任务推进一体的工作格局。智慧户籍档案系统、轻微刑事案件快速办理机制、市区街道（镇）社区（村）四级法律顾问全覆盖等10项工作率先在自治区开展，跨部门全流程网上办案“乌海模式”得到中央政法委肯定，全社会厉行法治的浓厚氛围普遍形成。

（三）大力弘扬社会主义先进文化，文明和谐基础日益巩固

一是社会主义核心价值体系加快建设。深入学习宣传习近平新时代中国特色社会主义思想，坚持不懈开展中国梦和社会主义核心价值观宣传教育。2017年以来，开展党的十九大精神宣传宣讲活动100余场（次），组织“中国梦·实干圆梦”等系列主题实践活动1000余场（次），党员干部理想信念进一步坚定，广大群众爱国热情普遍激发。加强对意识形态的引导管理，积极运用“乌海新闻”微博、微信客户端等新兴媒体，搞好正面宣传，讲好“中国故事”，全社会团结奋进的力量不断激发。

二是公共文化服务水平不断提升。坚持面向基层、服务群众，实施文化惠民工程36项，举办“百团千场”慰问演出、“曲艺周末乐”“戏剧乐万家”等惠民活动240余场。充分利用“中国书法城”知名度、影响力，成功举办国际书法产业博览会等国际性、全国性大型文化活动27场（次），“中国书法城”文化品牌正在叫响打亮。发展壮大文化产业，实施文化产业重点项目21个，文化产业法人单位达753户，产业发展活力不断增强。

三是全国文明城市创建成效显著。坚持把创建全国文明城市作为保障改善民生的民心工程和提升地区综合竞争力的发展工程，精心组织、统筹推进，城市面貌焕然一新、环境秩序全面改善、市民文明素质极大提升。目前，中央文明办已完成对我市创建全国文明城市的验收工作。

（四）坚持在发展中保障和改善民生，人民生活水平显著提高

一是坚决打赢脱贫攻坚战。坚持把脱贫攻坚作为重大政治任务和第一民生工程，深入实施精准扶贫、精准脱贫基本方略，加强精准识别、动态管理，统筹运用产业扶持、教育扶持、就业创业扶持、健康救助扶持、社保兜底扶持等措施，促进贫困人口有效脱贫。预计年内贫困人口基本实现脱贫，之后进入巩固完善、做优做实、统筹推进城乡一体化发展阶段，到2020年实现高水平高质量脱贫。同时，不断建立完善稳定脱贫长效机制，对已脱贫人口做到“脱贫不脱政策、退出不退帮扶”，防止脱贫返贫，切实做到真脱贫、脱真贫。

二是重点民生工程加快实施。持续推进保障性住房建设和棚户区改造，紧紧抓住拆迁、建设、安置三个关键环节，积极拓宽融资渠道，先后同中核、中冶等多家央企合作推进棚改工程。2017年以来，开工建设保障性住房12637套，完成年度任务的101%。推行“创客”等创新创业模式，城镇登记失业率低于自治区平均水平。社会保障稳步提标扩面，低保、医保、养老保险等实现城乡同等待遇，改革发展红利更多更公平惠及群众。

三是社会事业协调发展。优先发展教育事业，加大普通高中教育支持力度，本科上线率达78.9%，全市小学适龄人口入学率和初中阶段毛入学率均达到100%；实施学前教育三年行动计划，新改扩建标准化幼儿园3所，基本普及了学前三年教育；充分发挥工业集中的地区优势，加快发展职业教育，为地区产业发展提供了有力的人才支撑。不断提升医疗卫生服务水平，乌海市人民医院新院等项目扎实推进，看病难看病贵问题得到有效解决。积极培育竞技体育，大力发展群众体育，累计举办国际半程马拉松赛等国内外品牌赛事活动20项，市民健康素质进一步增强。

四是城乡一体化水平不断提升。按照城市建设标准推进农区基础设施建设，城镇化率达94.6%。加快环山湖旅游、城市综合管廊、综合交通运输等项目建设，环山沿湖城市布局初见雏形。加强公共基础设施建设，供水、供热、燃气普及率分别达100%、88.5%、92.8%，生活垃圾无害化处理率达98.6%，污水处理率达96.5%，城市承载能力逐步提升。将城市管理综合执法条例列入立法计划，城市管理步入科学化、精细化、规范化轨道。推动城市服务功能向农区延伸，出台加强农区综合管理制度，城市管理行政执法部门工作范围延伸到所有农区，街巷硬化工程纳入农区公路管理范围，农区环卫保洁运转经费纳入各级财政预算，城乡一体管理的制度体系不断健全。

五是社会大局和谐稳定。坚持以提升群众安全感、获得感为目标，深入推进平安乌海建设，积极构建立体化治安防控体系，全市重点公共区域、重点行业和领域视频监控联网率达70%。扎实开展社会矛盾积案化解“百日攻坚”行动，狠抓党的十九大等敏感节点和重大活动期间信访维稳工作，认真落实“四个清单四个清”工作机制，诉求合理清单、疏导教育清单、帮扶救助清单、依法处理清单化解率均为100%。坚守安全生产红线，认真落实安全生产“党政同责、一岗双责、齐抓共管”责任制，各负其责、齐抓共管的监管格局不断巩固。建立安全生产信息化监管平台，安全生产预警预防体系不断完善。围绕煤矿、非煤矿山、危险化学品、道路交通安全等重点行业领域，深入持久开展隐患排查治理，安全生产形势保持总体稳定。

（五）全面加强生态文明建设，生态环境质量充分改善

一是生态建设稳步推进。立足山水环绕的自然格局，按照因地制宜的原则，坚持点、线、面、环相统一，草、灌、乔、花相结合，打造以乌海湖为核心，以沿边、沿路、沿山、沿河防护林为生态绿化带，以森林公园、湿地公园、城市公园、自然保护区为节点的生态功能区系统。全面推行生态建设PPP模式，实施生态绿化项目14个，累计完成投入7.2亿元，建成区绿化覆盖率达到43%，绿地率达到41.2%，人均拥有公共绿地面积达19.9平方米，生态环境持续改善。

二是环境治理效果显著。扎实开展矿区环境综合整治，累计治理矸石自燃和煤层自燃840.4万平方米。全面推进重点行业工业企业稳定达标排放和化工企业挥发性有机污染物治理，焦化企业污染防治水平全国领先。实施面源污染治理工程，强化施工工地扬尘管理，市域范围内全面禁止烟煤散烧，空气质量明显好转。深入推进乌海及周边地区大气污染联防联控，积极与鄂尔多斯市、阿拉善盟等周边地区开展沟通协作，建立环境执法联动机制，区域大气污染联防联控成效明显，1—9月，中心城区环境空气质量优良天数达到197天，达标率72.2%。

三是绿色发展理念深入人心。运用辩证思维，树立经营理念，推动环境整治与产业发展相结合，努力把环境污染的压力转化为发展环保产业的机遇，大力发展光伏、风电等绿色产业，实现化害为利、变废为宝。实施加强生态建设和环境保护、推进绿色安全发展“十大行动”，推动环境治理常态化、长效化。加强生态文明宣传教育，举办“改善环境质量、推动绿色发展，生态文明宣教行活动”，全社会参与生态建设、投身环境保护的良好氛围日益浓厚。

在总结工作成果的同时，我们也清醒地认识到，工作中还存在许多不足，发展不平衡不充分的问题仍然突出。主要表现在：产业结构不合理，非资源型产业、战略性新兴产业、现代服务业发展不足；创新驱动要素短缺，传统路径依赖尚未摆脱，转型升级面临巨大压力；区域性大气污染联防联控任务艰巨，生态建设和环境保护任重道远；基础设施和公共服务短板明显，教育、卫生等社会事业发展水平与人民群众对美好生活的需要不相适应；少数干部畏难怕事、逃避责任，干部队伍的创业激情有待进一步激发。对此，我们将高度重视，切实加以解决。

二、2018年的工作重点

2018年是贯彻党的十九大精神的开局之年，是改革开放40周年，也是决胜全面建成小康社会、实施“十三五”规划承上启下的关键一年。我们将全面贯彻党的十九大精神，坚持以习近平新时代中国特色社会主义思想为指导，深入贯彻自治区第十次党代会决策部署，坚定不移抓好发展第一要务，坚定不移贯彻新发展理念，坚定不移打好防范化解重大风险攻坚战、精准脱贫攻坚战、污染防治攻坚战，守住发展、生态和民生底线，推动新型工业化、信息化、城镇化、农牧业现代化同步发展，加快发展路径创新、发展动力创新、发展布局创新，推动高质量发展，努力构建现代化经济体系，更好满足人民日益增长的美好生活需要，重点抓好“七个做实”。

（一）对标对表党的十九大精神，把优化新时代地区发展思路做实

按照自治区党委、政府的部署要求，在保持连续性稳定性的基础上，不断完善地区发展思路和发展定位，力争符合时代要求、符合地区实际。

（二）聚焦发展第一要务，把建设现代化经济体系做实

以建设区域创新型城市为统领，把创新作为基本思维方式和工作要求，作为推动产业结构调整和发展方式转变的核心战略，加快形成创新驱动发展格局，逐步将发展方式导入创新驱动、内生增长轨道。

（三）保证人民当家作主，把发展社会主义民主政治做实

坚持党的领导、人民当家作主、依法治市有机统一，不断强化人民当家作主制度保障，巩固和发展生动活泼、安定团结的政治局面。

（四）牢固树立文化自信，把推动社会主义文化繁荣兴盛做实

坚持以习近平新时代中国特色社会主义思想武装头脑，以主流文化引领思潮、凝聚共识、推动发展，持续加强中国梦和社会主义核心价值观宣传教育，扎实推进全国文明城市创建，不断提升市民文明素质和城市文明程度。

（五）持续增进民生福祉，把满足人民美好生活需要做实

坚持以人民为中心的发展思想，始终以人民对美好生活的需要为导向，用心用情用力推动就业、社保、教育、卫生、体育、养老、食品药品安全等各项民生工作，不断提升群众的幸福感和满意度。

（六）加快建设美丽乌海，把促进人与自然和谐共生做实

牢固树立和践行“绿水青山就是金山银山”的理念，坚持不懈推进生态建设，持之以恒实施矿区环境综合整治，坚定不移抓好乌海及周边地区大气污染联防联治，努力打赢蓝天保卫战，加快建设美丽乌海。

（七）坚持全面从严治党，把提高党的执政能力和领导水平做实

坚持把管党治党作为最根本的政治责任，全面推进党的政治建设、思想建设、组织建设、作风建设、纪律建设，严肃惩治发生在群众身边的不正之风和腐败问题，营造风清气正的政治生态，为各项事业发展提供坚强组织保障。

供　　稿：孟培云　乌海市委副秘书长
责任编辑：多志勇

巴彦淖尔市经济社会发展情况

2017年，在党中央和自治区党委的坚强领导下，巴彦淖尔市认真学习宣传贯彻党的十九大精神，求真务实，励精图治、奋发进取，统筹推进稳增长、促改革、调结构、惠民生、防风险各项工作，全市经济建设、政治建设、文化建设、社会建设、生态文明建设以及党的建设等取得新进展，在全面建成小康社会进程中迈出坚实步伐。

一、2017年的主要工作

（一）坚定政治方向，深入学习贯彻党的十九大精神

坚持把学习贯彻党的十九大精神作为首要政治任务，第一时间在全市各级党组织和广大党员群众中学习宣传贯彻。市委常委会带头学习、带头研讨、带头宣讲，各级党组织深入开展多形式、分层次、全覆盖的教育培训活动，全市上下掀起了学习贯彻党的十九大精神的热潮，广大党员干部进一步深化了对习近平新时代中国特色社会主义思想的理解和把握，更加坚定自觉地同以习近平同志为核心的党中央保持高度一致。

（二）立足市情实际，进一步明确了发展目标和工作重点

以党的十九大精神和习近平新时代中国特色社会主义思想为指导，全面贯彻新发展理念，在充分调研和论证的基础上，提出了塞上江南、绿色崛起的奋斗目标，启动了巴彦淖尔绿色发展和山水林田湖草沙综合治理工程，有序推进河套全域绿色有机高端农畜产品生产加工输出基地建设、乌梁素海综合治理、乌兰布和沙区治理、盐碱地改良、清洁能源基地建设、口岸发展等重点工作。

（三）坚持以质量和效益为中心，经济发展稳中向好

剔除虚增因素，预计地区生产总值增长4.8%，一般公共预算收入增长1.7%，社会消费品零售总额增长7.9%，城乡居民人均可支配收入

分别增长7.8%、8%，高于经济增速。一是河套全域绿色有机高端农畜产品生产加工输出基地建设迈出新步伐。深入推进农业供给侧结构性改革，发展设施农业2万亩，全国绿色食品原料标准化基地达到200万亩，新增“三品一标”产品87个。全国首次农村产业融合发展现场会、中国羊业发展大会、内蒙古绿色农畜产品国际博览会在我市隆重召开，极大地提升了巴彦淖尔市绿色农畜产品的知名度和影响力。二是工业经济提质增效。实施亿元以上重点项目215个，东立多晶硅一期、恒嘉蓝宝石一期、华拓矿业节能改造等项目建成投产。神华国能20万千瓦风电、中核龙腾10万千瓦光热、中粮集团30万吨优质面粉等项目加快推进。规模以上工业企业盈亏相抵实现利润总额37亿元，增长51%。工业用电量、铁路货运量分别增长15%以上。三是现代服务业加快发展。旅游业发展迅猛，旅游人数和收入均增长近30%。新增8家企业进入资本市场，直接融资7.3亿元。承办全国农商互联产销对接会、全区电子商务进农村牧区工作现场会，促进电商发展，电商企业达1200多家，交易额41亿元，增长25.6%，成为全国网络市场监管与服务创建示范区。坚决打好三大攻坚战，积极化解政府债务，坚决砍掉不直接推动产业发展、不直接服务和改善民生的项目。

（四）大力推进改革创新，发展动力活力不断增强

重点抓好总书记嘱托内蒙古先行先试的三项重点改革，75%的龙头企业与农牧民建立了利益联结机制，20多万户农牧民进入产业化经营链条。成立了生态文明建设委员会，全面推行“河长制”，乌梁素海水质明显改善。创新对蒙合作机制，甘其毛都口岸过货量突破1800万吨，成为全国对蒙过货量、税收最大的口岸。搭建创新平台，成立了巴彦淖尔生态治理与绿色发展院士专家工作站。

（五）切实保障和改善民生，人民生活水平不断提高

民生支出超过财政总支出的70%以上。大力实施精准扶贫、精准脱贫基本方略，全面落实“六个精准”“五个一批”帮扶措施，聚焦重点领域和薄弱环节，集中力量补短板、精准发力抓落实，压实市县镇村各级工作责任，调动全社会的力量，整合涉农涉牧资金，抓基层党建促精准扶贫，实现14171名贫困人口脱贫。同时建立扶贫长效机制，持续巩固提升脱贫成果，确保贫困人口实现“两不愁、三保障”。成功创建国家园林城市，6个旗县区获评自治区生态宜居县城。推进大众创业、万众创新，实现创业带动就业8000多人。顺利通过国家义务教育均衡发展验收。“魅力乌拉特”西部民歌会是我区唯一入选全国文化馆（站）优秀群众文化品牌，乌拉特中旗乌兰牧骑荣获全区十佳乌兰牧骑称号。精心组织庆祝自治区成立70周年系列活动，民族团结进步事业进一步巩固。社会大局保持稳定，人民群众的获得感、幸福感、安全感不断增强。

（六）落实管党治党责任，党的建设进一步加强

扎实推进“两学一做”学习教育常态化制度化，培训党员干部11.8万人次。深入开展“支部建设年”活动，基层组织建设水平明显提高。坚持“好干部”标准选人用人，圆满完成县乡换届工作。深入开展“雁过拔毛”、小官巨贪等问题集中整治，完成了两轮巡察任务，营造了风清气正的政治生态。同时，巴彦淖尔发展还存在产业发展不足、经济总量小、质量和效益不高、创新能力不强、干部思想不够解放等问题，要坚持问题导向，努力改进提高。

二、2018年的工作重点

当前，中国特色社会主义进入了新时代。巴彦淖尔站在了一个新的历史起点上，要准确把握新形势、新任务、新要求，进一步找准发展定位，完善发展思路，在更高水平上推进巴彦淖尔更高质量发展。当前和今后一个时期全市工作总体思路是：全面贯彻党的十九大精神，以习近平新时代中国特色社会主义思想为指导，统筹推进“五位一体”总体布局，协调推进“四个全面”战略布局，坚持稳中求进工作总基调，落实新发展理念，打好防范化解重大风险、精准脱贫、污染防治三大攻坚战，解放思想、开拓创新、真抓实干，推进高质量的发展，把巴彦淖尔建设成为绿色产业集聚区、生态文明示范区、乡村振兴样板区、对蒙开放先行区、美好生活共享区，努力建成现代化生态田园城市，实现塞上江南、绿色崛起。

（一）构建绿色现代产业体系，实现高质量发展

主动适应把握引领经济发展新常态，紧紧围绕建设现代化生态田园城市的目标，把推进绿色发展、提高供给质量作为主攻方向，构建绿色产业为基础、新兴产业为引领的现代产业体系，不断增强经济整体实力和竞争力。

1.全力建设河套全域绿色有机高端农畜产品生产加工输出基地

一是加快推进河套品牌的注册、认证和保护工作。编制河套农畜产品品牌发展计划，制定完善扶持政策。建立河套产品全程质量标准体系，引导企业、合作组织按照标准组织生产、加工和销售。健全质量监管和全程追溯体系，严厉打击假冒伪劣行为。加大河套品牌对外宣传，力争把面粉、葵花、瓜菜、乳肉等绿色有机农畜产品做到全国品质最优、销售最好、名气最大。二是全面开展控肥增效、控药减害、控水降耗、控膜提效四大行动。大力引进有机肥生产企业，鼓励企业、合作社、农民增施有机肥。三是加快推动农村牧区产业融合发展。积极引进大型龙头企业，发挥它们在市场、品牌、人才、科技创新等方面的优势，贯通生产、精深加工和销售等各个环节。大力发展乡村旅游、农村电商等新业态，积极申报和努力建成一批国家级现代农业产业园、农业高新技术产业示范区、农村牧区产业融合发展示范区、特色农产品优势区和田园综合体。

2.加快推进山水林田湖草沙综合治理

把山水林田湖草沙作为生命共同体，统筹好生态治理、产业发展、脱贫攻坚等工作,闯出一条生态环保、开发利用与民生改善相结合的新路子。要加强市级层面的统筹协调，注重系统性、基础性、全局性和前瞻性，制定完整的山水林田湖草沙生态系统的保护、修复和治理规划，形成区域互动、流域联动的格局。要统筹抓好河套平原绿化、盐碱地改良、黄河湿地保护、乌梁素海综合治理、乌兰布和沙区治理开发、阴山山脉生态保护、乌拉特草原生态修复等重大项目。要全面落实“河长制”“湖长制”，加强乌梁素海源头污水治理，确保两年内彻底消除点源污染。加强废弃矿渣堆、废弃采坑和尾矿库的修复治理。实施好盐碱地改良、产业治沙等试验示范工程，为全面推进山水林田湖草沙综合治理探索路径、总结经验、作出示范。

3.加快建设国家清洁能源基地

充分发挥风光资源富集优势，争取国家尽快批复新能源基地规划，将我市列为全国新能源基地试点。拓宽电力消纳渠道，研究探索建设微电网、清洁能源供暖等方式，提高本地消纳能力，更好地服务城乡居民生产生活；积极争取成为自治区跨省特高压电力通道的电源点，将清洁能源输送到京津冀和东南沿海地区。把清洁能源产业发展与现代高效农牧业、美丽乡村建设、乡村旅游、精准脱贫等结合起来，运用最先进的技术降低成本，做大做强清洁能源产业。

4.加快培育形成经济增长新动能

要优化工业园区产业布局。树立全市一盘棋思想，因地制宜、错位发展，河套平原内的工业园区要大力发展农畜产品精深加工、电子商务、现代物流、高新技术等相关产业，绝不允许引进冶炼、化工、生物制药等高排放、高耗能企业，一定要把河套平原这块净土保护好。甘其毛都加工园区要立足煤铜进口资源优势，突出抓好新型煤化工、新能源等产业。前旗工业园区要主动融入呼包鄂经济圈，努力打造综合性工业园区。后旗工业园区要发挥有色金属、非金属等矿产资源丰富的优势，建设上下游配套、链条互补的产业集群，努力打造成为国家重要的有色金属产业基地。要推动传统产业绿色转型，引导农畜产品加工、矿山、冶金、化工等企业，加大科技创新和管理创新，鼓励兼并重组，延长产业链条，提高产业层次和附加值。要积极发展石墨、多晶硅、蓝宝石等新材料产业，发展壮大生物科技、蒙中医药、节能环保、装备制造、大数据等新兴产业。要发展壮大现代服务业。促进旅游文化深度融合，打响黄河风情游、田园休闲游、中蒙跨境游等特色旅游品牌，办好河套文化艺术节、骆驼文化节等文化旅游活动。完善电商物流体系，培育更多电商市场主体。大力发展现代金融，提升金融服务实体经济水平。加快发展信息咨询、商务会展、健康养老等新产业，推动服务业向多元化、精细化转变。

5.全面增强创新发展活力

要深化各领域改革。扎实推进总书记嘱托内蒙古先行先试的三项重点改革。深化“放管服”改革，加快政府职能转变，最大限度激发市场活力和全社会创造力。深化金融体制改革，全面完成农村信用联社改制工作。积极稳妥推动试点改革，理顺水利管理体制，推进农垦体制后续改革。要争取创建一批国家和自治区级科技创新平台，在绿色有机农牧业、新兴工业、生态环保、智慧城市等领域实施一批重大科技专项。要大力实施人才强市战略和“河套英才”工程，加强与中科院、中国工程院、中国农科院等各类科研院所和高校的合作，建好用好各领域院士专家工作站。充分发挥河套学院等市内大中专院校作用，加强本土人才培养。

（二）破解制约全面建成小康社会的重点难点问题，坚决打赢三大攻坚战

1.坚决打好防范化解重大风险攻坚战

增强风险意识和忧患意识，积极防范财政、金融风险，妥善做好就业、安全生产、社会矛盾排查化解、互联网管理、国家安全等工作，切实维护政治安全、经济安全、社会安全、网络安全，坚决守住不发生系统性风险的底线。尤其要严格规范投资融资行为，持续开展非法集资行动和互联网金融风险专项整治，坚决打击违法违规金融活动，有效防范金融风险。要下大力气化解政府债务，采取调减政府投资计划、压缩一般性支出、盘活闲置资产、争取各类资金等形式有计划有步骤地进行偿还，努力将政府债务率降到合理水平。要树立正确的政绩观，处理好防风险与促发展的关系，创新模式，规范投融资行为，积极争取国家项目资金，吸引社会投资，抓好直接带动经济发展和改善民生的项目。

2.坚决打好精准脱贫攻坚战

巴彦淖尔市贫困人口总量虽然不大，但多数是难啃的硬骨头。要聚焦乌梁素海及周边地区和山旱区、边境牧区等重点地区、重点群体，因地制宜培育特色产业，培训提高贫困群众发展生产和务工经商的基本技能，增强贫困群众自我发展能力。完善就学保障机制，让贫困家庭子女都能接受教育，防止贫困代际传递。强化医疗卫生、服务保障体系建设，切实减轻贫困人口医疗费用负担，防止因病致贫、因病返贫。把生态扶贫和易地搬迁作为双赢之策，推动乌兰布和沙区治理与特色小镇建设、光伏产业发展、旅游开发有机结合，形成可持续的产业支撑，保证贫困人口稳定脱贫。加强农村低保同扶贫政策的有效衔接，实现应保尽保，确保到2020年农村牧区贫困人口稳定脱贫。

3.坚决打好污染防治攻坚战

要坚持更高标准、更严要求强力推进污染防治工作，解决好群众反映强烈的环境问题。实行最严格的生态环境保护制度，加大环保执法力度，坚决查处偷挖盗采、偷排偷放、超标排放等行为，全面推进大气、水、土壤等污染防治，特别是把乌梁素海治理成为名副其实的塞外明珠。

（三）以对蒙开放为重点，构建全域开发开放新格局

抢抓国家加大西部开放力度的新机遇，主动融入“一带一路”和“中蒙俄经济走廊”建设，积极创建国家级重点开发开放试验区和中蒙矿能合作示范区，将我市整体上建设成向北开放重要口岸城市，逐步形成全方位开放新格局。

1.提升口岸功能区建设水平

抓紧完善甘其毛都特色城镇建设规划，加快煤炭全封闭物流园区、公铁联运煤炭监管场所建设进度。加快推进基础设施互联互通，实施跨境铁路、公路、油气管道及互联网信息通道等项目，争取开通跨境航班。实施口岸扩能升级工程，建成“七进七出”矿能通道，加快“三互大通关”改革和智慧口岸建设，推广更为环保的集装箱甩挂和多式联运，进一步提高口岸通关能力和效率。

2.提升境外资源就地加工转化能力

积极推动中蒙边境经济合作区、边民互市贸易区建设。加强在基础设施建设、矿产资源开发及精深加工、商贸物流、旅游文化等方面实现深度合作。围绕承接进口资源转化，引进一批科技水平高、生产加工能力强、产业链条长的优势企业。

3.全面提升对外开放水平

借助京藏、京新高速公路和即将开工建设的包银高铁的区域交通优势，深度融入呼包鄂经济圈和呼包银榆经济区，加强与京津冀、长三角、珠三角等地区合作，积极参与西亚、中亚、东欧等国际区域合作。推进口岸功能区、口岸加工园区、保税物流中心（B型）“三区”联动，提升甘其毛都口岸自治区级重点开发开放试验区建设水平。加快保税物流中心（B型）建设运营，开通中欧农产品班列。立足保税物流中心（B型）和海关监管仓，理顺畅通报关、报检等环节，让出口更加方便快捷。积极创建国家级出口食品农产品质量安全示范市,支持外向型农牧业龙头企业发展，扩大果蔬、籽仁、羊绒制品等特色农畜产品出口，不断提高我市外向型经济发展水平。

（四）坚持以人民为中心的发展思想，在共建共享中保障和改善民生

坚持把人民利益摆在至高无上的地位，针对群众身边的、眼前的、急盼解决的民生问题，列出需要重点解决的问题清单，尽力而为、量力而行，做好保障和改善民生工作。

1.统筹城乡协调发展

围绕建设现代化生态田园城市的目标，统筹城乡产业发展、生态环保、居民生活，完善提升城乡规划建设管理水平。中心城区要加大棚户区、老旧小区、平房区、背街巷道、地下管网、停车场的改造建设力度，实施道路畅通工程，推进智慧城市建设，提高城市精细化管理水平。提高县城和中心集镇承载产业和聚集人口的能力，让城镇各具特色、宜居宜业。实施乡村振兴战略，推动特色小镇和田园综合体、美丽乡村建设。加强农村牧区公路管护，大力开展农牧区人居环境综合整治，解决好农村牧区垃圾、污水等问题。健全自治、法治、德治相结合的乡村治理体系，抓好农村移风易俗，树立文明新风，建设好农牧民的精神家园。

2.全力做好民生保障工作

实施更加积极的就业政策，提高劳动者技能，推动大众创业、万众创新上水平。实施城乡居民增收计划，落实好各项增收政策，实现居民收入增长快于经济增长。全面落实基本养老、基本医疗等社会保障政策，加快发展老龄事业和健康产业，推动医养结合。高度重视城镇困难群体，稳步提高最低生活保障水平，让困难群众心里有温暖、生活有奔头。

3.统筹发展社会事业

优先发展教育事业，办好学前教育、义务教育，提高高中教育质量，整合优化职业教育，着力解决中小学生课外负担重、“择校热”“大班额”等突出问题，解决好婴幼儿照护和儿童早期教育服务问题。深入推进健康巴彦淖尔建设，建设医联体，推行家庭医生签约服务，推动优质医疗资源下沉，让老百姓就近享受优质医疗服务。加快发展文化事业和产业，开展全民健身活动，深入挖掘河套文化内涵，创作一批体现地域特色的文艺精品，讲好巴彦淖尔故事，打响河套文化品牌。支持乌兰牧骑发展，丰富基层文化生活。

（五）坚定不移推动全面从严治党，不断提高党建工作水平

持续深入学习宣传贯彻党的十九大精神，不断提高党的建设质量，为全市经济社会发展提供坚强有力保障。要突出政治建设，树牢“四个意识”，坚定执行党的政治路线，严守政治纪律、政治规矩，始终同以习近平同志为核心的党中央保持高度一致。要加强思想建设，坚持用习近平新时代中国特色社会主义思想武装头脑、指导实践、推动工作，扎实推进“两学一做”学习教育常态化制度化，开展“不忘初心、牢记使命”主题教育。要全面加强基层组织建设，深化拓展、积极推广边境牧区“一校一队一车一户一业”和城镇社区“1+N”区域化等特色党建模式，统筹推进各领域党建工作。要深入推进反腐败斗争，坚决贯彻中央八项规定精神、新修订的实施细则和自治区的配套规定。运用好监督执纪“四种形态”扎实开展巡察工作，深化监察体制改革试点，加大对精准脱贫、涉农涉牧等领域突出问题专项整治力度，坚决查处侵害群众利益的不正之风和腐败问题。要建设高素质专业化干部队伍。把握新时代、推动新发展，最根本的就是要学深悟透党的十九大精神。各级干部在政治、思想、能力、作风等各个方面来一个大提高。要政治坚定、对党忠诚，在大是大非面前头脑清醒，把同以习近平同志为核心的党中央保持高度一致体现到实实在在的行动上，坚决贯彻落实中央、自治区党委的决策部署，不能打折扣、作选择、搞变通。要解放思想、大胆创新，坚决祛除一切不合时宜、阻碍发展的老思维老习惯老做法，自我革命、提高自我，让思想跟上时代，用思想大解放促进大发展。要勤于学习思考、提高能力本领，补上知识上的空白、经验上的盲区、能力上的弱项，使专业素养和工作能力跟上时代节拍。要干事创业、担当尽责，大力弘扬敢想敢干、苦干实干、干成干好的总干精神，雷厉风行、想方设法把各项工作干成干好，为发展服务，为人民群众服务。要实事求是、脚踏实地，大兴调查研究之风，把市情研究透，不冒进、不浮躁，不提不切实际的目标、不干不符合群众意愿的事，坚持一切从实际出发，对认准的事就坚定不移地干、持之以恒地抓，以务实的作风、创新的精神，推动巴彦淖尔的发展。

新的征程已经开启，新的目标催人奋进。我们坚信在以习近平同志为核心的党中央的坚强领导下，全市各族人民守望相助、团结奋斗，一定能够把巴彦淖尔建设成为现代经济体系与绿色生态环境相互协调、现代城市文明与传统乡村文化融合互动、现代城市风貌与秀美田园风光交相辉映的现代化生态田园城市。

供　　稿：赵峻岭　巴彦淖尔市委副秘书长

责任编辑：天　莹

阿拉善盟经济社会发展情况

2017年，阿拉善盟全面贯彻党中央、国务院和自治区党委、政府各项决策部署，坚持稳中求进工作总基调，树立和落实新发展理念，统筹推进“五位一体”总体布局，协调推进“四个全面”战略布局，着力做好稳增长、调结构、促改革、防风险、惠民生各项工作，全盟经济社会保持平稳健康发展。前三季度，全盟地区生产总值完成258.1亿元，增长1%；城乡500万元以上固定资产投资完成402.3亿元，增长16.3%；社会消费品零售总额完成55.1亿元，增长8%；一般公共预算收入完成17.8亿元，同口径下降29.8%；城镇常住居民和农村牧区常住居民人均可支配收入达到28170元和12711元，增长8.2%和8.3%。预计全年，地区生产总值、固定资产投资、社会消费品零售总额、一般公共预算收入（同口径）以及城乡居民收入分别增长3%、10%、8%、–35.8%、8%和8.3%。

一、2017年的主要工作

（一）服务实体经济，稳定经济增长

一是持续扩大有效投资。充分发挥投资撬动发展的重要作用，着力推进实施138个重点项目，完成投资282.2亿元，有力推动了“七网”共建“七业”同兴。二是切实服务实体经济。坚持把稳定经济增长的重点放在推进实体经济发展上，扎实开展盟级领导联系重点企业、重点项目工作，“一企一策”精准帮扶企业解决实际困难，全盟规模以上工业企业开复工率80.1%。强化金融服务，促成金融机构向重点企业、重点项目发放贷款47.8亿元；支持小微企业发展，累计建成各类创业孵化基地23个。三是加大招商引资力度。围绕园区、产业链、重点企业精准招商，积极承接京津冀、长三角、珠三角产业转移，签约招商项目落地率17%，引进到位资金137.9亿元。

（二）加快结构调整，提高质量效益

一是培育发展特色农牧业。改进农牧业生产方式，推广规模化养殖和集约化经营，培育发展有机农业、高端畜牧业、特色沙产业、精品林果业、休闲农牧业五大优势特色产业。自治区农牧业龙头企业达到13家，专业合作社、家庭农牧场、种养大户等新型经营主体达到3546家；农业节水灌溉面积占比60%，农区养殖比重提高到56%，农畜产品综合加工率68%，农机综合机械化水平达86.1%。

二是加快工业转型升级步伐。严格落实“五个结合”，紧抓千亿园区建设，加大科技创新力度，改造提升传统产业，培育战略性新兴产业，着力调整存量、做优增量，推动产业结构向中高端迈进。围绕煤化工、盐化工、精细化工等传统产业，实施升级改造项目35个，传统资源型产业链得以延伸。大力发展新能源、新材料、沙生生物三大优势产业，加快培育节能环保、空天产业两大潜力产业，着力构建战略性新兴产业“3+2”产业体系。建成各类创新平台载体58家，形成科研成果40余项，21个产品获自治区名牌产品。

三是大力发展现代服务业。深入实施“旅游＋”战略，全力推动全域旅游、四季旅游发展，着力打造大沙漠、大胡杨、大航天、大居延、大民俗国际旅游目的地。实施了越野e族阿拉善梦想沙漠汽车航空文化主题公园等一批重点旅游项目，建成了游客集散中心、旅游驿站、自驾车营地、旅游厕所等旅游公共服务设施，巴丹吉林沙漠、腾格里沙漠、胡杨林和贺兰山风景道列入全国生态旅游发展规划，梦想沙漠汽车航空文化主题公园成为国家体育旅游示范基地，国家A级旅游景区达到19家，全盟接待游客人次首次突破千万大关。积极发展口岸物流业，物流信息化、标准化、集约化水平进一步提升。文化产业、电子商务、养老服务、家政服务、体育产业等新型业态逐渐兴起，拓展了“双创”空间，完善了公共服务。

（三）强基础补短板，改善发展条件

一是持续加大生态环境建设和保护力度。严格落实新一轮草原奖补政策，扎实推进天然林保护、“三北”防护林、退耕还林、退牧还草等重点生态工程建设，着力构筑绿色屏障，全盟草原生态保护25635.4万亩，公益林补偿2289.5万亩，人工种植草原149.8万亩，完成林业生态建设248.5万亩，新增重点区域绿化面积12.4万亩。大力推进大气、水、土壤污染防治重点治理项目，全盟城镇建成区无黑臭水体，农用地土壤污染核实调查完成，节能减排指标始终控制在自治区下达范围之内。认真落实中央、自治区环保督查反馈意见整改工作，各项反馈意见均按期按要求完成。

二是加强基础设施建设。强化项目规划、审批、用地、融资等要素保障，全面加快“七网”建设。新改建公路里程2370公里，京新高速阿盟段主线、巴彦浩特—英雄会一级公路建成通车，具备条件的嘎查村基本通沥青水泥路，巴彦浩特—银川快铁等7条铁路列入国家中长期铁路发展规划，阿拉善机场盟外通航城市增至8个。腾格里经济技术开发区供水主体工程顺利完工。

三是有序推进城乡协调发展。加强城市规划和专项规划编制，旗区、苏木镇、嘎查村实现规划全覆盖。实施了6万亩贺兰草原和敖包公园、丁香生态园、营盘山城市公园、南田湿地公园4个6000亩生态公园及一大批市政、道路基础设施建设项目，城镇宜居环境日益改善。阿左旗成为自治区级“生态修复、城市修补”试点城市，荣获自治区园林县城和生态宜居示范旗称号。加强城市精细化管理，加快推进美丽乡村建设，推动基础设施、公共服务从中心城镇向周边城镇和嘎查村延伸，促进基本公共服务均等化和城乡一体化。

（四）深化改革开放，增强动力活力

一是扎实推进重点领域改革。出台《阿拉善盟关于着力转变经济发展方式推动落实“五个结合”的指导意见》和《阿拉善盟先行先试三项改革总体方案》，推动建立“公司＋基地＋农牧户”利益联结机制，制定建设中蒙经济合作示范区实施方案、自治区重点开发开放试验区实施方案，编制矿产资源总体规划，建立产业准入“负面清单”，初步建成不动产登记基础数据库。有序推进“放管服”改革，盟本级行政权力“瘦身”51%，盟级行政许可事项精简率达73%，政务服务盟旗一体化管理启动运行；“十五证合一”“一照一码”“双随机一公开”全面推开。

二是深化供给侧结构性改革。全面落实“三去一降一补”任务，退出煤炭产能30万吨，房地产库存面积下降60.6%，金融杠杆率下降为

6%左右，规模以上工业企业主营业务收入和利润大幅上涨，降成本取得实效。

三是提升对外开放水平。按照自治区西部重点口岸建设要求，加快建设策克铁路口岸、对蒙进口肉类指定口岸、“三互大通关”口岸。截至9月末，策克口岸过货量952.3万吨，增长10.7%；全盟进出口贸易额4.19亿美元，增长57.6%。乌力吉公路口岸联检楼等12项基础设施和敖伦布拉格综合保税物流园区等项目前期工作稳步推进，阿拉善国际陆港达到闭关运行条件。加强与周边地区在基础设施、产业协作、生态环保、旅游发展等领域的合作，推动区域协调发展。

（五）保障改善民生，为人民谋福祉

一是扎实推进脱贫攻坚。集全盟之力精准扶贫帮贫，认真落实“六个精准”“五个一批”要求，对建档立卡贫困人口进行精准识别梳理，并实现结对帮扶全覆盖。坚持“一户一法一策”，加大扶贫政策、资金、项目落实力度，整合各类涉农涉牧资金1.1亿元，扎实推进“三到村三到户”、易地扶贫搬迁、金融扶贫、产业扶贫各项工程，累计发放扶贫贷款5.1亿元，易地扶贫搬迁1311人。

二是加大就业创业和社会保障力度。扎实推进创业行动计划，完善创业扶持政策体系，城镇登记失业率控制在2.5%以内。促进大众创业、万众创新，3家众创空间通过自治区科技厅认定。全面实施全民参保计划，实行统一的城乡居民医保制度，实现应保尽保。退休养老金、失业保险金、医疗保险、城乡低保、特困人员供养等民生指标位居自治区前列。加大保障性住房建设力度，扎实推进公租房、廉租房并轨监管，实施城镇棚户区改造5209套57.6万平方米。

三是不断提高公共服务水平。改善义务教育薄弱学校办学条件，解决中小学“大通铺”和教师周转宿舍困难，率先在全区整体实现义务教育发展基本均衡。巩固完善旗级公立医院综合改革，全面推开城市公立医院综合改革，进一步深化基层医药卫生体制改革，夯实城乡三级医疗卫生服务体系建设。积极推动公共文化服务标准化、均等化建设，通过“文化惠民卡”“草原书屋”等惠民项目建设，加快推进书香阿拉善。

四是全力维护社会和谐稳定。狠抓属地管理、部门监管和企业主体三项责任落实，深入开展安全生产大检查和专项治理，全盟安全生产事故起数、死亡人数实现“双下降”，连续9年被自治区评为安全生产工作实绩突出地区。高度重视食品药品安全，加强重大节庆、节日活动期间餐饮行业和临时摊贩食品安全监管，切实保障了群众“舌尖上的安全”。打造“阳光信访”平台，开展社会矛盾积案化解“百日攻坚”专项行动，不断提升群众满意度。加强社会治安防控体系建设，扎实开展打击“盗抢骗”、电信网络新型违法犯罪、“净化”“震慑”等专项行动，交通安全、网络安全、社会面治安得到有效保障。加强国防动员，拥军优抚工作取得新进展。扎实做好民族宗教、妇女儿童、残疾人等工作，进一步巩固了民族团结、社会稳定、边疆安宁的大好局面。

阿拉善盟经济社会发展取得了可喜成绩，但在发展不平衡不充分的问题还不同程度存在，主要表现为：经济发展的质量效益不高，经济增长动力不足，市场主体数量少、规模小，经营范围单一；转型升级任务依然艰巨，传统企业市场竞争力不强，新兴产业发展还处于培育阶段，生活性服务业服务能力、容纳能力有待提升；发展短板较为突出，农村牧区生产生活现代化水平不高，基础设施网络体系有待提升，城市公共服务供给质量不高，满足人民群众在教育、医疗、健康、文化、养老等方面日益增长的需求仍须不懈努力；美丽阿拉善建设任重道远，生态环境保护建设仍须长期坚持。

二、2018年的工作重点

2018年，阿拉善盟将以习近平新时代中国特色社会主义思想为指导，统筹推进“五位一体”总体布局，协调推进“四个全面”战略布局，深入贯彻新发展理念，不折不扣贯彻落实中央、自治区的各项决策部署，坚守发展、生态、民生“三条底线”，坚持新型工业化、信息化、城镇化、农牧业现代化、绿色化“五化”协同并进，努力推动经济社会持续健康发展。

2018年，阿拉善盟经济社会发展的主要预期目标：地区生产总值增长7.5%，一般公共预算收入增长8%，城乡500万元以上固定资产投资增长10%，社会消费品零售总额增长9%，城镇常住居民和农村牧区常住居民人均可支配收入分别增长8%和8.2%。

（一）深化供给侧结构性改革

全面落实“三去一降一补”任务，积极化解煤炭过剩产能，力争提前完成退出煤炭产能的任务；因地制宜、因城施策，重点推进非住宅商品房去库存工作；强化金融供给，加快资本市场培育，不断提高直接融资比重；严格落实惠企政策，降低企业制度性交易、生产要素、人工、财务、物流等成本。继续突出项目建设的引领作用，年内计划实施盟级重点项目119个，总投资1210亿元，年度投资268亿元；计划推进重大前期项目48个，总投资3387.2亿元。坚持质量第一、效益优先，以煤化工、盐化工、精细化工等优势特色产业为重点，大力引进实施补链、延链、强链项目，加快传统产业优化升级；培育发展新材料、新能源、空天、石墨等战略性新兴产业，构建传统产业新型化、新兴产业规模化、支柱产业多元化的产业体系；加大国家A级景区创建力度，重点推进26个景区提档升级，抓好胡杨节、沙漠节、英雄会等品牌节事活动，着力创建国家全域旅游示范区、打造国际旅游目的地。支持盟内自建电商平台特色城市馆上线运营，力争培育3个电子商务示范镇、2家电子商务龙头企业。深化质量强盟，加强品牌建设，力争名牌产品年增长15%以上。

（二）深入实施创新驱动发展战略

实施重大科技项目，加强重点领域关键技术攻关和特色资源产品研发，形成引领性技术成果，促进科技成果转化应用。抓好沙产业研究院、荒漠治理科技孵化园、精细化工高新技术孵化园等研发机构的建设和运营，积极打造石墨产业研发平台。加大“助保贷”、小额担保贷款等扶持创新创业力度，促进大众创业、万众创新。坚持柔性引才和刚性引进人才相结合，建设人才公寓项目，引进培育一批科技领军人才和创新团队。

（三）加快推进基础设施网络建设

立足基础设施滞后现状，推进高速公路、国省干线公路、旅游公路、口岸公路和农村牧区公路建设，不断完善便捷高效的公路网；推进互联互通口岸铁路、快速客运铁路、普通客货运铁路和延伸至工业集聚区及工矿区铁路建设，不断完善内外联通的铁路网；推进阿左旗机场升级支线机场工作，完成阿右旗、额济纳旗机场飞行区升级改造工程，不断完善适应发展的航空网；按照“留住天上水、用活地表水、节约地下水”的原则，优化水资源配置，统筹配置生产、生活、生态用水，不断完善安全可靠的水利网；推进市政道路、供排水、污水处理、集中供热供气、园林绿化等基础设施建设，不断完善功能完备的市政网；推进盟内骨干电网升级改造和智能化改造，构建阿拉善电网与蒙西电网主体之间的坚强连接，不断完善保障有力的能源网；推进智慧阿拉善建设，整合、集约、共享公共数据资源，不断完善共享普惠的信息网。

（四）大力实施乡村振兴战略

按照产业兴旺、生态宜居、乡风文明、治理有效、生活富裕的总要求，积极构建现代农牧业产业体系、生产体系、经营体系，完善农村牧区基本经济制度，保持现有土地承包关系稳定并长久不变，第二轮土地承包到期后再延长30年；深化农村牧区集体产权制度改革，盘活农村牧区集体财产；调整优化农牧业结构，大力发展沙产业和优势特色农牧业，促进农牧业提质增效；加快培育新型农牧业经营主体，培育规模适度的专业合作社、家庭农牧场和专业大户；完善农村牧区电子商务网络，推进智慧农资建设。

（五）促进城乡区域协调发展

坚持城乡一体、区域协同，围绕文化旅游、工业服务、军民融合、对外开放等领域，进一步完善中心城镇、建制镇、特色小镇规划体系，推动城乡在规划布局、要素配置、产业发展、公共服务等方面融合发展。突出历史底蕴、文化品位和个性特色，加强特色景观旅游名镇名村、历史文化名镇名村和传统村落保护工作，着力打造美丽特色乡村和宜居宜游宜业特色城镇。从市容管理、园林绿化、道路交通、市政管养等方面入手，加强城市精细化、智慧化管理。

（六）深化重点领域和关键环节改革

坚持向改革要动力，深入推进国资国企改革，加快国有经济布局优化、结构调整、战略性重组，增强国资国企的规模实力；深化“放管服”改革，科学精准规范“八张清单”，推进权责清单“三级四同”，深入开展“减证便民”专项行动，推行“3550”审批提速，加快“多证合一”和“不见面”审批，推进所有审批事项和便民服务事项集中办理；深化投融资体制改革，加强PPP项目库动态管理，建立健全地方金融监管信息系统和监管制度，强化金融监管。稳妥化解政府债务，制定长期债务管理机制，建立科学配套的债务监督机制，采取切实有效的化解措施，确保完成政府债务化解年度任务。防控涉企金融风险，排查债务危机隐患，实施太西煤、庆华集团脱困方案，推动不良贷款率大幅下降。

（七）积极构建全面开放新格局

坚持向开放要活力，加快建设服务丝绸之路经济带和“中蒙俄经济走廊”的重要国际大通道，重点推进策克口岸自治区级重点开发开放试验区、肉类指定口岸和跨境铁路建设，力争早日升格为国际性口岸；加快乌力吉口岸基础设施建设，尽快实现通关；加快推进敖伦布拉格国际物流园建设和阿拉善国际陆港投入运行。积极推进乌海及周边地区一体化发展，加强与宁夏、甘肃毗邻地市多领域合作。鼓励各类市场主体、商业协会在区域经济合作中发挥桥梁和纽带作用，推动企业相互投资、深化产业合作，拓宽市场空间。

（八）加快建设美丽阿拉善

牢固树立“绿水青山就是金山银山”理念，按照建设国家重要生态功能示范区的定位，大力推进绿色发展，建立绿色低碳循环发展的经济体系，科学布局三旗四区的生产空间、生活空间、生态空间。倡导简约适度、绿色低碳的生活方式，推进机关节能降耗制度化、常态化。加强生态系统保护和修复，统筹山水林田湖草沙系统治理，实施好退牧还草、公益林生态效益补偿、草原生态保护补奖等重大生态系统保护和修复工程，加大人工造林、飞播造林和重点区域绿化力度。持续推进乌海及周边地区环境综合整治，巩固腾格里工业园区环境治理成果，抓好重点区域、重点环境问题整改落实。加强生态文明制度建设，编制全盟生态功能区规划、生态红线划定方案、建设项目环境管理办法、排污许可证管理办法以及三旗建设项目环境保护准入特别管理措施“负面清单”，探索开展生态文明建设目标评价考核体系和绿色发展指标体系监控工作，推进领导干部自然资源资产离任审计试点工作，认真落实“河长制”“湖长制”。

（九）切实提高保障和改善民生水平

坚持以人民为中心的发展思想，坚守民生底线，既尽力而为，又量力而行，不断在发展中保障和改善民生。

一是坚决打赢脱贫攻坚战。坚持精准扶贫、精准脱贫，继续做好精准识别和建档立卡动态管理工作，抓好跟踪问效和脱贫监控，确保贫困发生率始终控制在3%以内。加大涉农涉牧资金整合和财政投入力度，组织实施好产业扶贫项目，稳步推进金融扶贫富民、中农信小额信贷和扶贫再贷款等工程，集中力量开展“一户一法一策”扶持。加大劳动力培训力度，着重对因病致贫群体采取针对性措施，对丧失劳动能力的贫困户做好社会救助政策兜底保障。

二是优先发展教育事业。实施好教育基础设施提升工程，加快推进阿盟一中迁址新建、阿盟蒙中改扩建等项目建设；加强校长、教师、教研员三支队伍建设，深化教学、绩效、招生三项改革，推进教育信息化建设，提高教育教学质量。

三是促进多渠道就业创业。加强创业就业平台和培训实训基地建设，实施全员质量素质提升工程，加强技能培训、创业培训，鼓励引导高校毕业生、转移农牧民、“4050”人员等重点群体创业就业，确保城镇登记失业率控制在3.5%以内。

四是加快健康阿拉善建设。加强公共卫生服务体系建设，推进家庭医生签约制度全覆盖；深化公立医院综合改革，巩固完善基本药物制度；改善医疗设施条件，加快推进盟疾控中心综合业务楼、阿左旗妇幼保健计划生育服务中心等项目；扶持蒙中医药事业加快发展，推进蒙中医药继承创新；打造“10分钟健身圈”，大力推进全民健身运动。

五是健全社会保障体系。深入实施全民参保计划，推进社会保险应保尽保；统筹城乡社会救助体系，广泛开展“困、灾、急、病、难”等救助行动；完善社区服务功能，加快社区民生综合信息系统和街道办社区标准化建设；改善公共养老服务设施条件，提高养老服务体系建设水平；科学理性推进棚户区改造，逐步建立多主体供给、多渠道保障、租购并举的住房制度。

六是推动文化事业和文化产业发展。设立文化产业发展基金和文化产业发展专项资金，加快文化与旅游等产业融合步伐，推进哈伦文化艺术创意产业园、阿拉善特色IP孵化等项目建设；实施基层文化惠民工程，加快建设全盟基层综合性文化服务中心，大力扶持乌兰牧骑等文艺院团改革发展；深入开展书香阿拉善阅读活动，推进全民阅读。

七是加强和创新社会治理。完善立体化社会治安防控体系，健全预防和化解社会矛盾机制，持续开展重点领域矛盾纠纷排查化解，依法及时就地解决群众合理诉求；加强社区治理体系建设，深化拓展网格化服务管理，推动社会治理重心向基层下移；完善安全生产责任制，加强生产、交通、公共场所等重点领域安全工作，坚决遏制重特大安全事故；加强食品药品安全监管，完善地方特色产品标准体系建设，创建国家食品安全示范城市；加强防灾减灾救灾能力建设，健全突发事件应急处置机制。

八是筑牢祖国北疆安全稳定屏障。深入落实总体国家安全观，深化反渗透、反颠覆、反邪教、反间谍斗争，坚决守好祖国北疆安全稳定屏障；建立重大不稳定问题和各类涉稳群体及重点人员数据库，加强公安部门防爆反恐“五道封锁线”框架体系建设，坚决防止发生重大政治事件、暴恐事件和社会公共安全事件。

供　　稿：王志春　阿拉善盟行署办公厅

责任编辑：焦志强

满洲里市经济社会发展情况

2017年以来，在上级党委、政府的正确领导下，满洲里市统筹推进“五位一体”总体布局、协调推进“四个全面”战略布局，牢固树立和贯彻落实新发展理念，坚守发展、生态、民生底线，有力推动了口岸经济社会各项事业发展取得新进展新成效。

预计全年地区生产总值为254亿元，增长5%；固定资产投资98.2亿元；一般公共预算收入完成10.2亿元，下降34.81%；规模以上工业增加值增长2.8%；口岸过货量3100万吨，增长1.6%；外贸进出口总值188亿元，增长20%；社会消费品零售总额157亿元，增长8%；城镇居民人均可支配收入3.47万元，增长8.5%；单位地区生产总值能耗下降3.4%。

一、2017年主要工作

（一）坚持把扩大开放作为主要抓手，加快形成全方位多层次宽领域开放格局

全面落实自治区《关于加快满洲里、二连浩特国家重点开发开放试验区建设的若干意见》，大力推进绥满高速海满段等一批基础设施互联互通项目，齐海满客运专线列入国家中长期铁路发展规划，完成滨洲铁路电气化改造、中俄蒙口岸合作中心、公路口岸新货检通道建设，积极申报公路口岸进境免税店，口岸功能不断提升。组建集装箱班列集散中心，成功开行“满俄欧”班列，填补了区内始发跨境班列的空白，跨境班列线路达41条，班列线路和发运量居全国口岸之最；开通满洲里至乔巴山国际公路旅客班线，实现了中俄蒙定期班线同步开行；开通国内外航线达32条，旅客吞吐量突破50万人次，口岸辐射能力不断提升。着力完善综合保税区基础设施，深化与北京、西安等综保区合作，启动建设国际会展中心、帆达物流、锦达物流等项目，

特殊监管区政策活力释放；中俄互贸免税区封闭运营，新建至国门通道，拓展至公路口岸专用通道，免税交易B厅、出口商品品牌厅、临沂商城建成使用，成功引进278大类1000余种俄罗斯商品，实现交易额2亿余元，办理边民交易卡、游客卡12万张，受益范围扩大至呼伦贝尔市；申建中俄蒙跨境经济合作区工作有序推进，开放载体不断提升；进一步完善区域协调联络机制，深化与俄蒙毗邻地区交流合作，拓展了国际交往空间；成功举办北方科技博览会、中俄蒙国际旅游节、冰雪节暨美丽使者大赛、国际贸易与投资博览会等节庆会展活动，区域合作水平不断提升。

（二）坚持把调整结构作为主攻方向，逐步形成高质量高效益高水平现代产业体系

制定了《落实“五个结合”加快转变经济发展方式的实施意见》。工业质效提升。深能20兆瓦、华能2兆瓦光伏发电项目并网发电，祺通光伏发电项目开工建设。木材进口1170万立方米，增长11.4%，落地交付820万立方米，森诺科技黄酮素提取、凯盛华强木门窗生产等项目投产达效，木结构房屋生产企业增至12家，生产规模达到100万平方米，获评国家级装配式木结构建筑示范市。进口俄罗斯小麦、燕麦、荞麦实现零突破，建成伊泰、恒升等进口农产品加工企业，年加工能力达到85万吨。外贸蓬勃发展。全市外贸企业新增281家，积极申报国家汽车平行进口试点口岸，口岸国际物流中心、汽车进口园区建设加快。获评自治区电子商务示范基地，交易额突破12亿元，增长71 %。伊利托对俄进出口综合货场竣工投产，远东进口液化石油气储运基地、伊泰中俄农产品贸储基地、森富口岸国际物流贸易综合体、浩通能源物流中心铁路专用线等一批项目加快推进。旅游业蓬勃发展。积极争创国家全域旅游示范市，中俄边境旅游区红色旅游提升工程全面竣工，蒙根花布拉格夏宫和国际木文化馆等精品景点景区建成开放，培育打造了中俄蒙精品旅游线路，完善了一批旅游服务设施，建成旅游大数据分析平台，成功入选全国十大全域旅游目的地；组建旅游发展委员会，推行“1+5+X”全域旅游治理体制，旅游服务、管理、营销及旅游大数据应用平台建成投用。全市旅游总人数758.3万人次，增长11%；旅游总收入129.9亿元，增长12%。

（三）坚持把改革创新作为不竭动力，逐步形成整体推进、重点突破的显著成效

加快推进供给侧结构性改革，减少商品房库存32.1万平方米；取消、停征、降低各类收费9项，减轻企业和社会负担640万元；有效防范和化解金融风险，杠杆率保持合理水平；统筹推进铁路“三供一业”分离移交和各领域“补短板”工作。自治区首家行政审批服务局挂牌运行，压缩审批时限81%，限时办结率100%。加快推进“一单、两库、一细则”，实现“双随机一公开”监管全面覆盖。加快实施国企改革，成立国有资产信息中心，规范国有资产管理。圆满完成全区“多证合一、一照一码”和“证照分离”试点工作任务，实现了“八证合一”。大众创业、万众创新广泛开展，成功举办了首届创客大赛。创业场孵化基地获评内蒙古自治区众创空间试点；建成满洲里大数据创客中心，入选国家工信部制造业“双创”平台试点示范项目。继续推进口岸“三互”通关改革，率先启用国际贸易“单一窗口”，实现“一机三屏”通关模式，通关效率大幅提高。设立工商银行融e购“满洲里跨境专区”，成功引进内蒙古金控融资租赁企业总部。积极推动卢布现钞跨境调运，中国银行与国际押运公司成功签约，开展了个人本外币兑换特许业务试点，有力地促进了中俄双边经贸往来。市场主体活力得到有效激发，新登记企业653户、个体工商户2409户，各类市场主体达21264户，注册资本317.8亿元，分别增长22.14%和15.6%。

（四）坚持把城市建设作为重要载体，努力建设国际化高端化现代化口岸精品城市

启动城市地下综合管廊、海绵城市等专项规划编制工作，新型城镇化建设不断推进，城市主体功能区建设试点获得国家批复。智慧城市建设成效凸显，云计算中心、智慧政务投入运行。新建改建道路82.6千米，城市路网日益完善。挖掘防洪渠43千米，治理河道8.5千米，城市防洪体系进一步完善。水质提升工程有效推进，市区管网、老旧小区管网改造和水源保护基本完成，106项水质监测指标全部达到国家标准。城市棚户区改造750套，超额完成自治区责任目标任务，全部采取货币化安置；独立工矿区改造进展顺利；实施新开河镇房屋改造工程，受益群众388户。市规划馆、档案馆、群众艺术馆和俄语职业学院图书馆加快建设。积极推进城市主街道楼房外立面、商户牌匾改造，全力打造俄蒙风情的特色观光街区。提升城市夜景景观，完成527楼体栋亮化升级改造和新建120栋单体亮化，改善了城市整体形象。实施重点区域绿化，种植各类树木773.4万株，新增绿化面积14万平方米。积极推进中央环保督察组督察意见整改落实，扎实推进呼伦湖专项治理，污水处理厂、热电厂等设施建成投用。深入推进水、气、土壤三大污染防治行动计划，有力地提升了生态文明建设水平。强力推进安全隐患整治，完成园区内烟囱拔除和锅炉停运，工业园区全面推行集中供热供汽。

（五）坚持把社会事业进步作为施政所向，努力形成多样化高端化公共服务体系

坚持教育优先发展，内蒙古大学满洲里学院附属中学、第十二学校、互贸区幼儿园和双语民族幼儿园相继建成投入使用，全面优化了办学条件。学前教育普惠率大幅提升，提高了公办园入园率和民办园保教质量，进一步巩固义务教育发展基本均衡县验收成果，力争创建义务教育优质均衡县。全面推动高中课改，大力发展职业教育和特殊教育，引领了教育事业跨越发展。启动自治区公立医院综合改革示范县和卫生应急规范县创建，智慧医疗即将上线，医药卫生体制改革加快步伐，5所公立医院及1所企业医院取消药品加成，基本公共卫生服务项目和家庭医生签约服务成效显著，常住居民签约服务率37.7%，扎实推动异地就医即时结算，探索医保付费方式改革，公共卫生体系日趋完善。落实一对夫妇可生育两个孩子政策。深入实施文化惠民工程，木材博物馆等一批文体设施建成投入使用。大力开展群众性体育活动，积极承办中俄蒙老年人运动会等赛事，获批全国青少年校园足球试点县。

（六）坚持以人民为中心的发展思想，努力提升群众获得感幸福感安全感

民生事业投入资金22.3亿元，着力解决了一批民生领域突出问题。采取精准帮扶举措，实现96户、232人生活有困难的群众稳定脱贫，确保贫困人口动态清零。新增就业5508人，高校毕业生就业创业再创新高，城镇登记失业率3.5%。实施全民参保计划，拓宽社会保险覆盖面，实现了城镇基本养老保险全覆盖，不断扩大医疗、工伤、生育、失业保险参保人数，社会保险保障能力稳步增强。加快推进养老综合体和精神康复福利院建设，“医养结合”模式逐步建立，完善社会养老服务体系。严格落实安全生产责任制，强化食品药品安全风险防控和全过程监管，加强进口资源加工园区、人员密集场所等重点行业、重点领域安全生产专项整治。全面落实自治区粮食安全盟市长责任制。加快诚信体系建设，打造诚信满洲里。开展清理整治拖欠农民工工资专项活动，推进构建和谐劳动关系管理创新。蝉联全国文明城市殊荣，城市文明程度不断提升，爱岗敬业、崇尚劳动的社会氛围日益浓厚。不断加强双拥共建，实现全国双拥模范城“六连冠”。深入开展民族团结“八进”工作，营造安定和谐的发展环境。

二、2018年工作重点

2018年，满洲里市经济社会工作的总体要求是高举中国特色社会主义伟大旗帜，全面贯彻党的十九大精神，以习近平新时代中国特色社会主义思想为统领，深入贯彻中央经济工作会议精神和自治区十届四次、五次全会精神，统筹推进“五位一体”总体布局、协调推进“四个全面”战略布局，深入贯彻新发展理念，更高质量全面建成小康社会，更高水平建设社会主义现代化，率先发展、走在前列，奋力谱写新时代满洲里国家重点开发开放试验区建设新篇章！

（一）着力打好三大攻坚战

牢牢把握高质量发展这个根本要求，全力打好污染防治、化解债务、精准扶贫三大攻坚战，促进经济社会持续健康发展。打好污染防治攻坚战。认真落实中央环保督察问题整改意见，深入实施大气、水体、土壤污染治理，建立污染防治长效机制。加大进口资源加工园区烟尘排放管控力度，进一步改善大气环境质量。抓好主要污染物减排，加强重点用能企业节能技改，推动污染企业关停并转。严守生态保护红线，建立健全环保责任追究和环境损害赔偿制度。严把建设项目审批关，建立项目环评审批与规划环评、区域环境质量联动机制。深入落实“河长制”，推进呼伦湖综合治理。全力做好第二次污染源普查。打好化解债务攻坚战。坚持化解债务、加快发展两手抓，通过盘活财政存量资金、处置国有资产、压缩一般性支出等多种渠道化解政府债务风险，牢牢守住不发生区域性和系统性风险的底线，力争用4年左右的时间将我市政府债务率降到合理水平。打好精准扶贫攻坚战。坚持把扶贫作为一项重大的政治任务，确保贫困群众稳定脱贫。

（二）着力加快重点项目建设

立足口岸和资源优势，以重点项目建设为抓手，加快构建特色产业体系，培育转型升级新动能。紧盯国家和自治区投资方向，突出现代产业、基础设施、公共服务三大领域，加大项目谋划编制力度，调整充实重大项目库，确保项目库投资总额保持在200亿元以上。充分发挥政府性资金的撬动功能，谋划实施一批政府和社会资本合作项目，千方百计扩大民间投资。依托试验区政策、综合保税区等优势，积极对接京津冀、珠三角、长三角等重点区域产业转移，以进出口资源加工、商贸物流、文化旅游、跨境电子商务等领域为重点，积极开展精准、高效招商。

（三）着力促进工业经济转型

加速工业结构调整，提升产业质量效益，增强经济发展内生动力。全力支持扎煤公司强身瘦体、稳定生产，重点支持灵东矿升级改造，力促特高压输变电通道、坑口电站、光伏发电等项目取得突破。壮大木屋、门窗、家具等企业生产规模，推动木材产业品牌化发展，加快国家级木结构建筑技术研发中心建设，力争装配式木结构建筑生产能力达到60万平方米，木材精深加工比例达60%以上。推动俄罗斯小麦、荞麦等农产品常态化进口，力促恒升、伊泰农产品加工项目建成运营，启动满洲里山林油菜籽、博汇通粮油加工项目建设，实现进口农产品加工产业规模化发展。加快推进综保区芯片加工等项目进度，积极培育出口加工业，重点推动高端装备制造及重型机械制造组装出口项目落地。加大政银企合作力度，帮助企业解决生产经营困难，促进工业经济平稳运行。

（四）着力调整外贸产业结构

加大外贸企业扶持力度，支持外贸企业与国内大型加工贸易企业对接合作，努力实现贸易主体、贸易方式、贸易结构同步转型升级。

巩固木材等大宗货物进口规模，壮大农产品、化肥、液化石油气、有色金属、汽车等品类进口，鼓励进出口贸易向机电、芯片等高新技术产品延伸。积极争取获批汽车平行进口试点口岸和国家级市场采购贸易试点，加大进口活畜、植物种苗、肉类和冰鲜水产品等商品指定口岸申报力度，不断丰富进口商品品类，全力提高高附加值商品出口比例。大力发展现代物流业，加快推进森富物流、浩通能源等一批重点项目建设，启动平安天然气储存输配、天悦进口化肥储运基地等项目建设，提升物流业发展支撑能力。加快发展跨境电子商务，建立国际邮件交换局，深化与阿里巴巴等电商企业合作，加快建设云仓储和木材产业电商基地，打造跨境电子商务综合试验区。积极推进重大境外投资项目，筑牢木材进口、粮食回运等产业发展资源优势，推动国际产能分工合作，提升对外经济技术和境外投资合作水平。

（五）着力提升旅游经济活力

围绕“壮美内蒙古、亮丽风景线”主题，全力创建国家全域旅游示范区，积极申建边境旅游试验区和跨境旅游合作区，打造中俄蒙文化交融的国际化高端旅游目的地。加快建设套娃景区冰雪大世界和北疆明珠观光塔，促进中俄边境旅游区提档升级。推进套娃三期、蒙根花二期、敖尔金蒙元文化旅游区和东湖国际旅游度假区等一批“全天候”景区景点建设，提升旅游核心竞争力。提升北方国际科技博览会、中俄蒙国际旅游节、冰雪节暨美丽使者大赛等节庆会展活动层次和品位，提高城市知名度和美誉度。加快推进历史文化街区项目，努力打造特色文化旅游品牌。进一步整合境内外资源，开辟黄金线路，重点打造海满阿根、中俄蒙环线等精品旅游线路。大力开发具有地方特色、三国风情的旅游项目和纪念品，刺激旅游消费。深入挖掘冬季旅游资源，丰富呼伦湖冰上捕鱼、雪橇等活动内容，推动旅游实现四季四景、均衡发展。积极引进特色餐饮、文化娱乐等旅游设施，营造安全舒适优质的旅游环境。积极推进与铁路沿站和航线经停城市的旅游营销合作，全面拓展国内外客源市场。推进“1+5+X”旅游综合管理体制高效运转，加强旅游行业标准化建设和规范化管理，营造公平诚信的旅游市场环境。

（六）着力增强辐射带动能力

积极参与和服务国家“一带一路”倡议，加快打造“中蒙俄经济走廊”重要节点，着力拓展口岸服务功能。实现绥满高速公路、满洲里至阿拉坦额莫勒一级公路补充工程建成通车。完成公路口岸货运查验通道和查验场区建设，力争公路口岸进境免税店建成运营。编制航线网络规划，优化国内国际航线，提高国内航线覆盖率。充分发挥中欧班列运营平台作用，增加满俄欧班列开行频次。深化“三互”通关改革，完善国际贸易“单一窗口”建设，推动公路口岸货运通道对接，力争实现客货分流。建立“口岸、检验、企业”三方合作机制，打造出口农产品快速通道。进一步规范口岸收费，降低企业通关成本。

（七）着力提升对外开放水平

加强开放平台建设。高标准推进综合保税区建设，加强与北京天竺保税区、西安综保区、青岛前湾保税港区、临沂国际商城的互利合作，加速形成开放发展的洼地效应。拓展中俄互市贸易区功能，进一步优化“一线放开、二线管住”的分线管理模式，推动多区联动发展，努力建设全国最大的中俄商品交易中心。加快推进中俄跨境经济合作区、跨境旅游合作区及边境自由贸易区建设，打造沿边开发开放的新支点和推动区域经济发展的新载体。以2018年、2019年将举办中俄地方合作交流年为契机，高质量办好满洲里—赤塔缔结友好城市20周年庆祝活动、满洲里—额尔登特经贸文化日活动和“满洲里—乔巴山日”等节庆交流活动，进一步合作交往水平。加强与周边旗市在园区规划、通道建设、旅游开发等方面的务实合作，放大试验区政策辐射效应，推进区域经济一体化。继续办好北博会、国际旅游节、国际文化艺术节、国际冰雪节、美丽使者大赛、满洲里国际论坛等品牌活动。

（八）着力推进改革创新

加快推进供给侧结构性改革，推动“三去一降一补”取得明显进展。深入推进行政审批制度改革，全面实施清单管理制度，建立“审管分离”长效机制。加快行政审批信息化平台建设，全面提升审批效率和服务水平。加快推进公共资源交易中心“一网站三平台”建设，努力实现公共资源配置全流程公开公正公平透明。扎实推进商事制度改革，深入实施“多证合一、一照一码”登记制度改革，扩大许可备案项目整合范围，加快工商注册登记全程电子化进程，不断提高工商注册便利化水平。放宽服务业市场准入限制，完善市场监管体系。优化投资营商环境，健全民营企业公共服务体系，实行企业投资项目管理负面清单制度，依法依规减轻企业税费负担。争取开展离岸金融业务，探索人民币对俄卢布银行间区域性市场交易，打造国家沿边金融综合改革试验区。

（九）着力提升人居环境品质

加强城市规划、建设和管理，不断提高城市承载能力。统筹推进“多规合一”，构建城市空间规划体系。加快推进海绵城市、城市三维仿真系统、地下综合管廊等专项规划编制工作，实现市区控制性详细规划全覆盖。坚持高质量建设。启动跨滨洲铁路立交桥、绥满高速满洲里境内互通工程，打造顺畅的城市路网体系。完成“四馆”、市区污水处理厂、扎区污水处理厂、市区排水管网升级改造等市政工程。继续实施老旧小区综合改造和既有建筑节能改造，推进城市旱厕改造，不断改善群众生活环境。加快呼伦贝尔灵泉220千伏输变电和城区内骨干电网升级改造，确保城市用电安全稳定。巩固城市建筑外立面改造和夜景亮化成果。加快智慧城市建设，构建统一高效的数字化城市综合管理平台；完成“三网融合”，实现宽带提速，让市民生活更加便捷。建立健全长效精细的城市管理体制机制，深化城市执法体制改革，严厉打击“两违”。深入开展爱国卫生运动，加强城市“五乱”治理，争创国家卫生城市。全面提高物业管理服务水平，积极推行“菜单式”物业收费标准，不断提升物业服务满意度。

（十）着力加强民生和社会保障

继续加大对民生社会事业的投入，努力实现公共服务均等化。大力发展素质教育，积极培育民族教育，突出办好学前教育，巩固义务教育均衡发展成果，提高高中阶段教育办学水平，完善职业教育和培训体系，办好国门下的大学。加快“健康满洲里”建设，深化医药卫生体制改革，完善医疗卫生服务体系，强化全科医生队伍建设，持续加强与北京、自治区等上级医院的合作，不断提高蒙中医药事业发展水平。大力发展老龄事业和老龄产业，广泛开展全民健身活动，更好满足人民群众日益增长的美好生活需要。坚持就业优先战略和积极就业政策，全方位做好就业创业服务，构建和谐劳动关系，逐步缩小收入分配差距。构建完善社会救助体系，实现社会救助的兜底作用。全面实施全民参保计划。完善基本养老保险制度，健全全民医保体系。完善失业、工伤保险制度。大力推进住房保障工作，统筹推进扶老、助残、救孤、优抚等福利事业发展。构建多层次、全覆盖的社会保障体系。持续推进“平安满洲里”建设，创新和完善社会治安防控体系，依法防范和惩治违法犯罪活动。创新社会治理，推动社会治理社会化、法治化、智能化、专业化，着力解决一批关系群众切身利益的物业、供暖、水质提升等方面的突出问题。健全公共安全体系，加强食品药品安全监管，完善安全生产责任制，坚决防止重特大安全事故。加强全民国家安全教育，增强国家安全意识，坚决维护国家安全。严密防范和坚决打击各种渗透颠覆破坏活动、暴力恐怖活动、民族分裂活动、宗教极端活动，提高管边控边能力，筑牢祖国北疆安全稳定屏障。

供　　稿：王佳泉　满洲里市政府办综合处责任人
责任编辑：张志华

二连浩特市经济社会发展情况

2017年，二连浩特市深入学习贯彻党的十九大精神和自治区第十次党代会、十届二次和四次全会精神，坚持稳中求进工作总基调，牢固树立和贯彻落实新发展理念，着力推动口岸经济社会保持持续健康发展。预计全年完成地区生产总值102亿元，同比增长5%；社会消费品零售总额完成36.5亿元，增长8%；全体居民人均可支配收入44095元，增长7%。

一、2017年的主要工作

（一）加快推进基础设施建设

以基础设施互联互通为优先方向，加快构建适应发展、适度超前的基础设施网络体系。铁路方面，集宁—二连浩特铁路扩能改造项目前期工作进展顺利，呼铁局正在引进社会资本推进项目尽早开工建设。二连浩特—巴彦花铁路建设已列入自治区“十三五”规划。公路方面，二连浩特—赛汉塔拉一级公路改高速可研报告获自治区发改委批复，二满线一级公路全线贯通，省道312线二连段公路、国道331线与省道312线重载连接线公路建成通车。航空方面，国际航空口岸已列入自治区“十三五”规划。开通二连至乌兰巴托、伊尔库茨克和乌兰乌德国际航线，增加二连至天津、满洲里、沈阳等10条国内航线。水利方面，总投资1亿多元的城区供水管网改造、水源地扩建两个向自治区70周年献礼项目建成投用，总投资8000万元的水质净化工程投入使用。市政方面，总投资4.82亿元，目前绿化景观、水质净化、水源地扩建、城区供水管网更新改造等工程已开工建设，老旧小区改造等项目推进顺利。

（二）加快推进国家重点开发开放试验区建设

扎实推进先导性工程建设，跨境经济合作区我方一侧总体规划、产业规划、控制性详规编制完成，外围军事设施迁建、道路、围栏工程完工，集3平方公里核心区基础设施、综合管廊、标准厂房为一体的中蒙跨境经济合作区（中方一侧）PPP项目于9月正式开工建设。投资3.5亿元新建边民互市贸易区，一期工程于2016年3月正式封关运营。自治区出台了《内蒙古自治区边民互市贸易区管理办法（试行）》，进一步明确了自治区毗邻国家商品可进入互贸区交易，口岸边境贸易日趋活跃。

（三）积极培育发展优势特色产业

国际贸易物流方面，引导外贸企业加强货源组织和购销对接，扩大传统大宗商品和新增商品进口量，2017年口岸进出口过货量和贸易额分别完成1500万吨和200亿元，分别增长5%、28%。铁路口岸自1956年中蒙俄三国铁路开办国际联运以来，进出口货运量首次突破1000万吨。积极拓展对欧贸易，2017年全年验放中欧班列576列，增长240%。进出口加工方面，积极引进进口资源落地加工项目，总投资1亿元的两个铁矿石干选、磁选项目开工建设；总投资3亿元的东新粮油加工项目一期工程主体完工；总投资2亿元的远东木材交易中心已入驻企业14家；投资5亿元的雏鹰100万吨饲料加工和玉米交割仓库建设项目已完成企业注册。边境特色文化旅游方面，恐龙综合博物馆、中蒙国际马术演艺基地建成投运，国家地质公园、旅游综合服务中心等一批项目扎实推进，大型历史实景剧《天骄传奇》面向游客演出，口岸旅游吸引力进一步增强。实行旅游奖补政策，撬动民间投资近2亿元，用于宾馆饭店提档升级改造。2017年，预计接待国内外旅游人数213万人次，增长7%；实现旅游业总收入49亿元，增长11%。清洁能源方面，总投资40亿元的可再生能源微电网示范项目已完成部分设备订购和项目实施方案编制、电网设计等前期工作。内蒙古电网公司、中海油新能源风电供热项目基本完工。2017年，全市风光发电装机容量达到36万千瓦，发电量7.5亿千瓦时，增长19%。

（四）全方位扩大对外开放

对外经贸合作方面，获得蒙古国熟肉制品、饲草及俄罗斯粮食进口许可。成功举办第九届“二洽会”暨亚太经合组织（二连浩特）中小企业跨境电商峰会，引进天津自贸区东疆进口商品直营中心并正式运营，与内蒙古民航合作开展了“空地联运”项目。2017年，跨境电商货物交易总单数达920万件，货值2000多万元。辖区5家银行与蒙古国银行签署账户行合作协议，2家银行开展汇率挂牌、现钞兑换业务，图格里克现钞实现从二连调运入境。2017年，跨境人民币贸易结算量突破50亿元。完善中蒙海关载货清单通关模式，对大宗货物实行“凭保放行”，人员、车辆通关时间缩减40%以上。人文和社会事业交流方面，与蒙俄有关方面签署本科生2+2联合办学协议，累计选派156名中方大学生赴蒙俄深造，目前在二连浩特市就读的蒙古国学生948人。成功举办第四届“茶叶之路”国际文化旅游节、第三届二连浩特·扎门乌德全民健身大会。加大对蒙援助力度，筹集资金1000多万元启动实施东戈壁省公共基础设施及口岸“光明行”民心工程，投资450万元完成扎门乌德火车站场维修和公路口岸检疫消毒通道援建项目，促进了两国民心相通。

（五）扎实做好保障和改善民生工作

用于民生和社会事业领域的支出占到财政总支出的60%以上。社会事业发展方面，内师大二连浩特国际学院新校区和民族学校项目投入使用。深化教师职称评聘分开和绩效工资改革，完成新一轮校园长聘任。积极推进公立医院改革，实行医院药品零差价销售。2017年，公开招聘教师50名、医疗服务人员20名，引进11名硕士研究生。改善民生方面，坚持以创业带动就业，以就业促进增收，城镇登记失业率控制在2.4%以内。稳步提高社会保障待遇水平，主要民生指标继续保持全区领先水平。扎实推进新农村新牧区建设，建立完善服务“三农三牧”长效机制，赛乌素嘎查被评为全国环境整治示范村。脱贫攻坚方面，目前我市农牧区贫困线下人口全部脱贫，提前完成脱贫攻坚任务。针对中央巡视“回头看”反馈意见指出自治区执行中央精准扶贫政策不力问题，我市举一反三，对国家贫困线下建档立卡稳定脱贫农牧户进行了专门走访排查，对发现的责任落实不到位、电子信息档案陈旧等问题进行了及时整改。同时，为落实国家“即时脱贫也要一直帮扶到2020年”的要求，为建档立卡贫困户购买了新农合补充医疗保险和民生意外伤害保险，进一步巩固了脱贫攻坚成果。

（六）全力推动政法和维护稳定工作

认真落实习近平总书记“守望相助”的重要指示精神，扎实推进法治二连、平安二连建设，不断巩固和发展民族团结、社会稳定、边疆安宁的良好局面。加大管边控边力度。完善边境军警民联席会议、联合堵截、联合演练、联合清边、联合巡逻“五联”管控机制，严密防范敌对势力和违禁物品潜入潜出。完善与蒙古国公安、边检等部门的协作机制，设立24小时边防会谈会晤直通联络员，对双方重大突发事件、跨国案件相关信息进行交换，有效预防和打击跨国犯罪活动。强化社会治安防控。始终保持严打严控态势，依法严厉打击各类严重刑事犯罪活动，加强对口岸重点部位、重要设施以及人员密集场所的安全保卫工作，防止漏管失控、造成危害。组织开展“震慑”系列活动、缉枪治爆和打击“黄赌毒”违法犯罪专项行动，共破案53起，抓获犯罪嫌疑人93人。圆满完成十九大、自治区成立70周年大庆等重大活动的安保任务。切实抓好安全生产工作。严格落实上三级安全生产工作会议精神，先后9次召开会议部署安全生产工作。深入开展“百日安全生产”及“回头看”行动，成立8个专项检查组对可能造成重特大事故的风险环节、重点区域、重点部位进行全面排查整治，累计排查隐患2133条，已整改隐患2065条，整改率达97%。妥善防范化解处置拖欠农民工工资问题。建立市级领导包案制度，将摸排出的6项可能引发上访事件的清欠工作（涉及金额2400万元），逐项落实到分管领导和各相关单位，明确稳控措施和化解时限，夯实化解责任，引导上访群众合理合法解决诉求，避免矛盾激化。2018年春节前全部完成。

二、2018年的工作重点

2018年是全面贯彻落实党的十九大精神的开局之年，是改革开放40周年，是决胜全面建成小康社会、实施“十三五”规划承上启下的关键一年。2018年的主要预期目标是：地区生产总值同比增长7%左右，一般公共预算收入增长8%左右，全社会固定资产投资增长9%左右，社会消费品零售总额增长9%左右；进出口货运量和贸易额均增长10%左右，居民消费价格涨幅3%左右，全体居民人均可支配收入增长7%左右，城镇调查失业率和城镇登记失业率分别控制在5%左右和2.4%以内，全面完成节能减排任务，供给侧结构性改革取得实质性进展，政府债务化解完成年度任务。按照上述目标，年内将重点抓好以下工作：

（一）全力推进试验区建设，着力提高开发开放水平

一是推动形成全面开放大格局。积极推动落实《建设中蒙俄经济走廊规划纲要》，逐步放宽外商投资准入，推行准入前国民待遇加“负面清单”管理模式。组织筹办好第十届“二洽会”等各类展会，着力培育会展经济品牌。继续做好ATA单证册和原产地签证工作，积极引导国内实力企业赴蒙俄开展能源矿产、农牧林业以及建设境外加工园区等领域投资合作。创新与蒙俄交流合作机制，成立二连浩特人民对外友好协会。

二是拓展提升国际合作大平台。认真贯彻落实自治区《关于加快满洲里、二连浩特国家重点开发开放试验区建设的若干意见》，推动各项政策措施落地实施。全力推动中蒙两国签署跨境经济合作区建设协议，继续与蒙方协调推进跨境区总体规划及各类专项规划编制工作，加快推进跨境区核心区PPP项目建设进程，力争年内完成部分基础设施，吸引国内外企业入驻。赋予边民身份更多受益机会，提升边境互贸证的含金量。

三是构筑完善互联互通大通道。积极推动二满线一级公路通车，协调推动国道331线二连—艾勒格庙段公路、二广线二连—赛汗塔拉段高速公路开工建设。全力推进铁路口岸站场改造项目年内开工建设。继续开通至蒙古国乌兰巴托、俄罗斯伊尔库茨克、乌兰乌德国际航线，实现国际航空口岸正式对外开放。推动列入《建设中蒙俄经济走廊规划纲要》的北京—二连—莫斯科高速铁路、二连—乌兰巴托—乌兰乌德铁路双幅电气化改造和高速公路等重大项目靠前实施。

（二）深入贯彻新发展理念，着力建设现代化经济体系

一是加快构建改革创新政策体系。成立行政审批服务局，实现“一枚印章管审批”。加快电子口岸建设，推进中蒙海关联合监管、“三互大通关”改革，推广应用国际贸易“单一窗口”。积极推动国检试验区建设。完善清单管理和随机监管机制，积极构建职能清晰、高效有序的综合行政执法监管体制。推进人民币与图格里克在国家外汇交易中心挂牌进程，增强金融服务实体经济能力。推进二连浩特人才改革试验区建设，出台《二连浩特市人才引进和流动管理办法》。

贯彻新发展理念，认真做好“十三五”规划中期评估、修订工作。

二是持续推进支柱产业转型升级。突出抓好国际贸易物流业。加快推动“贸促贷”平台建设，促进进口货运量持续增长。稳步扩大马肉、活马进口量，启动建设活畜隔离、检测设施，争取实现蒙古国活羊进口，加快汽车整车进口口岸获批，进一步丰富口岸进口商品种类。启动建设粮油检测中心。大力培育贸易新业态新模式，积极引进敦煌网、金和网等跨境电商企业，推进跨境电商“空地联运”项目，争取在跨境电商发展上实现新突破。大力推动市场采购贸易试点获批，年内建成市场采购信息平台。促进工业经济提质增效。加快欧亚国际物流园区建设进程，促进工业转型升级。推动边合区PPP项目建成投用，提升园区集聚产业、集约资源、集群发展能力。继续做好“助保贷”工作，稳步扩大资金池数额，解决中小企业融资难、融资贵问题。适度发展选矿加工业，推动天利源、连吉祥磊、钧玮铁矿石加工项目建成投产。推动东新粮油加工、明雨伟业梳绒加工项目投产达效。推动文化旅游深度融合发展。加快旅游“三区”建设，力争年内创建成为国家全域旅游示范区，争取申建边境旅游试验区获批。年内建成旅游综合服务中心，推动中蒙俄国际汽车露营公园、综合博物馆三期、国门景区三期、国家地质公园提档升级项目开工建设。推动民族文化产业园建成投用。推动解决中蒙旅游团队互免签证、八座以下自驾车跨境通行、边境旅游证件使用等问题。积极筹办好第五届“茶叶之路”国际文化旅游节、第四届二连浩特·扎门乌德全民健身综合运动会等特色品牌文体交流活动。加快推进智慧旅游建设，继续奖励扶持旅行社、旅游企业，引导企业提升服务水平和接待能力。培育发展清洁能源业。开工建设可再生能源微电网示范项目，争取9万千瓦光伏发电项目并网发电。大力争取国家普通光伏电站建设指标、锡盟特高压输电通道新能源指标向口岸倾斜。启动建设中海油、内蒙古电力清洁能源供热二期项目，稳步提高清洁能源供热覆盖率，逐步实现用清洁能源代替传统能源供热，努力建设清洁能源供热示范城市。

（三）精心统筹城市建设和管理，着力推进城乡一体化发展

一是高标准完善城市功能。全力推进市政网、城市“双修”和“多规合一”试点等专项规划编制工作。以“三城联创”为目标，多渠道筹资加强城市市政设施建设，有序推进老旧小区综合改造和既有建筑节能改造，继续实施国家重点开发开放试验区生态环境治理PPP工程、陆桥公园西区等绿化景观工程，进一步完善城市功能。积极推动水源地至三水厂输水管线项目、三水厂续建工程开工建设，确保城市蓄水能力达到4.1万吨，彻底解决多年来夏季用水高峰期居民用水紧张难题。推动智慧水务工程纳入全区智慧水利信息平台统一实施，推进城市老旧管网和老旧水表更新改造工程，加快节水型城市建设。推动城市燃气项目开工建设。持续抓好去库存工作，有序推进棚户区改造，严控房地产项目开发，盘活消化存量商品房。

二是高水平提升城市管理。启动实施城市管理“路长制”，提升城市精细化管理水平。完成铁路职工家属区“三供一业”分离移交工作。启动城市管理指挥中心，继续推进智慧城市建设，提升城市管理信息化、智能化水平。全面落实“河长制”，有效管理辖区水资源。制定供热计量价格收费标准和管理办法，稳步推进供热计量收费。积极引进高资质物业企业，完善物业服务标准，不断提升物业服务水平。推进城市环卫市场化运营管理，完成废品收购站搬迁工作。进一步加强建筑工程质量安全监管，有效预防安全事故。

三是高质量打造美丽乡村。按照产业兴旺、生态宜居、乡风文明、治理有效、生活富裕的要求，推进农牧业和农牧区现代化，全面完成牧区机井通电项目，争取国道331线至哈丹呼舒等通村公路、温室大棚水肥一体化和新能源冬季供暖项目开工建设。健全完善城乡融合发展体制和政策体系，扎实推进“三权”分置改革。巩固农企利益联结机制，实现农牧户与农牧业合作社、涉农企业有效衔接，实行产销订单和保险分担。培育新型农牧业经营主体，扶持农牧民专业合作组织和家庭牧场发展。支持和鼓励农牧民就业创业，大力发展“互联网+农牧业”电子商务模式，推广民族手工艺品、苏尼特羊肉、旅游牧场等品牌，拓宽农牧民增收渠道。

（四）不断满足人民对美好生活的向往，着力保障和改善民生

一是坚持以人民为中心的执政理念。完善脱贫长效机制，健全扶贫后续管理，巩固国家贫困线下建档立卡牧民脱贫成果，抓好城市低收入群体脱困帮扶工作。坚持对事业负责、对人民负责，努力提升政府管控债务风险的能力，扎实推进政府债务化解工作，利用3～5年时间将债务化解到控制线以内。高度重视金融风险防范和治理工作，健全金融、证券等行业和准金融机构风险防控机制，严厉打击各种非法集资、网络诈骗等行为，努力营造运行稳健、安全可控的经济环境。

二是努力实现人民满意的就业和收入。坚持就业优先和积极就业政策，全面落实大众创业、万众创新，年内新增就业800人以上，城镇登记失业率控制在2.4%以内。加大“零就业”家庭援助力度，确保“零就业”家庭至少有1人稳定就业。落实职工带薪年休假制度，积极向上争取将艰苦边远地区类别由二类调整为四类。推行企业工资集体协商机制，落实城市最低工资增长机制，促进农牧民收入稳定增长，提高人民群众的获得感、幸福感。

三是积极构建人民向往的社会保障体系。按照兜底线、织密网、建机制要求，加快建设全方位、多层次、可持续的社会保障体系，启动建设互联互通、信息便民民生服务平台。扎实推进机关事业单位养老保险制度改革，完成全民参保计划。全面推行医疗服务智能监控系统，扎实开展城镇职工和城乡居民基本保险跨省住院就医直接结算工作，持续巩固城乡居民医保制度“参一保五”格局。统筹城乡社会救助体系，促进低保制度和社会救助、社会福利、慈善事业、优抚安置等相衔接，健全儿童、妇女、老年人、残疾人关爱服务体系，适度提高社会救助指标，保持主要民生指标位居全区前列。

四是大力发展人民期盼的社会事业。持续改善教育基础条件，确保国际学院图书馆、外教公寓、留学生公寓及第二小学综合楼项目建成投入使用，推进蒙古族中学食堂和风雨操场等项目建设。全力争取国际应用职业技术学院获批，推动发展职业教育。深化医药卫生体制改革，完成国际急救中心项目，争取疾控中心业务用房项目实施，办好市医院和蒙中医医院。争取列入国家第三批县级食品安全检验检测资源整合试点城市，整合成立食品检验检测中心，推进智慧食药监管信息化、君为食品加工园区二期、餐厨垃圾无害化处理等项目建设。推动乌兰牧骑文艺精品创作，扩大对外交流。加快发展养老服务业，推动聚祥福养老园区建成投用，大力推进异地养老、旅居养老产业稳步健康发展。

（五）大力推进生态环境建设，着力打造北方重要的生态安全屏障

一是加快推进绿色发展。守好节水、环保底线，加强项目节能评估工作，淘汰落后生产工艺和产能，大力发展节能环保产业，构建绿色低碳循环发展的经济体系。健全土地资源节约集约利用机制，强化土地利用规划管理，盘活闲置土地，提高土地利用率。开展创建节约型机关、绿色家庭、绿色学校、绿色社区和绿色出行等行动，倡导简约适度、绿色低碳的生活方式，加快新能源公交车替代燃油公交车进程，争取新能源公交车占比达到16.9%。

二是解决突出环境问题。执行最严格的环境保护制度和问责制度，深入推进上级环保督察反馈意见的整改落实。积极推动环保监测执法垂直管理改革，加强环境监测能力建设，力争环保检测项目突破100项以上。深入开展企业排污量核定，有序发放排污许可证。持续开展大气、水、土壤污染防治行动计划，实施污水处理厂升级改造和污泥无害化处理工程，做好工业污染源全面达标排放工作，完成行业污染物排放评估，建立健全污染物排放企业“一企一档”管理制度。深入开展土壤环境质量监测，争取建成环境辐射自动监测系统，保持一片蓝天净土。

三是坚守生态保护底线。贯彻“绿水青山就是金山银山”的理念，把水木草沙作为生命共同体，深入实施京津风沙源治理、城市防护林工程，促进草原生态持续好转。严格落实新一轮草原生态保护奖补机制，严格执行禁牧和草畜平衡制度，促进草原休养生息。加强同蒙俄有关地区在草原生态保护、防沙治沙、野生动植物保护等领域合作，争取自治区生态项目和资金支持。抓好自然保护区、生态功能区、城市功能区的分类监管，强化天鹅湖和绿地公园的保护，实现人与生态环境的和谐共处。

供　　稿：王继国　二连浩特市人民政府办公室
责任编辑：张志华

专题研究篇

“中蒙俄文化走廊”建设研究

张志华

“‘一带一路’,是一条以文明交流超越文明隔阂、文明互鉴超越文明冲突、文明共存超越文明优越，推动中欧乃至世界各国相互理解、相互尊重、相互信任之路。”文化的互联互通是多元异质的民族相互对话的过程，相对于经济而言，文化的互联互通颇具基础性、可持续性和极端重要性，“中蒙俄经济走廊”建设作为“一带一路”的发展战略之一，必将使中蒙俄三国的战略对接与互利共赢推向新高度，因而迫切需要发挥文化软实力的先导、支撑和助推作用，其中，最为现实的最佳选择就是要建设好“中蒙俄文化走廊”。

一、建设“中蒙俄文化走廊”的必要性

（一）建设“中蒙俄文化走廊”是“丝路精神”的当代彰显

绵亘万里的古代丝绸之路，先人用驼队架起东西方经济文化交流的桥梁，沿线国家不同文明、宗教、种族在长期的通商易货中不断求同存异，书写了互相借鉴、彼此尊重、共同发展的壮丽诗篇，孕育和凝结了和平合作、开放包容、互学互鉴、互利共赢的“丝路精神”，无不给后人以深刻的智慧和启示。从古代丝绸之路的历史地缘和人文往来观之，中蒙俄三国山水相连、睦邻友好、交往频繁，堪称亚欧人民互鉴互利的先行者和典范，早已形成底蕴深厚和独具魅力的草原“丝路精神”，而她作为“丝路精神”的重要组成部分，在促进东西方文化对话和文明互鉴中发挥着不可替代的作用，建设“中蒙俄文化走廊”就是草原“丝路精神”的发扬光大，更是“丝路精神”的当代彰显和弘扬。首先，中蒙享有相同的族源和丰富的文化资源，这种共

有族源和这些共同资源渗透在两国的历史文化中，也存续在两国的现实社会生活中，是中蒙游牧文明传统和草原文化灵魂在当今时代的进一步发扬光大，是建设“中蒙俄文化走廊”极为重要的文化因子和文化力量。再如，从18世纪中叶到20世纪初，中国北方草原还有一条通向蒙古高原和西伯利亚腹地的“茶叶之路”，横跨整个亚欧大陆，曾经创造过辉煌的商业奇迹，展现了亚欧人民民间社会密切交往的历史需求，更是一条推进东西方现代进程的商贸之路、文化之路和友谊之路。所有这些历史记忆，都是留给中蒙俄三国的一份珍贵文化遗产。正是以这条“茶叶之路”为主题，中蒙俄三国抓住其中最为重要的人文契合点和文化共享资源，联合签署申报世界文化遗产的宣言，开启了尊重历史、传承文化和开拓未来的新的合作篇章，无疑是草原“丝路精神”的当代绽放和创新之举。

（二）文化认同是民心相通等“五通”的软实力支撑

“中蒙俄经济走廊”建设是一项复杂的系统工程，涉及多元合作伙伴、多个区域板块、多类实施主体等多项重点目标，并以政策沟通、道路联通、贸易畅通、货币流通、民心相通“五通”为主要内容。其中，民心相通是“中蒙俄经济走廊”建设的思想基础，也是中蒙俄三国之间深化交流合作、实现互利共赢的沟通桥梁。在当今经济全球化时代也即经济文化和文化经济时代，文化认同成为综合国力竞争中最重要的“软实力”。国家与国家之间，人民与人民之间，是不是认同彼此的历史与文化？是不是接受彼此的传统与价值观？看待彼此是友是敌？民心相通与文化认同至为关键，而文化交流与合作也是最受欢迎、最为有效的夯实民心基础的重要手段。充分发挥文化认同即文化对政府和公众潜移默化和深远持久的影响力，亦即充分认识建设“中蒙俄文化走廊”的必要性，对促进中蒙俄三国“五通”（即政策沟通、道路联通、贸易畅通、货币流通和民心相通），从而合作共建“中蒙俄经济走廊”具有无可替代的现实意义。

二、“中蒙俄文化走廊”建设的现实基础

（一）对外文化交流日趋活跃

随着中蒙俄文化交流与合作的不断推进，中国同蒙古国和俄罗斯

人文交流与合作更加紧密，呈现出积极互动的良好态势。譬如中蒙联合举办的“文化周”“文化月”和中国版画展、国际服饰文化节、青少年足球邀请赛等大型演出、展览、交流等系列活动，作为各领域全方位合作的展示，成效十分显著。我国积极参与俄、蒙举办的各类文化活动，如音乐节、作家节、文化论坛、竞技比赛、民俗展示等文化活动，极大提升了双方文化交流的范围与质量。同时，内蒙古积极发挥区域与民族优势,加强对俄、蒙的文化传播力度，构建以广播、电视、网络、报纸、杂志、书店相互联动的“六位一体”外宣格局。从2005年开始，在蒙古国乌兰巴托举办的“吉祥哈达”春节文艺晚会已成为对蒙文化交流的重要品牌；面向蒙古国读者的斯拉夫蒙古文杂志《索伦嘎》已在蒙古国累计发行134期，并借助这一平台先后举办200余场次联谊活动，成为蒙古国普通受众了解中国、了解内蒙古不可或缺的窗口；内蒙古电视台蒙古语卫视频道与蒙古国中蒙合资桑斯尔有线电视台合办的《索伦嘎》栏目，是以展示蒙古国民族文化艺术、民族风俗风情、旅游观光以及展现现代蒙古民众时尚生活、流行趋势为宗旨富有浓郁的异国特色的一档境外节目,为加强中蒙两国电视文化交流搭建了一座桥梁；内蒙古新华发行集团创办的乌兰巴托塔鸽塔书店销售我国图书2600余种，年销售量达2万多册；内蒙古电视台的蒙古语节目在蒙古国、俄罗斯布里亚特共和国以及图瓦、卡尔梅克落地入网，成为传递中国声音的重要渠道。特别是二连浩特市和满洲里市作为口岸城市，扎实推进对外文化交流，在我国对俄、蒙文化交流中正在发挥着重要作用。两市都从单一的文艺演出起步，逐渐发展成为涵盖会展、论坛、互办城市活动等内容丰富、形式多样的文化交流项目，层次不断提升，领域不断扩大，对促进中蒙俄三国文化交流、文化发展起到了积极的推动作用。二连浩特市精心打造享誉国内外的“茶叶之路”品牌，成功举办“百峰骆驼”重走茶叶之路系列活动，使古老的茶叶文化、驿站文化重放异彩；连续举办8届的中国·二连浩特中蒙俄经贸洽谈会， 涉及民族工艺品、民族饰品、食品、机械、矿产等商业领域及经贸论坛、招商项目推介会、专场文艺演出等活动，已成为二连浩特与俄罗斯、蒙古国文化交流的重要品牌会议。满洲里市持续举办中蒙俄冰雪旅游节、中蒙俄选美大赛、中蒙俄经贸洽谈会，已成为满洲里对外交往的重要品牌活动，并吸引着越来越多的国外宾客。

（二）学术话语权显著增强

目前中蒙俄三国学术交流活跃，学术话语增强，以中国社会科学院、北京大学、中国人民大学、内蒙古社会科学院、内蒙古大学、内蒙古师范大学、吉林社会科学院、吉林大学、黑龙江社会科学院、黑龙江大学等为代表的国家及地方科研机构和高校积极开展学术交流，举办了一系列国际性大型学术活动，显著增强了我国在相关学术领域中的话语权，其中中国蒙古学国际学术研讨会已成为内蒙古、全国乃至世界蒙古学界的一个知名平台，不断巩固和提升了我国在国际蒙古学研究领域的地位和话语权，发挥了积极的学术外交和智库外交作用。同时，与俄、蒙学术机构建立起广泛的学术交流，多层次宽领域战略合作与日俱增，其中近年来内蒙古社会科学院与蒙古国、俄罗斯等科研院所签署合作协议近10项。中蒙俄三国智库平台发挥着越来越重要的作用，2015年9月中蒙俄国际智库联盟成立暨首届中蒙俄智库论坛在乌兰巴托召开，2016年第二届中蒙俄国际智库论坛在内蒙古呼和浩特召开，此论坛已成为“中蒙俄经济走廊”建设的重要智库支撑。中蒙俄三国相关学术机构互派学者，互相兼任对方学术机构的特约教授（研究员）进行学术交流和合作已成常态，三国学术界之间及其学者相互借鉴、密切切磋、加强合作的良好学术氛围基本形成，为中蒙俄三国“五通”发挥着积极的引擎和先导作用。

（三）教育合作持续深入

中蒙俄三国教育合作在广度与深度上都有显著拓展。中国在俄罗斯、蒙古国都设立了孔子学院，为有力推进俄罗斯、蒙古国两国青少年学习了解中国文化创造了良好的条件和机遇。中国同时在俄蒙两国设立中国文化研究中心，中国各高校大多采取开放式办学与俄、蒙两国建立了长效的合作交流机制，并逐年增加外国留学生的数量。据统计，蒙古国现有60多所大中小学开设汉语课程，接受汉语教育的学生达万人，在蒙古国的执教中国汉语教师有182人，在华留学生达8000余人；在内蒙古，有30所学校接受俄、蒙留学生，在校留学生近3000人。在二连浩特学习的蒙古国中小学生达500人。2012年，俄罗斯来华学生达1.3万人，同比增加7%。近2.5万名中国学生留学俄罗斯，俄罗斯在华建立7家俄语中心。内蒙古与俄、蒙两国分别缔结了9对、11对友好地区关系，中国语言文化的影响力不断提升。

（四）民间文化交流不断拓展

中蒙俄三国民间交流频繁，文化交流深度和广度不断延伸。特别是内蒙古民间组织的对蒙古国的文化交流十分活跃，借助跨境民族的语言、民俗及文化相同相近等特殊优势，随着便民通关的不断推进，民间交流及往来异常活跃；各类书法协会、摄影协会、老年艺术团等民间团体，经常邀请俄、蒙及其他国外友人来内蒙古举办展览和参观考察；跨境旅游方兴未艾，出境旅游呈井喷式增长，一些爱好自驾游的车友们也经常往返于境内外毗邻城市之间，带动两地旅游业和相关产业的发展与交流。

三、“中蒙俄文化走廊”建设的路径选择

（一）智库先行，为“中蒙俄经济走廊”建设增信释疑

学术合作是人文领域国际合作的制高点，是从学理上去解决学术分歧、消除学术偏见、缩短文化差异，加强文化互信，提高合作效率的有效途径。中蒙俄三国于2016年6月23日在塔什干签署的《中蒙俄经济走廊规划纲要》中，明确制定“重点深化教育、科技、文化、旅游、卫生、知识产权等方面的合作”“加强教育和科研机构间的交流合作的规划”，意味着科研合作将会成为“中蒙俄经济走廊”建设未来走向的重要内容，成为多领域务实合作的重要基础和引擎。同时，中蒙俄三国学术界应抓住有利时机，积极探索智库对话新模式，秉持共商共建、互利共赢、突出重点、稳步推进的原则实现智库有效对接，有效整合智库资源，最大限度发挥智库的集聚效应，共同关注和致力于“中蒙俄经济走廊”建设的研究，不断深化和夯实合作的基础和提升三国智库论坛的影响力。要利用大数据资源和“互联网+”，实现三国智力联姻，芯片串联，构建三国智库网络平台，转变和创新智库交流合作方式，建立常态化智库对话、人员交流互访与合作研究机制，组织举办网络年度“中蒙俄经济走廊”建设国际发展高层论坛，相互借鉴发展理念和发展经验，就“中蒙俄经济走廊”建设和相关国

际问题进行深入研讨，更好发挥网络智库的优势。

（二）机制创新，搭建多层次文化交流平台

根据当前“中蒙俄经济走廊”建设的实际，为搞好“中蒙俄文化走廊”建设，建立完善中蒙俄文化交流合作机制和平台，制定政府文化交流的中长期规划和年度计划，建立和完善中蒙俄三方定期会晤机制、中蒙俄地方文化交流和专题文化交流协商和互动机制，进一步完善政府、企事业和民间社团的合作机制，形成政府主导、部门合作、社会参与、市场运转的良性运行机制。统筹各类论坛、博览会、洽谈会和文体旅游节庆活动，推动媒体对话、文化交流，构建主体鲜明、各有侧重、特色突出的平台体系。加强三国文化设施建设特别是完善边境口岸文化交流基础设施建设，切实做到文化设施先行和互联互通。如在俄、蒙建立中国文化交流中心，在俄、蒙知名高校设立中国馆及开办孔子学院和孔子学堂，在内蒙古建立中蒙俄文化交流中心，建立草原丝绸之路博物馆，建立“一带一路”文化交流项目数据库等。

（三）品牌引领，精心打造文化交流新高地

在中国特别是在内蒙古自治区，要围绕草原文化这一最具活力的民族文化核心品牌，加快发展文化生产力，着力提高文化产品质量，打造一批知名文化品牌。着力打造世界知名的文化企业，继续发挥国有文化企业骨干作用，鼓励非公有制文化企业积极参与，加快培育一批有实力、有竞争力的外向型文化企业。打造无愧于时代的文化艺术精品，通过“五个一工程”奖、“索伦嘎”奖等重大奖项抓好草原文学作品、精品舞台剧目、优秀蒙古文译介等项目，不断推出保持时代特色的精品力作；在评论中铸精品，要秉承改革创新原则，旗帜鲜明地鼓励开展积极向上、健康的文艺批评推出精品。推动文化产品的内容创新，利用在国外举办“内蒙古地区年”的机会，摸清和贴近国外受众文化需求和消费习惯,生产和输出一批表现力、吸引力俱强、竞争力强，附加值高、影响力大的国际知名品牌。同时，要推进本土化与国际化的结合，必须用国际化的视野，做好本土化的运作，既要有鲜明的民族特色，又要考虑国际受众的审美取向，真正做到本土化与国际化的结合。

（四）顶层设计，推动政府与民间交流与合作

统筹各类资源和政策，落实好与“中蒙俄经济走廊”的政府间文化合作协定，丰富现有机制框架下的人文合作内容。加强政府主导的官方交流，积极开展主流、高层和社会精英往来和对话，不断深化政治互信，增进理解，加深友谊；重视媒体的理论以及宣传部门的“扩声”作用和影响力，运用现代媒体，邀请国外专家、学者参与各类学术交流周、学术论坛、文化讲座等，组织展览巡展互换、文博图书资料共享、人才培训交流等合作活动,加大“中蒙俄经济走廊”建设中的人文交流。发挥民间文化交流灵活、专业、便捷、随意、轻松等特点，选取与俄、蒙两国当地民众衣、食、住、行、乐等日常生活有交集的领域，筛选其中既有传统文化传承，又有现代发展创新的内容，抓住文化的交流点，以多种形式进行平等沟通交流，表现经济发展、科技进步、文化繁荣的成果。提升民间对外文化交流的思想内涵和精神内涵，加强民间对外文化交流的经验总结，提炼规律，提升跨文化交际能力，让民间交流活跃起来，通过降低门槛、政策引导等形式，让民间口碑相传，自发自愿讲好我国改革开放新篇章，讲好内蒙古民族团结、讲好中国亲诚惠容理念，讲好“中蒙俄经济走廊”战略新构想和中蒙俄三国友好发展故事。

（五）借助“茶叶之路”，构建草原旅游走廊

充分依托中俄蒙的跨境旅游合作机制，大力推进“茶叶之路”的旅游发展，共建草原丝路特色精品旅游体系。通过做大国内旅游市场、有效对接国际市场，畅通旅游目的地的丝路通道，不断吸引草原丝路上的来华游客；共同开发丝路沿线的旅游资源，打造丝路特色精品通道，输送国内游客沿草原丝路的旅游；强化旅游产业的中蒙俄三国合作机制，尽可能在通关、签证和基础设施等方面提供便利；共同打造草原丝路的共同旅游文化品牌，提升旅游的文化内涵和影响力、带动力、辐射力；强化三国旅游宣传和推介，加强媒体合作，大力推进“旅游+”和“互联网+”，促进中蒙俄三国旅游与相关产业的深度融合，拓展旅游的领域，延伸旅游的产业链和附加值；加大人才培养和使用，不断推出跨国旅游文化复合型人才，使旅游不仅成为“中蒙俄文化走廊”建设的排头兵和优先领域，同时成为连接三国人民情感的黏合剂和润滑剂。

（六）依托跨境民族和文化符号，提升文化认同感

积极发挥蒙古族、俄罗斯族等跨境民族的民族文化和民俗资源，系牢共有民族文化符号纽带,促进民心相通。把民心相通作为落脚点，积极组织邀请三国各类主流媒体合作采访和举办媒体论坛，联手推出系列报道，客观真实宣介共同愿景、民意民心、互利共赢的精彩故事及互联互通和共同发展的成果，增强合作共赢的公信力和民意基础。加强考古和申遗合作，促进以草原丝绸之路为主题的物质和非物质文化遗产的传承保护和创新发展，通过组织国际联合调查、普查和考古，发掘蒙古高原—中亚草原历史文遗存、遗址，并积极开展草原文化、草原丝路文物展，帮助俄、蒙改善文物保护和开发利用,提升中蒙俄的文化认同意识。如做好蒙医药、万里茶道、蒙古族服饰申遗工作。建立更加完善合理的民间交流机制，制定多元化优惠政策，促进边境人民往来，发挥友好关系的辐射效应，带动和影响内地人民的热情和认同，增加互信，增进共识，在相互理解、友好相待中构建文化走廊，为“中蒙俄经济走廊”建设发挥重要引擎和先导作用。

作者系内蒙古自治区社会科学院副院长、研究员

内蒙古农牧业现代化建设成效及面临的问题探析

王关区　刘小燕

农业（广义）是国民经济的基础产业和重要部门，是社会发展的衣食之源、生存之本。内蒙古是我国13个粮食主产区和6个粮食净调出省区之一，牛奶、羊肉、羊绒产量均居全国省区的第一位；内蒙古是我国绿色农畜产品生产输出基地，承担着保障国家和自治区粮食安全、农畜产品质量安全和生态安全等重大责任。当前我国经济社会发展正处在转型期，工业化、信息化、城镇化发展对加速推进农业现代化的需要非常紧迫，保障粮食等重要农畜产品供给与资源环境承载能力的矛盾日益尖锐，这就要求我们必须全面贯彻落实党的十九大精神，稳固农牧业的基础地位不动摇，始终把解决好“三农三牧”问题作为全党工作重中之重，坚持农牧业和农村牧区优先发展，加快推进农牧业和农村牧区的现代化。

加速内蒙古农牧业现代化建设，对于新时代乡村振兴战略的实施，有效推动农村牧区可持续发展有着重要的意义。通过发展现代农牧业，调整农牧业结构，转变农牧业增长方式，提高农牧业生产效益与质量，构建现代农业产业体系、生产体系、经营体系，为新时代乡村振兴提供产业基础，实现产业兴旺、收入增加；通过完善社会化服务体系，建设美丽乡村，改变农村牧区落后面貌，改善农牧民生产生活环境，为新时代乡村振兴提供物质条件，实现生态宜居、生活美好；通过推广应用新知识、新技术，大力培养新型农牧民，造就一支懂农业、爱农村、爱农民的“三农”工作队伍，为新时代乡村振兴提供人才保障和智力支持。

一、内蒙古农牧业现代化建设取得的成效描述

“十一五”“十二五”以来，内蒙古农牧业经济保持了稳定发展的良好势头，农畜产品产量稳定增长，农牧民收入持续增加，为全区国民经济平稳较快发展和维护社会和谐稳定大局发挥了重要作用，为提升内蒙古农牧业现代化水平奠定了坚实的基础。

（一）农牧业综合生产能力提升，保供给促稳定作用增强

1.第一产业增加值持续增长

内蒙古第一产业增加值由2006年的641.72亿元增加到2015年的1618.7亿元，按可比价格计算年平均增长5.03%；第一产业产值占地区生产总值比重由2006年的13.4%下降到2015年的8.98%，第一产业对地区经济增长的贡献率保持在3%左右，占比稳定，同自治区整体国民经济发展速度保持一致，第一产业基础地位进一步稳固。详见表1。

表1　内蒙古第一产业发展状况

单位：亿元、%

年份	第一产业增加值	第一产业占地区生产总值中的占比	同比增长	第一产业对地区经济增长贡献率
2006	641.72	13.40	6.0	5.0
2007	784.08	13.03	5.8	4.1
2008	906.98	11.69	7.5	5.0
2009	929.02	9.55	2.3	1.3
2010	1447.43	9.05	5.8	4.3
2011	1304.91	9.16	5.8	3.8
2012	1447.43	9.05	5.8	4.3
2013	1599.41	9.50	5.2	4.7
2014	1627.2	9.16	3.1	3.1
2015	1618.7	8.98	3.3	2.9

数据来源：内蒙古统计局，内蒙古国民经济和发展统计公报（各年度）。

2.粮食作物播种面积增加，粮食产量显著增加

内蒙古粮食生产实现了“十二连丰”，已成为我国13个粮食主产区和6个粮食净调出省区之一，截至2015年，人均粮食占有量居全国

第三位。内蒙古农作物种植结构中以粮食为主，占70%以上。2006—2015年，内蒙古粮食总产量由2006年的1704.9万吨增加到2015年的2827万吨，增长65.8%，内蒙古粮食产量占全国粮食产量的比重由2006年的3.43%上升为2015年的4.55%，增长1.12个百分点，内蒙古作为全国粮食主产区之一的地位进一步巩固。粮食作物播种面积稳定增长和粮食作物单位面积产量增加是粮食总产量持续提升的主要推动力。内蒙古粮食作物播种面积呈现一直增长态势，由2006年的446.2万公顷上升为2015年的572.7万公顷，增加126.5万公顷，增长28.35%。粮食作物单产水平逐年提升，由2006年的3660千克/公顷提高到2015年4937的千克/公顷，增加幅度为34.9%。详见表2。

表2　内蒙古粮食生产状况

单位：万公顷、%、万吨、千克/公顷

年份	粮食播种面积		粮食产量		
	播种面积	占全国比重	总产量	占全国比重	单产水平
2006	446.2	4.23	1704.9	3.43	3660
2007	512	4.85	1810.7	3.61	3550
2008	525.5	4.92	2131.3	4.03	4056
2009	542.4	4.98	1981.7	3.73	3654
2010	549.9	5	2158.2	3.95	3925
2011	556.2	5.03	2387.5	4.18	4293
2012	558.9	5.03	2528.5	4.29	4524
2013	561.7	5.02	2773	4.61	4937
2014	565.1	5.01	2753	4.51	4872
2015	572.7	5.05	2827	4.55	4937

数据来源：内蒙古自治区统计局，内蒙古统计年鉴（各年度），中国统计出版社。

3.畜牧业综合生产能力稳健增长

内蒙古畜牧业生产实现了“十一连增”，主要畜产品产量保持稳定，牛奶、羊肉、细羊毛、山羊绒等主要畜产品产量均居全国第一位。2006—2015年，内蒙古牧业年度牲畜存栏头数连续保持了1亿头

（只）以上。各年度良种畜和改良畜所占比重保持在90%以上，畜种改良对内蒙古畜牧业产品的质量、数量以及经济效益提高起了巨大的推动作用。内蒙古肉类总产量缓慢上升，肉类总产量2015年比2007年增加21.8%；内蒙古肉类总产量在全国总产量中所占的比重呈下降趋势，由2006年的3.17%下降为2011年的2.85%。内蒙古牛奶和乳制品产量一直保持全国首位，但年际间产量有所下降，在全国的总产量中所占比重也逐步降低，其中牛奶产量在2007—2012年保持在900万吨以上。详见表3。

表3　内蒙古畜牧业发展状况

单位：万头（只）、%、万吨

年份	牧业年度牲畜存栏头数	良种及改良牲畜占比	肉类总产量	肉类总产量占全国比重	牛奶产量	牛奶总产量占全国比重
2006	11051.47	93.04	257	3.17	880.45	27.6
2007	10952.03	94.11	201.8	3.01	950.9	25.79
2008	10677.2	93.3	219.37	3.01	912.2	26.29
2009	10858.5	94.7	233.91	3.06	903.1	25.66
2010	11263	94.6	245.74	3.01	910.2	25.31
2011	10762	94.8	237.5	2.98	908.2	25.48
2012	11263	94.6	245.74	3.09	910.2	24.90
2013	11819.76	90.68	244.96	2.87	767.3	21.73
2014	12915.8	89.7	252.3	2.90	788	21.15
2015	13585.7	90.3	245.7	2.85	803.2	21.39

数据来源：内蒙古自治区统计局，内蒙古统计年鉴（各年度），中国统计出版社。

（二）农牧业结构进一步优化，农牧业产业化经营平稳运行

1.农牧业结构与发展方式不断优化，发展路径趋于合理

2006—2015年，内蒙古农林牧渔业产值结构的变化主要表现在，产值结构中仍以农业和畜牧业为主，农牧并举的农牧业结构逐步形成，农牧产值所占比重均稳中有升，林业产值所占比重有所下降，渔业所占比重保持稳定；农区牲畜存栏占全自治区的70%以上，2014年

自治区牧业年度羊存栏首次突破1亿头只大关，羊增量全部来自半农半牧区和农区，成为畜牧业主要增长点。详见表4。

区域布局更趋合理，初步形成了奶牛、肉牛、肉羊、绒山羊、禽类、优质专用玉米、优质马铃薯、高油大豆等特色优势农畜产品产业带。优势基地牛奶、牛肉、羊肉已经占到全区总产量的89%、72%和83%。2015年末，全区肉羊年出栏100只以上规模养殖水平达到67.9%，比2010年提高27.5个百分点；奶牛存栏100头以上规模养殖水平达到80.5%，比2010年提高63个百分点。优势区域玉米、小麦、大豆、马铃薯分别占到全区总产量的76%、79%、85%和82%。[1]

2.农牧业产业化取得积极进展，市场竞争力不断提高

产业多元发展格局初步形成，围绕乳、肉、绒、粮油、薯菜、饲草料、林下经济及特色产业七大主导产业多元发展，已成为国家重要的绿色农畜产品生产加工输出基地。“十一五”期间，内蒙古农畜产品加工企业销售收入和增加值年均增长25.5%，利润年均增长27.4%，在全区工业六大支柱产业中，仅次于能源、冶金建材工业排第三位。“十一五”末期，内蒙古初步建成了区域化、规模化、专业化农畜产品生产基地。其中，乳品加工业围绕伊利、蒙牛等龙头企业，建设了土默川平原区、河套平原区、锡林郭勒盟和乌兰察布市农牧交错区、科尔沁草原和西辽河平原区、大兴安岭岭西区五大区域基地和乳品加工项目，形成乳品加工产业集群；玉米产业形成以通辽市和呼和浩特市为中心的两大集群；锡林郭勒盟的肉羊、呼伦贝尔市的大豆加工、通辽市和赤峰市的肉牛已成为各地的主导产业；以鄂尔多斯市和巴彦淖尔市沿黄河两岸为核心的羊绒产业带和以巴彦淖尔市为核心的番茄生产加工基地等产业集群成为内蒙古农畜产品加工的重要支撑。[2]“十二五”期间，农畜产品加工率达到58.9%，比2010年增长6.6个百分点。现有国家级农牧业产业化重点龙头企业38家、自治区级重

[1] 资料来源：内蒙古自治区农牧业现代化第十三个五年发展规划[EB/OL].（2017-02-10）http://www.nmg.gov.cn/fabu/ghjh1/fzgh/201702/t20170210_597870.html,

[2] 资料来源：内蒙古自治区农牧业厅.内蒙古自治区农畜产品加工业“十二五”发展规划[EB/OL].（2013-06-04）http://www.nmagri.gov.cn/zwq/ghjh/389150.shtml.

点龙头企业556家、上市公司10家，分别比2010年增加9家、298家、3家；农畜产品中，中国驰名商标达到66件。牧区家庭牧场发展到3.5万个，带动了5.3万户牧民规模化经营，占牧户11%。主要畜种肉羊年出栏100只以上，规模养殖水平达到55.9%，奶牛标准化规模养殖水平达到52.9%，高于全国15个百分点。以原种场和资源场为核心，扩繁场、人工授精站点为支撑，生产性能测定为保障的畜禽良种繁育体系不断完善。内蒙古拥有种畜禽场517个，其中种牛站5个、种羊场309个，已经具备年生产10万只种公羊、400万剂奶牛冻精和320万剂肉牛冻精生产能力。全区荷斯坦奶牛产奶量、苏尼特羊和西门塔尔牛胴体重分别比2010年提高了744千克、2.2千克和10千克。优势基地牛奶、牛肉、羊肉已经占到全区总产量的89%、72%和83%。优质羊绒产量占到全区总量的39%。全区无公害畜产品产地认证达到111处，牲畜总量达到2200万头（只），其中肉羊占到85%以上[1]。

表4　内蒙古农林牧渔业总产值及构成

单位：亿元、%

年份	农林牧渔业总产值	农业	林业	畜牧业	渔业
2006	1058.5	51.23	4.63	41.5	0.86
2007	1276.4	48.61	4.99	43.84	0.86
2008	1525.7	46.97	4.77	45.86	0.77
2009	1570.6	46.6	4.98	45.93	0.81
2010	1843.6	48.84	4.15	44.61	0.86
2011	2204.5	47.99	4.22	45.29	1.07
2012	2449.3	47.85	3.99%	45.68	1.06
2013	2699.5	49.20	3.56%	44.77	1.08
2014	2779.8	50.67	3.47%	43.37	1.05
2015	2751.6	51.55	3.61%	42.19	1.12

数据来源：内蒙古自治区统计局，内蒙古统计年鉴（各年度），中国统计出版社。

[1] 资料来源：内蒙古自治区农牧业现代化第十三个五年发展规划 [EB/OL].（2017-02-10） http://www.nmg.gov.cn/fabu/ghjh1/fzgh/201702/t20170210_597870.html.

（三）农牧业科技贡献率不断提高，科技支撑作用更加突出

1.农牧业科技创新能力增强

截至2015年，内蒙古农牧业科技贡献率达到51.8%，主要农作物良种覆盖率、家畜改良率，分别达到95%、96%。技术创新支撑能力加强，种植业开展了“高产创建活动”，全区累计建设高产示范片1906片，落实创建面积3854.8万亩次，总增产粮食92.5亿斤，带动五大作物五项核心技术推广2.7亿亩次。畜牧业实施了“双百千万高产创建工程”，地方品种育成羊活重提高2～3千克，规模养殖场奶牛产奶年平均单产提高800千克。基层农技推广体系建设日趋完善，自治区、盟市、旗县、乡镇四级农技推广机构2200个，推广人员2万余人，承担全区农牧业科技的推广和服务工作，通过开展“万名科技人员下基层”活动，实施新型职业农牧民培育工程，农牧业科技入户率、到位率、转化率不断提高。[1]

2.农畜产品质量安全和动物疫病防控工作成效显著，保安全保健康能力不断提升

内蒙古12个盟市全部成立了监管科和安全中心，80%的旗县成立了监管机构，784个苏木乡镇建立了监管站，12个盟市级和91个旗县（场）级检测机构批准建设，10个机构通过了实验室考核和资质认定。农畜水产品质量安全不断提升，主要农畜产品抽检合格率持续保持在96%以上。[2]

二、内蒙古农牧业现代化建设面临的问题分析

（一）气候变化对农牧业生产的影响加剧

据IPCC第五次报告[3]（2014）：随着全球平均气温上升，极端暖事件将进一步增多，高温热浪发生的频率将更高，全球降水将呈现

[1] 资料来源：内蒙古自治区农牧业现代化第十三个五年发展规划 [EB/OL].（2017-02-10） http://www.nmg.gov.cn/fabu/ghjh1/fzgh/201702/t20170210_597870.html.

[2] 资料来源：内蒙古自治区农牧业现代化第十三个五年发展规划 [EB/OL].（2017-02-10） http://www.nmg.gov.cn/fabu/ghjh1/fzgh/201702/t20170210_597870.html.

[3] 图解 IPCC 第五次评估报告 [EB/OL].（2014-11-13）http://www.cma.gov.cn/2011xzt/2014zt/20141103/2014110310/201411/t20141113_266684.html.

“干的地方越干、湿的地方越湿”的趋势，气象灾害造成的损失呈增加趋势，粮食、水资源、生态、能源等领域将面临更大的风险。内蒙古四季气温均呈变暖趋势，并且以冬季增温最为显著。同期内蒙古平均最高气温、平均最低气温、极端最高气温、极端最低气温的上升幅度也高于全国。同样受影响的有降水、地表水和地下水。2000年以来，随着气候变暖和降水的减少，内蒙古进入干旱少雨的枯水期，降水量较20世纪90年代减少39毫米。同时，气候变化加剧了内蒙古地表径流的减少，湖泊的萎缩或干涸，可利用生态水的减少。特别是近几年自治区境内湖泊、河流、湿地出现季节性断流和大面积干涸现象，部分牧区、人口集聚区、井灌区出现了明显的地下水漏斗区。并且降水量呈波动式变化，季节变化呈现冬春季节增加，夏秋季节减少的特征。

内蒙古是自然灾害多发地区，尤其以气象灾害为主，每次严重的气象灾害都对内蒙古农牧业生产造成巨大的损害。近年来全区基础设施建设得到加强，农牧业抵御灾害的能力有所提升，但目前人们还无法准确预测未来气候变化强度及其对农牧业生产带来的影响。

（二）农牧业的物质装备水平较低，机械化程度尚不能满足现代农牧业发展的需求；农牧业科技成果转化困难，科技贡献率不高

2006—2015年，内蒙古农牧业机械化建设取得了很大进步，但同农牧业现代化水平仍有较大差距，同国内一般水平相比存在较大差距。如2015年内蒙古每公顷耕地拥有农业机械总动力为4584.34瓦/公顷，低于全国平均水平6715瓦/公顷，远远低于农业机械化水平较高的省市。2015年，内蒙古农牧业科技贡献率为51.8%，主要农作物良种覆盖率、家畜改良率，分别达到95%、96%[1]；同期，我国农业科技进步贡献率超过56%，农作物良种覆盖率在96%以上[2]。另外，全区以家庭为主的生产经营模式下的农牧业生产机械化程度较低，大型农垦地区

[1] 资料来源：内蒙古自治区农牧业现代化第十三个五年发展规划 [EB/OL]. 内（2017-02-10） http://www.nmg.gov.cn/fabu/ghjh1/fzgh/201702/t20170210_597870.html.

[2] 资料来源：我国农业科技进步贡献率超过 56%[EB/OL].（2016-1-11） http://news.163.com/16/0111/05/BD1ANSUI00014AED.html.

农牧业机械化程度较高。虽然目前内蒙古综合机械化水平超过70%，进入基本实现农牧业机械化阶段，但属于低层次、简单机械化阶段，主要作物关键环节机械化程度仍然较低。特别是牧区畜牧业机械化长期处于低水平重复性发展，除了打草、捆草等简单机械外，均无实用型机械可言。

同时，内蒙古农牧业机械服务体系发育不全，服务能力较低。农机服务主要包括农牧业机械的使用指导、保养、维修等。目前，处于三包期内的农机维修是由生产厂家负责，但由于生产企业很多，三包维修站一般设在市一级农机销售单位，县乡两级一般没有三包维修站，出了故障的农机具不能及时维修，农牧民需等待很长时间。为修理农机，有时农牧民不得不付出很大精力、财力，把机具拖到三包维修站去修理。三包期以后的农机维修问题更为突出。由于农机具品牌和配件品种多，更新换代速度快，而现有农机维修服务网点设备简陋、规模小，不能从事大型农业机械的大修保养，只能以换件维修为主。

目前，内蒙古农牧户家庭仅仅是基本普及了手扶拖拉机、播种机等农机具，缺乏对现代种植、养殖技术的应用。科技创新机制滞后，在一定程度上制约了农业科技创新、技术推广和农业产业发展，导致了农产品科技含量较低。究其原因主要有以下几点，一是农业科技管理体制存在多头管理、部门分割的弊端，科研、教育、推广衔接不够，有的科研项目缺乏有效分工与协作，浪费了科技资源，降低了创新效率，影响农业科技发挥整体效力；二是农业技术推广体系不健全，基层推广体系体制不顺、机制不活、队伍不稳、保障不足等问题亟待解决，科技成果推广应用水平不高。三是农业科技人才总量不足，结构不合理，缺乏直接服务“三农”的实用型专家。

（三）农牧业从业劳动力素质偏低，还面临结构性的不合理

从内蒙古农牧业从业人员的年龄结构来看，40岁以上人数占劳动力总数的90%以上，而35岁以下受过一定教育的青壮年劳动力几乎都离开了农牧业生产。从从业人员性别比例来看，女性从业人员大大增加，在农业生产中该特征更为明显；另外，男性从业人员多兼做其他工作，不是全职务农，从事农业生产的主要是女性劳动力。从从业人员受教育水平来看，每百个劳动力中，小学以下文化水平约占30%，初中文化水平约占50%，高中文化水平约占10%，各项指数农村略高于牧区，现有务农劳动力的学历较低，而实际的科技文化水平也较低。内蒙古农牧业从业人员状况已经成为农牧业生产和农村牧区发展的短板。首先，大量农牧民是兼职务农，60%的家庭无人专职从事农牧业生产，农牧业变成了一项“家庭副业”。其次，随着城镇化和工业化进程的加快，人均农牧业资源短缺呈加剧的趋势，必须通过提高农牧业科技水平来解决农畜产品需求增加与农牧业资源减少之间的矛盾。但由于农牧业劳动力结构失衡以及从业人员整体素质不高等因素的制约，农牧业的最新生产技术难以广泛应用。多数从业人员受教育程度低，对新事物、新技术的接受能力相对较差，短期内很难通过知识传播、技能培训等手段转变其固有的思想观念、生产技能等。再次，现有的从业人员结构不利于提高该行业抵御市场风险的能力。农牧业从业人员对市场规律缺乏认识，不懂得或无法准确把握市场信息，仍是被动地接受市场变化，使得农牧业生产的经济效益很不稳定。

（四）农牧业生产成本明显增加，使农牧业经营收益相对下降

内蒙古农牧业生产成本逐年上升，生产效益相对降低。对农牧业生产而言，生产成本的增加来自两个部分，一是农业单位产量没有随着机械化水平的提升而提高，特别是没有实现规模生产的地区，但其成本大幅度上升。机械化解放了部分劳动力，但农村牧区缺乏吸收季节性剩余劳动力的产业支撑，劳动力闲置实际上也是一种成本增加。二是近些年内蒙古农牧业生产成本逐年增加，种植业生产中的直接费用支出占比高，农资产品价格居高不下；与农业生产成本上涨相比，畜牧业养殖成本的上涨更加明显。随着天然草场的休养生息，人工饲草的补给量越来越多，饲草料逐年涨价，使得畜牧业养殖成本快速增加，同样上涨的还有草牧场租赁价格和劳动力价格。详见表5。

表5　内蒙古玉米、绵羊生产成本情况

单位：元、%

年份	玉米（每亩）			绵羊（每百只）		
	生产成本	直接费用	化肥费	生产成本	直接费用	饲草料
2011	575.5	56.24	38.34	25362.88	66.45	78.37
2012	640.22	53.00	37.47	63147.30	88.71	92.19
2013	678.42	52.36	35.54	65536.88	85.49	91.11
2014	669.6	53.17	31.73	65001.09	86.63	90.03
2015	683.66	53.49	32.06	85236.79	89.80	92.21

数据来源：国家发展和改革委员会价格司，全国农产品成本收益资料汇编（2011—2016年），中国统计出版社。

（五）农牧业相关信息资源的获取、使用等还存在较多问题

首先，农牧业信息化基础设施薄弱。由于经济条件的制约，绝大部分地区对农牧业信息基础设施建设的投资力度以及政策方面的支持力度不够，存在设备简陋、缺乏应用软件、运行经费不足等问题，各地农牧业信息建设工作进展缓慢，不能进行深度开发和广泛的信息服务。其次，缺乏有效的农牧业信息资源开发整合机制，信息资源共享程度低。农牧业涉及领域广，信息涵盖宽泛，但现有的农牧业信息处于部门所有、相对封闭的分散状态，缺乏有效整合，共享程度低，致使内蒙古农牧业信息网络主干平台的优势和作用得不到充分发挥，各级领导和政府部门难以及时获取全面、系统、准确的信息，直接影响了宏观决策，也给农户的查询使用带来不方便。再次，农牧业信息发布渠道不畅，成为困扰农牧业信息进村入户的“最后一公里”问题。基层农牧业部门信息发布渠道少，信息无法及时准确地传达到广大农牧户。第四，现有农牧业部门从事信息工作的人员信息化知识有限，从业人员整体的数量、结构和素质等方面还不能适应加速推进信息化的要求。

作者：王关区系内蒙古社会科学院科研组织处处长、研究员
刘小燕系内蒙古社会科学院牧区发展研究所副研究员

内蒙古促进冬季旅游发展的思路及对策研究

内蒙古社会科学院经济所课题组[1]

内蒙古旅游业发展长期受淡旺季困扰，2017年自治区旅游发展大会提出“全域旅游+四季旅游”的发展要求，力图突破旺季较短、淡季漫长的旅游时段分布，形成“四季皆有游、皆可游”的旅游新格局。发展内蒙古四季旅游，冬季旅游是一个重要的突破口，也是内蒙古实现四季旅游的重要抓手。

一、内蒙古冬季旅游基础条件及存在的问题

（一）内蒙古冬季旅游基础条件

内蒙古冬季旅游资源丰富，但质量分布不均，东部以呼伦贝尔草原、大兴安岭沿麓为优质资源，西向延伸到内蒙古西部阿拉善。冬季旅游自然资源质量呈下降态势，但与此相向而行的是内蒙古西部社会人文资源、农牧业与旅游结合的资源特色，其对外部的吸引力更明显。

根据冬季旅游特点，可以将内蒙古的冬季旅游发展分为四个区域分析：一是东北林草文化片区，二是环京津冀草原片区，三是中部敕勒川文化片区，四是西北水沙胡杨片区。

东北林草文化片区是内蒙古地区纬度最高、冬季时间最长、气候最为寒冷、冰雪资源最丰富的区域，拥有大兴安岭林区和山地较为优越的发展条件，其中兴安盟阿尔山被认为是全国冰雪资源品质最好的地区。本区的冰雪旅游开发将以阿尔山和牙克石为两大中心，以呼伦

[1] 本文是在“内蒙古中长期经济社会发展研究工程”2017年度课题报告基础上修改而成的。课题组成员：于光军、马晓军、李赛男、辛倬语、乔瑞、齐舆、高风。本文执笔：于光军、乔瑞、李赛男。

贝尔市作为核心区域来开展，其中，阿尔山地区将以承办国家级、国际级体育赛事为契机，实现建设国际级冰雪旅游胜地、国际标准滑雪训练基地的目标，呼伦贝尔满洲里市作为重要的边境口岸城市，将以开发俄罗斯旅游市场作为重点，其他区域内城市如根河市、额尔古纳市、鄂伦春旗、通辽市等在对冰雪旅游开发进行可行性分析研究之后可以随后跟进。

环京津冀草原区尽管在冰雪资源方面逊于东部区，但是与整个华北地区联系紧密，尤其是与京津唐环渤海地区在交通、文化、经济往来等方面都占据着巨大的优势。该区域与我国将举办冬奥会的比赛中心区距离较近，民族文化与旅游休闲度假、文化产业结合带来的吸引力不断加强。

中部社会经济基础雄厚，呼和浩特市、包头市是内蒙古经济发展的中心，连同鄂尔多斯市一起形成了中部地区良好的经济环境和便捷的内外往来，政治、文化、科技、教育资源集聚，人口汇集与社会财富积累对开辟冬季人文旅游、休闲、度假活动有较强的支撑能力。本区域的冬季旅游开发将以乌兰察布市岱海旅游区为窗口，以首府呼和浩特市为重点，主要面向京津地区的自驾车游客和商务客人，同时，该区域也是主要的人口聚集区，积极开发本地客源市场也是重要的目标。

西部乌海湖城湖一体，延伸至巴丹吉林沙漠、腾格里沙漠，沙山与湖泊并存，也为冬季旅游储备了可资利用的资源。西北水沙胡杨片区由于纬度偏低，受到气候条件的制约，不适宜开发天然室外冰雪旅游。但是乌海市和巴彦淖尔市临河区都是内蒙古西部重要的工业经济中心，是内蒙古冬季旅游开发重要的近程客源市场，具有开发室内冬季旅游项目，如人工冰雪设施或反季节休闲采摘等活动。2017年面向国庆小长假市场，阿拉善“英雄会”“胡杨节”两项活动吸引了大量游客，不仅赢得了市场成效，同时带动提升了阿拉善营盘山、南北寺等旅游景区以及小型那达慕等民间活动的社会影响力，成为2017年我区旅游业发展的亮点。尤其是“英雄会”的固定场地建设，为突破季节性限制，推进冬季旅游提供了重要平台和组织模式样板，为我区结合全域旅游开展冬季旅游开辟了新的思路。

（二）内蒙古冬季旅游存在的问题

目前，内蒙古发展冬季旅游的主要途径，是对区域现有旅游资源的打包推广。2016年10—11月，内蒙古启动了“走遍中国——内蒙古冬季旅游万里巡回展”活动，以推介会加路演的形式在我国多个城市进行展示，通过冬季旅游资源推介、民族风情歌舞、现场互动等方式推广“自然大冰雪”与“风情内蒙古”，宣传内蒙古冬季旅游。同时，各地也展开了各种形式的冬季旅游策划和推介活动。但客观分析，我区冬季旅游发展的整体水平较低和受到与周边同质的制约还较为明显。

整体上我区开发较早的冬季旅游是在我区利用东部盟市特色冰雪资源，推进滑雪、冬季那达慕等民族文化习俗活动，冬季旅游主要集中在东北部的呼伦贝尔、兴安盟等地，通辽、赤峰、锡林郭勒、乌兰察布、呼和浩特也是积极进行冬季旅游产品策划和营销推广的地区。冬季旅游西部短板明显，除冰雪主题以外，适合冬季旅游的大型文化演出、文化主题公园、文化创意街区、文化节庆活动、文化休闲基地等项目储备少。

内蒙古旅游业景点景区建设、提质的资金供给长期不足，大部分非热点景区，景点水、电、暖、交通基础设施建设薄弱，与当前旅游业发展需要相匹配的演艺、娱乐、住宿、卫生等基础服务设施建设滞后，难以支撑冬季旅游活动开展；大部分景点的旅游居住场所与景点文化氛围不协调，景点和景区的居住环境、游乐设施设置几乎完全按照夏季旺季的气候环境配备，满足不了冬季基本生活要求；线路交通、交通服务延伸至景点、景区“最后一公里”的公共服务体系及相关配套公共设施不能适应散客化、自由行等市场新趋势，个性化、特色化服务也很短缺，品质化服务还有待提升。

内蒙古旅游各领域人才缺乏，尤其冬季作为淡季，提供旅游服务的人员多为短期服务人员，产业服务人员相较旺季从业者专业素质较低、服务意识较差。内蒙古冬季旅游休闲度假的发展、规划、管理理念落后，发展思维局限，难以产生新奇的思路和先进的管理模式，制约了内蒙古冬季旅游的发展。

当前，旅游营销呈现出不断强化新媒体应用、深入挖掘当地文化内涵、面向国际传播等几大特点。新媒体在旅游内容与形象推广，为旅游者提供随时随地的信息和咨询服务，发布供求与合作信息等方面具有显著优势。而内蒙古在冬季旅游营销手段上，仍选用发布会、推介会、广播电视等传统手段，对门户网站、微博、微信、社交网站、论坛以及即时交流工具等形态的新媒体营销应用形式运用明显滞后。智慧信息化旅游建设滞后，即便是一些旺季热点旅游景区、景点能够提供冬季旅游服务，由于宣传上的能力不足，能够招徕的游客也大都限于本地和周边，客流量非常小。

二、内蒙古冬季旅游的产业经济路径分析

旅游发展的最基本形态是经济活动，是消费者选择旅游产品消费，从而完成与旅游产品生产商交易的过程。这一过程的不断重复，形成旅游产品交易的汇集，实现旅游者满足和旅游产品生产商盈利，旅游者满足和生产商盈利的不断扩大，推动这类经济活动规模扩大，从而形成产业。消费者群体的多元化需求，生产商群体的多层次供给不断发展，构成旅游休闲度假产业内部进一步细化为各个具体活动。但无论哪个活动，都需要遵从经济活动规则、产业活动规则，文化旅游休闲度假行业如此，冬季旅游也是如此。事实上，一个简单的逻辑是，如果没有收入和利润，经营者和新的投资者——即便是政府动用公共支出——也难以为继，而收入和利润的主要来源——即便是加入公共消费——还是普通消费者。以此为基点可以得出的基础性结论是，大众消费者是冬季旅游能否顺利开展并得以持续的第一位影响因素。

内蒙古冬季旅游业的发展，尤其是处于我国北方非历史热点地区的旅游休闲度假活动的发起，并不是按照单纯的产业组织规则推动的，其中一个重要特点，就是政府行政力量和公共投入在产业发展初期的大量介入。基础设施条件、景区土地和环境供给、市场活动制度设置、基础设施建设、建设运营资金导入，甚至具体的旅游产品设置等行业推动工作，几乎全部由政府负责，当前我们看到的冬季那达慕等民族文化活动，也是有政府的大力支撑。作为社会活动的不同单元，政府和公共支出所承担的社会职责、行为目的，与企业、投资

者、从业者等市场主体的社会职责、行为目的有根本区别。即便是欠发达地区，社会资源、精英要素集中于行政体系的劳动力分布格局下，由于不同行政机构设置的出发点和社会职责约束，政府行政工作及其指导下的公共支出项目选择依然会与从业企业、投资者的选择有落差。对于市场活动，应将决定权交与企业、投资者和从业者，政府相应建设公共资金，特别是以文化、文化旅游发展基金名义的投资，作为补充性投入或奖励性投入。

三、内蒙古推进冬季旅游的思路与对策

综合分析我区旅游资源状况，冬季旅游适合根据不同地域、不同产业资源禀赋，实行分地施策的发展路径，尤其是要以我区特色民族文化资源和与内地广大地域的差异化资源，来取得与周边省区不同的竞争优势，以民族文化资源结合自然资源，辅之以“人工”打造的现代产品，形成冬季旅游、休闲度假的资源体系。在产业组织体系上，应汲取阿拉善“英雄会”的成功经验，寻求通过引进大型企业导入规模化资金，进行重点景区建设，各地方应以扶持能够形成一定规模，与资源量、市场推广能力相匹配的大型企业为目标。

（一）因地制宜，明确发展布局

东北林草文化片区主要特点即完全依靠冰雪资源优势开发具有高度吸引力或垄断性的旅游产品，属于资源导向型旅游目的地。资源导向型旅游目的地的吸引指向具有双重性，即同时面向国际与国内市场，并且能够克服空间跨距的障碍，对远距离市场同样产生强大的影响力。以呼伦贝尔的海拉尔、满洲里、根河，兴安盟的阿尔山为典型城市代表，不只全国各地的游客可涌入这里，良好的自然条件也吸引众多的海外旅游者，在旅游规模和辐射范围上都位居国内冰雪旅游地之首位。目前，东北地区的冰雪旅游形式和内容非常丰富，几乎涉及了与冰雪有关的任何事物，也形成了覆盖多个层次、涵盖多项活动的冰雪节庆系列。本片区冬季旅游开发将以阿尔山和牙克石为两大中心，以呼伦贝尔市作为核心区域来开展，其中，阿尔山将以承办国家级、国际级体育赛事为契机，实现建设国际级冰雪旅游胜地、国际标准滑雪训练基地的目标；满洲里市作为重要的边境口岸城市，将以

开发俄罗斯旅游市场作为重点；其他区域内城市如根河市、额尔古纳市、鄂伦春旗及通辽市等在对冰雪旅游开发进行可行性分析研究之后可以随后跟进。

环京津冀草原片区冬季旅游开发将以乌兰察布市岱海旅游区为窗口，在全区冰雪旅游发展格局中将扮演助推剂的角色，积极拓展以北京、天津为核心的华北市场，推动展开宣传和营销，发挥“桥头堡”的功效。赤峰市将成为中部区下一步冰雪旅游发展的重点之一，冰雪资源与优质的温泉、湖泊资源的有机结合使赤峰成为一支优良的“潜力股”。这一区域内的锡林郭勒盟、乌兰察布市四子王旗都是自治区主要的草原分布区域，是进一步开发越野体育赛事和冬季那达慕的主要场所。

中部敕勒川文化片区以首府呼和浩特市和工业城市包头为重点，主要面向京津地区的自驾车游客和商务客人，同时该区域也是主要的人口聚集区，积极开发本地客源市场也是重要的目标。包头市拥有“城中草原”，鄂尔多斯市拥有库布其沙漠，可以重点开发利用这两项优势资源。

西北水沙胡杨片区所辖区域由于纬度偏低，受到气候条件的制约，不适宜开发天然室外冰雪旅游。但是乌海市和巴彦淖尔市临河区都是内蒙古西部重要的工业经济中心，是冰雪旅游开发重要的近程客源市场。随着地区经济的不断发展，这一区域可以尝试开发室内人工冰雪设施，并与当地的温泉资源、湖泊资源和丰富的民族文化资源有机结合。

（二）围绕外地、本地两个市场开发系列产品

冰雪是内蒙古冬季旅游的核心，是产品开发的重点，冬季旅游产品的开发要围绕冰雪活动，综合考虑地区整体的旅游资源状况，开发符合市场发展阶段及旅游需求的各类型旅游产品。观赏类旅游产品、度假类旅游产品，可将体验类旅游产品、民俗旅游产品系列、节庆旅游产品系列、体育旅游产品系列等不同类型的产品开发相结合。

观赏类旅游产品：内蒙古的冬季景观有着较好的观赏性，冰雪与山地和森林资源所构成的组合景观更是具有极强的美学价值。观赏类冰雪旅游产品主要包括观赏雪景、雾凇、雪松、冰河、冰溶景观、林海雪原、冰雪园艺等。在冰雪的世界里畅游冰雕、雪雕构建的童话王国，赏千里雾凇，览十里不冻河，穿越茫茫林海雪原，观看惊心动魄的体育训练及比赛都能带给游客感官上的完美享受，是配合度假旅游产品重点开发的产品类型。

度假类旅游产品：内蒙古现有的冬季旅游景区都是依托森林公园、度假村等旅游区来建设的，例如阿尔山景区早已是著名的森林和温泉旅游胜地，牙克石凤凰山庄也是有着多年发展历史的郊野度假村，岱海旅游区以温泉疗养和湖泊观光为主要功能，呼和浩特北极光滑雪场就建在当地最大的乌素图国家森林公园内。依托这些传统旅游区内较为完备的旅游基础设施和较为成熟的旅游服务能够开发冰雪度假型旅游产品，建设度假型酒店，开发多种娱乐项目，提供高等级的度假旅游服务。

体验类旅游产品：冰雪旅游是一项参与性极强的旅游形式，根据内蒙古的资源条件，除了可以开发常规的滑雪、单板、雪圈、雪地高尔夫等雪上体验活动外，还可以开发雪上越野、雪橇、马拉爬犁、冬泳、不冻河漂流及丰富的冰上娱乐项目。在强调更高、更新、更丰富的旅游体验时代，需要充分发挥冰雪资源的特点，开发新颖而时尚的旅游产品，诸如沐浴冰雪温泉、体育赛事观战、冬季山地越野挑战、观看电影拍摄等都将成为未来冰雪旅游体验中的新宠。

（三）突出民族文化、地域、习俗，延伸休闲度假主题

从旅游业发展的实情出发，结合冬季旅游业的发展，开发度假旅游产品，将冰雪度假旅游开发建立在传统的观光游览的基础上，发挥具有代表性的景观影响力，将冰雪与民俗文化、森林、体育、养生、休闲娱乐等资源结合，加强冰雪旅游景区开展商务旅游、会议旅游、奖励旅游的功能，推动度假旅游设施及服务水平的发展，逐步带动整体冰雪度假旅游市场的成熟与发展，从而逐步实现观光—观光+度假—休闲度假的发展目标。

打造“冰雪+民俗”旅游产品。以蒙古族为主，包括鄂温克族、鄂伦春族、朝鲜族等在内的各少数民族的民风民俗与冰雪运动结合在一起，融会民族餐饮、民族服饰等内容，尤其是开发东部地区的寒地民族的生产生活习俗。

推出“冰雪+节庆”旅游产品。以各旅游景区及旅游城市为中心，开发面向各类市场的冰雪节庆活动，突出浓郁的地方主题。例如在满洲里要以展现口岸城市的异国风情为主，而在阿尔山则要充分宣传内蒙古的民俗文化和地域风情，在呼和浩特地区则可以形成表现地方传统民俗文化的节庆形式。

培育“冰雪+体育”旅游产品。阿尔山作为重要的冰雪体育运动训练基地，每年都会吸引包括全国自由式滑雪队、哈尔滨单板运动队等众多的体育运动团体，而锡林浩特的乌珠穆沁草原以及乌兰察布的葛根塔拉草原都是开展雪上越野比赛的良好场所。内蒙古可以发挥冰雪资源的天然优势，通过积极吸引国内外的冰雪体育运动团体前来训练或参赛，迅速扩大在国内外的知名度及影响力。

营造“冰雪+温泉”旅游产品。温泉资源在内蒙古的分布较为广泛，数量也较多，目前已开发的有阿尔山温泉、克什克腾温泉、岱海温泉等。优质的温泉资源大多位于山地地区。随着温泉疗养的逐渐大众化，温泉旅游也因其良好的休闲、康体、疗养、度假功效而吸引着各个层次的游客。内蒙古阿尔山温泉享誉海内外，它在祛病疗养方面的神奇功效令人惊叹，而中西部的温泉旅游产品也吸引了北京、河北、山西等地的众多游客。

目前，中国旅游业的发展已经从传统的观光旅游提升到了观光与度假旅游相结合的阶段，休闲度假旅游将成为未来发展的主要趋势。度假旅游产品是旅游产品开发阶段中的较高层次，不仅要满足游客在相对较长时间内的旅游需求，同时要提供满足游客核心需要的旅游体验。冰雪度假旅游产品的开发将成为未来冬季旅游市场的重点，它集游憩、娱乐、运动和观光等功能于一身，其丰富而特色鲜明的旅游内容能够满足度假型旅游者的多样需求，使人们在严寒的冬季同样能够进行放松身心、愉悦精神的休闲度假旅游活动。

（四）强化内蒙古冬季旅游产业融资体系建设

克服内蒙古冬季旅游业投资回收期长、盈利能力弱、融资方式单一、融资模式陈旧、融资效率低下等诸多问题，需要创新内蒙古冬季旅游的投融资体制，优化资源配置，推进旅游企业资本结构和治理结构的完善。

一是冬季旅游资产证券化。冬季旅游资源的经营主体是企业，资产证券化以后不仅需要培养获取稳定现金流的能力，还需要鼓励和扶植社会资本大胆进入旅游资源开发，以降低风险系数，增加旅游资源的投资吸引力。冬季旅游资源进行资产证券化发展的过程中，政府应积极推动和支持社会资金的进入，通过制定优惠政策和有关法律法规以及监管体系，建立安全的市场体系和交易规则，进行财务监管和风险控制。

二是冬季旅游产业融资租赁。冬季旅游业可以与融资租赁有效结合，景区如产权明晰，可以通过抵押土地使用权或门票收入的方式进行融资租赁。此外，还可以通过成立专门公司进行旅游业和其他行业结合的融资租赁运作。逆周期性是融资租赁的一大特点，在经济不景气背景下采用融资租赁方式反而有利于企业效益优化。

三是冬季旅游信托。冬季旅游信托是一种基于市场导向、服务于冬季旅游产业发展的创新金融产品。冬季旅游与信托产融结合，一方面能解决旅游业融资难问题，另一方面也丰富了信托的业务，使得信托业和旅游业达到双赢的局面。信托产品的创新设计应体现行业特色，才能赢得市场，创造效益。

四是采取PPP模式推进基础设施和公共设施建设。冬季旅游所涉及的基础设施建设项目，地方政府可以通过PPP形式与投资方、运营企业形成契约关系，对冬季旅游景区基础设施、公共设施进行筹资，政府按照利益导向原则，将利益主体设定在投资方，强化对运营方的管理，保障投资收益。

内蒙古承包草牧场“三权”分置问题探讨

内蒙古社会科学院牧区发展研究所课题组[1]

党的十九大报告明确提出，要“巩固和完善农村基本经营制度，深化农村土地制度改革，完善承包地‘三权’分置制度。保持土地承包关系稳定并长久不变，第二轮土地承包到期后再延长三十年”，明确了我国农村土地制度改革方向。我区部分盟市旗县从2016年起，在草原确权承包登记基础上，开始进行牧区草牧场“三权”分置改革的地方性试点，为下一步推进全区范围内的试点积累经验。

一、内蒙古承包草牧场“三权”分置改革基本情况

牧区草牧场“三权”分置改革要基于草原确权承包。自治区从2011年开始土地承包经营权确权试点工作，到2014年5月在呼伦贝尔市新巴尔虎右旗、锡林郭勒盟镶黄旗等10个旗开展草原确权登记试点工作，并从2015年逐步向全区其他旗县推广。到2015年9月，我区第一个，也是全国第一个草原确权登记的草原承包经营权证在锡林郭勒盟镶黄旗发放，标志着我区草原确权承包工作进入规范化、法制化程序。截至2016年7月，自治区10个试点旗草原确权承包试点工作通过了自治区检查验收，并将其总结出的一些可复制、可推广的经验做法推广至全区。

据自治区农牧业厅关于草原确权承包工作进展情况的通报，自2017年，草原确权承包工作全面推开至全区83个旗县，并要求2017年

[1] 本研究报告是在“内蒙古中长期经济社会发展研究工程”2017年度课题《推进牧区草牧场“三权分置”改革问题调查研究》基础上修改而成的。课题主持人：图雅、文明。课题组成员：吴晶英、刘小燕、塔娜、花蕊、陈晓燕、包玉珍、明月。

全面完成草原确权承包工作。截至2017年3月，全区平均完成总工作量50%以上的只占一半，有少数旗县制定实施方案后，还没有开展实质性工作。从完成的比例看，有29个旗县完成了外业勘测、信息采集和内业录入等工作的80%以上；有12个旗县完成了50%～80%；有22个旗县完成了30%～50%；有20个旗县刚刚进行信息采集和外业核实工作。

而草牧场经营权抵押贷款试点工作作为“两权”抵押贷款试点的重要内容，也是草牧场“三权”分置的内容之一，从2015年下半年开始在呼伦贝尔市阿荣旗、兴安盟扎赉特旗、通辽市开鲁县、锡林郭勒盟镶黄旗、鄂尔多斯市达拉特旗、巴彦淖尔市临河区、赤峰市克什克腾旗、包头市土默特右旗等地进行国家试点。2016年5月，自治区人民政府下发《内蒙古自治区农村牧区承包土地（草牧场）的经营权抵押贷款试点工作实施方案》，确定上述8个国家试点旗县（市、区）为自治区试点，并要求试点旗县（市、区）在2016年年底前基本完成农村牧区土地（草牧场）承包经营权确权登记颁证，试点工作于2017年年底前完成。

截至2017年9月末，我区10个试点地区“两权”（包括住房财产权）抵押贷款余额25.55亿元，较年初新增9.55亿元，同比增长60.3%。其中8个承包土地（草牧场）试点地区贷款余额25.15亿元，较年初新增9.82亿元，同比增长63.3%。早期，呼伦贝尔市陈巴尔虎旗、赤峰市阿鲁科尔沁等部分牧业旗县就开始尝试草牧场承包经营权抵押贷款工作，即牧民用草牧场承包经营权证到指定金融机构进行贷款，为我区开展农村牧区承包土地（草牧场）的经营权抵押贷款的试点工作提供了宝贵经验。

草原确权承包登记和草牧场经营权抵押贷款试点工作都为草牧场“三权”分置改革进行了积极探索。2017年3月，自治区党委办公厅、自治区人民政府办公厅印发《关于完善农村牧区土地草原所有权承包权经营权分置办法的实施意见》，对我区完善农村牧区土地草牧场“三权”分置办法提出了指导性意见，指出要逐步构建“三权”分置格局，一是始终坚持农村牧区土地草原集体所有权的根本地位，二是严格保护农牧户承包权，三是加快放活土地草原经营权，四是逐步完善“三权”关系。

然而，自治区层面虽然已出台相关实施意见，但由于草原确权承包工作仍未结束，还没有拿出具体实施方案，也没有确定“三权”分置改革自治区试点。目前，牧区草牧场“三权”分置改革实践还处在地方性实验阶段。

二、内蒙古牧区草牧场“三权”分置改革地方性实践调查

（一）实地调研情况

为考察我区草牧场“三权”分置改革地方性实践，本次实地调查中我们重点选择了鄂托克前旗和镶黄旗，在鄂托克前旗侧重抽取了一个嘎查——哈日根图嘎查；在镶黄旗则随机抽取了3个苏木镇、5个嘎查，既突出重点，又体现普遍性。详见表1、表2。

表1　鄂托克前旗走访牧户基本信息表

调查内容	调查结果	
走访地点	昂素镇哈日根图嘎查	
走访户数	23	
户均人口	3.87	
受访人年龄结构（岁、%）	35岁以下	4%
	35～55岁	61%
	55岁以上	35%
受访人受教育程度（%）	小学及以下	60.9%
	初中	30.4%
	高中及以上	8.7%
户均草牧场面识	2216亩	
租用草场牧户占比	26.09%	
户均租用面积	1421亩	
出租草场牧户占比	8.70%	
户均出租面积	470亩	
户均饲料地	83.9	
户均牲畜头数	136头只	
牲畜饲料养结构（绵羊：山羊：牛）	83.2：14.1：2.7	

表2 镶黄旗走访牧户基本信息表

调查内容	调查结果	
走访地点	文贡乌拉苏木、宝格达音高勒苏木、巴音塔拉镇3个苏木镇所辖5个嘎查	
走访户数	23	
户均人口	3.09	
受访人年龄结构（岁、%）	18～35	8.69%
	35～55	73.91%
	55岁以上	17.40%
	小学及以下	34.78%
受访人受教育程度（%）	初中	34.78%
	高中及以上	30.44%
户均草牧场面积	1413.35亩	
租用草场牧户比例	56.52%	
户均租用面积	1816.3亩	
拥有饲料地牧户比	26.09%	
户均牲畜头数（羊）	190只	
牲畜饲养结构（绵羊：山羊：牛：马）	71.6：4.7：21.4：2.3	

（二）样本点“三权”分置改革进展情况及主要做法

从调查情况看，目前两地“三权”分置改革仍处在完善草原确权登记工作和推进经营权抵押贷款试点的阶段，在金融部门和草原监督管理部门的协调配合下，部分牧民已经以草牧场承包经营权证作为抵押，获得金融贷款。

据悉，截至2017年7月，鄂托克前旗已完成39个嘎查3952户农牧户1166.04万亩草牧场的草原承包权证、经营权证发放工作，备案登记草原流转1.1万亩，已制订草原承包确权登记换证手续工作流程图、草原经营权流转程序图和草牧场经营权抵押流程图。旗不动产登记管理中心已正式运营，并已启动草牧场经营权抵押贷款。目前，该旗已配合金融机构为6户农牧户办理365万元草原经营权抵押贷款手续。

镶黄旗已完成全旗60个嘎查、611个浩特、5674个牧户的草牧场确权工作，完成确权草原面积755.5万亩；对18118个草库伦打点取点

249235个。完成确权范围覆盖全旗所有嘎查、99%的浩特、99%的牧户以及99%的承包草牧场。目前，正在进行全面换发新的草原承包经营权证和建立完善嘎查、苏木和旗级各类确权档案工作。评估机构已为该旗64户牧户、82.2万亩草场提供评估服务，发放草牧场经营权他项权证34本；已发放草原承包经营权抵押贷款28笔，共155.1万元。

期间，两地主要从以下几个方面重点推进试点工作。首先，试点工作中重视制度建设和平台建设工作。比如鄂托克前旗把草牧场“三权”分置改革作为全旗草原保护利用的重点，先后印发了《鄂托克前旗开展农村牧区草原三权分置工作方案（试行）》等指导性文件，成立草牧场确权矛盾纠纷调处组、土地草牧场承包仲裁委员会等机构，妥善调节和处理草牧场矛盾纠纷。同时，建立旗县级数字草原信息中心，为草原确权与数据采集、协调金融机构办理经营权抵押贷款、做好草原流转后续管理等提供服务，既便于实践操作，又维护牧民的合法利益。

其次，试点工作中重点抓草牧场有序流转规范化工作。比如镶黄旗为了进一步规范草原流转程序，在建立旗、苏木镇、嘎查三级草牧场流转服务平台基础上，依托自治区草原承包管理系统，建立草原确权承包电子信息平台，开展办理草牧场流转、征占用等信息发布、核准审批等手续，并不断完善草牧场流转各项规范性文件，鼓励和引导牧户多形式流转草牧场经营权，有效解决了草牧场细碎化问题，推动畜牧业适度规模经营和牧民转移进城就业。据了解，截至2017年7月，全旗已有712户牧民规范流转草场121.9万亩，流转费达866.6万元，有330余家新型经营主体参与草牧场流转，1800余名牧民通过草牧场流转进城务工。

同时，试点工作以经营权抵押贷款为主攻方向，积极探索放活草牧场经营权的多种模式。如镶黄旗生态环保部门牵头设立草牧场承包经营权价值评估机构，向牧户提供免费评估服务。并自主设计草原承包经营权抵押贷款他项权证，为抵押贷款提供依据。牧民可以在评估机构提供的评估值基础上，自主报价，银行按牧户信用等级等因素计算抵押率，确定牧户抵押贷款额度。而鄂托克前旗根据各地基础条件不同，采取不同的放活经营权模式，在财务、金融运行状况良好的地区，开展草牧场承包经营权担保、抵押的试点；在草牧场流转程序标准规范、规模效益突出的地区，开拓土地托管、股份合作的试点；在草牧场承包关系稳定、产权明晰的地区，开展互换并地、有偿退出的试点等。

（三）样本点草牧场“三权”分置改革实践中存在的问题

1.牧民对草牧场“三权”分置改革的认识不够全面

通过走访发现，样本户中多数牧民对草牧场“三权”的认知程度较低，“三权”分置改革的理解仅仅停留在以新证换旧证、用新证进行抵押贷款等层面上，对新证的其他权能认识和理解不深、不全，从而影响着“三权”分置改革的实施效果。

2.缺少草牧场经营权抵押的支撑体系

牧区信贷担保形式相对单一，担保机构缺失，多为小额信用贷款与联保贷款，使用抵押贷款担保方式的频度较低。有牧民反映，在办理贷款的手续上新证与旧证没有区别，有时新证不是贷款的抵押物，而只是作为一种授信参考条件，甚至只是把抵押在银行的旧证换成新证而已。

3.草牧场经营权抵押权属复杂，价值评估体系有待健全

因草牧场权属关系不同于一般物，经营权价值评估与其他如房产等评估物不同，建立一套科学的价值评估体系及操作系统，无论在理论构成上还是实践积累上均存在困难。同时，现阶段草牧场经营权评估具有一定的公益性质，多数专业评估机构和人员都不愿意进入该领域。现行评估机制，一般都由非专业机构兼职完成，既缺乏专业评估知识又没有评估经验，容易产生评估误差，至于其评估体系是否科学合理，还有待于考证。

4.相关法律法规供给不足

现有的法律法规没有对草牧场“三权”作出充分界定，也没有对其权责边界进行详细划分，只停留在地方性法规、政策文件或专家解读层面，客观上制约着草牧场“三权”分置改革的进度与成效，甚至会出现一种政策鼓励但法律有障碍的两难境地。

5.草牧场经营权的处置变现方式缺乏

当发生抵押违约情况时，金融机构不具备草牧场经营管理能力，

只能通过抵押物再流转进行变现清偿贷款，但必须征得承包人同意，如果承包权人不同意其流转，情况则更加复杂，金融机构处置变现成本显然较高，金融机构参与草牧场经营权抵押的积极性并不高。

6.牧民家庭负债率较高，草牧场抵押有一定的风险

牧户各类金融贷款或民间借贷普遍较多，如果再以草牧场经营权抵押贷款，其负债率会持续拉高。于是，在相关法律法规缺失的情况下，现有承包期内无法偿还抵押贷款的牧户，其承包经营权何去何从值得关注。

7.草牧场流转仍处于自发状态

通过调研发现，草牧场流转多以亲朋好友之间的内部流转为主，多商定口头协议，以短期流转为主，规范流转成分少。对草牧场流转信息平台应用不足，草牧场流转双方缺少及时有效的信息沟通，造成草牧场流转不畅。

（四）推进样本点草牧场“三权”分置改革的几点建议

1.加快推进草牧场确权登记颁证工作

必须准确领会中央及自治区有关全面深化农村牧区改革精神，按照权属合法、确权精准、权证适用、等级完善等要求，切实解决草牧场承包面积余缺、空间位置不明、承包界限不清、登记簿不健全等问题，依照法律法规赋予牧民更有保障的牧区草牧场承包经营权。

2.加强对草牧场“三权”分置改革的宣传引导工作

各级政府及职能部门必须加强相关制度、政策的宣传工作，全面提高牧民及干部群众对相关法律政策的全面、正确认识和理解，增强牧民保护自身权益的意识和能力，增强干部维护牧民合法权益的服务意识。

3.建立健全草牧场经营权抵押机制

尽快组织建立草牧场经营权价值评估机构，改变目前缺乏专业评估机构的尴尬局面，使得抵押物价值准确计量化。同时，各级行政管理部门做好草牧场经营权抵押贷款配套服务工作，配合金融机构进行草牧场经营权权属确认、经营权价值评估核定等工作。同时，完善草牧场经营权抵押贷款风险补偿基金制度，并探索建立抵押物处置变现机制，降低金融机构开展抵押贷款业务的风险，调动金融机构放贷积

极性，并合理保护牧民草牧场经营权之权益。

4.尽快启动相关法律法规的完善工作

从法律层面对草牧场“三权”的权属问题及权能结构进行表述和解释。其中，应始终坚持用途管制机制，不得改变流转或抵押草牧场的集体所有性质，不得损害原承包户承包经营权，不能改变草牧场使用用途为底线，全面保障牧区草牧场“三权”权利。

5.进一步规范牧区草牧场流转机制

要充分发挥嘎查村基层组织、专业型中介服务组织和流转委托代理机构的作用。要充分尊重牧民意愿和市场规则，避免行政干预。对流转草牧场的生态状况进行动态监测，坚持草牧场利用与保护并重的原则。建立工商资本租赁草牧场上限控制、分级备案、审查审核、风险保障金、全程监管等制度。严格把关融资资格，防止利用草牧场经营权进行投机套利。

6.建立健全草牧场经营权转让市场，探索承包权退出机制

在国家层面上建立草牧场经营权流转信息平台，交易双方以自愿、合法、有偿、等价为原则转让草牧场经营权，规范交易草牧场的管理制度，实行登记注册、动态检测、适时介入等。建立全国性草牧场经营权交易市场及区域性交易市场。同时，探索建立草牧场承包权退出机制。

三、牧区草牧场“三权”分置改革须思考的几个问题

（一）牧区草牧场承包权与经营权的分离

从“三权”分置制度产生条件看，农地和草牧场存在较大差异。大部分牧区的劳动力外出、牧民收入非牧化趋势均不太明显，牧区社会保障网络仍相对脆弱。草牧场细碎化问题虽不同程度存在，但牧户通过互换草场、季节性轮牧等方式得以缓解，尤其通过草牧场流转，实现联户经营、合作经营，甚至合并草牧场，缓解了草牧场分散、细碎化问题。

从“三权”分置改革目标要求看，放活经营权是关键。相比农地系统，草原的生态功能更为突出，是经济价值所无法比拟的，具有较高的公共物品性质。在缺乏严格的市场准入制度和生态考评机制状

态下，以提高资源利用效率为目的进行市场要素配置时，草牧场公共物品性能会受到经营者的逐利行为以及经营者非系统性两个因素的损耗。

从牧区实践基础看，一方面，草牧场规范化流转成分较低，且流转面积仅占承包草牧场面积的7.4%，远低于农地流转比例（全国约35%），而且流转市场一直处于需求市场；另一方面典型牧区牧民专业合作社入社牧户占全部牧户的20%左右，远低于农户入社比例（全国约47%）。可见，牧区仍然以家庭承包经营为主，承包权和经营权高度统一。

可见，从“三权”分置产生条件、目标要求以及牧区实践基础看，草牧场“三权”分置的改革时间进度以及改革模式选择上不一定完全与全国农村土地制度改革同步，也不能完全照搬农村土地改革经验模式。

（二）承包关系稳定并长久不变与做实承包权

在过去的土地承包关系中，承包经营权属于同一个权利束，“保持土地承包关系稳定并长久不变”一般指土地承包经营权的稳定并长久不变，但在“三权”分置制度框架下，保持稳定并长久不变的应该是承包权，而不是经营权。于是，当进行长期流转经营权时，承包权作为牧民对集体经济组织所有草原的所有权之具体体现，只留下部分收益权和流转权，经营权则变为实际使用权，拥有占有、使用和部分收益权，甚至流转权。

虽然党的十九大报告提出承包关系在稳定基础上再延长30年，但承包关系作出适当调整是必然趋势，以缓解越来越激化的草牧场市场的供需矛盾。于是，在原承包经营者因自然原因缺位情况下，被集体经济组织收回的草牧场重新发包中，经营者是否在同等条件下享有优先承包权；如果没有，经营者对草牧场经营权流转的积极性降低或出现短期逐利行为。

可见，在二轮承包期即将结束的关键时期，必须注重考虑如何做实承包权的问题，毕竟牧区没有宅基地、建设用地，草牧场是牧户全部土地权利，是牧民行使集体经济组织成员权利的最主要途径，也是最主要的社会保障体系。

（三）经营权的流动性与现行体制机制安排

在现行政策体制下，草牧场经营权并不是完全意义上的收益权。虽然规定“在依法保护集体所有权和农户承包权的前提下，平等保护经营主体依流转合同取得的土地经营权”，但当流转草牧场进行抵押时，必须征得承包方同意；当抵押贷款不能按期偿还时，金融机构也不能在没有征得承包权人的同意下进行抵押物再流转。可见，“三权”分置虽然形式上实现了承包权与经营权的分离，但实质上经营权的分离是不完全的，其中如何平衡承包权和经营权的保护程度是关键。

同样，现行的草原补奖机制如何与“三权”分置衔接也非常关键。现阶段由于缺乏科学的监督机制和评价体系，我区补奖资金一般都补奖给承包者。与粮食直补、良种补贴等单纯的生产性补贴不同，草原补奖机制不能完全依赖经营主体的自觉性和主动性。在“三权”分置状态下，这一矛盾将会更加突出。补奖资金仍补奖给承包权主体，势必影响经营主体的积极性；补奖给经营者，势必影响承包主体的流转意愿；如果将补奖资金转嫁到流转费用中，势必会引起饲草料市场价格的波动，进而影响畜牧业生产经营全过程。可见，放活经营权，必须充分考虑草牧场这一特殊生产要素的公共物品性质，从生态效率和生产效率两个层面完善相关的配套政策。

总之，在推进牧区草牧场“三权”分置改革过程中，必须既要充分考虑牧区资源禀赋和经济社会发展程度，又要认识到草牧场制度改革的长期性和复杂性，“保持足够历史耐心”，选择和建立因地制宜、循序渐进的推进方式和改革模式。

内蒙古商业综合体发展问题研究

内蒙古社会科学院课题组[1]

商业综合体是城市发展到一定阶段的产物，是以一定的人口规模、较高的收入和消费水平为支撑的满足城市居民高层次消费需求的综合商业形态。2003年以来，伴随着城镇化的快速推进，人口向大中城市集聚以及消费能力和水平的大幅提升，我国城市综合体快速发展，特别是2008年之后商业综合体从一二线城市迅速向三线四线城市拓展，到目前已经达到1000家以上，有50个城市进入了综合体时代，极大地拉动了消费，改变了居民的消费方式，满足了城市居民个性化、体验式更高层次的需求，也给开发企业带来可观收益。与此同时，一些城市商业综合体也出现了盲目建设的问题，引发了关注。我区商业综合体起步较晚，伴随着城镇化的快速推进，2010年之后，商业综合体陆续建成开业，2014年以来呈现出加快发展的态势，其数量和体量都在迅速扩大。2015年末，内蒙古有城市商业综合体11家，从业人员达14593人，年营业额达到41.5亿元。[2]2017又有8家商业综合体在呼和浩特市、包头市、呼伦贝尔市、巴彦淖尔市相继开业。但在发展中也面临一些问题，制约着商业综合体的持续健康发展。本文在调研和借鉴国际国内商业综合体发展经验的基础上，指出我区商业综合体建设发展中需关注的一些问题，并提出对策建议，对促进商业综合体有序发展，提升城市形象，建设现代化宜居城市具有重要意义。

[1] 课题组成员：张志华、天莹、山丹、杜淑芳、李娜。

[2] 赵孔．内蒙古商业综合体发展现状及趋势分析[J]. 内蒙古统计，2017(1).

一、商业综合体在城市发展中的作用

（一）引导城市形态优化

国内外城市发展的实践表明，单一中心、摊大饼式的城市发展模式存在诸多弊端，导致城市宜业但不宜居。为了改变这种现状，分散城市中心区的压力，建设多核心、组团式的城市成为新趋势，符合我国以人为本的新型城镇化发展的要求。城市商业综合体作为城市发展的重要功能载体，具有集聚人流、物流、资金流的功能，可在促进城市形态优化中发展作用。城市核心区地价高昂，商业竞争激烈，而较低土地成本的城市副中心、有增长潜力的城市新区、城市交通枢纽等区域逐渐成为许多城市商业综合体的区位选择，这些城市商业综合体通常是和办公、酒店、住宅功能设施一体化建设，建立后会吸引周边的消费群体，逐渐形成新的增长极，提升区域价值，引导新的城市核心的形成，带动城市向多核心、组团式发展。

（二）促进传统服务业改造升级和增加就业

传统商业缺乏新意，吸引力不断减弱。同时，电子商务对实体零售业的冲击也迫使传统商业模式向多元化的方向转变，而不能仅依靠购物支撑客流。2013年，万达集团已经开发出了第四代城市商业综合体并将其在武汉、青岛、无锡、长白山等地落地生根。城市商业综合体是集购物、娱乐、餐饮、服务等多种业态为一体的新商业形态，逐渐成为引领人们生活、消费新时尚的场所，促进了传统商业的改造和升级。同时，多业态组合，增加了餐饮、服务、娱乐等岗位需求，扩大城市就业。我区的大多数商业综合体直接就业人数在1000～3000人，间接就业人数就更多。同时，综合体在运营阶段，能够向当地缴纳稳定的税金，为增加地方财力作贡献。

（三）满足城市居民更高层次的消费需求

2016年，内蒙古人均地区生产总值为74069元，城镇居民人均可支配收入为32975元，分别比2010年增长56.4%、86.7 %。随着收入增加，城市居民消费需求越来越多元化，城市商业综合体凭借其自身具有的多功能、集约型、复合式、空间连续性的优点，可以满足人们购物、用餐、休闲、娱乐及社交等一站式的需求，城市商业综合体提供了一种全新的生活方式，给人们带来的是超越购物之上的体验式消费，满足了现代城市居民更高层次的享受型需求。

（四）集约高效利用城市土地资源

城市商业综合体将多种功能聚于一身，具有高容积率特征，可最大限度地高效集约利用土地资源和建筑功能，提高了城市运行效率，更好地发挥投资效益，为商业地产企业带来可观的持续的经济收益。成功的城市商业综合体具有经济功能、社会功能、文化功能，增强人流、物流、资金流的集聚，在很大程度上反映一个城市的发展水平，往往成为一个城市的建筑地标，提升城市价值和形象。

二、城市商业综合体建设发展中需关注的一些问题

（一）商业综合体空间布局的合理性问题

目前，我区的城市商业综合体多数分布在交通便利、人口集中、商业发达的城市中心区。随着近几年综合体数量的增加，有的城市商业综合体布局出现了扎堆现象，在较短距离内布局了多家平均体量约为10万平方米以上的商业综合体，辐射半径存在交叉和重叠，商业综合体间对客流和资源的竞争日趋激烈，导致一部分综合体店铺出租难，空置率高，人气不旺。虽然在整体上也有助于城市商业形象的打造，但如此大的商业综合体规模，使得周边的人口和消费能力已经难以支撑其商业运营，最终必将影响经济效益，导致商业综合体难以维持下去。因此，如何合理布局是城市商业综合体发展需要考虑的重要问题。

（二）人口规模、经济发展和消费水平、消费习惯等多种因素对商业综合体的支撑问题

城市商业综合体的发展受城市所处的发展阶段、经济发展水平、人口规模和年龄结构、人均消费能力、消费习惯等多种因素的影响。有学者研究认为，当人均地区生产总值达到4000美元时，就具备城市商业综合体起步发展的基础；人均地区生产总值达到5000～8000美元时，就具备综合体建设的条件[1]；人均地区生产总值达到1万美元，

[1] 冯玉冰．城市综合体开发存在的问题及建议 [J]. 上海房地，2012（12）.

综合体将步入快速发展阶段。从我区城市商业综合体分布的呼和浩特市、包头市、赤峰市、通辽市、乌兰察布市、乌兰浩特市等主要城市的人均地区生产总值看，都具备了建设综合体的条件。呼市、包头人均地区生产总值已经超过1万美元，步入商业综合体快速发展的阶段，因而呼包两市也是全区商业体数量最多的两个城市。但是一个城市的商业综合体总体量规模不仅与城市经济发展有关，而且与城市人口总规模相适应。商务部研究院赵萍副主任曾表示，当人口数量达到50万，人均地区生产总值每年超过5000美元时，城市即可开发商业综合体。有关研究也表明，建设5～10万平方米的商业综合体需要50万人口支撑[1]，但我区一些城市商业综合体体量在10万平方米左右，城区的人口规模低于35万，均未达到50万，人口明显偏少。同样，有的城市老城区人口数量虽然达到了50万，但购买力不高，加上老年人多、批发零售多，导致消费力不足，人气不旺，经营风险加大。有的城市综合体处于城市边缘地带，则因交通不够便捷、周边小区入住率低等原因，导致经营状况不佳。

随着城市商业综合体的开发热潮不断高涨，全国各地综合体开发井喷式增长。在我国一些二线城市，商业综合体总面积已经超过2000万平方米，超过一线城市，面积与人口之比甚至达到了4∶1，导致部分综合体招商难，空置率高，人气不旺，甚至成为烂尾。我区城市商业综合体数量还在继续增加，有的城市人均购物商业面积有达到甚至超过临界值的趋势，如超过城市承载力范围，将造成新的产能过剩，影响本市商业综合体的健康发展。因此，需要引起高度重视，防止过热建设可能带来的不利影响。

（三）综合体发展所需基础设施的配套建设问题

我区城市商业综合体发展时间较短，周边的配套设施功能尚未健全，主要表现在公共交通线路少、停车位不足、基础设施不够完善等方面，影响了城市商业综合体的便利性和可达性。例如与包头市万达广场相邻的两条街道只有3条公交线路经过，而对其停车场的补充建设也相对滞后，导致节假日客流增多的情况下造成交通堵塞与无处停车

[1] 王艳丽 . 电子商务发展与我国城市商业综合体拓展策略研究 [J]. 商业研究，2014（6）.

现象。呼和浩特市地铁建设和快速路建设，一定程度上影响了沿路商业综合体的客流；还有的城市商业综合体发展所需要的电、暖保障不足，对其发展带来不利影响。

（四）顶层规划和特色化设计问题

城市商业综合体是满足人们购物、娱乐、生活等集多功能于一体的综合空间，是城市发展到高级阶段的必然产物。到目前为止，我区没有专门针对商业综合体发展的详细规划，商业综合体的数量、规模、布局、定位等尚不清晰，导致商业综合体与城市发展的互动不够紧密、不够协调，制约了商业综合体价值最大化的实现。与此同时，开发商对城市商业综合体的建设速度较快，一般只用2～3年的时间一座商业综合体便拔地而起，使其在未来适应城市发展和满足人们多样化需求时存在一定的局限性。从国外商业综合体成功的经验来看，开发商对商业综合体的设计和规划十分重视，耗时很长，世界上成功的综合体如东京六本木新城，在前期的定位、规划和设计就花了14年的时间，巴黎的拉德芳斯也用了将近16年的时间才建设完成。可见，前期精心的规划和设计是保障城市商业综合体持续成功运营的重要环节。而我区的商业综合体外观缺乏特色设计，民族文化元素的融入不够，绿色低碳环保的理念在建设运营管理中尚未得到很好的体现。

（五）商业综合体内部的业态分布和经营管理问题

据有关研究结果显示，商业综合体的合理配比大致是4∶3∶3或者4∶2∶4。从业态配比看，我区城市商业综合体总体上零售业占比偏高，而娱乐服务占比明显偏低，属于传统的商业综合体模式。这种城市商业综合体的抗风险能力较弱。电子商务的迅猛发展，进一步削弱了城市商业综合体的购物功能。如果城市商业综合体不能够顺应时代发展，及时调整业态配比，增加更多的体验式消费，适合不同年龄段的差异化需求，那么城市商业综合体未来的发展将会受到严重制约。

城市商业综合体的管理具有很强的综合性和专业性。目前，我区一些商业综合体缺乏专业的管理团队，组织化、现代化程度都相对较低，管理松散，服务意识相对薄弱，影响了商业综合体的效益和持续发展。而国外发达国家的著名城市商业综合体管理的高度精细化以及处处体现人文关怀的服务是其成功的关键，值得我们借鉴。随着人们消费观念的发展，品牌正在逐渐成为人们关注的焦点，代表着人们对品质生活的追求。而我区恰恰在城市商业综合体的建设上还缺少影响力大的特色化的品牌。

（六）政策支持引导及相关服务问题

纵观国内外成功的商业综合体案例，其中重要的一个因素就是政府的支持引导。如新加坡的新达城，从项目前期准备到启动，政府部门都做了大量工作。[1]同样，我国发达地区，杭州、无锡、成都等地针对商业综合体出台了相关政策，以促进城市综合体的发展。比如杭州出台了《杭州市城市综合体规划建设管理导则（试行）》（2009），成都规划局出台了《成都市中心城区大型城市综合体项目规划管理补充规定(试行)》（2012），无锡市政府印发了《关于加快推进城市综合体项目建设的意见》（2008）和《关于城市综合体项目扶持政策的补充意见》（2011），江西印发《关于加快推进全省商贸综合体规划建设的意见》（2013）。而我区主要城市到目前还没有专门针对商业综合体发展的政策文件，往往采取“一事一议”的方式，视投资额度和税收多少给予适当优惠政策扶持，没有统一的标准。同时，一些商业综合体在开展营销活动时，审批手续繁琐，举办促销活动存在困难，并且相关部门对综合体的管理存在交叉现象，增加了企业的运营难度。还有一些城市商业综合体受到自身发展条件和所在区域的限制，在招商引资和大型品牌引进时显得力不从心，希望给予一定帮助支持。

三、促进城市商业综合体持续健康发展的对策建议

（一）尽快编制商业综合体发展规划

城市商业综合体建设是城市发展的必然趋势，但城市综合体的发展决不能盲目无序发展，内蒙古既要汲取我国一些城市盲目冒进建设综合体的教训，也要借鉴国内外的经验，做好顶层设计，加紧编制城市商业综合体发展规划。世界上著名的综合体法国巴黎拉德芳斯、日本的六本木、新加坡新达城及我国的北京国贸、上海新天地等都成为城市地标、产业集聚的重要载体，这与精心规划密不可分。依据城

[1] 黄凌翔．国外城市综合体发展经验及启示 [J]. 商贸流通，2014（1）.

市经济社会发展的实际情况和发展趋势，充分考虑人口规模、消费能力、消费习惯、城市整体布局等因素，适度超前，对综合体的数量、规模、位置作出提前谋划，建立不同类型、规模、特色的商业综合体，防止商业综合体过热、过快、过多，进而降低投资风险、运营风险，促进其健康持续发展。呼和浩特市新区可以考虑规划建设中型综合体，包括经营面积15～20万平方米的商业综合体，引导人口集聚、商业集聚，打造新的增长极，分散中心城区人口和交通压力。

特别要注意城市规划与综合体规划相协调和衔接，比如绿地位置、道路建设、基础设施配置要充分考虑对未来商业和商业综合体发展的影响。通过规划间的协调，为商业综合体发展创造良好的环境和条件。

我国提出“一带一路”倡议，我区将进一步加大开发力度，对外交流和互联互通增强，旅游业迎来新的发展机遇，城市综合体的建设发展要与旅游业相结合，注重特色，才能吸引更多的游客。

商业综合体要科学设计，把民族文化元素和绿色低碳理念融入商业综合体建设之中，提供差异化的环境。这是建设低碳绿色人文宜居城市的必然要求，也是未来综合体差异化、特色化、个性化发展的需要，是优化供给侧结构，增强吸引力竞争力的客观需要。在引进大型商业综合体时，我区应该对综合体的建筑风格形态作出相应要求，既要符合地区特点和民族特色，也要顺应低碳绿色发展趋势。在外观设计上要融入当地民族文化元素，按照低碳绿色的要求进行建设，还要考虑冬季寒冷的气候条件，不仅让顾客感到舒适，还要符合绿色发展理念，传承历史文脉，比如在综合体的建筑材料、结构上按照绿色建筑标准的要求进行建设，保持适宜的温度，减少能源浪费，增加绿色植物的装点，外观设计和内部装饰采用草原文化元素等，增强舒适度和美感，增加消费者文化方面的体验，避免同质化，增强差异化，进一步提升知名度。

（二）出台支持城市商业综合体发展的政策

内蒙古2014年制定出台了《关于深化流通体制改革加快流通产业发展的实施意见》（内政发［2014］15号），其中包含规划、财政、金融、土地、税收等方面的政策，但针对城市商业综合体发展的扶持政策并不明确。而杭州、合肥等城市2010年就明确提出了以城市综合体为主的开发战略，并制定相关政策。贵州省印发《促进100个城市综合体健康发展2013工作方案的通知》，提出按照体现城市特点、民族文化特色、生态文明特征建设综合体的要求，探索具有贵州风格的城市综合体建设新路子，实现2017年基本建成100个城市综合体的目标。因此，在国家和西部大开发政策框架内，我区借鉴其他省市的经验，对有发展潜力的城市商业综合体应给予适当的政策扶持，促进商业综合体更好的发展。

（三）提升有关部门对商业综合体的管理服务水平

目前，我区现有商业综合体的运营状况差异较大，苦乐不均，要进一步完善商业综合体准入机制，严格把关，引进一些国外或国内有实力的，特别是有管理运营经验的商业综合体项目运营管理团队，提高城市商业综合体整体竞争力和持续发展能力。城市管理有关部门应不断创新行政管理机制，强化服务意识，建立绿色通道，简化行政审批程序，优化流程，加快项目审批。与在建和已建成运营的商业综合体企业加强沟通，及时了解他们的诉求，并作出快速反应，提高办事效率，提高政府执行力。政府有关部门要积极搭建平台，为企业引进品牌提供支持。要界定各部门管理边界，避免交叉重叠管理，为企业做好服务而不是简单限制，在举办促销活动、推介宣传方面少一些限制，多一些支持，为他们创造良好的营商环境。

（四）改善与城市商业综合体相匹配的基础设施

成功的商业综合体周边都有便捷的交通设施相配套。交通的便利性对城市商业综合体的成败起着重要的作用，综合体一般临近交通干道、公交站、地铁站，需要更多的停车位，这样可以增加商业综合体周边的流动人口量，吸引人流，增大客流量。反之，对综合体客流产生不利影响。为此，进一步完善城市综合体周边的交通、公交线路、地铁线路、停车场等各种公共基础设施，使城市商业综合体内部各功能和外部周边功能相衔接。在城市建设、道路建设、交通管理过程中，要充分考虑对商业综合体的影响，提前作出预案，尽可能为综合体提供方便顺畅的交通环境，增强可达性，方便消费者进出商业综合体购物消费。

还要加强我区城市与城市之间，我区与其他省区的铁路建设，早日开通呼和浩特至北京的高铁，缩短时空距离，降低成本，为企业和品牌引进创造更好的条件。

（五）加强商业综合体运营管理企业自身的能力建设

与国外商业综合体的对比发现，我们的差距在于缺乏特色、精细化管理及周到的服务。要根据所处地区的实际和消费潜力进行科学定位，体现特色化、差异化，实现精细化管理，顺应消费需求向个性化、体验式的变化趋势。进行精品招商，形成品牌的差异化；并根据市场的变化及时调整各业态的配比，适度增加餐饮、娱乐等业态比例，增加客流和人气，进而带动购物。要借鉴国外或国内发达地区城市商业综合体的先进经验，引进高端人才，打造专业化的管理运营团队，不断提高自身的服务水平，增强运营能力和市场竞争力。加强与电商的联合，线上线下营销模式相结合，打通线上线下，增强实体店的展示功能、体验功能，引进配送、微信等服务，顺应商业与信息化融合的大趋势。尤其要增强服务意识，对消费者购物消费的全程提供人性化的服务，使消费者高兴而来满意而归。

内蒙古产业发展效益分析报告

高　风

2015年以来，随着供给侧结构性改革的推进，产业发展的重点转向调整产业存量，解决高消耗、高污染、低技术水平、低效益的“两高两低”问题，产业发展由“多产低效”模式向“优产高效”模式转变。本文通过对产业结构偏离度、产业结构变动度和比较劳动生产率等指标，分析内蒙古产业的发展效益。

一、2016年内蒙古产业结构特点

2016年，全区实现地区生产总值18632.6亿元，按可比价格计算，比2015年增长7.2%。其中，第一产业增加值1628.7亿元，增长3.0%；第二产业增加值9078.9亿元，增长6.9%；第三产业增加值7925.1亿元，增长8.3%；三次产业比例为8.8：48.7：42.5。和2015年相比，第一产业下降0.3个百分点，第二产业下降1.8个百分点，第三产业上升2.1个百分点，产业结构调整步伐较快。第一、二、三产业对生产总值增长的贡献率分别为3.8%、49.0%和47.2%。第三产业对生产总值的贡献率已接近第二产业。从第三产业内部结构来看，现代服务业发展较快，金融业增长率为15.1%；科学研究、技术服务和地质勘查业增长率为11.8%；水利、环境和公共设施管理业增长率为11.3%；教育增长率为12.9%；文化、体育和娱乐业的增长率为19.4%。现代服务业在第三产业中所占比重已达51.8%。详见表1。

表1 2016年内蒙古第三产业内部结构

指标	各产业占比（%）	各产业增速（%）（上年 =100）
第三产业总计	100.0	108.1
交通运输、仓储和邮政业	15.1	104.2
信息传输、计算机服务和软件业	2.9	109.7
批发和零售业	24.0	106.5
住宿和餐饮业	8.7	107.9
金融业	11.5	115.1
房地产业	6.1	102.0
租赁和商务服务业	3.9	109.7
科学研究、技术服务和地质勘查业	2.5	111.8
水利、环境和公共设施管理业	1.2	111.3
居民服务和其他服务业	5.4	105.6
教育	5.0	112.9
卫生、社会保障和社会福利业	3.4	113.5
文化、体育和娱乐业	1.4	119.4
公共管理和社会组织	8.5	113.1

资料来源：2017 年内蒙古统计公报。

二、内蒙古产业发展效益分析

利用产业结构偏离度、产业结构变动度和比较劳动生产率等指标来分析内蒙古产业的发展效益。产业结构偏离度显示了产业的发展效益，产业结构变动度显示了产业的调整效益，比较劳动生产率显示了产业的生产效益。

（一）内蒙古产业结构偏离度分析

产业结构偏离度是当前测度产业结构效益的一种有效的、较直接的方法。其含义为劳动力结构与产值结构（本文指地区生产总值的百分比构成）之间的一种不对称状态。偏离度越大，说明劳动力结构与产业结构越不对称，表明产业结构的效益越低。一般来说，结构偏离度与劳动生产率成反比。而且，结构偏离度大于零（正偏离），即该产业的就业比重大于增加值比重，意味着该产业的劳动生产率较低。反之，负偏离则意味着该产业的劳动生产率较高。从另外一个角度来说，结构正偏离的产业存在劳动力转出的可能性，相反，结构负偏离的产业则存在劳动力转入的可能性。如果国民经济各产业都是开放的，产业间没有行政壁垒，即呈完全竞争状态，那么通过市场对劳动力资源的重新配置，会使各产业的生产率逐步趋于一致，各产业的结构偏离度也就逐步趋于零。

结构偏离度的计算公式如下：

$$P=\sum_{i=1}^{3}|Li-Ci|$$

式中：P为产业结构偏离度，Li为i产业从业人数比重，Ci为i产业产值比重。

利用2016年全国各省、市、自治区统计年鉴中的统计数据来计算产业结构偏离度，进而判断内蒙古产业结构的效益在全国的水平。

表 2　2015 年全国各省、市、自治区产业结构偏离度

地区	偏离度			
	一产	二产	三产	总偏离度
全国	19.4	−11.6	−7.8	38.8
北京	3.6	−2.7	−0.9	7.2
天津	6.1	−10.9	4.7	21.8
河北	21.4	−14.1	−7.3	42.8
山西	29.5	−14.4	−15.0	58.9
内蒙古	30.0	−33.4	3.4	66.8
辽宁	20.3	−19.1	−1.2	40.57
吉林	24.12	−26.67	2.55	53.33
黑龙江	20.04	−11.81	−8.23	40.08
上海	2.94	1.96	−4.91	9.81
江苏	12.72	−2.70	−10.01	25.43
浙江	8.93	2.37	−11.28	22.58

（续表）

地区	偏离度			
	一产	二产	三产	总偏离度
福建	14.15	−13.19	−0.96	28.29
山东	21.70	−11.60	−10.10	43.39
河南	27.62	−17.62	−10.00	55.25
湖北	27.18	−22.90	−4.28	54.36
湖南	29.17	−20.82	−8.35	58.35
广东	17.51	−3.79	−13.71	35.01
广西	35.33	−27.74	−7.59	70.66
海南	18.28	−11.10	−7.17	36.55
重庆	23.51	−17.24	−6.28	47.03
四川	26.36	−17.48	−8.88	52.73
贵州	44.05	−23.29	−20.76	88.10
云南	38.51	−26.77	−11.74	77.01
甘肃	43.01	−20.63	−22.38	86.02
青海	27.16	−26.95	−0.21	54.31
宁夏	35.98	−29.17	−6.82	71.98
新疆	27.36	−23.41	−3.95	54.72

资料来源：根据2016年全国各省、市、自治区统计年鉴相关数据计算。

从上表可以看出，内蒙古产业结构的偏离度为66.8，偏离度较高，高于全国平均水平，居全国落后水平，表明内蒙古的产业结构效益较低。同时显示出内蒙古的就业结构与产值结构的组合状况错位比较严重，各个产业的人力资源配置状况不合理。产业发展效益较低，从各产业来看，第一产业的偏离度为30，是正偏离，全国平均水平为19.4，也高于全国平均水平，在各省、市、自治区中也处于落后地位，表明第一产业效益较低；第二产业偏离度为−33.4，是负偏离，高于全国平均水平，在全国处于第一位，表明第二产业效益较高；第三产业偏离度为3.4，是正偏离，全国平均水平为−7.8，是负偏离，偏离度也高于全国平均水平，全国绝大多数省区第三产业偏离度都是负偏离，表明我区第三产业效益较低，在全国处于落后水平。详见表2。

根据内蒙古历年三次产业产值构成及三次产业就业构成数据，计算了内蒙古2000—2015年产业结构的偏离度。从表3的计算结果可以看出，内蒙古的第一产业结构偏离度长时间是属于正偏离的，偏离度的变动比较平稳，在劳动生产率的比较中，第一产业是三次产业中最低的；第二产业的偏离度自2000年以来都呈负值，表明第二产业的劳动生产率较高；第三产业的偏离度在2000—2010年间一直呈负值，自2011年以来开始呈正值，表明第三产业的劳动生产率呈下降趋势。由下面的产业结构偏离度变动趋势图可以看出，我区第一产业偏离度总体呈下降趋势，由第一产业的总体走势可以从侧面反映我区的第一产业所占比重越来越少，且第一产业的就业人员逐渐减少，并不断向第二、三产业转入，这表明产业结构呈优化趋势。而我区第二产业的偏离度呈负增长趋势，第三产业偏离度由负值转向正值，表明第二产业的劳动生产率不断提升，对就业的吸纳作用有限，就业人员由第一产业和第二产业大量转入了第三产业，第三产业成为吸纳劳动力的重要渠道。因此，大力发展第三产业对缓解我区就业压力有着极其重要的意义。详见表3、图1。

表3　2000—2015年内蒙古各产业结构偏离度

年份（年）	一产	二产	三产	总偏离度
2000	29.4	–20.8	–8.6	58.8
2001	30.7	–21.5	–9.2	61.4
2002	31.6	–22.9	–8.7	63.2
2003	37.0	–25.3	–11.7	74.0
2004	37.3	–26.1	–11.2	74.6
2005	38.7	–29.8	–9.0	77.5
2006	40.9	–32.1	–8.9	82.0
2007	40.8	–32.7	–8.0	81.6
2008	39.8	–34.6	–5.1	79.5
2009	39.3	–35.6	–3.7	78.6
2010	38.8	–37.1	–1.7	77.6
2011	36.8	–38.2	1.5	76.5
2012	35.6	–37.3	1.7	74.6
2013	32.0	–35.0	3.1	70.0
2014	30.0	–33.0	3.1	66.1
2015	30.0	–33.4	3.4	66.9

资料来源：根据2016年《内蒙古统计年鉴》相关数据计算。

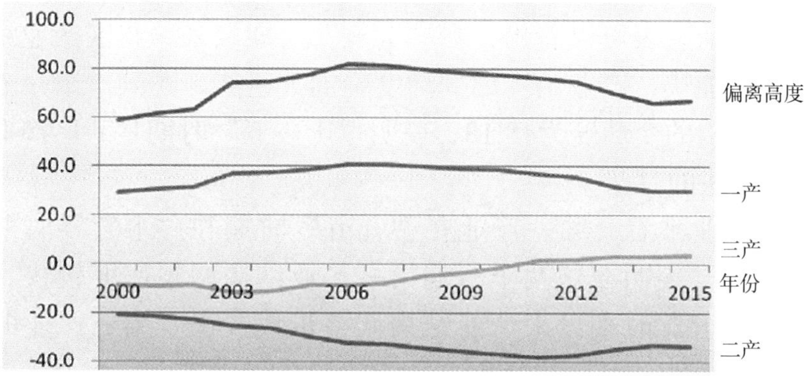

图 1　内蒙古产业结构偏离度变动图

（二）内蒙古产业结构变动度分析

利用产业结构变动度指标可以衡量内蒙古产业结构调整的程度与速度，产业结构变动度表示地区一段时期内三次产业构成变化值的绝对值之和,变动度越大表明产业结构调整步伐越快，反之就越小。变动度的计算公式如下：

$$K=\sum_{i=1}^{3}|Qij-CiO|$$

式中：K为产业结构变化值，Qij为报告期i次产业构成百分比，QiO为基期同次产业构成百分比。本文对2000年以来内蒙古不同时期的产业结构变动度进行计算，结果如表4所示。

表 4　不同时期内蒙古产业结构变动度

时期	第一产业	第二产业	第三产业	产业结构
1986—1990 年（“七五”）	2.6	–2.7	0.1	5.4
1991—1995 年（“八五”）	–4.94	3.9	1	9.84
1996—2000 年（“九五”）	–7.56	1.9	5.7	15.16
2001—2005 年（“十五”）	–7.69	7.51	0.19	15.4
2006—2010年(“十一五”)	–5.7	9.09	–3.39	18.18
2011—2016 年	–0.3	–7.27	7.57	15.14

资料来源：根据 2016《内蒙古统计年鉴》、2017 内蒙古统计公报相关数据计算。

不同时期产业结构的变动度不同，即不同时期产业结构调整的步伐不同。从上表可以看出，自“七五”时期以来，我区产业结构调整步伐不断加快，产业结构的变动度呈加大趋势，尤其“十一五”时期，产业结构的变动度为18.18，说明“十一五”时期是我区产业结构调整步伐最快的时期。

从各产业来看，第一产业在“九五”时期和“十五”时期结构变动度最大，表明在这两个时期第一产业结构调整速度较快。第二产业自“十五”时期以来产业结构调整步伐较快。第三产业的结构变动度起伏较大，但自2006年以来结构调整步伐加快。综合来看，自“九五”时期以来，我区产业结构调整步伐不断加快，使产业结构向合理化方向发展。

为进一步考察内蒙古产业结构优化进程，本文对全国各省、市、自治区2005—2010年、2010—2015年两个时期的产业结构变动度进行了测算，详见表5。

表 5　2005—2015 年全国各省、市、自治区产业结构变动度

地区	2005—2010 年变动度				2010—2015 年变动度			
	一产变动度	二产变动度	三产变动度	产业结构总变动度	一产变动度	二产变动度	三产变动度	产业结构总变动度
北京	−0.50	−5.50	6.00	12.00	−0.29	−4.26	4.55	9.10
天津	−1.40	−3.00	4.50	8.90	−0.34	−5.92	6.15	12.41
河北	−2.30	0.70	1.60	4.60	−1.06	−4.23	5.29	10.58
山西	−0.30	0.60	−0.30	1.20	0.13	−16.21	16.08	32.42
内蒙古	−5.70	9.10	−3.30	18.10	−0.33	−4.12	4.35	8.80
辽宁	−2.20	4.70	−2.50	9.40	−0.48	−8.61	9.09	18.18
吉林	−5.20	8.40	−3.20	16.80	−0.75	−2.18	2.93	5.86
黑龙江	0.20	−3.70	3.50	7.40	4.86	−18.39	13.53	36.78
上海	−0.20	−6.50	6.80	13.50	−0.26	−10.29	10.46	21.01
江苏	−1.90	−4.10	6.00	12.00	−0.42	−6.80	7.21	14.43
浙江	−1.70	−1.80	3.50	7.00	−0.63	−5.64	6.26	12.53
安徽	−4.00	10.80	−6.80	21.60	−2.84	−2.35	5.19	10.38

（续表）

地区	2005—2010 年变动度				2010—2015 年变动度			
	一产变动度	二产变动度	三产变动度	产业结构总变动度	一产变动度	二产变动度	三产变动度	产业结构总变动度
福建	-3.50	2.30	1.20	7.00	-1.15	-0.71	1.86	3.72
江西	-5.10	6.90	-1.80	13.80	-2.20	-3.90	6.10	12.20
山东	-1.40	-3.20	4.60	9.20	-1.30	-7.40	8.70	17.40
河南	-3.80	5.20	-1.40	10.40	-2.72	-8.88	11.60	23.20
湖北	-3.20	5.50	-2.40	11.10	-2.20	-2.90	5.20	10.30
湖南	-5.10	5.90	-0.80	11.80	-2.97	-1.48	4.45	8.90
广东	-1.40	-0.70	2.10	4.20	-0.41	-5.21	5.61	11.23
广西	-4.90	10.00	-5.10	20.00	-2.23	-1.17	3.40	6.80
海南	-7.50	3.10	4.40	15.00	-3.02	-4.05	7.06	14.13
重庆	-6.50	14.00	-7.50	28.00	-1.28	-10.02	11.30	22.60
四川	-5.70	9.00	-3.30	18.00	-2.16	-6.42	8.58	17.16
贵州	-5.00	-2.70	7.70	15.40	2.02	0.39	-2.41	4.82
云南	-4.00	3.40	0.50	7.90	-0.21	-4.83	5.14	10.18
西藏	-5.60	7.00	-1.40	14.00	-3.95	4.35	-0.40	8.70
陕西	-2.10	3.50	-1.40	7.00	-0.94	-3.40	4.34	8.68
甘肃	-1.40	4.80	-3.40	9.60	-0.45	-11.46	11.91	23.82
青海	-2.00	6.40	-4.40	12.80	-1.36	-5.15	6.51	13.02
宁夏	-2.50	2.60	-0.10	5.20	-1.23	-1.62	2.85	5.70
新疆	0.20	3.00	-3.20	6.40	-3.08	-9.13	12.21	24.42

资料来源：根据 2016《内蒙古统计年鉴》相关数据计算。

从表5可以看出，2005—2010年，从各产业来看，第一产业结构变动度为-5.7，表明第一产业在生产总值中的比重下降幅度较大，在各省、市、自治区中降幅居第三位；从全国角度看，第一产业结构调整步伐较快。第二产业结构变动度为9.1，表明第二产业在生产总值中的比重上升，且上升幅度较大，升幅居全国第四位。第三产业变动度为-3.3，表明第三产业在生产总值中的比重下降，降幅为3.3。这一时期，内蒙古产业结构总变动度为18.1，在全国各省、市、自治区中居第四位，表明在这一时期内蒙古产业结构调整步伐较快。这一时期产业结构虽然调整步伐较快，但结构变动是第二产业比重上升较快，第三产业比重却下降。这说明结构调整虽然较快，但结构调整并不是最优化的。

在2010—2015年间，内蒙古第一产业结构变动度为-0.33，变动幅度不大。第二产业结构变动度为-4.12，表明第二产业在生产总值中的比重下降，这一时期，除贵州和西藏以外，所有省、市、自治区第二产业结构变动度均为负值，我区变动幅度居中。第三产业结构变动度为4.35，变动幅度为正值，表明第三产业在生产总值中的比重上升，这一时期，除贵州以外，所有省、市、自治区第三产业结构变动度均为正值，我区变动度居第二十四位，表明第三产业结构变动幅度在全国各省、市、自治区中居落后水平。产业结构总变动度为8.8，也居全国第二十四位，表明我区产业结构调整步伐在全国处于比较缓慢的地位。但是，这一时期的结构调整虽然步伐缓慢，却朝着结构优化的方向转变。

（三）内蒙古比较劳动生产率分析

比较劳动生产率，即一个部门的产值同在此部门就业的劳动力比重的比率，它反映1%的劳动力在该部门创造的产值（或收入）比重。

比较劳动生产率客观反映一个部门当年劳动生产率的高低，通常第一产业比较劳动生产率低于1，而第二、三产业比较劳动生产率高于1。比较劳动生产率越高，表明本部门的产值与劳动力比值越大，因而产业的产出效益越高。

设G为总产值（或总收入），L为劳动力总数，G1为第一产业产值，G2为第二产业产值，G3为第三产业产值，L1为第一产业劳动力数，L2为第二产业劳动力数，L3为第三产业产值，又设B1为第一产业比较劳动生产率，B2为第二产业比较劳动生产率，B3为第三产业比较劳动生产率。很显然G1+G2+G3=G,L1+L2+L3=L。比较劳动生产率的数学计算公式如下：

$$B1=\frac{G1/G}{L1/L}；\ B2=\frac{G2/G}{L2/L}；\ B3=\frac{G3/G}{L3/L}$$

利用上述公式，对全国各省、市、自治区的比较劳动生产率进行了测算，结果见表6。

表 6　2015 年全国各省、市、自治区比较劳动生产率

地区	第一产业	第二产业	第三产业
全国	0.314	1.396	1.184
北京	0.145	1.161	1.011
天津	0.171	1.305	0.917
河北	0.35	1.415	1.221
山西	0.172	1.549	1.394
内蒙古	0.232	2.959	0.923
辽宁	0.291	1.723	1.027
吉林	0.234	1.965	1.116
黑龙江	0.303	2.491	0.914
上海	0.129	0.942	1.078
江苏	0.309	1.063	1.259
浙江	0.324	0.951	1.293
安徽	–	–	–
福建	0.366	1.355	1.024
江西	0.353	1.548	1.043
山东	0.267	1.33	1.287
河南	0.292	1.572	1.331
湖北	0.292	2.004	1.11
湖南	0.283	1.886	1.233
广东	0.208	1.092	1.372
广西	0.302	2.525	1.243
海南	0.558	1.885	1.156
重庆	0.237	1.621	1.152
四川	0.317	1.657	1.255
贵州	0.262	2.438	1.86
云南	0.282	3.059	1.351
西藏			

（续表）

地区	第一产业	第二产业	第三产业
陕西	0.233	3.115	1.372
甘肃	0.246	2.281	1.834
青海	0.241	2.172	1.005
宁夏	0.185	2.602	1.181
新疆	0.379	2.544	1.097

资料来源：根据2016年《中国统计年鉴》相关计算。

从表6可以看出，内蒙古第一产业的比较劳动生产率为0.232，低于全国平均水平，在各省、市、自治区中处于中等偏下水平，表明内蒙古第一产业的产出效益相对较低，在全国处于落后水平。第二产业的比较劳动生产率为2.959，高于全国平均水平，在各省、市、自治区中位居前茅，表明内蒙古第二产业的产出效益较高。第三产业的比较劳动生产率为0.923，低于全国平均水平，在各省、市、自治区中居倒数地位，处于较落后水平，表明内蒙古第三产业的产出效益较低。

三、结论与建议

（一）就业结构与产业结构不对称

内蒙古产业结构的偏离度较高，显示出内蒙古的就业结构与产值结构的组合状况错位比较严重，各产业的人力资源配置状况不佳。在产业结构调整变动过程中，第一产业产值所占比重越来越少，且第一产业的就业人员逐渐减少，并不断向第二、三产业转入，显示出产业结构呈优化发展趋势。而我区第二产业的劳动生产率的不断提升，对就业的吸纳作用弱化。在三次产业就业人员构成中，第一产业就业人员比例一直呈下降趋势，从1985年开始，第二产业就业人员比例也开始呈下降趋势。第三产业就业人员比例一直呈上升趋势。近两年，第三产业就业人员比例已经超过了第一产业，这表明就业人员由第一产业和第二产业转入了第三产业，第三产业成为吸纳劳动力的重要渠道。但目前第三产业的偏离度为正偏离，意味着产业存在着劳动力转出的可能性，第三产业对劳动力的吸纳已经出现饱和态势。随着农牧业机械化程度的提高，第一产业的剩余劳动力会不断增长，如果第三产业规模有限，第二产业结构单一，就业就会成为严重的问题。因此，加快产业结构调整，大力发展第三产业对缓解我区就业压力意义重大，同时调整第二产业及第三产业内部结构是解决内蒙古就业的必然选择。

（二）产业结构调整步伐较快，但优化步伐缓慢

在2005—2010年期间，第一、二、三产业的结构变动度都较大，尤其是第一产业和第二产业的结构变动度较大，使得我区的产业结构总变动度较大，变动幅度在全国各省、市、自治区中名列前茅，说明我区产业结构调整步伐较快。但三次产业的结构呈二、三、一状态，而不是三、二、一状态，说明我们的产业结构不够优化。在2010—2015年间，我区产业结构总变动度为8.8，变动幅度在全国各省、市、自治区中处于末尾水平，说明这一时期我们的结构调整步伐较为缓慢，但第一产业和第二产业在生产总值中的比重呈下降态势，表明三次产业结构朝着优化的方向发展。即自2005年以来，我区产业结构调整步伐较快，优化步伐较慢。因此，加快产业结构优化步伐，对我区产业结构调整尤为重要。

（三）产业发展效益较低

内蒙古第一产业结构偏离度长期正偏离，说明第一产业的劳动生产率不高，产业的产出效益较低。第二产业的偏离度自2000年以来都呈负值，表明第二产业的劳动生产率较高。第三产业的偏离度在2000—2010年间一直呈负值，自2011年以来开始呈正值，表明第三产业的劳动生产率呈下降趋势，第三产业的产出效益下降。综合来看，我区第一产业和第三产业的产业产出效益较低，第二产业的产出效益较高。比较劳动生产率也反映了产业的生产效益，内蒙古的第一产业和第三产业的比较劳动生产率和全国各省、市、自治区相比水平较低，也显示了第一产业和第三产业的生产效益较低。因此，提升内蒙古产业发展效益首先要提升内蒙古第一产业和第三产业的发展效益，尤其要提升第一产业和第三产业的产出效益。依靠科技进步提升农牧业发展效益，大力推广应用农作物高产高效栽培、农牧业机械化。把农牧业科技创新和推广的重点放在优势区域、优势资源、优势产业上，使农牧业特色产业依靠科技进步上规模、出精品、提效益。通过科技进步与创新大力发展高附加值服务业，加大科技在现代服务业中的含量和渗透，优先发展技术含量高、关联性大的现代服务业，从而提升第三产业发展效益。

（四）三次产业发展协同性差

通过对内蒙古产业偏离度、产业变动度和产业比较劳动生产率的计算分析，显示出内蒙古产业结构和就业结构错位比较严重，第一产业和第三产业发展效益低下，这说明内蒙古三次产业发展的协同性较差，经济增长对第二产业的依赖较大，三次产业未能以协同发展的方式发挥最好的效益来促进经济的发展。因此，在加强农牧业发展的同时，要围绕工业化主题协调发展服务业。第三产业的发展与工业的发展是紧密相关的，尤其是现代服务业与现代制造业相互依托、相互融合、相互发展的趋势越来越明显。现代制造业的发展为现代服务业提供了巨大的市场空间，现代制造企业的生产与服务功能日益融合，服务含量在整个企业产值和增加值中所占的比重越来越高。新产品的生产和销售离不开专业设计、广告公司、保险公司等服务性行业的配合和支持。目前，我区的现代制造业很少，没有形成规模，对第三产业的发展没有形成多点支撑的基础作用。第三产业的平衡发展也有助于给第二产业生产提供配套服务，优化经济环境。将第三产业的发展与第二产业的发展紧密结合起来，在为生活提供优质服务的同时积极发展为生产服务的第三产业。只有三次产业协同发展，才能更好地促进经济的发展。

作者系内蒙古社会科学院经济研究所研究员

乡村振兴战略下提升内蒙古乡村治理“有效性”的探讨

朱　檬

党的十九大报告中创造性地提出了乡村振兴战略，这是决胜全面建成小康社会、全面建设社会主义现代化强国的一项重大战略任务。在农村基层治理上，乡村振兴战略提出加强农村基层基础工作，强调治理的重心在基层、在基础工作上，并对治理的目标体系作出了要求，即健全自治、法治、德治相结合的乡村治理体系。习近平总书记早在2016年3月5日在参加上海代表团审议时强调，“基层是一切工作的落脚点，社会治理的重心必须落实到城乡、社区”。农村、城市社区是基层一线，是与群众距离最近的地方。广大农村基层社会被赋予了社会稳定的“减压器”和基层民主的“推进器”。基层治理是社会治理的重要组成部分，具有基础性的作用。

内蒙古作为边疆少数民族自治区，有农村牧区，治理的主体包括农民和牧民。乡村治理过程中，离不开基层政府的管理，也不能脱离农牧民群众的自我管理，是多元主体共同参与的治理过程，承担着地方长治久安的重任。乡村治理的好坏对于乡村社会的发展、农牧民生活的改善以及实现对我区基层有效治理具有基础性意义。

一、内蒙古乡村治理的现状与特点

（一）“后乡土性”特征

“后乡土性”是指乡土社会的结构特征没有改变，与城镇相比较，农牧民仍然是村落性的聚居状态为主。而聚居在此的人发生了改变，农牧民群众的社会经济和文化观念均受到现代性的冲击和渗透。

市场经济和城镇化背景下，农牧区社会人口流动性增强，农牧民分化为两种人，一种是在村庄之外寻找新的谋生手段，从事工商业、服务业，到农忙时回来或者逢年过节回到村庄嘎查。这类人长期生活在城镇，“乡土性”气息很淡，是比较“摩登”的农牧民。另一种人是老人和部分妇女，因为出行不便或条件限制，留在村庄里继续从事农业或牧业，他们是“乡土”气息比较浓郁的人群。

（二）本土人才危机与精英替代的双重趋势

对自治区境内的村庄进行抽样调查显示，虽然没有出现村干部贫困化与边缘化的趋势，但是人口流动尤其是青壮年劳动力的大量流出，对于村干部队伍建设产生了重要影响。调查数据显示，64.6%的村庄出现了大量劳动力转出的现象，而这一现象背后是村庄的精英人才流失的问题。29.1%的村民认为大量青壮年劳动力的流出使得选举产生的“村干部年龄过大”，18.2%的村民认为这一现象导致“村干部文化偏低”，还有8.9%的村民认为这一现象是“村干部素质偏低”的主要影响因素。调查显示，村干部的年龄偏大，文化教育程度不高，缺乏激励，有的村庄甚至无人愿意做村干部，空心化的村庄更为明显。这一状况需要得到重视。如何留住人才、激励精英治理村庄是一个重要课题。

而部分村庄治理则呈现村干部精英替代的趋势。随着农村改革带来的巨大社会变迁，现阶段乡村精英已经发生了多元化的转变。许多乡村的党政精英转变为政治精英与社会精英，村民选举中对“选举什么样的人当村干部”的调查体现了村庄治理中农牧民群众对村干部作为村庄精英的期待与功能的认可。而另一方面迅速崛起的经济能人被吸收进入乡村社会的控制集团。调研自治区中部、西部三个村庄的个案都是企业家返乡后，带动农牧民发展产业，被选举成为村主任的典型例子。

（三）农牧民权利意识增强，治理目标发生变迁

在调查中，87%的村干部表示村民的维权意识越来越强。农牧民维权意识体现排在前三位的是：经常打听各种补贴发放情况、积极参与村民会议和村务管理、关注土地流转价格（并列第二）、学法懂法（包括各种政策法律规定）。在对村庄治理的主要领导力量和最主要

的动力来源的调查中，政策、能人、科技、村干部占前四位。广大农牧民群众对于村庄的发展目标较以往主要关注“经济”和“收入”相比有了比较明显的变化：虽然发展经济仍是第一位，占比51.5%，但是其他发展目标作为新的因素出现，如“提升农民文化素质”排第二位；“改善村里环境，恢复青山绿水的村庄”排第三位，而“减少犯罪维护社会稳定”排最后一位。由此可见，随着经济社会的发展，基层农牧民群众的发展目标和需求已经发生变化，从一个方面折射出基层群众对于自身素质的培养和提高越来越重视，对居住环境的需求得以提升，而对减少违法犯罪和维护社会稳定的需求最小，则体现了农牧区基层社会的治安、秩序整体较为稳定。

二、内蒙古农牧区基层治理中的主要问题

（一）村民自治中存在民主决策意识不强、管理不善和监督不利的问题

通过村干部认为的“村民大会召开难的主要原因”的调查显示，36%的村干部认为“村民不积极”是造成村民大会召开难的主要原因，22.7%的村干部认为村民大会“决策质量低”，9.3%的村干部认为召开村民大会“缺乏效率、成本较高”，还有8.0%的村干部认为开村民大会是“浪费时间”。

在村代表会议议题的产生来看，绝大部分由村干部提出，村民联合提出的比例很小，仅为10.9%，证明了现阶段农牧民群众参与村务决策和管理的能力比较有限，参与的有效性不强。

村民行使民主监督的权利是村民自治运行情况的一个重要表现。选举启动村民自治，为村庄治理奠定了基础，而治理的顺利运行在很大程度上取决于村民对日常村务管理的监督。考量民主监督的实效应从监督机构的完善程度和监督程序的有效实施两个方面观察，而核心的一点主要表现在村务公开方面。首先，通过对“村庄是否有民主理财小组”进行调查，发现设立民主理财小组的村庄仅仅占到24.3%，没有这一机构的情形约为36.8%。实践中，“村账乡管”的村庄占有一定比例，约为11%。有27.9%的村民表示“不知道、不清楚”村庄是否有民主理财小组。其次，根据《村委会组织法》的规定，“村庄应当

建立村务监督委员会或者其他形式的村务监督机构，负责村民民主理财，监督村务公开等制度的落实，其成员由村民会议或者村民代表会议在村民中推选产生，其中应有具备财会、管理知识的人员。村民委员会成员及其近亲属不得担任村务监督机构成员。村务监督机构成员向村民会议和村民代表会议负责，可以列席村民委员会会议”。抽样调查“村务监督委员会的设置状况”时发现，仅仅有20.2%的村庄设置了村务监督委员会。再次，在调查村集体财产的公示情况发现，问及“您村集体财产多长时间公示一次？”得出的调查结果为“每月一次”的占7%，“一季度一次”占到16.8%，“半年一次”的为9.7%，“一年一次”的占到31%，还有35.4%的村庄，村民表示“从来没有”公示过。最后，村财务监督是民主监督的重要方面，村日常财务收支情况通常应该每季度公开一次。而在调查中发现：有8.9%的村庄是“每个月一公开”，“每季度公开”的村庄比例仅为15%，11.2%的村庄是“半年一公开”，32.3%的村庄日常财务收支情况是“一年一公开”，还有32.7%的村庄是“从来不公开”财务收支情况的。结论并不是超时公开或从不公开财务收支状况就一定有财务问题或违法行为，但是缺乏监督意识，违反村务公开规定的行为比较常见。

（二）农牧民及社会组织参与的能力提升，但作用有限

从抽样调查结果来看，内蒙古农牧区嘎查村民选举时，农牧民参加投票率为91.8%，高于中西部其他省份，村民参与选举的状况良好。另一方面，农牧民的选举理性也较强，86.6%的村民为了“选出能干的人”，而为了“好处”去投选票的仅占0.3%。贿选、涉黑等违法现象较少，遇到“请客送礼或送钱”等情形的不足6%。目前，乡村基层治理中嘎查村民选举问题不再是基层自治中的首要问题和重大阻碍，而选举之后的制度运行和权利行使成为乡村社会基层治理的重点。

对于大多数村庄，村民会议制度十分重要。全国的调查分析发现，村民大会与村民选举质量之间具有十分显著的正相关关系。但调查中发现，村民大会的召开频率较低，客观原因在于人口流动性增强，大量青壮年劳动力在城镇打工、供孩子上学等客观因素较多。而主观因素的阻碍占比也较高，29.3%的村干部认为召开村民大会“决策质量低”，另有34.5%的村干部认为召开村民大会“浪费时间”“没有效率”和“成本太高”。开会时村民在会议上积极发言的情形较多，但在村民会议上的发言时间占会议时间不足三分之一。“村民会议议题的产生”，由“村民联合提出”的比例仅为10.9%。由此可见，村民会议的召开，主要的话语权还是掌握在村干部一方，农牧民参与治理的作用发挥比较有限。

近些年农牧民自组织的参与表现为成立各种经济、服务合作社，作为农民自发的组织，是村庄治理不可或缺的主体之一，受到国家政策的大力扶持，作为现代乡村社会治理的新型主体登上舞台，但是目前农牧民组织的发展仍不够完善。首先，在数量和分布上都显不足。在对100个农村社区进行调查时，询问村干部，“你们村有村民组织吗？”回答“有”的村庄占到45.1%，回答“没有”的村庄占比54.9%。对村庄合作社的调查显示，只有33.6%的村庄有合作社，而另外66.4%的村庄没有合作社。在问及“村民组织有没有反映过农民的需求和意见？”时，“反映过意见”的占比38.5%，其中“经常反映”村民意见和需求的占到18.7%，“很少反映”村民意见和需求的占到19.8%，“没有反映过”的占到6.6%。调查数据说明即使经历了近年来的社会组织高速增长期，农牧民组织的数量不足，发展还不够完善。超过半数的村庄没有村民组织，存在村民组织的村庄，在村务管理和决策中，村民组织的作用发挥比较有限。农牧民自组织作为治理主体发挥作用，需要加大力度进行培养、引导和发展。

（三）村干部的“双重角色”，工资津贴的激励机制较弱

众所周知，村干部具有“双重角色”：一方面，村干部是由村民选举产生，应当是村庄利益的“守夜人”；另一方面，村干部又承担着基层政府在农村牧区的行政管理职能，被称为乡镇政府的“腿儿”。课题组的调查发现，虽然村干部从事“国家任务”所花费的时间和精力不一定会降低，但目前村干部“社区利益保护者”的角色比较明显。问卷调查显示，村干部主要居住地在村庄的比例为96.4%；当发生纠纷时，村民选择“找村干部”解决的比例为59.4%。调查村民认为“村庄今后发展主要依靠什么”，选择依靠干部和能人的比例较高，选择“能人”的占比为45.5%，选择“干部”的占比为20.7%。村民对村干部的信任度和依赖度较高。

通过访谈结合“致富原因”的问题调查，回答结果反映了调查对象的一种偏好，如果认为村干部肯定不是“最富裕的”，则反映了村干部在村民印象中属于清廉的，干群关系较为和谐，如果认为村干部就是全村“最富裕”的，而且同时村干部并未经营任何产业，则其高收入水平让村民产生怀疑，是否存在腐败现象，干群关系不和谐。反之，如果村干部收入水平较低，处于下游水平，则其在村民中的威信受到影响，号召力不强，被排除于村庄精英之外，不能发挥精英作用。调查显示，现阶段大部分村庄村干部的工资补贴内部激励较弱。许多村庄的村集体财产很少，除了选举产生的干部，其他村干部的补贴无法保障。另一方面，仅仅依靠误工补贴，村干部又不能外出务工增加收入，当前基层治理状况下村干部经济状况呈现为“中农化”，例如对农牧民的调查显示，村干部家庭收入处于中游的比例为73.1%。

三、乡村振兴战略下提升内蒙古乡村治理“有效性”的路径

（一）着力提升基层组织力，强化基层党组织的政治功能

党的十九大报告提出加强基层组织建设，并提出要以提升组织力为重点，突出政治功能，这一要求具有很强的现实针对性。党的力量来自组织，基层党组织建设关系到党的执政基础，意义重大。坚持和完善村民自治制度，必须坚持党的领导。要通过派驻第一书记、驻村工作队和壮大集体经济等措施，强化村党支部的堡垒作用，密切党同广大农民的血肉联系，巩固党在村民当中的威信。

提升基层组织力，突出政治功能，一是要整顿基层党组织软弱涣散，推进农村牧区基层党组织建设，加大投入力度，强化基本保障；加大培训力度，增强能力素质；加大选拔力度，选优配强基层党组织。二是着力推进党的基层组织设置和活动方式创新。推动基层党组织设置从“有形覆盖”向“有效覆盖”转变，建立“纵向到底、横向到边、纵横交错、全面覆盖”的基层组织网络体系，探索村村联建、村企联建、村居联建、村机关联建、企企联建等跨区域联建模式，优化党建资源的配置和使用。三是要做好基层群众工作，提升基层党组织的公信力。加强和改进新时期基层群众工作的新途径、新办法；健全和完善党和政府主导的维护群众权益机制。四是要加强带头人队伍

建设，抓好经常性教育培训，提升基层党组织的能力和水平。增强服务意识，调动党员干部服务群众的积极性、主动性、创造性，持续改善党群关系，使党的政治领导力、思想引领力、群众组织力、社会号召力进一步得到增强。五是要坚持基层党员的来源多样化，如适当增加基层党员名额；注重从新业态、新的社会组织、经济组织培养和发展党员，扩大基层党组织的覆盖面；充分发挥群团组织作用，扩大入党积极分子来源，并加强对入党积极分子的培训教育等。

（二）完善村民自治运行机制，重管理、强监督、化风险

村民自治是广大村民直接参与社会主义民主政治建设的主阵地和乡村治理的重要平台。村民自治运行机制的完善，使之充满活力，能够有效实现和保障村民民主权利，夯实党在农村的执政基础，为促进农村改革发展稳定提供重要保障。村民自治的功能体现在三个方面：一是提供稳定的社会秩序，通过自治调解纠纷与维护治安；二是提供公共服务，让村民协商自治进行社区资源的获取与分配；三是监督乡村组织的行为，维护广大村民的合法权益。因此，完善村民自治运行机制的目标与着眼点应当体现在坚持民主治村，健全完善村民自治章程和村规民约；推行村级事务民主议事制度，实行村务管理模式创新；建立健全村级监督网络，理顺村级组织相应的管理机制，积极创设村级监督载体。“后选举”时代的来临，村庄基层治理的重点在于加强民主决策、民主管理和民主监督，并通过自治调解纠纷，实行源头治理，将矛盾化解在基层。要加强村务监督委员会建设，健全务实管用的村务监督机制，开展以村民小组、自然村为基本单元的村民自治试点工作，发挥好村规民约在乡村治理中的积极作用，使得广大农牧民群众在稳定有序的基层民主实践中逐步提高自治能力和自治水平。

（三）推动农牧民群众及其组织“有序”和“有效”地参与基层治理

治理的目标是“善治”，不仅是达到国家的需要（行政目标的实现），而且要最大程度满足农村牧区农牧民群众的需求。提高社会治理水平的根本在于深化基层自治，社会治理的重心必须落到城乡社区。一方面，在政府主导下，鼓励群众的参与。注重群众的创造性，实现政府与百姓、干部与群众协商治理、共治互动，将人民群众合法合理的利益诉求与党委政府相关部门的工作职责有效对接起来。另一方面，社会多元化的冲击导致观念的差异，继而决定了行为的差异，群体行为差异必然导致矛盾具有的差异性。因此，解决变化了的矛盾纠纷就需要有别于传统的解决纠纷途径。因此，了解农村牧区基层治理的现状，把握发展趋势，要求决策者突破以往制度从上而下的单向设计，注重发挥农牧民自身的积极性参与共治，形成上下的互动，进行农村牧区的治理改革。推动参与，让“官民共治”的制度设计组织、动员起来，实现全民共建共享的社会治理格局。

提升农牧民参与有序性和有效性的途径包括以下方面：首先，加强对农民的宣传教育，提高农民的参与素质和参与能力。其次，从制度层面加以规范，确保农牧民的参与权利得到保障。进一步细化村务管理制度，根据本地区的实际情况和农民群众的意见制定出相应的规章制度，以保证在村务管理、监督等方面有据可依，也能够最大限度地保证农民参与治理的权利和实效。再次，创新参与形式，拓宽参与渠道，让农牧民能够通过更多的方式、更高效的平台参与到村务管理中。再次，健全民主监督制度，包括村务公开制度和监督反馈制度，强化民主监督实效。最后，推动现代村民组织发展，实现多元主体参与治理。

（四）推动建立一支“懂农村、爱农村、爱农民”的乡村人才队伍

乡村干部是带领广大农牧民群众实施乡村振兴战略的“领头羊”，在农牧区经济发展和社会建设中发挥重要作用和承担重大责任。现阶段，一要加强村组干部建设，特别是村级党组织主要负责人的培养和选拔；有针对性地解决部分村干部文化程度偏低、能力偏低、群众公认度偏低等问题；实施“两个带头人”工程，即加强村党组织带头人、农村致富带头人队伍建设，扩大视野选准选强基层党组织带头人。二要加强对驻村干部、大学生村官、乡村技术员等人员的培养和管理，做好“三支一扶”“大学生村官” “大学生志愿服务西部计划”“新青年下乡”等工作，努力造就一批高素质的村干部，让优秀人才快速走上治理村务、发展经济的重要岗位。三要重视留住人才。发挥乡村人才在乡村振兴中的作用。要调动农村经济能人、大学生、退伍军人等乡村人才参与乡村振兴战略。适当提高“三农”干部报酬待遇，解决他们面临的实际困难，畅通基层干部的晋升渠道，在“感情留人、事业留人、待遇留人”三方面发力。

“懂农村、爱农村、爱农民”的乡村人才培养的重点是发展本土人才队伍。乡村振兴，有效治理，都需要培养本土的人才与精英。在召唤优秀青年农民回乡创业、反哺家乡建设的基础上，立足农村当地既有的受教育程度较高、思维较为活跃的青年农民中的生产能手和经营能人，实施定向精准培养，以培养模式创新带动培养质量提升，使他们成为推动乡村振兴的中坚力量。本土人才的培养关键在于定向培养本地人才，使高素质的综合性人才能够扎根乡村。可以通过“定制村官”的培养计划，推动建立政策制度，定向培养一支本地生源优先、懂农业、爱农村、爱农民的村干部后备队伍，充分发挥他们在乡村振兴中的独特作用，成为支持乡村发展的新动能。

（五）“软硬兼施、兼治”推进基层社会治理法治化

内蒙古作为少数民族自治地区，基层群众法律意识水平的高低对提高服务自治区经济社会发展，全面推进依法治区具有重要意义。因此，针对农牧区群众法律意识水平偏低的现状，有必要从内蒙古基层群众的实际法律需求出发，加强“软环境”建设，在现实基础上完善基层法律服务体系。重视提升基层民众的法律意识水平和完善基层法律服务体系相匹配相结合，促进二者的协调发展，“软硬兼施、兼治”，对于解决民众日常纠纷、维护民族地区稳定发展、实现基层治理法治化和提升基层治理能力具有长远的保障作用。具体包括：第一，加快完善基层的法律体系建设。第二，完善基层社会人民调解制度。规范调解程序，提高基层调解的公信力。第三，拓宽法律服务范围，增加法律服务工作的区域和人员配置。第四，健全法律服务网络，健全多元化纠纷解决渠道。最后，规范和改进内蒙古基层法律服务的管理模式，提高法律服务整体水平，推动内蒙古基层法律服务的工作体系的完善与创新。

综上，党的十九大报告提出的健全自治、法治和德治相结合的乡村治理体系，为乡村治理的改革与发展指明了方向。乡村治理是农村牧区繁荣和稳定的保障，也是乡村振兴战略有效实施的重要一环。构筑完善的乡村治理体系要在法治的框架内创新自治制度，夯实自治的道德基础，做到德治讲传统、法治有保障、自治有效果，实现“三治合一”。

作者系内蒙古社会科学院政治学法学研究所副所长、副研究员

农村牧区家庭自我保障能力与基层公共服务有效供给分析

张　敏

享有基本公共服务是公民的基本权利，保障人人享有基本公共服务是政府的重要职责。党的十九大提出要“坚守底线、突出重点、完善制度、引导预期，完善公共服务体系”，从强调体系建设到制度建设，国家已将公共服务均等化作为满足人民日益增长的美好生活需要的重要途径。内蒙古作为少数民族地区，推进基本公共服务均等化既是经济发展新常态下守住民生底线的要求，还是落实“两个共同”、实现全国区域均衡发展、打造北疆亮丽风景线的重要支撑。自治区成立70年来，民生各方面均取得到了重大进展，但按照中央民族工作会议关于实现民族地区跨越式发展的要求，提高基本公共服务能力和均等化水平的压力仍然较大。所以在与全国共同进入小康社会的进程中，充分了解农村牧区居民的民生状况及家庭的自我保障能力，了解嘎查村的公共服务水平，审视农牧区基本公共服务面临的问题和挑战，是为进一步做好农牧区基本公共服务供给、让百姓有更多的“获得感”的重要工作，是面对问题、解决问题的重要思路和有效路径，对缩小区域间公共服务发展差距、让各族群众共享改革发展成果具有重要意义。

一、研究综述

公共服务的研究起源于西方公共产品理论，基本公共服务理论是当代公共产品理论的进一步拓展和延伸。而公共产品的供给作为现实经济生活中常见的一种经济现象和政府不可推卸的基本职责，历来是经济学家十分感兴趣的研究话题。从休谟的《人性论》和亚当·斯密的《国富论》中的有关阐述就可以看出，早在古典主义时期，如何提供公共服务已经被西方学者们所关注。20世纪80年代，西方学界掀起了一场以公共服务市场化、地方政府分权化、执行机构自主化为三大主题的改革探索，政府购买公共服务的提法也被正式予以应用，学理上将之归结为“政府经济行为”。综观诸多政府经济行为的研究，已有的研究文献大致分为以下几类：

一是关于公共服务供给主体和方式的问题。1974年，科斯在其经典论文《经济学上的灯塔》中，对英国的灯塔生产和经营作了具体的统计分析，他从经验的角度论证了由政府经营的公共产品可由私人提供和经营，通过产权界定来解决某些公共产品的供给，因此必须由政府提供的公共产品的范围缩小。1990年，埃莉诺·奥斯特罗姆从小规模公共池塘问题入手，在进行了大量案例研究基础上，提出了民间自主组织和治理公共事物的观点，认为在一定条件下，公共产品的管理与服务完全可以由民间提供[1]。随后的新公共服务理论重新定位了政府的角色：服务者而不是掌舵者[2]。在这一理论的影响下，政府对公共服务的供给也不局限于“单方”或者“双方”，而是广泛吸纳多方的力量。所以这一方向目前和未来研究的重点是如何结合各方优势分配各方力量的问题。

二是关于公共服务需求偏好显示问题。林达尔1919年发表《公平税收——实证的解决办法》，建立了公共产品需求偏好显示的林达尔模型。萨缪尔森揭示了公共产品与市场机制之间的内在矛盾，揭示了公共产品的特征，指出公共产品不能使人们真实的表达自己的偏好。以布坎南为代表的公共选择理论，也涉及了公共产品偏好显示问题，认为：公共产品的决策不同于私人决策，公民与政府是多对一的关系，公民不能直接显示自己对公共产品的偏好，需要通过现代民主制度在集体行为和个人行为之间架起桥梁，将民主制度和公共产品提供

[1] 埃莉诺·奥斯特罗姆·公共事物的治理之道：集体行动制度的演进 [M]. 余逊达，陈旭东，译. 上海：上海译文出版社，2010.

[2] 珍妮特·V. 登哈特，罗伯特·B. 登哈特. 新公共服务：服务，而不是掌舵者 [M]. 方兴，丁煌，译. 北京：中国人民大学出版社，2010.

的绩效联系起来。还有许多经济学家，如克拉克、劳伯、维克里、格鲁夫等试图探索能够促使个人表露其对供给产品的真实偏好的机制。

三是关于公共服务供给公平性的问题。国外学者系统地提出加强公共服务的均等化，但是关于农村地区基本公共服务的理论较少，很多只是单方面的谈论乡村教育、农业研究、农业科技、农业补贴和转移支付制度等。2004年，首届中欧政府管理高层论坛上，瑞典和挪威等国家全面介绍了北欧国家的公共服务模式和政府角色以及中央政府和地方政府的关系，指出瑞典经济的成功主要得益于它完善的社会保障体系，平衡的收入分配可以使所有人都有消费能力，也可以使服务业健康发展起来，更容易实现经济快速增长。世界银行2004年报告 在世界范围内对基本公共服务进行了多方面分析，通过关于基础设施服务，特别是教育、医疗、水和卫生等方面的讨论，寻求使公共服务有利于穷人的途径。报告建议进行制度改革，强化政策制定者、服务提供者和公民之间的责任关系。

在我国学界，从社会学、政治学、经济学、管理学、法学等多个视角都有关于公共服务均等化、供需对称性、供给有效性和供给方式等的论述，关于农村社会对公共服务的需求情况如何、主要问题及其症结、供给机制、筹资机制和决策机制的完善等都是这一研究领域内出现频率较高的内容。国内学者从不同角度、不同范围、有所侧重地进行不同问题的分析，观点各异。结合现有国情，针对农村公共产品和服务的供给机制的研究，重点剖析机制障碍的研究是当前研究的主流。

二、农村牧区家庭自我保障能力分析

家庭保障是社会保障的重要补充。调查过程中发现，随着进城务工流动人口增多，农村牧区呈现出老龄化明显、家庭保障能力弱化的趋势，留守的以老龄劳动力为主的农牧户家庭，在土地经营收入、自我保障能力等方面均处于弱势地位。

（一）农村牧区老龄化问题明显，在高龄化、空巢化的趋势下，“未富先老”成为农村牧区常住人口的明显特征

受访家庭中女性的年龄峰值在45～50岁，男性的年龄峰值在50～60岁，意味着未来5年，农村牧区65岁以上的老年人将增加近30%；未

来10年，农村牧区65岁以上老年人占常住人口的比重将超过50%。调查对象中，80岁及以上高龄老人占老年人总数的7.44%，且高龄老人中丧偶比例达到82.05%。按联合国发布的高龄化社会的认定标准（65岁以上老年人口占总人口7%以上），农村牧区已进入高龄化社会。而由于子女外出上大学、外出务工或已独立生活而形成的空巢家庭，占到全部样本家庭的20.37%，明显高于第六次人口普查数据。按照空巢家庭46~68岁的年龄峰值推算，未来5年，农牧民60岁以上的空巢家庭将增加一番。从主要收入构成看，经营性收入是样本家庭的主要收入来源，所以缺少青壮年劳动力的空巢家庭整体上呈现“未富先老”特征。

（二）农村牧区空心化及家庭规模小型化的趋势下，家庭保障功能逐步弱化

随着城镇化进程加快，农村牧区嘎查村常住人口规模缩小（见图1）。本次调查的样本嘎查村常住人口规模的均值为711人，数量仅为户籍人口的60%，有些嘎查村常住人口还不到户籍人口数量的一半，整体上出现农牧民人口净流出现象。而且外出务工劳动力以整户迁出为主，流动人口大部分携带子女，与配偶子女同在流入地居住，在城镇已有住房的农牧家庭占到受访家庭总量的42%。所以农村牧区的留守人口出现人口断层现象。不仅劳动力数量在减少，家庭结构也在影响着家庭功能的发挥。数据显示，有稳定婚姻状态的家庭，其劳动力结构相对合理、收入情况良好，丧偶家庭和44%的离婚家庭接受过医疗救助、住房救助、特困补贴等不同程度的救助，属于嘎查村重点扶贫对象。

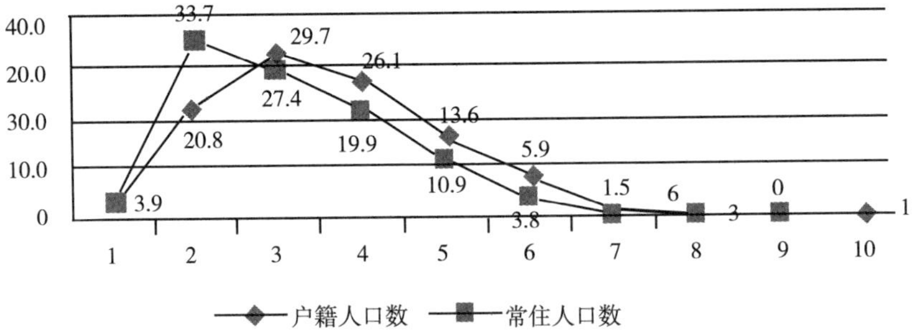

图1　内蒙古农村牧区人口规模统计

数据来源：根据“内蒙古农村牧区嘎查村现状抽样调查（家庭调查问卷）”整理。

（三）农村牧区产业比较单一、经济相对脆弱，土地对中小农牧户的保障功能弱化

农牧区经济结构单一，部分农牧民还是要“靠天吃饭”，距离现代农牧业体系还有较大差距。家庭土地规模与家庭收入呈正相关，即土地经营规模较大的区域其家庭收入相对较高，如牧民的人均可支配收入明显高于农民。整体来看，中小农牧户是嘎查村经营主体（70%以上的受访家庭属于中小农牧户），因传统农业的分散生产经营，每亩土地产生的效益偏低，农民扩大土地经营规模的意愿并不强，有85.5%的受访家庭选择“仍坚持一家一户经营”，选择“扩大经营规模”或“家庭经营与合作经营相结合”或“参与企业经营”的家庭只有15%。

（四）集体经济对基层公共服务的保障能力有限

嘎查村是政府履行社会管理和公共服务职能的重要平台和基本单元，也是农牧民获取基本公共服务的重要场所，但大多数受访嘎查村集体经济收入只能维持正常的集体运转，对农牧民公共服务的供给能力十分有限。本次调查的100个嘎查村仅有36个嘎查村有集体经济，有集体经济的嘎查村中，平均集体收入为107588元，平均集体支出为97557元，只能维持正常的集体运转。有村干部反映有些村属于负债村，对垃圾转运费等公共服务开支都无法保证。被调查样本嘎查村集体收入的主要来源是集体草牧场、饲料地、农业用地的出租或入股收入，所以虽然按经济和生态特点划分，农区、牧区、半农半牧区存在地理区位上的连续性，但由于可利用土地面积不同，集体经济上存在差异，拥有土地资源优势的牧区集体收入平均高于其他区域，但相对于其他区域，牧区则面临牧民居住分散而公共服务半径过大等问题，集体经济同样作用有限。

三、加强农村牧区基本公共服务供给的策略

国家扶贫的重点和难点在农村，推进基本公共服务均等化的关键也在农村。内蒙古除农村外还有牧区，所以公共服务的供给不仅要兼顾土地多样性、民族多样性，还要将全区作为民族地区纳入到国家宏观战略中，利用转移支付、对口支援、本地资源共同完善基本公共服

务体系建设，保障和改善民生。

（一）将内蒙古基本公共服务设施建设纳入国家整体战略

内蒙古自治区地处祖国北疆，联通俄、蒙，区位独特，所以在借助“一带一路”发展的重要契机，“发挥内蒙古联通俄蒙的区位优势[1]”，将内蒙古基本公共服务设施建设纳入国家整体战略，做好对外开放大格局的同时也要借势谋划全区基础设施布局。中、蒙边境线的7个盟市16个旗县的总面积达到全区总面积的48.7%，覆盖到大部分牧业区域，如果能突出重点区域和重点口岸的带动作用，形成“六路四通八达”的基本公共服务设施网架，利用跨境联通带动区域联通，对内蒙古基本公共服务设施建设意义非凡。

（二）尽快建立起合理的财政支持体系和财政投入长效保障机制

基层担负着公共服务建设、维护和推进的重要任务，但财权与事权的不匹配，使基层基本公共服务体系显得尤为薄弱，从而均等化的目标很难真正落到实处。从本次调研的情况来看，由于近年来基本公共设施和公益性项目投入力度较大，自治区各级政府普遍存在财政负债问题。从自治区财政厅了解到，截至2016年末，自治区本级、盟市本级、旗县政府负有偿还责任的债务分别为291.38亿元、2079.01亿元、3306.97亿元，分别占5.13%、36.62%和58.25%[2]。旗县政府成为债务压力最大的一级政府。所以按照国家最新出台的《关于推进中央与地方财政事权和支出责任划分改革的指导意见》，尽快完善全区财政事权和支出责任划分改革，建立起合理的财政支持体系和财政投入长效保障机制，才是解决基本公共服务供给后续问题的关键所在。

（三）制定基本公共服务“靶向”标准，提升公共财政投入效率

除《国家基本公共服务体系规划》对各项基本公共服务的范围和标准的界定外，自治区需要根据农牧民常住人口呈现出的特点制定出更为具体且有实操性的均等化标准体系，尤其是针对医疗卫生、养老等农牧民生活核心领域的问题，建立农牧民基本数据采集和监测体

[1] 资料来源：推动共建丝绸之路经济带和21世纪海上丝绸之路的愿景与行动[EB/OL].（2015-03-28）http://news.xinhuanet.com/world/2015-03/28/c_1114793986.htm.

[2] 资料来源：2017年第一批内蒙古自治区政府一般债券信息披露文件[EB/OL].（2017-05-15）http://www.chinabond.com.cn/Info/147208787.

系，尽可能全面地掌握弱势群体情况和“最迫切、最需要、最直接”的公共服务问题。将“靶向”的均等化标准作为财政转移支付测算的重要依据，替代大规模高标准且覆盖面广的普惠性公共服务项目，以便能使政府财力更多地向农村牧区落后地区和困难群体倾斜，逐步缩小城乡之间、发达地区与欠发达地区之间、不同收入群体之间的公共服务差距，大力推进基本公共服务的均等化。

（四）实施差别化支持政策，分层次、分阶段地“尽力而为、量力而行”

我国基本公共服务体系已逐步健全，多元化的供给模式不断创新。但由于城乡间和区域间资源分布严重不均衡，往往出现一边是基层卫生院（室）的全覆盖，一边是农村牧区看病难的问题。以养老为例，虽然自治区已形成城市、农村、牧区、社会化四种养老服务模式，每千名老人拥有床位数居全国第一，但实际调研的100个嘎查村均无社会化养老机构。基层消费能力限制了农村牧区公共服务供给市场的主体结构，面对基层农牧民实际需求与基本公共服务供给之间存在的结构性矛盾，仅仅依靠政府购买公共服务是不够的，需要发挥社会保障和社会救助对弱势群体的帮扶作用，保障其基本生活，可以分阶段、分地区地逐步解决城乡统筹、解决农村牧区公共服务薄弱的问题。

作者系内蒙古社会科学院公共管理研究所副所长、副研究员

内蒙古生态保护建设现状分析及对策探讨

阿拉腾其木格

内蒙古位于蒙古高原的东南部及其周沿地带，其内部结构复杂，山地、丘陵、平原、滩川、沙地、沙漠、戈壁等相间分布，构成了独有的多样性生态系统。保护和建设内蒙古多种生态系统，不仅关系到内蒙古的经济社会可持续发展，而且关系到我国“三北”地区和整个蒙古高原的生态安全。

自20世纪中期以来，我区为保护生态投入了大量人力、物力，特别是1978年后，在国家的高度重视和自治区政府的不懈努力下，我区先后实施了五大生态保护项目和六大区域性绿化项目，积极利用国内外资源为生态建设提供资金等保障，在防止荒漠化和沙化方面取得显著成就；另外，在重点流域治理、污染物减排、防止重金属污染等方面采取有效措施，提高了环境质量，使生态环境总体得到改善，为绿色内蒙古的实现奠定了坚实基础。

2017年，我区加快推进生态文明制度建设，在对生态项目投入大量资金的同时强化生态监管力度，使环境质量监管和流域污染治理等工作都取得重要进展，生态环境得到明显改善。即使如此，我区的生态建设保护任务依然艰巨，干旱、蝗灾等自然灾害不时出现并有加重趋势，水资源短缺，土地生产力缩减，经济发展同生态保护之间的矛盾依旧存在。

一、内蒙古生态保护建设现状分析

（一）深入实施生态保护绿化项目

全国第八次森林资源清查结果显示，内蒙古自治区有林地面积

4400万公顷，其中森林面积2486万公顷，均居全国第一位；活立木蓄积14.84亿立方米，居全国第五位；森林覆盖率21.03%。天然林地面积1401.2万公顷，居全国第二位，人工有林地面积331.65万公顷，局全国第八位；灌木林地面积798.56万公顷，居全国第二。[1]

“十二五”期间，国家及自治区共投入资金533亿元，完成了全国造林面积1/9的5415万亩地的绿化造林，使全区森林面积增加1822万亩，活立木蓄积量增加1.23亿立方米，森林面积由3.6亿亩增加到3.8亿亩，森林覆盖率提高1.03个百分点。2016年，造林1511万亩，种草3381万亩，治理水土流失760万亩。[2]

2017年，内蒙古自治区获得中央林业投入133.6亿元。全年计划完成营造林任务1440万亩（其中新造林789万亩，退化林分修复191万亩，森林抚育460万亩），重点区域绿化160万亩，义务植树6000万株等。并启动了阴山绿化工程、森林城市建设及古树名木普查工作。[3]

（二）有效落实新一轮草原生态保护补助奖励机制

草原是自然系统类型之一，是内蒙古最主要的生态系统。以往草原因开垦种植、挖野生药材、开采工业原料等陷入过度开发的境地，使得草原退化加剧，牧区生态受到一定破坏。2011年，国家及自治区开始实施以保护修复草原生态为目的的内蒙古生态保护补助奖励机制。“十二五”期间，我区“草原生态保护补助奖励机制”政策共投入300亿元，其中，国家财政投入213亿元，自治区各级配套财政投入87亿元；项目覆盖全区12个盟市的73个旗县605个嘎查苏木的10.13亿亩天然草场，其中禁牧5.48亿亩、草畜平衡4.65亿亩。此项政策的实施有

[1] 资料来源：内蒙古自治区生态环境保护“十三五”规划[EB/OL].（2017-06-30）http://www.nmg.gov.cn/fabu/ghjh1/fzgh/201706/t20170630_621705.html.

[2] 资料来源：内蒙古自治区生态环境保护“十三五”规划[EB/OL].（2017-06-30）http://www.nmg.gov.cn/fabu/ghjh1/fzgh/201706/t20170630_621705.html.

[3] 资料来源：内蒙古自治区林业厅2017年工作要点[EB/OL].（2017-02-15）http://www.nmg.gov.cn/xxgkpt/lyt/xxgkml/201704/t20170418_609172.html.

效遏制了草原的沙化和荒漠化。[1]

2017年，国家和自治区政府以草原普查与检测数量为依据，以一期补奖机制为基础，在我区开始实施了新一轮生态保护补助奖励机制。新一轮补奖政策包括禁牧补贴、草畜平衡奖励和绩效考核奖励三项内容。与一期相比，补贴对象从原来的5项减少为3项，取消了生产资料综合补贴和牧草良种补贴。但是，禁牧补贴标准由原来的每年每亩6元提高到7.5元，草畜平衡奖励标准由每年每亩1.5元提高到2.5元。

新一轮生态保护补助奖励机制的实施，筹借更多的资金提高了补偿标准，不仅提高了牧民保护草原的积极性和责任性，而且对于保护修复我区各类草原生态系统具有重要意义。

（三）加大了自然保护区的保护力度

2017年，自治区政府全面贯彻落实《中华人民共和国自然保护区法》，加强对自然保护区的监督管理，并取得了显著成绩。自治区政府对我区81个自然保护区进行排查后发现，有43处存在因工矿企业违法违规进行开采而造成环境破坏的问题。为完善自然保护区的生态，自治区政府印发了《内蒙古自治区自然保护区内工矿企业退出方案》，提出用3年左右的时间安排663家工矿企业从自然保护区内有序撤离，到2020年底实现有一定公害的企业全面退出自然保护区，加强了自然保护区内对乱开采矿产的清理整治力度，制止了破坏生态的相关经济活动。[2]

（四）防治大气污染成效显著

在政府统领、部门协同、企业施治、市场驱动、社会监督的大气污染防治机制下，我区空气质量明显改善，重污染天气逐步减少。2016年，我区PM2.5、PM10平均浓度同比分别下降了14.6%和12.5%，空气质量平均达标天数同比提高5.1个百分点；二氧化硫、氮氧化物、化学需氧量、氨氮排放总量同比分别下降4.14%、5.22%、1.89%和

[1] 资料来源：内蒙古自治区生态环境保护“十三五”规划[EB/OL].（2017-06-30）http://www.nmg.gov.cn/fabu/ghjh1/fzgh/201706/t20170630_621705.html.

[2] 资料来源：内蒙古自治区生态环境保护“十三五”规划[EB/OL].（2017-06-30）http://www.nmg.gov.cn/fabu/ghjh1/fzgh/201706/t20170630_621705.html.

2.86%，完成了年度减排任务。[1]

2017年，为进一步落实国务院《大气污染防治行动计划》（国发［2013］37号）和《内蒙古自治区人民政府关于贯彻落实大气污染防治行动计划的意见》（内政发［2013］126号），印发了《内蒙古自治区2017年度大气污染防治实施计划》。计划中，在产业结构转型升级、建筑节能与供热计量改造和工业大气污染、机动车污染、燃煤锅炉综合治理等诸多方面，均制定了相关的方案措施。[2]

全区完成重点行业烟粉尘治理项目，推进大气污染联防联控，加大综合整治项目推进力度，强化大气污染防治监督检查。对各盟市大气污染防治重点工作进行了专项检查，将检查中发现的问题以通报的形式反馈各盟市政府，有力推动大气污染防治深入实施。据内蒙古自治区环保厅资料显示，2017年1—11月，全区环境空气细颗粒物（PM2.5）平均浓度32微克/立方米，同比下降5.9%；环境空气质量平均达标天数比例84.8%。

（五）荒漠化治理稳步推进

从20世纪50年代末开始，自治区政府始终把防沙治沙、绿化造林当作生态建设的头等大事来抓。特别是1978年后，我区实施了人工和自然修复相结合的各类生态建设项目工程，持续加大生态建设保护力度，并取得显著成就。2015年，国家林业部公布的《中国荒漠化和沙化状况公报》显示，2004年以来，我区荒漠化和沙化状况连续3个监测期实现了“双缩减”，荒漠化和沙化土地“双减少”，分别减少625万亩和515万亩，减少面积均居全国首位。

从全国第五次荒漠化和沙化土地检测结果来看，我区的荒漠化、沙化问题仍然严峻。资料显示，全区荒漠化土地面积6092.04万公顷，占国土总面积的51.50%；沙化土地面积为4078.79万公顷，占国土总面积的34.48%；有明显沙化趋势的土地面积为1740万公顷，占国土总面

[1] 资料来源：内蒙古自治区生态环境保护“十三五”规划[EB/OL].（2017-06-30）http://www.nmg.gov.cn/fabu/ghjh1/fzgh/201706/t20170630_621705.html.

[2] 资料来源：内蒙古自治区2017年度大气污染防治实施计划[EB/OL].（2017-06-30）http://www.nmg.gov.cn/xxgkml/zzqzf/gkml/201707/t20170725_631245.html.

积的14.71%。[1]治理荒漠化、沙化任重而道远。

（六）湿地生态建设得到加强

湿地是内蒙古的重要自然生态系统，分布于寒温带森林区、中温带草原区、暖温带荒漠区。其种类多样，具有调节气候、保护生物多样性、涵养水源、净化水质等多种生态功能。2007年，自治区政府颁发了《内蒙古自治区湿地保护条例》，对我区的湿地生态保护起到了积极作用。

2017年9月，自治区政府办公厅印发了《内蒙古自治区湿地保护修复制度实施方案》，明确了湿地分级管理体系，建立了湿地保护目标责任制，明晰湿地用途监管机制，制定退化湿地修复制度，健全湿地监测评价体系，完善湿地保护修复保障机制等。方案提出了对重要湿地、珍稀野生动物栖息地和狭域野生植物分布区域、污染湖泊湖滨带、饮用水水源地以及湿地类型自然保护区和国家湿地公园范围的退化自然湿地等，通过退耕还湿、退牧还湿、草原轮牧休牧等修复措施恢复原有湿地的方案。并制定了到2020年，全区湿地面积不低于9000万亩，其中自然湿地面积不低于8818万亩，湿地保护率提高到35%以上的目标。[2]此项方案的印发，为保护我区湿地生态文明建设提供了有力的制度保障，进一步加强了我区湿地生态保护和建设的力度。

（七）建立健全生态文明建设制度

2017年，自治区党委、政府印发了《关于加快推进生态文明建设的实施意见》《关于加快生态文明制度建设和改革的意见及分工方案》等文件，制定了我区生态文明建设的总体规划。同时，进一步加强了法律监督、行政监察，在全国率先制定了《党委、政府及有关部门环境保护工作职责》，出台了《党政领导干部生态环境损害责任追究办法实施细则》《领导干部自然资源资产离任审计试点实施方案》

[1] 资料来源：内蒙古自治区生态环境保护“十三五”规划[EB/OL].（2017-06-30）http://www.nmg.gov.cn/fabu/ghjh1/fzgh/201706/t20170630_621705.html.

[2] 资料来源：内蒙古自治区湿地保护修复制度实施方案[EB/OL].（2017-08-30）http://www.nmg.gov.cn/xxgkml/zzqzf/gkml/201709/t20170914_638804.html

等文件，落实了生态保护工作责任，加强了生态保护工作力度。[1]

另外，自治区林业厅为了完善国有林管理机构，制定了《内蒙古大兴安岭重点国有林区生态保护建设规划》《重点国有林区林业产业发展规划》，同时为指导和督促盟市、旗县落实国有林场改革任务，制定了《内蒙古自治区国有林场改革评估验收办法》等文件[2]，加强了对我区有限的天然林资源的保护。

二、内蒙古生态保护建设面临的问题

（一）生态建设与经济发展之间矛盾依然存在

我区的产业发展层次较低、结构单一，以能源、化工、冶金为主体的重型化工产业结构难以在短时间内改变，经济的增长依赖于资源开发，使得我区生态文明建设面临比较严重的挑战。特别是在山岭、草原、荒漠等工矿企业作业区集中的生态单元内，植被遭到一定的破坏，同时对地表水、土壤和空气也造成了污染，甚至负面影响扩散到周边地区。

另外，我区农业水浇地的建设，使土地盐碱化加重；农药化肥的大量使用使土壤结构改变，造成土壤板结、地力下降。由于使用的农膜大部分为不可降解塑料，从而降低了土壤的渗透性，减少了土壤的含水量；同时大量废弃膜不仅污染了环境，也影响了我区畜牧业生产的安全。

（二）水资源短缺比较严重地影响生态保护建设

我区长期的干旱和地下水资源的大量开采，使部分地区出现了植被死亡、枯草层消失、地表保湿力下降等问题；一些河流断流、湖泊萎缩甚至消失，这些都进一步加大了我区自然或人工完成生态修复工作的难度。

同时，我区的生态保护绿化工程和六大区域性绿化项目本身依赖

[1] 资料来源：内蒙古自治区生态环境保护“十三五”规划[EB/OL].（2017-06-30）http://www.nmg.gov.cn/fabu/ghjh1/fzgh/201706/t20170630_621705.html.

[2] 资料来源：内蒙古自治区林业发展“十三五”规划[EB/OL].（2017-04-17）http://www.nmg.gov.cn/fabu/ghjh1/fzgh/201704/t20170405_606579.html.

大量的地下水。特别是在降雨量少、地下水资源贫乏的阿拉善、鄂尔多斯、乌兰察布等西部干旱地区施行的生态绿化项目，普遍存在存活率低、维护成本高、可持续性差等问题。

三、进一步加强生态保护建设的对策建议

第一，加快我区生态建设体制机制改革，对矿产、山岭、草原、水域、荒漠等进行统一确权登记，要建立归属清晰、权责明确、监管有效的自然资源资产产权制度。要确保社区居民的使用权和处置权，加强社区居民的合理利用和保护自然资源的责任和管理。另一方面，完善监督环境影响评价机构，加强生态评估工作，健全环评工作质量保证体系，提高环评工作人员技术以及责任性。

第二，加大针对各类公害污染企业的管制，对生态保护修复职责和行政执法职责严格要求。完善工矿企业的管理体制，加强环保监测工作，要真正做到环境保护管理制度落到实处。各地政府要坚决严肃查处非法开采的工矿企业，停止粗放式开矿等。

第三，要重新探讨和研究基于我区干旱气候条件的传统生产的新发展模式，重新认识同现代批量产业化的价值观完全不同的、自然固有的追求“多样化生产”的生产体系在生态建设中的地位和作用。在实践中，必须保障和保护各地农牧户在生态建设中应有的地位和作用。

第四，我区在半个多世纪的生态建设中积累了大量的经验教训，但是政策制定者、政策实施者、专家学者、农牧民等社会各主体之间缺少经验交流与合作，这使得已有经验教训、技术等不能作用于新的环保政策。同时，努力挖掘各地的生态保护“土”专家，学习他们的经验以及技术，加强各地的生态建设走向适应本地化的发展路子。

第五，我区地势复杂、气候干旱、植被种类多样。在生态建设中，各地要充分树立尊重自然、顺应自然的生态保护理念，纠正对干旱区生态功能的忽视和对游牧文化在生态价值上的偏见。要积极研究和严格制定适应不同地区的生态建设模式和修复程度的多样评价体系。

第六，要深刻认识尊重自然、顺应自然、保护自然的生态建设理

念，彻底改变过去生态建设中“人定胜天”的改造自然、征服自然的思想，在行动上做到尊敬原生态系统，追求原生态系统修复为目标。

第七，制定和落实严格的水资源管理制度是生态文明建设的切入点。我区稀缺的水资源主要来源于大气降水和少量冰川融雪水。现阶段降雨次数和水资源补充量呈减少的趋势，影响了我区的自然生态修复能力，也加重了生态保护的工作难度。在今后的工作中，要不断完善和加强水资源保护的相关法律法规，通过立法规范人工影响大气的行为。

第八，按照发展生态农业要求，应用和推广生态农业实用技术，推进测土配方施肥，严格控制农药、化肥、农膜的使用，加强农业面源污染防治和无公害农畜产品生产，有效提高农畜产品质量和安全性。

作者系内蒙古社会科学院社会学研究所副研究员

图书在版编目(CIP)数据

内蒙古自治区经济社会发展报告. 2017 / 张志华主编 . -- 呼和浩特 : 远方出版社 , 2018.1

ISBN 978-7-5555-1120-5

Ⅰ. ①内… Ⅱ. ①张… Ⅲ. ①区域经济发展－研究报告－内蒙古－2017 ②社会发展－研究报告－内蒙古－2017 Ⅳ. ① F127.26

中国版本图书馆CIP数据核字(2018)第006114号

内蒙古自治区经济社会发展报告2017

NEIMENGGUZIZHIQU JINGJISHEHUIFAZHANBAOGAO 2017

主　　编　张志华
责任编辑　杨　敏　云高娃　刘洪洋
责任校对　云高娃　刘洪洋
封面设计　东　祺
出版发行　远方出版社
社　　址　呼和浩特市乌兰察布东路666号　邮编 010010
电　　话　（0471）2236470 总编室　2236460 发行部
经　　销　新华书店
印　　刷　内蒙古爱信达教育印务有限责任公司
开　　本　175mm × 255mm　1/16
字　　数　376千
印　　张　24.5
版　　次　2018年1月第1版
印　　次　2018年1月第1次印刷
印　　数　1—2300册
标准书号　ISBN 978-7-5555-1120-5
定　　价　68.00元
